Droste / Zádor · Pécs

Eine Buchveröffentlichung von
Drei Raben. Zeitschrift für ungarische Kultur

  KULTUR-
HAUPTSTADT
EUROPAS

Pécs

Ein Reise- und Lesebuch

Herausgegeben von
Wilhelm Droste und Éva Zádor

INHALT

11	Wilhelm Droste • Vorspiel – Pécs ist anders
17	Susanne Scherrer • Pécs – Stern des Südens
23	László Bertók • Der Name der Stadt
25	János Pilinsky • Pécs – Ein Bekenntnis

31	Janus Pannonius – Christentum und Sinnlichkeit
33	Janus Pannonius • Gedichte
34	László Márton • Auf Familienbesuch bei den Sarkophagen
40	Győző Csorba • Frühchristlicher Friedhof
42	Kati Fekete • Sopianae
44	Sándor Reményik • Non omnis moriar
46	Márta Józsa • Die große Mauer von unten schauen – die Barbakane

49	Evliya Çelebi – Sei doch ein Muselmann, der es nicht lassen kann!
51	Evliya Çelebi • Pécser Reisebilder
59	Tamás Szalay • Platons Grab in Pécs
63	Viktor Horváth • Türkenspiegel
70	Márta Józsa • Der Kaftan des Pascha Memi – das Türkenbad
73	Axel Halling • Die Dschami als geometrisches Kultobjekt
74	Dorit Hekel • Heiliges Zwitterwesen
77	Sándor Reményik • Das Pécser Minarett

79	Lajos Fülep – Innere Emigration
80	Zsigmond Móricz • Spaziergang durch Pécs
85	István Kerékgyártó • Pécs, anno 1367
88	János Bárdosi Németh • Sommer auf dem Bálics-Berg
89	Miklós Mészöly • Was mir Pécs bedeutet
92	Viktor Iro • Landnahme, zweiter Anlauf. Die Pécsi Műhely
96	Andrea Grill • Spaziergangstraßen – Ein Nachmittag in Pécs

| 107 | György Aczél – Liberaldiktatorisch wertvoll |

109	**Géza Bereményi** • Wohin geht die Uranstadt heute aus?
110	**György Orbán** • Herr Zsigó und die Bomben
115	**Axel Halling** • Zeitgeschichte im SozReal-Look: Die Pécser Uranstadt
117	**László Bertók** • Während
119	**György Konrád** • Erinnerungen eines Stadtsoziologen

| 123 | Dezső Matyi – Nichts ist unmöglich |

125	**Zsigmond Móricz** • Pécs, eine Stadt ohne Bettler
129	**Christoph Haacker** • Ein jüdischer Engel für Pécs – Adolf Engel de Jánosi
138	**András Cserna-Szabó** • Pécs-Connection
144	**Bálint Walter** • Abgeschliffen und ausgelatscht
147	**Endre Kukorelly** • Pécs ist Hauptstadt

| 151 | Pál Dárdai – Über das Spiel zum Kampf József Mélyi |

153	**Mihály Babits** • Auf ein altes Schwimmbad in Pécs
157	**Kati Fekete** • Vor dem Dom
160	**Péter Esterházy** • Pécser Ernst – Skizze
171	**Lajos Kassák** • Im Ferienheim

| 173 | Gábor Csordás – Denken als Lust und Leidenschaft |

175	**Pál Závada** • Stadt des Studiums und der Literatur
179	**Zoltán Kőrösi** • Vorherbst
182	**Lajos Parti Nagy** • Die Fenster einer immerwährenden Monatskarte
189	**Orsolya Karafiáth** • In Gedenken an das Honigbärchen
192	**Zoltán Ágoston** • Tettye und Kutteln

197	Nikolaus Lenau – Elixiere der Melancholie	

199	**Nikolaus Lenau** • Die drei Zigeuner
200	**Axel Halling** • Lenau in Pécs
203	**Alfons Hayduk** • Eine Barannya-Fahrt: Fünfkirchen, stolze Stadt der Väter
212	**András F. Balogh** • Auf dem Drahtseil der Erinnerungen
216	**Claudio Magris** • Der Wein von Pécs
219	**Zsófia Turóczy** • Das Gandhi-Gymnasium der Roma in Pécs
221	**Frouke Schouwstra** • Sichtbar unsichtbar – Das Lied der Porrajmos
224	**Márta Józsa** • Die Orgel in der Fürdő-Straße – die Synagoge
226	**Márta Józsa** • Der jüdische Friedhof in der Szív-Straße – und ein Massengrab, das keiner kennt
228	**Christoph Haacker** • »Es wäre geradezu ein Verbrechen, jetzt weiter zu schweigen …« – József Engel de Jánosi

243	Sándor Weöres – Das Kind im Mann	

245	**Sándor Weöres** • Gedichte
249	**Károly Méhes** • Herumstreunen in Pécs
253	**Győző Csorba** • Rochushügel
254	**György Pálinkás** • Im Garten von Licht und Erinnerung
258	**Márta Józsa** • Ein Glas Gold – das Elefantenhaus
260	**Ingo Schulze** • Suppe und Küsse oder Pubertät in Pécs
267	**Björn Kuhligk** • Pécser Rhapsodie
268	**Gyula Juhász** • Pécs
269	**Olivér Nagy** • Der Garten Ferdinand

273	Marcel Breuer – Die Welt als Bauhaus	

275	**László Zsolt** • Bauhausarchitektur in Pécs
285	**József Martinkó** • Ein Stein im Himmel
289	**Géza Szőcs** • Die verstreute Kathedrale
291	**Rui Cardoso Martins** • Kobaltgrünes Herz
299	**Győző Csorba** • Edel steht der alte Zsolnay …

301 Tivadar Csontváry Kosztka
Kunst als höhere Wirklichkeit

303 **Péter Mesés** • Original und Abbild
306 **Eduard Schreiber (Radonitzer)** • Im Rausch der Zeder
312 **Győző Csorba** • Vasarely
313 **József Keresztesi** • Der gemeinsame Nenner –
Die »Straße« von Erzsébet Schaár

317 Béla Tarr – Auf Abwegen

320 **Géza Bereményi** • Pécs
321 **András Forgách** • Bier, Strom, Tod
325 **András Maros** • Bluetooth
330 **Arpad Dobriban** • Der versteckte Strudel
334 **Odette Németh** • Die Feste der Filme
339 **Gabriella Györe** • Schöne Tage auf dem Flórian-Platz

Anhang

347 Lexikon
363 Pécs und Umgebung
367 Geschichte von Pécs

370 Autoren
379 Textnachweise
382 Bildnachweise
385 Danksagung

Feierlichkeit am Straßeneck, das Bauhaus zeigt sein Gesicht >

János Hunyadi konnte die Türken noch aufhalten, sein Pferd verneigt sich respektvoll vor deren Dschami.

Wilhelm Droste
Vorspiel – Pécs ist anders

Es braucht nicht viel mehr als dreihundert lebendige Quadratmeter, wenn eine Siedlung sich als Stadt beweisen will. Bei meiner ersten Entdeckungsreise durch alle Winkel Ungarns 1975 sind mir diese Quadratmeter in Pécs besonders aufgefallen und nachdrücklich in Erinnerung geblieben, denn die südungarische Stadt hatte ein echtes Kaffeehaus, wie ich es bis dahin in meiner westdeutschen Heimat und auch sonst nirgendwo erlebt hatte. Die in den Reiseführern viel mehr gelobten Kaffeehausreste in Budapest waren etwas später dann weniger überzeugend. Das Café *Nádor*, der prächtigste Teil des gleichnamigen Hotels auf dem Hauptplatz der Stadt, zwanzig Meter von der schönen türkischen Moscheekuppel entfernt, war der Brennpunkt des dortigen Lebens. Farben und Möbel sind mir kaum mehr in Erinnerung, ein warmherziges Braun, angenehmer Tabakrauch und das geheimnisvolle Rauschen der vielen Stimmen wurden mir hier zum Urphänomen faszinierender Geselligkeit. An einem der Tische konnte man sich verschanzen, und die Welt dieser Stadt offenbarte sich den aufnahmebereiten Sinnesorganen, vor allem den Augen. Durch die großen Fenster zeigte sich das Leben auf dem Platz, mit diesem Blick blieb der Cafégast im Strom der äußeren Welt und saß dennoch geschützt und verwöhnt in der inneren des großen Saales. Dort war jeder Tisch ein eigenes Lebewesen, an vielen wurde heftig debattiert, an einigen vorsichtig geflirtet, an anderen saßen Gäste in intimer Einsamkeit ganz mit sich selbst beschäftigt, dennoch flogen die Blicke immer wieder durch den Raum, begegneten sich gierig und keusch, diskret und voll frecher Neugier, lächelnd und schüchtern. Der gute Kaffee hatte südländische Stärke und hieß *Omnia*, der schwarze Stolz des Sozialismus, tatsächlich ein inspirierendes Getränk für alles und das Ganze. Hier herrschte Urbanität, liberale Lebendigkeit, die sich in klebrigen Bierkneipen und tortenseligen Konditoreien nicht entfalten können. Dieses Café wurde mir mit dem ersten Besuch zur Wohnung und bewies zugleich den urbanen Charakter der Stadt, die trotz ihrer 165.000 Bewohner im Inneren, von einer mittelalterlichen Festungsanlage vielerorts noch imposant umgrenzt, mit dem gelben Barock und den verspielten Gassen einen fröhlich zurückgebliebenen, eher kleinstädtisch verschlafenen Eindruck machte.

Es gehört zu den modernen Rätseln der Stadt, dass ausgerechnet dieses Kaffeehaus den politischen Systemwechsel vor zwanzig Jahren nicht überlebt hat und seitdem ratlos auf bessere Zeiten wartet. Nur als Mythos lebt es weiter. Nicht einmal Pécs als Europäische Kulturhauptstadt 2010 brachte die Erlösung. Gegenwärtig wird der entkernte Rohbau im Inneren provisorisch als Galerie genutzt. Die Lähmung und Kastration dieses Hauses macht sinnbildlich deutlich, dass auch Pécs sich den Nöten und Leiden des Landes nicht entziehen konnte.

Und dennoch: Pécs ist anders. Ungarn ist ein kleines Land, das außer der Hauptstadt Budapest keine urbane Zusammenballung duldet. Wenn es einmal Konkurrenten zur Hauptstadt gab, so liegen sie heute außerhalb der Landesgrenzen: die ehemalige Landeshauptstadt Bratislava (Pozsony) oder das industrielle Košice (Kassa), beide in der Slowakei, das vom jüdischen Bürgertum geprägte Oradea (Nagyvárad) und Brașov (Brassó) als Verknotung deutscher, rumänischer und ungarischer Kraft, beide in Rumänien. Die in Ungarn verbliebenen Städte sind Provinzstädte, durchaus mit markanten Eigenarten, die sie aber eher noch provinzieller machen, in ihnen finden Landschaften Gesicht, Ausdruck und städtische Stimme. Das calvinistische Debrecen ist die Stadt des Ostens, Miskolc sein industrieller Konkurrent, Sopron das schöne Tor zu Österreich, Szeged die südliche Stimme und Festung der Puszta, Győr die fleißige Stadt Pannoniens. All diese Städte haben ihre Position im Hofstaat der Hauptstadt, sind wichtige Chorstimmen im Hintergrund der Kapitale, aber sie definieren sich in der Spannung und Abhängigkeit zu ihr.

Pécs ist anders. Schon geografisch hat es sich von Budapest abgewendet und richtet seine Sinnesorgane in andere Welten. Es liegt versteckt hinter dem Mecsek-Gebirge und wendet seinen Blick demonstrativ dem südlichen Osten Europas zu. Mehr noch als den bloßen Blick. Das Gebirge wirkt wie eine übergewaltige Parabolantenne, die andere Programme und Zeichen empfängt als die des Landes und der Hauptstadt. Die Eigenartigkeit dieser Schüssellage scheint sich sogar bis in das Klima und Wetter fortzusetzen. Es kann sehr heiß und trocken werden vor und auf dem Gestein des Gebirges. Sommergewitter haben hier nicht nur den besseren Schallraum und das imposantere Echo. Sie können sich vor den Bergen über der Stadt heftiger zusammenbrauen. Bevor sie sich entladen, ist Pécs eine schweißtreibende Stadt des Südens. In den engen Straßen mit den geschichtsträchtigen Steinen staut sich eine müde und verbrauchte Luft. Die Stadt ist an den Berghang gebaut. Führt der Weg abwärts, spürt man die Erleichterung kaum, geht es aber hinauf, ist jeder Schritt ein mühsames Steigen und Klettern.

Zeichen südlicher Erbarmungslosigkeit im Hochsommer: restlos verbrannte Rasenflächen, denen man keinerlei Aufgrünen mehr zutraut, Tauben liegen darauf wie tot, auch sie völlig erschöpft trotz freundlich heller Schatten der Platanen, nur raschelnde Tüten mit Hoffnung auf Fütterung erwecken sie wieder zu Leben. Zeichen südlicher Gnade: das dankbare Lächeln der steinalten Frau, weil doch ein Auto hält und sie geduldig über die Straße trippeln lässt. Sie winkt dem Fahrer in majestätischer Dankbarkeit zu wie eine Königin vom frisch bestiegenen Thron.

Wie gleich und wie anders ist diese Stadt nach vierunddreißig Jahren. Auch 1975 war es ein heißer Spätsommer wie jetzt im September 2009. Damals zeigten sich die historischen Spuren im Zustand sozialistischer Vernachlässigung. Sie erzählten die Geschichte der Gegenwart wie die der Römer, Frühchristen, Türken … Heute wird überall gebaut, ausgebessert und getüncht. Der große Hauptplatz (Széchenyi-Platz) ist eingezäunt und sieht aus wie ein aufgepflügtes Feld, als würden hier neue, exotische Fruchtpflanzen gesät, die im europäischen Kulturjahr der Stadt gedeihen und die staunende Welt von den Füßen reißen sollen. Die Einheimischen verfolgen dieses Ackerbauexperiment im innersten Herzen der Stadt mit nahezu geschlossener Skepsis. Alle sind sich jetzt schon sicher: Das wird ein furchtbares Ende nehmen. Vertraut man dem überall aufgewühlten Anschein im Spätsommer 2009, so könnte man mit den Worten von Karl Kraus behaupten: Pécs wird gegenwärtig zur Europäischen Kulturhauptstadt demoliert. Dabei müsste man sich über die vielen Baustellen eigentlich freuen, hatte man bislang aus der gefeierten Stadt doch nur gehört, dass die für ganz Ungarn so typische politische Selbstzerfleischung auch hier ganze Arbeit leistet, jeden Aufbruch, jeden positiven Schritt konsequent verhindert und für absolute Lähmung sorgt.

Auch in Pécs trifft man auf lauter verbitterte und resignierte Menschen, auch diese Stadt kann der schlechten Laune des ganzen Landes nicht entkommen, dennoch ist ein Unterschied etwa im Vergleich zur Hauptstadt Budapest deutlich spürbar. Denn unter den Schichten der Resignation lauert allüberall eine lokale, charmante und unversehrte, stolze und ausgesprochen stadtpatriotische Energie. Die Hand winkt hoffnungslos ab, aber Herz und Seele sprechen untergründig eine andere Sprache, die mächtiger ist als alle demonstrierte Verbitterung: Zutrauen im Mantel der Resignation.

Inzwischen hat das europäische Kulturjahr offiziell begonnen. Das große Eröffnungsfest am 10. Januar ist über die offene Bühne der Gassen und Plätze der Innenstadt, die dann doch noch gerade rechtzeitig zugepflastert werden konnten, mit viel Musik- und Lichtspektakel gegangen. Viele Feiernde am Ort waren zufrieden, manche sogar begeistert. Für eine Nacht waren die ewigen Finanzierungssorgen vergessen, die die drei so unvergleichlichen Kulturhauptstädte Istanbul, Essen/Ruhr und Pécs geschwisterlich eng zusammenschweißen. Die Übertragungen des Festes in Fernsehen und Radio zeigten die üblichen Unbeholfenheiten solcher Eröffnungsfeste. Toleranz wird zum Trachtentanz, Kultur zum Abziehbildchen, Geschichte zur Anekdote.

Den Erfindern der Idee von Pécs als Kulturhauptstadt ging es ohnehin nicht um Party und Feuerwerk. Das waren unabhängige Köpfe und kreative Geister außerhalb von Amt und Politik, moderne Patrioten, die ihrer Stadt mit Einfühlungsvermögen einen zivilen Entwicklungsdienst erweisen wollten. Gerade Pécs ist auf Ideen angewiesen, denn hier gingen gewaltige Betriebe (Uran, Kohle, Schwerindustrie) ersatzlos zugrunde, die Stadt muss sich (ähnlich wie in Deutschland das Ruhrgebiet) in großen Teilen vollkommen neu erfinden und tut sich damit – auch wegen der Schwäche des Staates Ungarn, der kaum helfen kann – entsprechend schwer, was das Kostüm der Kulturhauptstadt kaum verbergen kann. Die großen Projekte – Umbau der ehemaligen Keramikfabrik Zsolnay in ein Kulturviertel, Bau einer großen Kongress- und Konzerthalle und einer neuen Bibliothek als Zentrum des Wissens – werden auch im Festjahr 2010 wohl Baustellen bleiben. Wie auch das imponierend hässliche Mahnmal des Staatssozialismus, ein 1976 übergebener Wolkenkratzer von 84 Metern Höhe, einst eine nahezu autonome und privilegierte Inselwelt mit Ärztestation und eigener Post für seine neunhundert Bewohner, bevor zur Weihnacht 1989 festgestellt wurde, dass tragende Stahlteile im Beton stark verrostet sind. Zum Sylvesterfest wurde empfohlen, aus statischen Gründen auf Tanzpartys zu verzichten. Seitdem erlebte der kolossale Gebäudeklotz die vollkommene Räumung und andauernde Besitzwechsel, eine wirkliche Rettung (grundlegende Renovierung, Umbau, Abriss) ist nicht in Sicht. So zeigt das europäische Kulturhauptstadtjahr eher auf die großen Wunden und Aufgaben der Stadt, als dass sie geheilt und gelöst würden.

Die prägende Bausubstanz der Stadt ist ohnehin barock und zeugt von der allgegenwärtigen Macht und beständigen Herrlichkeit der Katholischen Kirche, die inzwischen wieder in den Besitz ihrer alten Schätze gelangt ist. Auch hier bröckelt so mancher Putz, doch die Paläste müssen sich nicht vor dem Untergang fürchten, sie haben einen Pachtvertrag mit der Ewigkeit. Entsprechend groß ist die Verantwortung des Bischofs. Die Jugend der Stadt benutzt den endlosen Platz unter seiner Kirche, vor allem den großen Brunnen, im Sommer als Raum ihrer Lebenslust und Liebe. Hier befinden wir uns, katholisch umzingelt, auf den glücklichsten und kussfreudigsten Quadratmetern Mitteleuropas. Wenn Geschichte und Gegenwart sich so lebendig zu umarmen verstehen, dann hat Kultur als Baustelle auch in Ungarn die ihr gebührenden Chancen.

Dieses Buch ist kein Reiseführer im touristischen Sinn, keine Erleichterung bei der schnellen Eroberung der Fremde, eher möchte es wie ein Kind im Wege stehen und irritieren, auf Langsamkeit dringen, aufmerksam machen auf das Abwegige, auf Geschichte im Gegenwärtigen und auf das Zukünftige in der lebendigen Gegenwart. *Wir suchen die Wahrheit in der Tiefe und finden sie an der Oberfläche.* Gert Mattenklott hat diesen Blick geschult und auf die Kraft der Umwege gebaut. Erst durch den Umweg wird aus der Fahrt eine Reise und aus der Fremde ein vertrauliches, einmaliges Angebot. Dann kann ein frisch entdeckter Ort urplötzlich seinen Zauber entfalten, gibt seine Schätze preis, als habe er immer schon auf uns persönlich gewartet. In diesem Moment kommt das Entfernte unendlich nah, Einheimische können nicht so zuhause sein wie der Fremde im Moment dieser inneren Ankunft. Mit Rilke gesprochen: *Es gibt keine Stelle, die dich nicht sieht.* Reisen dieser Art dulden keinen Plan und Führer, denn sie leben vom Gegenteil, vom Spiel der Verführung, vom Zufall auf Abwegen.

Poesie verfügt über ähnliche Verführungskräfte, sie ist daher in diesem Band kräftig vertreten, aber eingemengt in Texte unterschiedlichster Prosa, die manchmal selbst durchaus poetisch sind, dann wieder eher nüchtern und informativ. Nicht immer sind sie sichtlich und nachvollziehbar an die Stadt gebunden, manche schweifen ab und stehlen sich davon, haben aber dennoch Spuren einer Vibration in sich, mit denen Pécs seine Geheimnisse andeutet oder gar verrät.

Wir haben uns gegen eine geografische oder historische Anordnung entschieden, weil wir das Subjektive durch Subjekte betonen wollten, das Persönliche durch die Herausstellung von Persönlichkeiten, die mit ihren Biografien und Stichworten die Kapitel des Buches anführen, Menschen der Gegenwart und der Geschichte, deren Schicksal an die Stadt Pécs gebunden ist, auch wenn sie wie Lenau und Csontváry selbst nie dort gelebt haben, vielleicht sogar nie dort gewesen sind. Ihr Nachleben hat sie zu Bürgern und Schutzpatronen der Stadt gemacht. So wird also dieses Buch von zwölf modernen Aposteln gegliedert, eine Quintessenz ihres Lebens wird zur Überschrift der einzelnen Kapitel. Sie alle sind Teil der poetischen Heimat Pécs, der dieses Buch mit jedem seiner Umwege verpflichtet ist.

Das tote Hochhaus ragt in den Himmel und findet keinen irdischen Zweck.

Pécs dreht dem Land den Rücken zu. Streckt das Gesicht der Sonne entgegen. Pécs kann sich das leisten. Es ist die vielleicht glücklichste Stadt eines Landes, dessen Geschichte viel eigenes und fremdverschuldetes Unglück zeichnet. Pécs schmiegt sich an den Südhang des Mecsek-Gebirges und öffnet sich in weite Ebenen. Es ist eine verwöhnte Stadt, verwöhnt durch ihre geografische Lage, durch das sonnige Klima, das hier die üppigsten Blumen, die süßesten Trauben Ungarns gedeihen lässt. Verwöhnt auch durch eine reiche Vergangenheit, die trotz gnadenloser Schicksalsschläge für Pécs immer mit einem Überschuss oder doch Gleichgewicht in der historischen Bilanz endete. Als ob unwillkürlich selbst fremde Besatzer eine scheue Bewunderung ergriffen hätte, die sie daran hinderte, dem hier blühenden Leben mit Stumpf und Stiel den Garaus zu machen. Auch sie, die Fremden, wollten sich dieses auserwählten Fleckchens Erde würdig erweisen und beeilten sich, kostbare Schätze eigener Kultur in Pécs zum Glänzen zu bringen. Es spricht für das vielleicht angeborene feinsinnige Kulturverständnis in dieser Stadt, dass die Zeugen der Vergangenheit nicht rachsüchtig vernichtet wurden, sondern sich sorgfältig restauriert in für Ungarn einmaliger Vielfalt und Wohlerhaltenheit Bewohnern und Besuchern präsentieren.

Susanne Scherrer
Pécs – Stern des Südens

Der kulturelle Reichtum hat der Stadt ein besonderes Selbstbewusstsein verliehen. Dem Pécser ist es selbstverständlich zu eigen, der Fremde spürt es, wenn er sich einige Tage hier aufhält. Es herrscht eine Art ruhiger Gelassenheit, die nichts mit der provinziellen Schläfrigkeit anderer Städte Ungarns gemein hat. »Für mich: *die* Stadt, auf ewig«, schreibt der in Pécs geborene und hier lebende ungarische Dichter Győző Csorba. Er übertreibt nicht. Pécs ist autonom, es braucht den Umweg über die Hauptstadt Budapest nicht, um sich seiner Weltoffenheit zu versichern.

Auf kleinstem Raum erlaubt Pécs einen Gang durch die Jahrhunderte, ja, es fordert unbedingt dazu heraus. Die Römer, die nicht nur ein strategisches, sondern auch ästhetisches Gespür für wichtige Besatzungspunkte besaßen, richteten Ende des 3. Jahrhunderts in der ursprünglich keltischen Siedlung ihren Gouverneurssitz Sopianae ein. Römische und altchristliche Grabkammern, zum Teil mit reicher Innenbemalung, sind aus dieser Zeit erhalten. Wenige Stufen führen den Besucher in die schattig-kühlen Verliese der Vergangenheit hinab. Schon im 9. Jahrhundert, noch bevor der erste ungarische König, Stephan der Heilige, hier ein Bistum gründete, stand in Pécs eine Anzahl christlicher Kirchen. Daraus leitet sich der deutsche Name für Pécs, »Fünfkirchen«, ab. Von diesen Bauten ist nichts übriggeblieben, aber dort, wo sich heute der mächtige Dom, fast lieber möchte man sagen: die Kathedrale, mit den vier Türmen erhebt, ließ König Stephan am Anfang des Jahrtausends bereits eine, wenn auch wesentlich bescheidenere, Kirche für seinen Bischof errichten. Dieser Platz, auf einem leicht ansteigenden Plateau gelegen, schien ihm prädestiniert, der allmächtigen christlichen Gottesgewalt architektonisch Ausdruck zu verleihen.

Der Tatarensturm, der 1241 über Pécs hinwegfegte, setzte dem mittelalterlichen Aufschwung ein jähes und grausames Ende. Die wenigen am Leben gebliebenen Pécser mussten sich zum Bau einer stabilen Festungsanlage entschließen. Die rekonstruierten Reste der alten Stadtmauer umziehen heute ringförmig den Altstadtkern und lassen erkennen, welch großzügige Ausmaße das mittelalterliche Pécs bereits erreicht hatte. An der westlichen Seite der Befestigungsanlage kleben heute Bier- und Weinkneipen wie Schwalbennester am Mauerwerk.

Gut erhalten ist auch die Barbakane der Pécser Burg, das rundturmige Vorwerk zum Schutz des Stadttores. Die großzügigen Parkanlagen, die sich hier vor und hinter den Stadtmauern ausbreiten, dienen als Kulisse für ein echtes Sommertheater, das die Pécser für sich und ihre Gäste unter freiem Himmel zu veranstalten pflegen. In einem stillen Winkel des Parks, nahe am Dom-Platz, steht auf einem niedrigen weißen Steinsockel ein Mann in einem langen Gewand, gerade aufgerichtet, mit beiden Händen drückt er ein Buch an die Brust, ein breitkrempiger Hut beschattet seine Augen, die ernst und würdevoll ins Weite blicken … So stellen sich die Pécser Janus Pannonius vor, den gottesfürchtigen lateinischen Poeten der Stadt, der weit über ihre Grenzen hinaus bekannt wurde. Von 1459 bis zu seinem Tode 1472 war er hier Bischof und führte die Stadt dem Zenit ihrer mittelalterlichen Blütezeit zu. Schon ein Jahrhundert zuvor war in Pécs die erste Universität Ungarns ins Leben gerufen worden, die jedoch – warum nur? – nach kurzer Zeit wieder von hier verschwand. Einige mittelalterliche Häuser sind in der Káptalan-Straße und in der Nähe des Doms erhalten geblieben.

Ganz und gar unübersehbare Spuren haben die Türken in Pécs hinterlassen. 1514 eroberten sie die Stadt, noch vor der endgültigen verheerenden Niederlage des ungarischen Heeres im gar nicht so weit entfernten Mohács, das übrigens später dann für Pécs zum wichtigen Industriehafen an der Donau werden sollte. Die einzige vollständig unversehrte Moschee Ungarns mit dazugehörigem Minarett steht in Pécs. Nachdem sie bis 1955 als recht exotische katholische Krankenhauskapelle genutzt worden war, zogen die Pécser einen endgültigen versöhnlichen Strich unter ihre türkische Vergangenheit und richteten die Moschee mit staatlich-türkischer Unterstützung als Museum her. Während ihrer 143jährigen Besatzungszeit machten die Türken Pécs zu einem osmanischen Handelszentrum, aber auch sie entzogen sich der zu geistiger Tätigkeit inspirierenden Atmosphäre der Stadt nicht. Der »Pécser Zirkel« nimmt bis heute ein gesondertes Kapitel in der türkischen Literaturgeschichte ein. Die osmanische Badekultur ist in Pécs dagegen ruiniert worden, steinerne Überreste finden sich in der Sallai-Straße. Ein Brunnen jedoch und das achteckige Türbe, das Grabmal des Idris Baba auf dem Rókus-Hügel, haben die Jahrhunderte heil überstanden.

Seltsame Metamorphosen durchlebt hat das augenfälligste Baudenkmal aus türkischen Zeiten, die heutige Innerstädtische Katholische Kirche auf dem Széchenyi-Platz in der Stadtmitte. Stein für Stein zerlegten die Türken das ehemalige Gotteshaus, und Stein für Stein setzten sie es zu einer viereckigen Moschee wieder zusammen und schraubten eine achteckige Kuppel darauf. Einen nochmaligen Abriss wollten sich die praktischen Pécser dann ersparen und beschlossen, die Moschee in dieser Form als Kirche weiterzubenutzen. Das türkische Waschbecken funktionierten sie in ein Weihwasserbecken um, einige räumliche Veränderungen besorgten den Rest. Diese katholische Moschee ist heute eines der wunderlichsten Wahrzeichen einer ungarischen Stadt.

Nach dem Ende der türkischen Besatzung dauerte es über ein Jahrhundert, bis Pécs soweit gesundete, dass es dem Titel »Freie Königliche Stadt«, der ihr 1780 vom Habsburger Herrscherhaus zuerkannt wurde, äußerlich und innerlich genügend Nachdruck zu verleihen wusste. Pestepidemien und der Krieg zwischen Kurutzen und Labanzen hatten vielen Menschen das Leben gekostet. Deutsche, kroatische und slawische Siedler zogen in den südlichen Donauraum und trieben den Wiederaufbau voran. Pécs entwickelte sich zur Bürgerstadt. Die zerstörten romanischen, gotischen und im Renaissancestil errichteten Häuser und

Kirchen wurden abgerissen und barocke Prachtbauten an ihrer Stelle hochgezogen. Neben den zahlreichen Wohnhäusern in der weitläufigen Fußgängerzone ist die barock umgestaltete Allerheiligenkirche in der Mindszent-Straße ein gern präsentiertes Beispiel dieser Epoche. Seine Berühmtheit verdankt dieses Gotteshaus jedoch einem anderen, kuriosen Umstand, der vielleicht auch für seine Namensgebung verantwortlich ist. Während der Türkenzeit war dies die einzige Kirche, in der die christlichen Konfessionen ihre Gottesdienste abhalten durften. Zu diesem Zweck teilten sie den Innenraum der Kirche in gleichgroße Teile auf und grenzten sich, ihrem jeweils einzigen Gott zu Gefallen, mit Bretterzäunen voneinander ab.

Der riesige, für Pécs fast überdimensionierte Dom auf dem gleichnamigen Platz zeugt von dem Reichtum, der sich im vorigen Jahrhundert im Zuge der frühzeitig einsetzenden bürgerlich-industriellen Entwicklung in der Stadt entfaltete. Ursprünglich in Zeiten mittelalterlichen ungarischen Königsglanzes mit italienischer und französischer Hilfe im romanischen Stil errichtet, wurde er mehrmals umgebaut und erweitert. Eine Generalrenovierung wurde Anfang des 19. Jahrhunderts fällig, als die Gewölbe unter ihrer Pracht einzustürzen drohten. So erhielt er ein klassizistisch-romanisches Make-up, Pfeiler und Säulen wankten jedoch weiter. Schließlich musste zur Jahrhundertwende ein statisch erfahrener Baumeister aus Wien zu Rate gezogen werden, der kurzerhand den ganzen Dom, bis auf einige stabilere Seitenteile, vom Sockel bis zum Scheitel umgestaltete und äußerlich der neuesten neoromanischen Mode anpasste. So zweideutig einheitlich stellt er sich auch heute noch zur Schau.

Trotz aller Liebe zu Geist und Genius sind auch die Pécser weit davon entfernt, heimische Größen immer rechtzeitig erkannt und gefördert zu haben. Der Weg über Westeuropa oder Übersee blieb den wenigsten erspart. Am späten, oft genug posthumen Ruhm mögen sich die Pécser dann wieder beteiligen und geizen nicht mit liebevoll gestalteten Erinnerungs- und Ausstellungsräumen. In der Káptalan-Straße, schon rein äußerlich ein echtes Museumsstück, ballt sich die Pécser Kunst. Victor Vasarely, der handzeichnende Vorläufer der Computergrafik, hat noch zu Lebzeiten der Stadt ein künstlerisches Vermögen hinterlassen. Gleich nebenan hängen die Arbeiten des noch-nicht-abstrakten Expressionisten Béla Uitz. Klein und fein ist das Erinnerungsstübchen für Amerigo Tot. Seine gewaltigen Plastiken sind rund um den Globus anzutreffen, in Pécs hat man einige, am Maßstab Amerigo Tots gemessen: Miniaturexemplare zusammengetragen.

Ganz absonderlich, weil vielleicht keinem der gängigen Ismen zuzuordnen, wirken die monumentalen, alttestamentarisch-mythische Szenen thematisierenden, farbglühenden Gemälde von Tivadar Csontváry Kosztka (1853–1919). Erst seit wenigen Jahren ist in der Pécser Janus-Pannonius-Straße 11 eine Kollektion seiner Werke der Öffentlichkeit zugänglich. Csontvárys wahngetriebene Welt-Visionen umgibt eine geheimnisvolle Schwerelosigkeit, sie sind rätselhaft faszinierend und lassen erahnen, in welch abgründiger Zerrissenheit sich seine Seele bewegt haben mag.

Ermüdet vom Gehen, ermattet vom Schauen, sehnt man sich jetzt nach profaneren Genüssen. In der Pécser Altstadt findet sich schnell ein Espresso. Oder man setzt sich in eines der zahlreichen Eiscafés oder in eine Teestube. In der Innenstadt herrscht zu den arbeitnehmerfreundlich ausgedehnten Geschäftszeiten emsige Betriebsamkeit, die jedoch mit der drängelnden Hektik Budapests nichts gemein hat. Die restaurationstüchtigen Pécser haben es geschafft, den einheitlich historischen Charakter des Stadtkerns zu erhalten, für allzu weitläufige Verkaufsflächen ist in den engen Altstadthäusern glücklicherweise gar kein Platz. Dafür reiht sich in den Fußgängerstraßen eine Unzahl kleinerer Geschäfte und Läden aneinander, in denen sich vom Flüssigen bis zum Überflüssigen alles erstehen lässt.

Die aufgeputzte Putzigkeit der Altstadt täuscht leicht darüber hinweg, dass Pécs die immerhin fünftgrößte Stadt Ungarns ist und den gesamten südwestlichen Donauraum wirtschaftlich, kulturell und verwaltungstechnisch versorgen muss. Seit 1923 ist Pécs wieder Universitätsstadt, wo man von Maschinenbau bis Musik fast alles studieren kann. Die Pädagogische Hochschule bildet Deutschlehrer für den muttersprachlichen Unterricht an Gymnasien und Grundschulen aus. Die Baranya, das Pécser Umland, ist das zentrale Siedlungsgebiet der insgesamt rund 175.000 Ungarndeutschen geblieben und hat ohne jeden diskriminierenden Unterton den Beinamen »Schwäbische Türkei« erhalten. Trifft man unterwegs, gar nicht so zufällig, mit einem oder einer Ungarndeutschen zusammen, so wird das Gespräch wahrscheinlich recht einseitig geführt: Natürlich versteht er oder sie das Hochdeutsche, die eigentümliche, fast archaische Mundart der Ungarndeutschen ist aber selbst für dialekterfahrene Ohren ein harter Brocken. Die immer wiederkehrende touristische Erfahrung in Ungarn, dass man verstanden wird, ohne selbst zu verstehen, setzt sich hier fort.

Am Nordrand der Stadt eröffnen sich freundliche Perspektiven. Vom Tettye-Plateau aus, dem liebsten Spazierziel der Bewohner, lässt Pécs tief blicken. Wer noch höher hinaus möchte, marschiert ein Stück weiter bergan auf den über 500 Meter aufsteigenden Misina-Gipfel, wo ein Fernsehturm steht. Vom Bergwandern aus der Puste, verschlägt der Ausblick auf die Stadt, auf Weingärten und weite Getreideschläge endgültig den Atem. Glücklich sind die Städte, die an Bergen liegen, die sich also von oben majestätisch wie ein Königreich betrachten lassen.

Zwischen dem leidenden Christus und ruhendem Straßenlicht: der Fernsehturm auf dem Misina-Berg.

László Bertók
Der Name der Stadt

Quinque, fünf, penthe … Tempel? Kirchen?
Fünf Grabkapellen aus tausendsechshundert
Jahren Tiefe? Ein Haus der Toten:
Fünf Grabkapellen nur? Geschändet,
geplündert, geleert und neu gefüllt,
für Hunnen, Germanen, Awaren, Slawen,
heidnische Ungarn bis in alle Ewigkeit?
Ein Notquartier des Übersterbens?
Was oben Leben ist und Dach,
kann man zerstören, neu errichten.
Doch ist dem Tode seine Zuflucht heilig?

Wer hat den Namen überliefert? Steine? Ziegel? Bilder?
Das Bild Noahs? Daniels? Der Kalk? Der christliche
Gott? Der Glaube der Barbaren
an eine Welt im Jenseits?
Das praktische Gefühl, Tod wird es immer geben?
Und was sind diese fünf? Bis König Stephan
tausendneun ein Bistum schuf?
In jener Stadt, die urkundlich
Quinque Ecclesiae heißt?
Und seitdem? Friede im Erdenschoße?
Die Höhe? Die Energie des Überlebens?

Quinque, pet, pec, Pécs … Fünf? Öfen?
Der ungarische Name … was heißt denn Pécs?
Ein Zahlwort? Türkisch, slawisch? Ofen? Fels?
Und alles dann ungarisiert?
Heißt es denn etwas? Fünf Öfen?
Ist dies der Sinn, warum denn nicht?
Ein bemaltes Grab ist das Werk von Lebenden,
der Sarkophag der kühle Ort der Toten,
die gemalten Medaillons in dem Gewölbe,
der unterirdische Paradiesgarten …
Lebende suchen die Lebenden und
auch in der Sprache die Menschen.
Wehe dem, der Fantasie zerstört.

Himmel? Hölle? Welterbe?
Wie viele Jahre dauert hier die Ewigkeit?
Tausend, zweitausend? Stunden? Tage?
Solange Menschen leben und in ihnen Tote?
Solang der Mensch in Bildern, Städten, Namen
sich vorstellen kann, dass Eden war und sein wird?
Bis ein Verrückter eine Bombe legt?
Woher stammt denn der Brandgeruch
verkohlter Haut und Haare, woher der Rauch,
der aus den Rissen der Gedanken steigt?
Fühlst du denn alle, die dereinst hier lebten?
Wird es Pécs auch im Jahr fünftausend geben?

Aus dem Ungarischen von Clemens Prinz

Mit den Städten geht es mir wie mit den Menschen. Ich stelle ihnen keine Fragen, zwinge sie zu nichts. Ich lasse ihnen ihr gewohntes, alltägliches Leben. Nur kein System beim Kennenlernen. Gerade deswegen mag ich auch keine Reiseführer und bereite mich schon gar nicht mit ihrer Hilfe vor. Ich komme gerne ohne Vorurteile an und überlasse es wie ein Kind dem Unbekannten, meine Neugierde zu wecken.

János Pilinszky
Pécs – Ein Bekenntnis

Die Reiseführer besorge ich mir meist im Nachhinein und lese sie dann. Die nüchternen Fakten in diesen Büchern werden für mich erst dank meiner Erinnerungen zum wirklichen Erlebnis.

*

Wie sich Pécs »ankündigt«, ist aus dem Zugfenster eine wahre Überraschung. Damit hatte ich wirklich nicht gerechnet. Die Städte schieben dem Eintreffenden meist zuerst kleine Häuschen entgegen wie auf dem Schachbrett die Phalanx der Bauern. Pécs nicht. Monumentale Bergwerke, nie gesehene Gruben und Schlackenberge tauchen auf. Dann erscheint, fast aus der Erde erwachsend, ohne jede Vorankündigung ein modernes Stadtviertel auf dem flachen Land, die ausgezeichnet komponierten Gebäude strahlen geradezu in der unerwartet schönen Frühlingssonne.

Pécs überrascht den Eintreffenden wie mit einem Zauberstreich. Kühne Vitalität, die Schönheit des Entstehens: Das ist mein erster Eindruck von der Stadt.

Doch schon ändert sich das Bild, und es folgt die Altstadt – das kühne neue Viertel, den jungen Riesen, an der Hand haltend – mit ihrem wunderschönen viertürmigen Dom, den anmutig am Berghang haftenden Dächern. Die Gegensätzlichkeit springt ins Auge, ist aber keineswegs störend. Ganz im Gegenteil: Sie macht mich neugierig, wie mag sie wohl von innen wirken?

Zunächst schließe ich also *von außen*, danach – fast ohne jeglichen Übergang – bereits *von innen* Bekanntschaft mit der Stadt. Und dieser übergangslose Wechsel, der sich bei jeder Reise und bei jeder Ankunft, beim Kennenlernen jeder neuen Stadt abspielt, ist der schönste, der ergreifendste, der wahrhaftigste und traumhafteste Augenblick. Als würde ein zuvor noch unbekannter Mensch plötzlich seine innersten Geheimnisse enthüllen: Die Spannung des Erlebnisses lässt mich fast schwindeln. Und damit beginnt die eigentliche Reise. Siehe da: eine Stadt *von außen*. Und als würde ein Zauberer sie aufbrechen: Siehe da, dieselbe Stadt *von innen*. Blinzelnd stehe ich auf dem Széchenyi-Platz, im Herzen von Pécs.

*

Der Széchenyi-Platz ist sehr schön. Ich weiß nicht, wie er entstanden ist, was dem Zufall, der Laune der Architekten und was der Bewusstheit der Planer entstammt. Ich spüre beides. Harmonie und Asymmetrie. Seine Makel machen ihn behaglich und direkt. Hier lässt es sich wirklich leben, und man kann wie auf wahren Plätzen Vergangenheit und Gegenwart auf einmal spüren: das Leben, das die alten Steine beseelt, mit seinem Strahlen erfüllt. Hier stehen das Grandhotel, die Konditorei, hier parken die Touristenbusse wie in einer von Fremden wimmelnden italienischen Kleinstadt. Mit seinem Kopfsteinpflaster verläuft er terrassenartig schräg nach unten, als hätte das Hochwasser im Frühling die Ebenen geformt. Am oberen Ende des Platzes die Moschee mit ihrer besonderen runden Form und den rauen Steinen; sie überrascht in keiner Weise: Die christlichen Jahrhunderte haben sie perfekt adaptiert. Und auf die Moschee oben war am unteren Ende des sich verjüngenden Platzes die eklektische Fassade der Kirche der Barmherzigen Brüder die musikalische Antwort. Vielleicht kommt es daher, dass ich mich an diesen ersten Augenblick, als die Glocken läuteten und die Sonne schien, so genau erinnere.

*

Doch meine erste echte Begegnung mit der Stadt fand am Nachmittag statt. Arglos spazierte ich durch eine der kleinen stimmungsvollen Seitenstraßen, als mich ein besonderes Gefühl überwältigte. Die Seitenstraße öffnete sich, verbreiterte sich zu einer parkartigen Promenade, und alles gelangte in geheimnisvoller Weise *an seinen Platz*, wie es sonst nur im Traum geschieht. (Raum und Allgemeinbefinden sind vielleicht verwandte Begriffe und interessantes Forschungsmaterial für Seelenforscher.) Plötzlich war mir die Stadt, in der ich bislang noch nie gewesen war, bekannt, und nach dieser vorahnungsartigen Einführung überraschte mich auch die Überraschung nicht mehr: der verblüffend schöne Anblick des Dom-Platzes. Glücklich und überwältigt stand ich vor der Kathedrale.

Diese »Begegnung« werde ich wirklich nie vergessen. Der wundervolle Platz – mit den grauen und rosafarbenen Steinen – lag still vor mir und wogte zugleich wie die Wellen des Meeres. Und synchron zu diesem

Anblick verspürte ich ein ganz ähnliches Zeiterlebnis: In der Beständigkeit der Ewigkeit konnte ich von Augenblick zu Augenblick die vergehende Zeit wahrnehmen. Dieses Erlebnis war sinnlich und vollkommen abstrakt. In Ungarn muss man nach Pécs reisen, um erfahren zu können, was dieses Wort bedeutet: *Raum*. Welche Großartigkeit für den Geist! Und über dem Platz erhob sich mit den vier Türmen und der grandiosen Fassade der Dom. Er stand und galoppierte unter den frühen Frühlingswolken. Gefangen war ich und doch unendlich frei. Ich nahm meinen Hut ab, es tat gut, den frischen, beißend-sanften Wind zu spüren. Das exakt formulierte Geheimnis des Platzes machte mich glücklich. Der Dom-Platz ist verdientermaßen das Herz der Stadt. Von diesem Moment an hatte ich das Gefühl, Pécs zu kennen.

*

Am Abend Theater. Es gelang mir, Karten für den Ballettabend zu bekommen. Auf diese Vorstellung sind die Pécser sehr stolz. Und wirklich: ein derart modernes Ballett sieht man nirgendwo im Land. Ich bin kein Ballettexperte, doch dieser Tanz, der den Durchbruch zur Pantomime wagt, ist auch für mich eine lebendigere, erlebnisreichere, unmittelbarere Kunst als die oft leere Artistik des klassischen Balletts. Es gibt ein Stück: *Spinnennetz*. Es erzählt von Beziehungen, vom Kampf zwischen Mann und Frau auf rein sexueller Ebene. Schade! Sympathisch ist die Pécser Produktion aber als ein Phänomen, das die Hoffnung weckt, dass geistige Anstöße also nicht immer aus Budapest kommen müssen. Der schöne Abend endet für mich allerdings mit einem etwas üblen Beigeschmack. In einer *Unmöglichen Geschichte* musste ich unmissverständlich die Figur des Heiligen Franziskus wiedererkennen. Es war eine verletzende Parodie auf einen großen Heiligen – und Dichtergiganten!

*

Am nächsten Tag brach – nach einem Tag Frühling – ein wahres Unwetter über mich herein. Ein solcher Schneesturm, dass man nur mit Mühe auf der Straße gehen konnte. Heldenhaft wartete ich trotzdem auf den Bus und fuhr vom Széchenyi-Platz zur »Uranstadt« hinaus, wie die Pécser sie nennen.

Meine Mitfahrer waren alles Schulkinder; als stimmige Begleitung fuhr die Jugend mit mir in den jungen Stadtteil. Doch das Wetter passte so gar nicht zum Anblick, es war ein rauer, altersmüder Wintertag. Es ist also die Schönheit des Kontrastes, die geblieben ist. Als wären diese auch

In dieser Stadt haben Idioten kein Recht auf Busfahrt.

in ihren großen Maßen anmutig »schwebenden« Wohnblocks aus Rio, von der Küste, hierher umgesiedelt worden, die hohl gewölbten, hellen und verspielten Gebäude. Hier wird tatsächlich ein großzügiger, ansprechender Stadtteil erbaut. Aus dem Autobus renne ich ins Restaurant, und von hier, hinter den gewölbten Fensterscheiben, kann ich bereits bequem auf das Viertel hinaussehen. Das Restaurant der Uranstadt wurde nach dem Vorbild des Pavillons in Brüssel gebaut, und ich kenne in Pest kein ähnliches »Kombinat«. Die Szene könnte auch Teil einer Utopie sein: ein hypermodernes Restaurant als »Kantine« und an den Tischen essende Schüler, Arbeiter vor riesigen gewölbten Fenstern, hinter denen ich wie ein Bild eines Breitwandfilms die Wohnsiedlung »Uranstadt« sehe.

*

Zurück zum Dom, auf den Dom-Platz. Wer Pécs kennenlernen möchte, muss sich von hier auf den Weg machen und immer wieder hierher zurückkehren. Die vielen kleinen steilen Gassen und selbst die sich im Hintergrund aneinander reihenden Berge sind hier »angeschlossen«, an dieses magnetische Zentrum. Pécs ist gerade deswegen ein unendlich organisches, einmaliges Etwas, so wie die echten Städte. Sofort zu erkennen und unerschöpflich.

Bevor ich in den Dom gehe, führt mich mein Begleiter, der ausgezeichnete Dichter und Dompfarrer László Kocsis, in die Katakomben hinunter. Denn dieser wundervolle Platz birgt auch eine unterste Schicht: einen Friedhof aus der Römerzeit, winzige Gruftkapellen aus dem 4.

und 5. Jahrhundert. Eine davon ist außergewöhnlich unversehrt und wunderschön. Eine christliche Gruftkapelle mit dem Monogramm Jesu, an den Wänden Bilder von Heiligen und Propheten. Wir befinden uns an einem vor Jahrhunderten geweihten, auserwählten Ort.

*

Die Schönheiten des Doms kann man kaum aufzählen. Ergriffen folge ich meinem Begleiter unter im Zwielicht dahinschwindenden gotischen Bögen und kann nur hier und da den schönsten Lotz- und Benczúr-Fresken einen Blick widmen. In dem fünfschiffigen Saal herrschen derartige Stille, Kraft, Andacht und Ruhe, als wäre er selbst Sinnbild der zeitlosen Kirche. Die Bedeutung ist offensichtlich, überflüssig sie in Worte zu fassen. Jetzt verstehe ich jenen glücklichen Taumel noch mehr, der mich am ersten Tag auf dem Pflaster des Dom-Platzes überwältigt hat.

*

Habe ich die Stadt kennengelernt? Ich hätte doch noch kaum etwas gesehen, sagen meine Freunde immer wieder. Ich habe das Gefühl, sie kennengelernt zu haben. Und gerade deshalb wird mich die Neugierde immer wieder hierher zurückführen. Denn nur die wahren Dinge können zu bekannten werden! Und nur die bekannten Dinge sind unerschöpflich!

8. April 1962
Aus dem Ungarischen von Éva Zádor

Uranstädter sind die Indianer von morgen.

Janus Pannonius, Bischof und Dichter, 1434–1472

Auch die ungarische Kultur erlebte ihre europäische Morgendämmerung in den Klängen und der Logik der lateinischen Sprache. Mit der Landnahme und der Niederlassung des zuvor von Raubzügen, Jagd und Viehzucht lebenden Nomadenvolkes im Karpatenbecken bildete sich ein Kulturgemisch heraus, von dessen exotischem Risiko noch das heutige Ungarn gelegentlich profitiert, aber auch immer wieder in fatale Lähmung gerissen wird, dieses kühne Gemisch aus Asien und Europa bleibt ein ewig wunderbarer Rohstoff für eine neue Kultur, aber auch schrecklicher Sprengstoff aller alten Kultur zugleich. Staunend wurden schamanische Pfeilschützen zu christlichen Leibeigenen. Wüst behaarte Stammesfürsten »einigen sich« oft blutig und rücksichtslos auf einen König, dessen Krone genau zum Jahrtausendwechsel und tausend Jahre nach Christi Geburt der Papst von Rom aus nach Ungarn schickte. So bekam die Geschichte des Landes ihr entscheidendes Richtungszeichen ins lateinisch-christliche Europa. Das Land nahm Formen an. Wie auf Bestellung werden große Gestalten der Königsfamilie in großer Zahl zu Heiligen der katholischen Kirche. Die lateinischen Schriftzeichen werden in irritierender Verfremdung (dzs, ly, gy, zs, ő usw.) zu Trägern der ungarischen Laute. Bischöfe disziplinieren und schulen ein Volk, das in allerletzter Minute als eigenständiger Staat den Eintritt nach Europa noch so gerade eben schaffte.

Poetisch wie auch politisch hat an diesem Beitritt zu Europa auch Janus Pannonius (1434–1472), die erste ungarische Stimme der Weltliteratur, einen schönen Anteil. Er entstammt kroatischem Kleinadel und wurde zur Ausbildung nach Italien geschickt. Von 1459 bis 1472 wird er Bischof in Pécs und bringt den frischen Geist der italienischen Renaissance, den er sich in Ferrara, Padua, Venedig, Rom und Florenz erworben hat, als Kind kroatischer Eltern in den Süden Ungarns. In seiner Biografie wird plastisch nachvollziehbar, aus welch internationalem Wurzelwerk die Geburt der ungarischen Identität in Europa möglich wurde. Sein angenommener Name liest sich wie ein selbst gewählter Lebensplan. Geboren wurde er als Johannes de Chesmicze, mit dem Vornamen Janus nähert er sich dem ungarischen Namen János an, das vom ungarischen König Matthias modernisierte Pannonien ist Ziel seiner kulturellen Ambitionen, daher nennt er sich Pannonius. Seine Lyrik

Wilhelm Droste
Janus Pannonius – CHRISTENTUM UND SINNLICHKEIT

aber gewinnt erst deshalb einen bis heute lebendigen Reiz, weil er sich in seiner Dichtung von all dieser Rollenlast befreien konnte, er sucht das individuelle, das ganz persönliche Glück und den irdischen Lebensgenuss. Dass die Suche mit Rückschlägen und Verzweiflung einhergeht, das zeigt nicht zuletzt sein Portrait, von Mantegna gemalt, denn er schaut dort, als blicke er in einen tiefen Abgrund hinein, der nach unten geschwungene Mund scheint leidgeprüft und vom Schicksal belastet. Der Bischof von Pécs, der es sich nicht nehmen ließ, lebenshungrige Liebeslyrik zu schreiben, endete blutig. Er beteiligte sich an einer Verschwörung gegen König Matthias und bezahlte dafür im Alter von nur achtunddreißig Jahren mit dem Leben.

Janus Pannonius

Lob Pannoniens
(Laus Pannoniae)

Das, was jedermann las, gab einst italische Erde,
    Nun bringt Pannonien auch eigene Lieder hervor.
Ruhm wird ihnen zuteil. Doch größerer Ruhm sei gespendet,
    Edles Vaterland, dir, das diese Lieder gebar.

Aus dem Lateinischen von Stephan Hermlin

Über einen pannonischen Mandelbaum

Herakles sah nicht im Garten der Hesperiden dergleichen,
    noch hat Alkinoos dies Ithakas König gezeigt –
was bei milderem Klima absonderlich wäre, die raue
    Erde Pannoniens bringt dennoch das Wunder hervor:
Waghalsig steht da im Winter ein Mandelbäumchen in Blüte,
    aber die Knospen des Lenz knickt schon der grimmige Frost.

Glaubtest du, Phyllis, die Schwalbe des Frühlings so nah, oder war dir,
    weil Demophon so lang zaudert, das Leben verhasst?

Aus dem Lateinischen von Volker Ebersbach

László Márton
Auf Familienbesuch bei den Sarkophagen

»… das hier ist ein Teufelskreis, ich lob dir das gerade hoch in den Himmel und kann es dir nicht zeigen …«, so präsentierte mir Zoltán Bachman durch eine dicke Glasscheibe die in Plastikfolie eingewickelten Ausstellungsstücke des mittelalterlichen Lapidariums, vor zwei Wochen, am achtundzwanzigsten September, einem Freitag, eine halbe Stunde, nachdem ich aus dem Zug gestiegen war. Über uns der heitere Himmel, unter uns die sechs- bis siebenhundert Jahre alten, mittelalterlichen Fundstücke; aber der dem zitierten Satz folgende, unvergessliche Rundgang führte uns, um einen Gemeinplatz zu gebrauchen, viel weiter zurück, nicht sechs-, siebenhundert Jahre, sondern sechzehn-, siebzehnhundert Jahre, zu den frühchristlichen Grabkammern. Und darum geht es im Prinzip, um den Gemeinplatz und die Gemeinzeit.

Ich bemerkte sofort, dass Zoltán Bachman, den ich damals zum ersten Mal traf, eine starke Persönlichkeit war; wenn ich ihn mit zwei Worten charakterisieren müsste, würde ich sagen: ein archäologischer Theatermacher, und das mindestens in zweierlei Hinsicht. Zum einen war es offensichtlich sein Ziel, dass die Begegnung mit den archäologischen Denkmälern in Pécs für die von außen kommenden Betrachter ein theatralisches, kathartisches Erlebnis sein sollte. Zum anderen erinnerte er mich, während er seine Gründe für einen gemeinverständlichen Denkmalschutz darlegte, stark an Thomas Bernhards Dramenheld Bruscon, und ich musste mich anstrengen, den durch ihn erweckten Eindruck von den Erkenntnissen unseres Spaziergangs zu trennen.

Ich fange einmal damit an, dass man auf dem Umschlag der ersten Auflage des etymologisch-geografischen Wörterbuchs von Lajos Kiss unter einer Lupe eben gerade Pécs sieht, genauer gesagt, die verschiedenen Namen von Pécs: in grünen Lettern gesetzt *Pécs*, bruchstückhaft in schwarzen Lettern: *Pecuh, Sopianae, Fünfkirchen, Quinque Ecclesiae*. Ich allerdings bin der Ansicht, dass nur der südslawische und der deutsche Name in einer Ebene mit dem ungarischen stehen dürften, da sich einer der lateinischen Namen eigentlich unter dem deutschen und der andere unter dem slawischen einreiht. Und wenn wir unbedingt wollten, könnten wir irgendwo auch noch einen türkischen Namen einschieben, ja, wir könnten sogar versuchen, in einer der dahingeschwundenen Sprachen jener Unbekannten, die zur Zeit der Völkerwanderung die spätantiken Grabkammern als Küche und Schlafkammer nutzten, einen Stadtnamen zu rekonstruieren; aber wir wollen die Sache ja nicht unnötig kompliziert machen. Das Wesentliche ist doch, dass Pécs, obwohl die Pécser mit Recht stolz auf ihre bis in die Antike zurückreichenden Traditionen sind, nicht eine Stadt ist, sondern drei Städte umfasst. Die Gründe dafür bestehen nicht nur darin, dass die Stadtentwicklung zweimal unterbrochen wurde, während der Völkerwanderung und zur Zeit der türkischen Besetzung, sondern auch darin, dass die spätere Stadt das, was von ihrer Vorgeschichte geblieben war, nicht integrierte, sondern lieber unter sich begrub.

Es gibt also die spätantike Stadt, die mittelalterliche Stadt und die barocke Stadt, und letztere ist der unmittelbare, organische Vorgänger des heutigen Pécs. Drei Ortschaften von denen zwei, mit heutigen Augen gesehen, nicht existieren. Und während ich das so schroff niederschreibe, muss ich es auch gleich konkretisieren. Die Möglichkeit, dass das heutige Pécs sein Erbe rückwirkend in Besitz nehmen kann (und so dem Begriff »Erbe« etwas mehr Bedeutung verleiht als üblich), gründet gerade darauf, dass das barocke Pécs die Antike und das Mittelalter begraben hat, und die Stadt in den letzten sechzig Jahren weder kriegerisch zerstört noch realsozialistisch verplant wurde.

Das heutige Pécs aber holt, so scheint es, die Antike und das Mittelalter in seinen Alltag zurück, jedoch auf eine Art und Weise, mit welcher es deren feierlichen Zustand der Einlagerung bewahrt. Außerdem müssen wir, wenn wir uns einen Augenblick lang an die Arbeit von Ferenc Fülep, Gyula Gosztonyi sowie von Ede Petrovich, István Möller und Gyula Szőnyi erinnern, hinzufügen, dass sich Pécs bereits vor vierzig und auch vor neunzig Jahren darum bemüht hat.

Ich habe darüber nachgedacht, was passiert, wenn jemand heute das Mausoleum auf dem Szent-István-Platz, die Grabkammer mit dem Krug oder ein anderes der auffallend schönen, spätantiken Denkmäler in Pécs besichtigt. Zuallererst muss man eine Treppe hinuntergehen. Die Vergänglichkeit der Zeit drückt sich, wie so oft, auch hier räumlich aus. Die einstige Oberfläche lag tiefer als die heutige.

Um auf der Erde stehen zu können, muss man erst einmal unter die Erde gelangen, ansonsten baumelt man mit den Füßen in den Höhen der Schwalben von vor eintausendsiebenhundert Jahren. Das Ziel des Denkmalschützers ist es, diesem Hinabsteigen einen feierlichen Charakter zu verleihen, den Besucher nicht nur unter die Erde zu bringen, sondern zugleich auch auf sie. Es ist sein Ziel, dass der Betrachter, der seiner Natur nach ein uneingeweihter Betrachter ist, eingeweiht wird, aber dennoch Betrachter bleibt. Es muss zu sehen sein, was geblieben ist, aber auch, was man sich dazudenken, genauer gesagt, dazuargumentieren, was von der Vorstellung und der Anschauung noch dazugelegt werden kann. Man muss die Überreste, sozusagen die Tradition und den Nachlass, (optisch) zugänglich machen, doch gegebenenfalls zwischen den einzelnen Schichten wählen (zum Beispiel, ob der Betrachter das Blättermuster aus dem vierten Jahrhundert oder den Ruß aus dem fünften Jahrhundert erblicken soll, der von den Essgewohnheiten der barbarischen Kryptenbewohner zeugt); nicht zuletzt muss das Objekt der Betrachtung auch vor dem Betrachter geschützt werden. Denn selbst wenn wir davon absehen, dass die Absichten des Betrachters unergründlich sind und es Betrachter mit bösen Absichten gibt, die Schaden an den Fresken anrichten würden, und es genauso Betrachter mit guten Absichten gibt, begeisterte Grafittimaler, die sich für Kollegen des frühchristlichen Künstlers halten, selbst wenn wir davon absehen: Der Betrachter betrachtet nicht nur, sondern er atmet auch, des Weiteren transpiriert er und entwickelt Wärme. Davon ganz zu schweigen, dass zur Kenntnisnahme des Anschauungsobjektes auch eine gewisse Lichtstärke wünschenswert ist und es sein kann, dass auch dieses Licht der beleuchteten Oberfläche nicht gut tut.

Für Probleme solcher Art ersinnt der Denkmalschützer eine fantastische Lösung nach der anderen; seine Einfälle stehen der Mittellosigkeit und Machtlosigkeit der Institute gegenüber und müssen mit diesen möglichst in Einklang gebracht werden. Pécs erscheint in den Augen des Besuchers unter anderem auch deshalb als eine lobenswerte Stadt, weil von diesen Einfällen, von denen der uneingeweihte Betrachter gar nichts wissen muss, immer so viel verwirklicht wird, dass die bewahrende Freilegung ununterbrochen erfolgen kann.

Einstweilen waren wir aber dort stehen geblieben, dass wir die Treppe hinuntergehen und gern die Tradition erblicken möchten. Wir werden sie natürlich auch erblicken, nur dass der Blick zuerst auf den Betrachter fällt, auf den, der wir selber sind. Der Betrachter entwickelt

Wärme, atmet, transpiriert, fummelt an seiner Kamera herum und erzählt dummes Zeug. Oder auch kluge Dinge, das ist im Großen und Ganzen egal. Fakt aber ist, dass der Betrachter einerseits die Aufmerksamkeit auf sich zieht, andererseits das zu Betrachtende verdeckt. Nicht der konkrete Betrachter, wie zum Beispiel ein hübsches Mädchen oder ein amüsanter, dicklicher alter Herr, sondern der Betrachter im Allgemeinen, der überall gegenwärtig und unergründlich ist wie eine Gottheit. Wenn es uns dann aber gelingt, durch ihn hindurchzuschauen, erblicken wir wieder nicht die Tradition, sondern den Wächter der Tradition, den Denkmalschützer.

Wir sehen den Denkmalschützer, wie er die Sehenswürdigkeit sichtbar macht. Oder gegebenenfalls (zum Zweck der Substanzerhaltung, manchmal aber auch aufgrund der Verzögerung einer wissenschaftlichen Publikation) unsichtbar macht, und zwar auf eine Weise, mit der er auf die Sichtbarkeit aufmerksam macht. Wir sehen die technischen Verfahren, die Schwierigkeiten, die Überwindung der Schwierigkeiten. Wenn wir aber dermaßen uneingeweiht sind, dass wir all das nicht wahrnehmen, dann sehen wir es trotzdem, aber zunächst nicht die bewahrte Tradition, sondern die Bewahrung der Tradition.

Auch im Blick von oben herab siegt in Pécs immer die Kirche.

Schauen wir jedoch auch durch den Denkmalschützer hindurch, was wir nicht gerne tun, weil wir seinen heldenhaften Kampf bewundern und ihm die Daumen drücken, dann erblicken wir noch immer nicht die Tradition, sondern diese dicke, unzerbrechliche Glasplatte, die uns von der Tradition trennt. Genauer genommen sperrt sie nur den Betrachter aus, die Sehenswürdigkeit lässt sie zugleich zu ihm hinaus. Der Betrachter kann sich im selben Moment an der sich deutlich und klar abzeichnenden Tradition und an seinem eigenen blassen Spiegelbild erfreuen, aber er betrachtet noch nicht das, woran er sich erfreut, sondern die Fläche, die das Objekt der Freude einrahmt. Das Glas. Es lohnt nicht nur, derart sensationelles Glas mit Bewunderung zu betrachten, wie die Glaskuppel über der Grabkammer mit dem Krug, die es uns möglich macht, von oben auf unser frühchristliches Selbst hinabzublicken, sondern all die mächtigen Glasscheiben, durch die wir mit begierigen Blicken zu dringen meinen. Das Glas verkörpert das Allgemeine, die jeweilige Sehenswürdigkeit, im aktuellen Fall das Allgemeine der Tradition und der Hinterlassenschaften.

Im Fall der Grabkammern von Pécs hat die Frage, welcher frühchristliche Bewohner von Sopianae darin konkret begraben liegt, keinen Sinn; oder wenn sie doch einen Sinn hat, dann bestimmt keine kritische Schärfe. Die Grabkammern wurden nicht mit einem illustrativen Ziel im Nachhinein eingerichtet: Die Archäologen haben sie nicht erfunden, sondern gefunden und freigelegt. Das Vorhaben, etwas zu rekonstruieren, erfordert viel Imagination, erlaubt aber ziemlich wenig Fiktion. Ich könnte auch sagen: Die frühchristlichen Hinterlassenschaften tun sich auf, wie in der Mundhöhle der Zahn herauswächst, aber ich will lieber rücksichtsvoll sein und diesen abgenutzten Vergleich nicht weiter strapazieren. Es genügt zu sagen, dass sich die Frage nach der Identität der Toten gemeinsam mit dem Grab auftut. Der Archäologe gräbt zunächst diese Frage aus und erst danach den Schädel, den Armreif, die Gefäßscherben, allerlei Dinge, aus denen er Schlüsse ziehen kann; der Blick des Betrachters jedoch, so vermute ich, dringt mit genau dieser Frage durch das Glas.

Zoltán Bachman, den der ahnungslose Betrachter aufgrund seiner überzeugenden Vortragsweise gern für den Hausherrn der Grabkammern halten könnte, ist in Wirklichkeit bei weitem nicht der Hausherr, sondern ein Seelenführer: zur Hälfte der durch die alten Griechen bekannte Hermes, zur Hälfte Tarkowskis *Stalker*, der vielleicht den »Raum der Wünsche«, wo sich die geheimsten Sehnsüchte erfüllen, auch unter der Erde vermutet. Nein, wir besuchen die Menschen in den Sarkophagen, weil sie offen und herzlich sind, so wie eine große Familie, und sich zudem diesseits der Eschatologie befinden. Wir bringen den Toten ein bisschen Leben, wir, die ganz gewöhnlichen Betrachter, geben ein kleines Stück von unserem Leben, so wie manch älterer Mensch es gern hat, wenn Kinder um ihn herum toben, weil er etwas von ihrer Lebenskraft in sich aufnehmen kann, die sie sowieso nicht zu schätzen wissen.

Draußen an der tausendsechshundert Jahre jüngeren Oberfläche strahlt die Septembersonne, die Feigenbäume grünen, und in der Gaststätte *Áfium* fällt einem beim Anblick des Bierkrugs das Fresko aus der Grabkammer mit dem Krug ein, dabei ähneln sie einander in keiner Weise.

Aus dem Ungarischen von Kati Fekete

Győző Csorba
Frühchristlicher Friedhof

Anderthalb Jahrtausende ruhten sie hier
Sie ruhten? Übliche Euphemie
sie ruhten nicht: Sie lagen herum
wie irgendwelche Dinge
Es ist also alles was an Menschen erinnert
aus dem Wort zu tilgen

Sie lagen – wurden hingelegt: ihre Köpfe
nach Osten, die Füße nach Westen:
nach irgendeinem System als
die Wasser der beiden Ströme brausend
sich vermischten – das Wasser war noch
nicht rein:
und nach der unklaren Ordnung des unklaren Wassers
lagen sie dort
in kleinen Hüttchen mit Satteldächern
aus römischen Ziegeln aufgerichtet
lagen sie und liegen bis jetzt
in ungestörtem Frieden: geraten nun
erstmals wieder ans Licht
Rundum neue Wohn-
und Amtsgebäude – aus einem davon
vom verglasten Gang der
Bibliothek blicke ich hinab
auf das schmale Grabungsgebiet
kaum einige Meter von mir wurde
ein weibliches Skelett entblößt
auf dem Rücken liegend
ihre ungeschützten

Arme laufen wie ein Keil über den
leichten Bogen ihrer Rippen
am linken Arm drei am rechten ein
Armreif als wolle sie die Blicke ablenken
von ihrem ausgekühlten Schoß den Brüsten:
diesen dereinst gesegneten Nestern die nun enthüllt
uns zeigen was dahinter ist
was zwar wesentlich erscheint
und es doch nicht ist
denn wesentlich war was heute
nirgendwo mehr von Bedeutung
– ein hübscher Gemeinplatz –
nur das Vergängliche
das Menschengroße das ein Leben umspannt
oh ihr weichen Lenden du Schoß du schöner Bauch
ihr sanften artigen Brüste – die Gebeine
müsste man durcheinander werfen
damit die Vorstellung zerstört wird
denn schwer ist das Herz
muss es aus Luft sich
ewig Zerstörtes formen …

Aus dem Ungarischen von Clemens Prinz

Kati Fekete
Sopianae

Sopianae – das ist der Name der Zigarettenmarke, zu der ich wechselte, als ich vor ein paar Jahren nach Budapest kam. Erstens handelt es sich um ein echt ungarisches Produkt, und zweitens gefiel mir der Name. Der hatte so etwas Erhabenes. Jedoch kam ich ziemlich schnell dahinter, dass im Laden niemand sagt: »Ich hätte gerne ein Päckchen *Sopianae*.« Alle verlangten nur nach *Szofi* (sprich Sophie, ja genau wie der Mädchenname), dabei ist die ungarische Koseform dieses Mädchennamens *Zsófi* (sprich Schofi, mit langem o). Und auch der Werbeslogan heißt: »Mindenki ismeri Szofit« (Jeder kennt Sophie).

Wirklich jeder? Woher kommt denn eigentlich dieser lateinisch anmutende Name? Reine Fantasie oder steckt irgendetwas dahinter? Der Zufall, in Gestalt eines befreundeten Archäologiestudenten, half mir weiter. Hilfsbereit und sehr ausführlich klärte er mich darüber auf, dass *Sopianae* der alte Name von Pécs sei und die Zigaretten deshalb so heißen, weil man sie, zumindest war das noch vor dem Systemwechsel so, in Pécs herstellt. Zu guter Letzt riet er mir, lieber eine andere Marke zu rauchen oder gleich ganz aufzuhören und nach Pécs zu fahren, um mir das Ganze mal anzuschauen.

Dort angekommen, bemerkte ich ziemlich schnell, dass die Überbleibsel der Stadt Sopianae von den Pécser Stadtvätern, Archäologen, Denkmalschützern und Architekten eher stiefmütterlich behandelt wurden. Während die frühchristlichen Grabkammern und ein Teil des dazugehörigen Friedhofs seit dem Jahr 2000 zum Weltkulturerbe gehören und sehr ansprechend dem breiten Publikum zugänglich gemacht worden sind, muss man sich schon ein wenig anstrengen, um etwas von dem Alltagsleben im römischen Pécs zu entdecken.

So wie im ersten Jahrhundert nach Christus das Zusammenwachsen mehrerer dorfartiger Ansiedlungen zu einer Stadt eher zufällig erfolgte, stößt man heutzutage auch eher durch Zufall auf die Überreste von Sopianae, dessen Name eine latinisierte Form des keltischen Worts *sops* (Mehrzahl von ›Sumpf‹) ist. Von den Sümpfen ist heute nichts mehr zu sehen. Das feuchte Gelände am Fuß des Mecsek-Gebirges war jedoch schon seit etwa 6000 Jahren ein beliebtes Siedlungsgebiet. Anfangs war für die Ansiedlung nur die günstige topographische Lage ausschlaggebend. Später kam hinzu, dass sich genau hier wichtige Handelswege kreuzten. Vor den Römern siedelten in dieser Gegend bereits andere Völker, zum

Beispiel Illyrer und Kelten. Nach der Eroberung durch die Römer gehörte das Gebiet vom ersten bis zum vierten Jahrhundert nach Christus zur Provinz Pannonien, deren Name übrigens auf die Illyrer zurückgeht, die von den Römern Pannonier genannt wurden. Aber die Römer brachten nicht nur ihre Soldaten und ihre Verwaltung mit, sondern auch ihre Kultur, ihren Alltag und ihre Familien. Am Ende des dritten und im vierten Jahrhundert erlebte Sopianae seine Blütezeit. Unter Kaiser Diocletian, der an seinem Lebensabend in Split, seiner illyrischen Heimat residierte, wurde Pannonien in vier Provinzen aufgeteilt, und das nicht allzu weit entfernte Sopianae war Hauptstadt und Verwaltungssitz der Provinz Valeria, welche nach Diocletians Tochter benannt wurde.

Das Zentrum des antiken Sopianae lag um die heutige Hauptpost (*Postapalota*, Jókai Mór-Strasse 10). Dort fand man Reste des Statthalterpalastes und kann auch heute noch Fragmente der römischen Wasserleitungen bestaunen. In der Citrom-, der Teréz- und der Jókai-Straße wurde bei Ausgrabungen ein ausgedehntes Wohnhäusersystem freigelegt, die sogenannten *insulae*. Das waren mehrstöckige Mietshäuser für weniger wohlhabende Menschen, man könnte sie scherzhaft auch als Plattenbauten der Antike bezeichnen. Selbstverständlich gab es auch palastartige Gebäude. Im Zuge weiterer Ausgrabungen stieß man unter anderem auch auf zwei öffentliche Plätze (Foren), mehrere Bäder verschiedener Größe, ein Heiligtum und eine Stadtmauer.

Und findet man dieses Sopianae nun heute? Wo anders könnte man auf das römische Pécs stoßen, als im Römerhof *(Római udvar)* an der Ecke Jókai-Straße und Teréz-Straße. Hier wurden im Jahr 2003 bei Bauarbeiten Überreste von drei Gebäuden gefunden: Paläste aus der Römerzeit mit einem Innenhof, großzügig geschnittenen Zimmern und Fußbodenheizung. Eine Besonderheit ist der luxuriöse Bäderteil, der – in der Tiefgarage – für die Nachwelt teilweise bewahrt werden konnte. Der Badekomplex mit einer Fläche von siebzig Quadratmetern hatte sogar einen eigenen Sprudelbrunnen. Doch Pécs ist noch für andere Überraschungen gut: So stößt man beim Bummeln in einem modernen Geschäftekomplex (*Kereskedők Háza*, Rákóczi-Straße 46) plötzlich auf die Reste eines weiteren Bades. Im »Römischen Stockwerk« *(Római szint)* wurden erhaltene antike Mauern des ehemaligen Badekomplexes in die moderne Architektur integriert. Man muss also nur die Augen aufhalten, dann ist es gar nicht so schwer, das alte Sopianae wiederzuentdecken.

Sándor Reményik
Non omnis moriar

Des Domes ungeheure Türme:
Vier mächtige Ausrufezeichen,
Deren wache Augen auch
Über dieses Eck im Parke streichen.

Trübsinnig steh ich hier im Staub,
Ein Mann fegt dort das tote Laub,
In diesem rauen Rascheln klingt
Der Herbst mit seinen Ritualen.

Meine Augen fallen dort auf einen Stein,
Schlichter kann eine Tafel kaum mehr sein,
Darauf ganz blass zwei Künstlernamen,
Männer, die aus dem letzten Jahrhundert kamen.
Der eine spielte Flöte, der andere Fagott,
Beide schon tot, längst stehen sie vor Gott.

Keine großen Namen, keine Musik-Titanen …
Was macht der Straßenfeger nur für Lärm,
Die Rituale des Herbstes, wie sie verkamen.

Weiß wohl einer in Pécs, in der uralten Stadt,
In welchem Enkel sich Erbschaft erhalten hat,
Irgendwo lebt das zu Fleisch gewordene Wort,
Der Schöpfer der Früchte, die heilige Liebe,
Was damals auf alter Bühne heilsam schwebte,
Sich im Mai einst in den Himmel sehnte,
Flöte und Fagott wurden zum Herzensort.

Zarter Ton, der keine Ufer kennt,
Verbindet alt und neu, die jetzt nichts trennt.
So erwachen auch in mir, der ich hier steh,
Die alten Rituale, ihnen geschieht kein Weh.
Fege nur, du Straßenfeger, fege laut und harsch,
Unter dem lauten Laub, unten in der Tiefe,
Klingen Fagott und Flöte, Musik, als wenn sie riefe.

Pécs, Mai 1927
Aus dem Ungarischen von Felix und Clemens Prinz

Ein Dom wie aus dem Bilderbuch

Márta Józsa

Die große Mauer von unten schauen – die Barbakane

Zur Barbakane gehen wir immer durch den Bischofsgarten, obwohl es ein bisschen beängstigend ist, durch den Bischofsgarten zu spazieren. Von allen Seiten Zäune, und wenn man zwischen den seltsam geformten, an manchen Stellen beinahe horizontalen Ästen hindurchgeht, fühlt man sich immer beobachtet. Kein Wunder: Das Barock macht dir Angst, der Bischofspalast legt sich mit seiner ganzen Schwere auf dich, du spürst den Windhauch der aufwirbelnden Kutten, ein himmlischer Druck, als ob die Mächtigen aus allen Fenstern auf dich nieder sähen. Dabei tut dir der frische Duft nach dem Regen gut, der üppige Pflanzenwuchs beruhigt deine Augen, auch das Gezwitscher der Vögel vermischt sich nur mäßig mit dem Straßenlärm, und doch bleibst du nicht stehen, siehst dich nicht um, son-

Das düstere Bollwerk schützt heute Liebespaare im Park.

dern stapfst weiter, als hättest du etwas zu tun, blickst hin und wieder zum Gebäude hinauf, um dich zu vergewissern, dass du dich nicht ungebührlich benommen hast. Du bist ein Fremder in dem Garten. Dann kommt das Drehtor, dahinter ein anderer Garten in einer anderen Welt. Hier ist das Tor, dessen einzige Aufgabe es ist, ein anderes Tor vor der türkischen Gefahr zu schützen, das Tor der Burg. Eigentlich ist es das Tor des Tores, diese Burg war so vornehm, dass man selbst ihren Eingang mit einer gesonderten Bastei schützte (und das bedeutet das arabische Wort *bab-khanah* auch: »Torbastei«). Eine Zugbrücke verband die beiden Tore – zog man sie hoch, so blieb die Barbakane verwaist, von der Mutterburg getrennt. So wie heute vom Bischofspalast: Auf der Treppe mit den fehlenden Stufen klettert neben der Mauer eine Schar von Kindern, sie spielen Belagerung, manchmal bleibt ein Fuß in einer Lücke zwischen den Brettern hängen. Ein paar Mädchen in hübschen Kleidchen sehen neidisch zu: Ihre Großmütter haben sie hierher gebracht, damit sie brav mit ihnen spazieren gehen, sie dürfen nicht hinaufklettern, weil sie sich, Gott bewahre, noch schmutzig machen könnten. Sie könnten sich blaue Flecken holen. Dabei warten auf die Kinder Tausende von Schießscharten, die Stadt zu ihren Füßen – besorgte Mütter sehen seufzend zu, bis die Bengel keine Lust mehr haben und in den Burggraben laufen, um Fußball zu spielen. Es heißt, dass man diesen in den sechziger Jahren im Winter noch mit Wasser aufgefüllt habe und die Pécser Kinder am Fuß der Barbakane Schlittschuhlaufen gelernt hätten. Was das anbelangt, konnte man hier auch anderes lernen: der Festungswall war der beliebte Spielplatz der Kinder, der äußere Burghang jener der Männer. Hier gibt's Bohnensuppe mit Haxe und *Szalon*-Bier – von dem alle Pécser todsicher behaupten, dass es der einzige und ewige König der Biere sei.

Aus dem Ungarischen von Szabina Altsach

Evliya Çelebi, reisender Schriftsteller, 1611–1684

Çelebi war Reisender im Hauptberuf. Wie es sich für ein orientalisches Leben gehört, ist sein Wandel auf dieser Erde von Geheimnissen umwittert. Gestritten wird sowohl um das Jahr seiner Geburt wie auch um das seines Todes. Seine Reiseaufzeichnungen sind nur im Sinne der Poesie zuverlässig, ein bewährtes Gemisch aus Dichtung und Wahrheit. Manche glauben gar, dieser große Reiseschriftsteller sei kaum gereist, sondern habe alle möglichen Quellen miteinander verquirlt und einen Großteil seiner Reisebilder auf bequemem Polster in Istanbul ersonnen und erfunden. Wie auch immer, keine Reise kommt ohne Dichtung aus, denn immer bringt der Reisende ein ganzes Netz von Erwartungen und Vorurteilen mit sich, und auch die fordern ihre Rechte, mag das physische Reiseziel sich noch so sehr dagegen wehren.

Wilhelm Droste

Evliya Çelebi

– SEI DOCH EIN MUSELMANN, DER ES NICHT LASSEN KANN!

Die etwa einhundertfünfzig Jahre während türkische Okkupationszeit hat den schlechtesten Ruf in der reichen Belagerungsgeschichte der Ungarn. Wenn der Lyriker Endre Ady (1877–1919) in einem Gedicht die zum Sprichwort gewordene Zeile »Nekünk Mohács kell« (»Wir brauchen Mohács«) prägte, dann meinte er, die Ungarn bräuchten für ihre Entwicklung das Schlimmste überhaupt. Bei Mohács verloren die Ungarn 1526 ihre entscheidende Schlacht gegen die Osmanen, das gilt seither nationalgeschichtlich als der Anfang der totalen Verwüstung, definierte sich doch das Land bis dahin als das heroische Schutzschild Europas gegen die barbarische Gefahr aus dem Süden und Osten, gerade auch gegen die Türken. Dieser Tiefpunkt ist allein vergleichbar mit der Niederlage im Ersten Weltkrieg, als Ungarn dann durch den Vertrag von Trianon zwei Drittel seiner Landesfläche verlor.

Heute nun wendet sich das Blatt. Mit den nördlichsten Baudenkmälern der osmanischen Kultur lässt sich touristisch und kulturgeschichtlich mächtig punkten. Vielleicht war es gerade diese im Stadtbild von Pécs so präsente türkische Dimension, der die Stadt ihre Wahl zur Kulturhauptstadt Europas 2010 zu verdanken hat, denn im friedlichen Neben- und Ineinander der christlichen und muslimischen Bauten deutet sich eine Harmonie an, die sowohl geschichtlich wie auch aktualpolitisch kaum zustande kam und kommt, Kultur wird zum Träger der Utopie, zum Zeichen aus ferner Zukunft.

Heute ist es vor allem die Intoleranz, die eine Aufnahme der Türkei in die Europäische Union verzögert oder gar verhindert. Gerade auf dem

Gebiet der Religion aber war die Türkenzeit in Ungarn toleranter als manch christliche Verbissenheit, die hier vorher und nachher herrschte. Noch Jahrzehnte nach Abzug der Türken wurde die Bibel in Pécs türkisch gelesen und ausgelegt. Das ist ein Zeichen für die durchdringende Macht der Okkupation, auch aber für deren Toleranz und Kultur. Durch die Beschreibungen Çelebis wird das türkische Leben in Pécs lebendig, die Kultur als Alltagskultur. Erst die Türken machten die Ungarn nachhaltig auf ihren schönsten Bodenschatz aufmerksam, die Unzahl der heißen, heilenden Quellen im Innern der Erde. Auch der frühe Einzug des Kaffees in die ungarische Kultur verdankt sich dieser Zeit.

Çelebis sinnliche Lebensbilder aus dem türkischen Pécs sind Argumente zu einer schnellen europäischen Aufnahme der Türkei, vielleicht aber auch dagegen. Denn zieht sich die Aufnahme der Türkei weiter in die Länge, dann bleibt das Land etwas mehr verschont vom Terror der Globalisierung und genießt die Gnadengeschenke der Verzögerung.

Der Großwesir hatte den Befehl gegeben, hier fünf Tage zu verweilen, und da erhielt ich Armer von Pascha Ibrahim die Erlaubnis, nach Pécs gehen zu dürfen, um Lebensmittel und anderweitige Dinge gemeinsam mit fünfzig meiner Gefährten zu kaufen. Auf dem Wege dorthin kamen wir am Fuße des Berges Arsan [Harsány] vorbei. Das ist ein hoher Berg, der überall schon aus einer Entfernung von drei *konak* zu sehen ist; ein einsam stehender Berg, an den sich kein anderer hoher Berg fügt, so gleicht er einem Ei. Nach einem Fußweg von zwei Stunden gelangten wir von hier in die Burg zu Pécs.

Evliya Çelebi
Pécser Reisebilder

Die Burg zu Pécs. Nach den Schriften der lateinischen und griechischen Geschichtsschreiber wurde diese Burg 882 Jahre vor der Geburt des Propheten, noch vor dem Tode Alexanders des Großen, erbaut. Sie befand sich im Besitz von König Ludwig von Ungarn. Nach der berühmten Schlacht von Mohács aber gelangte diese Burg bald in die Hände König Ferdinands. Später, im Jahre 950 [1543 n. Chr.] lenkte Khan Suleiman, als er nach Székesfehérvár zog, sein Pferd zur Burg von Valpó und eroberte sie am achtzehnten Tage der Belagerung, danach eroberte er auch die Burg von Siklós, am vierten Tage in einer großen Schlacht. Auch an die Burg zu Pécs erging ein kaiserlicher Befehl, und er gab dem Beg von Eszék, Beg Murad, und dem Beg von Mohács, Beg Kassim, zehntausend Fußsoldaten mit Gewehren und machte Beg Ghasi Mikhaloglu Mohammed zum Anführer von zehntausend Mann Fußvolk und befahl ihn zur Vorhut; sie setzten in der Ebene unterhalb der Burg zu Siklós bis zur Burg von Pécs die Dörfer und Rosenhaine in Brand und stürmten die Burg. Die gescheiten, gelehrten und geistesgegenwärtigen Pfarrer und *Vladikas* berieten sich und sprachen: »Dieser Suleiman ist ein Padischah, der schon die halbe Welt erobert hat, er wird Gnade über die Burg walten lassen. Wir übergeben ihm die Burg mit einem Vertrag, so entgehen wir allem Übel«; und an den Zinnen der Burg steckten plötzlich allesamt weiße, um Gnade flehende Fahnen. Die Pfarrer gingen hinaus und übergaben, die Burg dem gesetzesmäßigen Wunsch entsprechend geschmückt, die Schlüssel in einer mit Edelsteinen verzierten Muschelschale Serdar Beg Mohammed, Beg Murad und Beg Kassim, sie aber sandten die Schlüssel durch den Erzbischof [*bas irsek*, in Pécs gab es keinen Erzbischof, daher ist darunter wohl ein Bischof oder ein angesehener Priester zu verstehen] zu Khan Suleiman. Sie trafen rasch, innerhalb eines Tages, bei ihm ein, worüber Khan Suleiman sehr erfreut war und sprach: »Wer mich liebt, der tue in dieser Stadt gütige Stiftungen und wohltätige Werke.« Und die Wesire und Edlen machten die Stadt sogleich zu einem Prunkstück. [...]

Die Gestalt der Burg zu Pécs. Am Rande des niedrigen hügelartigen Berges namens Ferava [Mecsek-Berg] steht die viereckige, starke, aus Stein gebaute schöne Burg, deren Grundsteine alle derart groß sind wie die Statur eines Elefanten. Sie ist ganz aus behauenem Stein gebaut. Die Mauer ist einfach und niedrig, doch ist es eine dicke und breite Mauer, ihre Höhe beträgt zwanzig Ellen [1 Elle = 68 cm]; rundherum befindet sich ein breiter und sehr tiefer Graben, der, mit den beim Bau verwendeten Ellen [1 Elle = 76 cm] gemessen, ein insgesamt achtzig Ellen breiter, doppelt tiefer Graben ist. Ganz in der Mitte auf seinem Grunde befindet sich zur Form eines Fisches angehäufte Erde, die die ganze Burg umfasst; bei einem Ansturm wird in diesen Erdhaufen eine *Serámpá*, also ein Gitter aus Holz, gesteckt, hinter ihm werden Verteidigungswälle aufgeschüttet, mit denen der Graben geschützt wird. Vom Grunde dieses Grabens ist die Burg bis zur Basteibrüstung hinauf fünfzig Ellen hoch, die Mauer aber beträgt vom Graben hinauf zwanzig Ellen; der Umfang der Burg zählt, misst man die sie umgebende Mauer, insgesamt fünftausend Schritte. Alles in allem besitzt sie siebenundachtzig starke Basteien, von denen jede einzelne ein Meisterwerk ist. Sie hat insgesamt 5500 Brüstungen, die Schießscharten sind und sich wie Perlen aneinander reihen. Sie besitzt fünf Tore: zunächst an der westlichen Seite das Budaer Tor, von dem die Länge der Stadt über den *Çarşi* und den Basar bis zum Szigetvárer Tor auf der westlichen Seite tausendfünfhundert Schritte beträgt. Geht man von dem Tor, das an der südöstlichen Seite zur Burg von Siklós führt, ganz bis zum Neuen Tor, beträgt das Innere der Stadt 1500 Schritte. Das Tor des *Kariki*-Turmes blickt nach Süden. Die Burg besitzt an der Seite des *Kariki*-Tores nur eine einfache Mauer, doch die anderen Teile der Burg umgeben starke Mauern, die zum Schutze mit Gräben versehen sind.

Muslimische Stadtteile gibt es sieben; der einzige christliche Stadtteil liegt außerhalb des Budaer Tores. In der Stadt gibt es keine Ungarn, Bulgaren, Serben, Griechen, Armenier oder Franken, Juden aber schon. Insgesamt stehen 2200 islamische Häuser in der Stadt, niedrigere und höhere Steingebäude von so schöner Gestalt, dass ihrer Beschreibung keine Sprache zu genügen vermag. Das Dach eines jeden Hauses ist über und über mit prächtigen, rosafarbenen Ziegeln gedeckt, ich habe solcherlei Ziegel noch in keinem anderen Land gesehen. Die Dächer der mittelmäßigen Häuser aber sind hier und dort aus Holzschindeln. Die Stadt liegt nah dem Ufer der Donau. An jedem Haus gibt es Weinreben, Gärten, Wasserbecken und Springbrunnen. Alle Straßen sind nach der Zeichnung eines Schachbrettes gebaut und gepflastert, so dass sie erlauben, von einem Ende der Stadt bis zum anderen zu blicken, gleich in welche Richtung man schaut. An beiden Seiten dieser Straßen gibt es in der ganzen Länge breite, mit alten Steinen gepflasterte, sehr saubere Fußwege. Entlang der wichtigsten Straße besitzen die Edlen der Stadt vierzig Paläste.

Die Dschamis. Es gibt siebzehn Orte des Gebetes. Die Dschami von Pascha Ghasi Kassim ist sehr wohlgefällig und schön, deshalb wird sie von vielen Menschen besucht. Die Kuppeln sind aus bläulichem Stein. In Länge und Breite misst sie hundert Schritte. Sie hat einen künstlerischen *Minbar, Mihrab,* die Muezzine haben einen *Mahfil* und einen mit Edelsteinen ausgelegten *Kursi,* von dessen Schönheit man mit Worten nicht berichten kann. Die Dschami hat eine rundliche, hohe Kuppel, als hätte sie der Drechsler unsres Himmelszeltes eigenhändig geschaffen. Sie ist so schön und groß wie die Kuppel der Dschami Sultan Selims in Istanbul, denn auch diese ist über viereckige Mauern gebaut, beide sind es. Auf sechs Säulen über den Seitensoffas auf der rechten und linken Seite der südöstlichen Tore befinden sich zwei blau bemalte Kuppeln. Ihr Minarett ist sehr hoch und steht an einem meisterlich gewählten Ort. Ein wenig außerhalb des Szigetvárer Tores befindet sich die Dschami von Pascha Jakowali Hassan; auch diese ist ein wohlgefälliges Gebetshaus und ein großer Tempel. Sie ist mit bläulichem Blei gedeckt, das Minarett ist wie das vorherige ebenmäßig und schön; der Harem hier ist sehr angenehm und rundum befinden sich die Kammern der Schüler. Innerhalb der Stadtmauern beim Szigeter Tor befindet sich die Dschami von Pascha Memi, die dereinst ein Tempel der Platoniker war; in einer ihrer Ecken gibt es eine Gebetsstätte, die von einigen aufgesucht wird. Als Pascha Memi mit seinen bewaffneten Soldaten eintraf, nahm er diesen Tempel ein und fand in seinen Kellern fünfzig muslimische Kinder, von denen manche sprechen konnten, manche nicht. Die Glaubenskrieger machten ihn im Namen von Pascha Memi und im Namen von Fethia zur Dschami. Ist man in dieser Dschami, kommt es einem vor lauter Bewunderung gar nicht in den Sinn, sie wieder zu verlassen; sie ist eine alte Gebetsstätte mit einem Dach ganz aus Blei, einem Harem und einem Minarett. Die Dschami von Pascha Ferhad wird, obwohl sie sehr schön ist, kaum besucht, ihr Minarett ist sehr hoch und hat ein Bleidach. Die Kleine Dschami ist ebenfalls eine nach allen Lehren der Baukunst errichtete, angenehme Dschami, wunderbar gelegen. […]

Die innere Burg befindet sich an der westlichen Seite der äußeren Burg. Es ist eine sehr stark und fest gebaute Burg, und alle wertvollen Güter der Einwohner von Pécs werden hier aufbewahrt, da sie eine doppelte, breite und hohe Mauer besitzt; diese innere Burg bietet Zuflucht, sie ist berühmter als alle anderen Burgen. Sie hat einen breiten und tiefen Graben und ein nach Südosten blickendes Tor; dieses Tor ist ein neben einem hohen, viereckigen Turm stehendes, künstlerisch verziertes Tor, über dessen Bogen sich auf weißem Marmor eine Zeichnung befindet, die auch auf dem Groschen namens Taler zu sehen ist, ein Greif, der beide Flügel ausbreitet und die Krallen an beiden Füßen ausstreckt; wer ihn sieht, könnte meinen, er sei lebendig. Zu diesem Bild sind auf den weißen Marmor in lateinischer Schrift gewisse geschichtliche Ereignisse notiert. Geht man durch das innere Tor, so gibt es dort noch eine Burgmauer. Unter dunklen Gewölben dahinschreitend, treffen wir nach einem kurzen Weg auf die Dschami Sultan Suleimans. Wenn wir diese stattliche Dschami so beschreiben wollten, wie wir sie gesehen haben, dann wäre das genug für einen ganzen Band.

Etwas wollen wir aber doch über sie schreiben: Unter den alten Meistern wandte ein geschickter Baumeister all sein Können für dieses Gebäude auf und brachte eine Arbeit zustande, die kein einziger der alten Baumeister auf der Welt hätte je schaffen können. Ja, die Dschami besitzt innen und außen eine Mauer, ausgelegt mit verschiedenartigen Edelsteinen aus den Händen eines Steinschleifers, der die unterschiedlichsten Steine für Ringe anfertigt, so dass selbst die gelehrten Menschen offenen Mundes staunen und starren. Die hiesigen Gewölbe, die kunstvoll geschliffenen Fenster und darauf die glänzenden Marmorsteine, die überaus schönen Gemälde in dieser Vielzahl von Farben, können weder mit der Zunge besprochen noch mit der Feder beschrieben werden. Kurz und gut, in diesem Landstrich gibt es keine zweite derart prunkvolle Dschami! Die Länge der Dschami beträgt vom südöstlichen Tor bis zum Mihrab 250 Schritte, die Breite 100 Schritte. Der Mihrab, der Minbar, der Mahfil des Müezzin sind derart wertvolle Meisterwerke, dass der, der sie gesehen, über ihre Kunst staunt und sich wundert. Sie sind über und über mit wundervollem Marmor ausgelegt, so dass derjenige, der diese Handwerkskunst erblickt, sagt, sie sei mit kleinen Steinen bedeckt. Von der Hälfte dieser Dschami muss man bis zum Mihrab vierzig Steintreppen hinaufgehen. Die Seite des Mihrab ist sehr hoch und mit glattem weißem Marmor ausgelegt; ich habe noch in keiner Dschami einen derart hohen Mihrab gesehen. Der Grund für diese Höhe ist, dass dieser Ort zunächst ein Bücherlager war, auch derzeit besitzt er ein Eisentor. Das Innere ist über und über voll von osmanischem Kriegsgerät. Die Schlüssel zu diesem Lager und zum Tor der Dschami befinden sich alle in der Hand des befehlshabenden Aga. Im unteren Teil der Dschami wird der Weizen der Statthalterei gelagert, die anderen Räume sind voller Hirse und Zwieback. In den Lagern gibt es keinen freien Platz, da seit dem Aufstand der Eingeborenen und Christen das Tor der Dschami nicht geöffnet wurde und seit sieben Jahren kein Gottesdienst darin stattgefunden hat.

Ihr hohes Tor ist immer geschlossen. Würde doch der erhabene Gott uns Frieden geben, damit das Tor wieder geöffnet werden könne und Freude herrsche! An beiden Seiten dieses hohen Tores stehen aus Stein gefertigte Säulen mit gewundenen Linien, und es spannen sich mehrfache Bögen. Wer bewandert in der Wissenschaft des Ingenieurwesens und der Baukunst ist, wird, wenn er dieses Gebäude erblickt, staunen. An den vier Ecken dieser Gebetsstätte steht je ein Uhrenturm; die Alten hatten in diesen Türmen die Glocken untergebracht und geläutet, was sogar einen *konak* weit noch zu hören war. Über den Turm auf der rechten Seite wurde ein Bretter-Minarett gebaut, das es lohnt anzusehen. Über dieser Dschami gibt es keine Steinkuppel, vielmehr befinden sich über den aus Zypressenbalken gefertigten Hauptbalken ineinander gefügte Bodenplanken, die eine bemalte, majestätische Decke bilden. […]

Rundherum befindet sich eine ausgezeichnete Medrese, deren Beschreibung nicht in Worte zu fassen ist. Derzeit sind aber in jeder ihrer Zellen Burgsoldaten untergebracht, da sie nach der Verordnung Khan Suleimans einen eigenen Befehlshaber und hundertfünfzig Soldaten hat; es gibt alles in allem auch vierzig Soldatenhäuser. Neben der Dschami steht der Brunnen des Lebenswassers; wenn jemand im Monat Juli daraus trinkt, dann ist es, als hätte er vom Wasser des ewigen Lebens getrunken, solch eine Freude findet er darin. Ausrüstung und Kriegsvorrat gibt es genügend, doch die Männer sind im Vergleich zur Größe der Burg wenige, da sie inmitten des Grenzlandes liegt und auch der Militärsklaven sind wenige. [...]

Es gibt drei Bäder. Unter anderem gibt es vor dem Mihrab in der Dschami Pascha Kassims und am anderen Ende des Weges, auf der linken Seite ein sauberes und angenehmes Bad, über das man allerorts spricht; das Wasser, die Luft und auch das Gebäude sind angenehm. Dieses Bad hat einen großen Raum zum Umkleiden, einen Raum mit einer hohen Kuppel, in dessen Mitte sich aus einem Stück weißen Marmors ein so großes Becken befindet, dass es unbeschreiblich ist. Wie konnte der Steinmetz dieses Stück schweren Gesteins in diesem Saal so aushöhlen? Und mit welchem Lastenzug konnte es in diesem Saal aufgestellt werden? – Man muss darüber sehr staunen. In der Mitte des Beckens befindet sich aus einem dem gelbsten Gold ähnlichen Kupfer ein Trinkbrunnen-Kelch. Wenn sich fünfzehn Menschen hineinsetzen, dann haben auch sie Platz. Um diesen Kelch herum spritzt aus zwölf Drachenmündern das Wasser des Lebens, es fließt hinab und strömt in das große Becken. Diesen kunstvollen Kelch hat der geschickte Meister so auf drei bronzene Stierhäupter und den Rücken dreier bronzener Schildkröten gestellt, dass der Geist des Betrachters innehält und in Staunen verharrt.

Innerhalb des Szigetvárer Tores befindet sich in der Nähe der Dschami Pascha Memis, das Bad Pascha Memis, ein angenehmes warmes Bad mit einem schönen Gebäude, dessen Badegesellen Hände wie Sonnen haben. [...]

Hochschulen (Medrese). Die Koranausleger und *Ulemas* haben fünf Schulen. Unter anderem in der inneren Burg die alte, wissenschaftliche Hochschule des göttlichen Eflatun (Platon) [gemeint ist hier die alte Universität von Pécs], die siebzig burgartige Räume mit fürstlichen Gewölben besitzt. [...] In früheren Zeiten wohnten in dieser Hochschule mehrere Schüler aus dem Westen und dem Osten, die, als sie all die besonderen und wunderbaren Wissenschaften bei ihren Meistern gesehen hatten, die Wissenschaften zur Vollkommenheit brachten, derzeit wohnen aber in diesen Zimmerchen die Burgsoldaten und vergnügen sich mit den Einwohnern. [...]

Drei Türken – sichtlich zufrieden mit sich und ihrer Stadt.

Die Klöster. Es gibt sechs Klöster. Unter allen ist das herausragendste und bedeutendste das Kloster der tanzenden Derwische, das von Pascha Jakowali Hassan gegründet wurde und das in einem Rosenhain und Palmenhain mit Ergawanbäumen [Persischer Flieder], ähnlich dem Garten Irem, steht; während die Nachtigallen hier dem Klang und dem Takt der Derwischflöte lauschen, beginnen auch sie ihr Nachtigallengeträller, so dass es einem jeden Zuhörer die Seele verzaubert. [...]

Tracht und Kleidung. Alle Bewohner tragen nach der Tracht im Grenzgebiet einen kurzen Dolman mit silbernen Knöpfen an Brust und Ärmeln, sehr enge Hosen mit Schnallen, einen Gürtel aus Seidenstoff und feste Stiefel mit hohen Absätzen. Auf dem Kopf tragen sie aus weißem Stoff gefertigte Pelzkalpaks, und sie sind stets bewaffnet. Ihre Waffen sind das Schwert, der Morgenstern, der Speer und die schwere Keule. Unter allen Völkern im Grenzland trägt dieses Pécser Volk einen weißen Kalpak auf dem Kopf, um die Taille einen mit Steinen besetzten Gürtel aus Kordel oder Wolle, und um die Hüfte tragen sie *kurt* genannte Messer.

Die Soldaten der leichten Truppen sind mit Kolben bewaffnet. Auf der Harfe zu spielen, ist der Brauch dieser Pécser Kämpfer. Gott ist mein Zeuge, dass sie brüderlich, mit einer derartigen Liebe zur Musik musizieren, dass jene, die sie hören, in Erregung und Aufgebrachtheit geraten und einander eifrig anspornen. In dieser Provinz sind die Musik, das Essen und Trinken, das Gefangennehmen, das Hängen, die Unterdrückung, das Zufügen von Schnittwunden keine Schande. Die voreingenommenen, schmähenden und verleumderischen Opiumfresser aber mögen sie nicht, und diese werden von ihnen auch nicht gegrüßt, sie unterhalten sich nicht einmal mit ihnen.

Aus dem Ungarischen von Éva Zádor; Anmerkungen in Klammern von Imre Karácson, dem Übersetzer aus dem Türkischen.

Sollen wir also, sprach er, zwei Arten der Dinge setzen: sichtbar die eine und die andere unsichtbar?

Das wollen wir, sprach er.

Und die unsichtbare als immer auf gleiche Weise sich verhaltend, die sichtbare aber niemals gleich?

Auch das, sagte er, wollen wir setzen.

(Platon: Phaidon)

Tamás Szalay
Platons Grab in Pécs

Jede anständige Stadt verfügt über nicht existierende Orte. Nicht egal ist jedoch, *wie* diese Orte nicht existieren. Unbedeutende nicht existierende Orte können nicht als solche angesehen werden: Diese gibt es einfach nicht.

Ein Geheimnis der Städte mit reichem Erbe ist, dass sie eine Vielzahl unsichtbar existierender Orte verbergen. Hin und wieder siebt sie die Zeit aus dem Gedächtnis der Stadt, dennoch bleiben sie ein Teil von ihr: verborgen, jedoch unzertrennlich.

Zuweilen taucht eine der in Vergessenheit geratenen Geschichten wieder auf, schlüpft aus der Erde, aus Mauern, aus den staubigen Akten der Archive, den längst vergilbten Seiten der Bücher. Selbstverständlich gibt es auch Abenteuergeschichten; diese geben vor, zur Vergangenheit der Stadt zu gehören, doch wie sehr sie sich auch verstellen, man gewährt ihnen die Aufnahme nicht.

Die Stadt erkennt die Ihrigen.

Aus dem fernen Istanbul fand eine Geschichte den Weg nach Hause, wo sie sich bis jetzt in türkischer Sprache versteckt hielt. Der große Reisende Evliya Çelebi überlieferte sie uns, der Reisende, der aufbrach, um unsterblich zu werden und auf den Seiten seiner Bücher alles Wesentliche, was den Ruhm des Reiches verkündete, als etwas wirklich Existierendes zu verewigen – so entstand das *Buch der Reisen*, das *Seyahatnâme*.

Çelebi macht sich in Istanbul auf den Weg, um in einer müden Abenddämmerung im Sommer 1663 nach Pécs zu gelangen.

Was unterscheidet die Reise vom Ankommen? Der Raum oder die Zeit? Die Veränderung? Ist denn jeder auf dem Weg, der seinen Ort verändert? Und wer seinen eigenen Platz hat, seinen einzigen Platz im Universum, bricht der etwa nicht Tag für Tag erneut auf?

Der Reisende bringt die zurückgelegte Strecke zu Papier, um die aufgewendete Zeit zu rechtfertigen: Auf diese Weise schreibt er seine Gegenwart und die zukünftige Vergangenheit der besuchten Städte. Die Reise ist nur ein Vorwand, die Texte selbst schreiben den zurückgelegten Weg. Es ist leicht, auf den Pfaden der Zeilen anzukommen, doch sich zu verirren, ist ebenfalls nicht schwer.

Çelebi schreitet räumlich und zeitlich voran, um alles festzuhalten, was er erlebt. Er ist nicht einmal fünf Jahre alt, als eine Welt weiter, die er später aufsucht, sein Geistesverwandter, Cervantes, stirbt. Çelebi ist das letzte Exemplar eines Ritters, der im Labyrinth der Texte umherirrt. Zu sein oder zu leben, ist nicht das Gleiche: Das Unsichtbare ist immer das Gleiche, nicht so das Sichtbare. Auf dem Weg zu sein, bedeutet, sich offen dazu zu bekennen, dass das Sichtbare nie das Gleiche ist.

Nicht die Odyssee ist die Wirklichkeit, nicht der Regen, der auf der Reise auf ihn niederprasselt, nicht der peitschende Wind, nicht sein wundgescheuertes Gesäß im Sattel, nicht die Flöhe in den Wirtshäusern und nicht das trockene Brot.

Die Hufe seines Pferdes trotten auf dem Pfad der Zeilen und Texte voran, immer höher, bis er endlich das mit Rosenlauben und hundertsiebzig Birnensorten beschenkte Eden auf Erden erreicht, die Stadt, die dem Garten Irems gleicht: Das ist Pécs.

Die Stadt fasziniert ihn. Er kann sich an ihrer Schönheit nicht sattsehen, doch er ist ein erfahrener Reisender, ein treffsicherer Autor, der nicht jeder Verlockung erliegt. Mit kühlem Kopf trifft er seine Wahl, er notiert nur, was er der Ewigkeit für würdig befindet.

So schreibt er nicht die Geschichte jenes Jesuiten nieder, der zusammen mit seinem unitarischen Kumpel und den Türken, die in der Gegend wohnen, die Nacht durchzecht und am nächsten Morgen beschnitten aufwacht. Er schreibt sie nicht nieder, denn diese Frivolität ist – obwohl jeder in der Stadt den liederlichen Mönch und seine türkischen Zechbrüder kennt – nichts für die Ewigkeit. Er schreibt kein Wort über die bosnischen Mädchen von Tettye, die neben dem *Sadirvan* – dem Moscheebrunnen – an der Ecke des Marktplatzes mit einem süßen Akzent heiße Maroni anbieten, denn das ist nichts weiter als Schall und Rauch.

Auch Aberglaube und Geschwätz können ihn nicht hinters Licht führen. Er schreibt nicht darüber, was stadtweit geflüstert wird: dass sich auf den Gräbern der türkischen Krieger auf dem Friedhof der uralten Allerheiligenkirche, der sich tief in den verwinkelten Straßen von Tettye breitmacht, von Zeit zu Zeit kleine Flammen entzünden. Die Soldaten, die sich in die weite Ferne verloren haben, hinterlassen auf diese Weise den Ihrigen Nachrichten in der Hoffnung, dass die Lichter in Istanbul oder zumindest in der Malomséd-Straße oder in Puturluk zu sehen sind.

Er schreibt nur darüber, was wirklich wichtig ist. Was in Stein gemeißelt steht, was Jahrhunderte überlebt.

Deshalb schreibt er die Geschichte des großen Philosophen Platon. Nämlich wie Platon – oder wie er im Osmanischen Reich bekannt ist: Eflatun – sich, als er Europa durchreiste, nach Pécs verirrte.

Pécs ist jedoch keine gewöhnliche Stadt, auch damals schon war sie es nicht: Laut Çelebi zieht sie das Herz an wie der Kerzenschein die Nachtfalter. Auch der Philosoph konnte dieser Anziehung nicht widerstehen: Er sah ein, dass er am schönsten Ort, den er je gesehen hatte, angekommen war, und ließ sich am Fuß des Mecsek-Gebirges nieder.

Seine Tage verbrachte Platon in Pécs nicht nur mit Philosophieren und Denken. Er gründete eine Schule, empfing Schüler, und die Stadt wurde nach seinen Anweisungen weitergebaut.

Wer Pécs besucht, schreitet auf Platons versteinerten Gedanken.

Zu Zeiten Çelebis pilgerten noch Scharen zu der Moschee von Pascha Memi, um einen Blick auf die Eremitenzelle zu werfen, die als Platons Wohnort diente, und um sich an der Quelle zu erfrischen, über die der *Große Philosoph* einen mit zwei Wasserhähnen versehenen Quellbrunnen errichten ließ. Platon wohnte in der Zelle in der Moschee Pascha Memis, doch seine Bibliothek richtete er im Mihrab der Moschee Sultan Suleimans ein. Evliya Bej sah noch mit eigenen Augen den Platz, wo sich keine Bibliothek mehr befand, die vierzig Marmorstufen, die ins Heiligtum führten. Die Moschee Suleimans war nicht nur die letzte Ruhestätte von Peter Orseolo, der Dom des Seligen Maurus und des Janus Pannonius, sondern auch Platons Gebetsstätte.

Platon befasste sich laut Çelebi neben der Philosophie auch mit der Astrologie. Er untersuchte das Sternzeichen seines selbsterwählten Wohnortes und stellte fest, dass das Schicksal der Stadt vom Sternzeichen Waage, vom luftigen Haus der Venus bestimmt werde – die Bewohner von Pécs seien also luftige Menschen.

Auch Platon wurde luftig, er lebte wie ein Pécser und starb auch wie ein Pécser. Auf sein Grab legte man eine dicke Marmorplatte, um die letzte Ruhestätte des *Großen Weisen* für alle Zeiten kenntlich zu machen. Evliya Çelebi hat das Grab noch gesehen.

Er hat Platons Grab in Pécs gesehen.

Etwas südlich vom Szigeter Tor, links von der Hauptstraße, auf einem kleinen Abhang, in einem Garten mit Rosen, Hyazinthen und Nachtigallen stand es. Keine Kuppel, kein Bauwerk, einzig ein länglicher Marmorstein verwies auf seinen Platz.

Die Marmorplatte gibt es nicht mehr, sie ist längst verlorengegangen – wie auch die Geschichte, welche dem einstigen Denkmal ein Andenken setzt.

Die Geschichte ist nun wieder aufgetaucht und entreißt den nicht existierenden Ort der Vergessenheit. Der Ort selbst existiert nicht, doch es existiert die Geschichte, gewichtiger als die nicht existierende Steinplatte, unter der ein nicht existierender Körper ruht, irgendwo in der Nähe vom Szigeter Tor.

Seine unsichtbare Wirklichkeit bleibt nun für immer in Pécs.

Denn das Unsichtbare ist immer das Gleiche.

Aus dem Ungarischen von Gabriella Érdi

Am Hang des Rochushügels entspringt eine Quelle. Für diese ließ schon Derwisch Beg ein aus Stein gemeißeltes Becken aufstellen, damit von dem dort angesammelten Wasser die Schafe trinken und die Frauen darin die Kleider waschen konnten. Darunter erstreckt sich der Friedhof der Christen, der Rókus-Bach fließt durch ihn hindurch. Es ist ein großer Friedhof, da diese Stadt seit mehr als tausend Jahren den Christen gehörte. Sie war christlich, lange bevor der Schöpfer den Propheten Mohammed zu sich gerufen hatte. Diese Stadt war der Sitz des Volkes von Rum, der ruhmvollen Römer, und als einer der großen römischen Sultane, Konstantin, in seinem ganzen Reich jedem erlaubte, Christ zu werden, wurde auch Pécs christlich. Als der Ruhm von Rum erlosch, kamen wieder Ungläubige, und Ziegen grasten in den Ruinen der Kirchen, Hühner scharrten, da die neuen Völker andere Götzen vergötterten. Doch viele Jahre später errichteten die Alemannen hier wieder eine große christliche Moschee – die große, viertürmige Kirche, die Basilika –, die jetzt als Lebensmittel- und Waffenlager der Statthalterei in der inneren Burg dient.

Viktor Horváth

Türkenspiegel

*

Dann besetzten die Ungarn die Stadt, aber damals war der Abgott dieser Ungarn noch nicht Jesus, vielmehr beteten sie das Feuer, das Wasser, den Wind und den Mond an, wie heutzutage die gottlosen Tuaregs in der Wüste, wohin Allah sie wegen ihres Starrsinns zur Strafe verbannt hat. So spielt das Schicksal den Eingottgläubigen und den Barbaren auf der Erde mit, weil Allah das Herz der Ungläubigen versiegelt, doch die Stadt blieb stets bestehen, wie oft sie auch in Brand gesetzt und ihre Bewohner ausgeraubt und niedergemetzelt wurden. Denn der Stadt ist es gleich, von welchen Menschen sie bewohnt wird, die Stadt bleibt bestehen.

*

Am oberen Ende des Marktplatzes befand sich die zweitschönste Kirche der Stadt. Sie war viel kleiner als die große Basilika in der Burg, aber es hieß, die Schönheit ihrer an die Wand gemalten Bilder und der dort aufgestellten Götzen hätte die Menschen ihres Verstandes beraubt. Diese wundersame Kirche aber trug den Namen des Heiligen Bartholomäus.

»Warum hieß sie Sankt-Bartholomäus-Kirche?« fragte ich Seifi.

»Bartholomäus war einer der Jünger des Propheten Jesus. Als Jesus getötet wurde, ging Bartholomäus nach Armenien, um die Heiden zu bekehren, aber der dortige Heiden-König ließ ihn häuten. Deswegen kamen die Christen auf die wunderbare Idee, ihn in ihrer Kirche aufzustellen. Aber da sie den wahren Märtyrer nicht finden konnten, weil er in einem fernen Land ja schon längst zu Staub geworden war, gingen sie so vor, wie sie es immer zu tun pflegen: Sie ersetzten ihn durch eine Statue. Diese meißelten sie aus Stein und bemalten sie, doch ganz so, als wäre sie wirklich der enthäutete Mann, so dass jeder, der sie sah, sagte, ihm hätte es den Magen umgedreht, weil dieser Steingötze gehäutet war und seine eigene Haut in der Hand hielt.«

Diese Kirche auf dem Marktplatz mit dem gehäuteten Bartholomäus besuchte Herr Kassim zu Beginn, als er zum Sandschakbeg von Pécs ernannt worden war, weil er die riesige Kirche in der Burg zum Lager für Lebensmittel und Munition hatte umbauen lassen. Und die anderen Moslems beteten in den anderen zu Moscheen umgebauten Kirchen, aber es blieben ihnen nicht viele solcher Orte: Es gab das Kloster der franziskanischen Derwische am Szigeter Tor, aber dorthin konnte man nicht gehen, da man das ganze Kloster zur Kaserne für die Einheiten der Stadtwache gemacht hatte; dann war da noch diese düstere Kapelle in der Nähe des Budaer Tores, wo die Pauliner Derwische ihr Lager aufgeschlagen hatten, doch sie war für Gottesdienste einfach zu klein, weshalb sie als Zolllager verwendet wurde, dann gab es noch eine Kirche namens Sankt Ladislaus mit dem Spukschloss der Karmeliter-Derwische, diese lag nicht weit von der Franziskanerkirche, in der Straße, die nach demselben Ladislaus benannt war. […] Zu dieser Zeit ließ Kassim die Breite des Marktplatzes und den Winkel des Hanges abmessen und dem Padischah einen Tezkere schreiben. […] Mit dem Antrag zusammen verschickte er auch die Zeichnung des Pécser Marktplatzes, und der Diwan veranlasste den großen Mimar Sinan, den Baumeister des Sultans, einen Plan anzufertigen. Ich weiß nicht, ob Sinan selbst das Gebäude letztlich plante, sicher aber ist, dass der junge Schüler Sinans im Jahre 952 im Monat des Muharrams in Pécs eintraf: Dies war Mimar Hassan. Bis dahin ließ Kassim die Bartholomäus-Kirche am Marktplatz abreißen, und Hassan veranlasste dann, aus ihren Steinen die große Dschami zu erbauen. So wurde Kassims Dschami das schönste Gebäude der Stadt. Aber wie kann man eine Kuppel auf ein Gebäude mit quadratischem Grundriss bauen? Ist doch der Grundriss der Kuppel ein Kreis. Wie kann man einen Kreis auf ein Quadrat setzen? Das alles hatte der junge Baumeister von Sinan gelernt, und dieser wiederum von den Römern und Byzantinern.

*

Der Markt ist die Mitte der Stadt. Und die Stadt hat nahezu die Form eines Rechteckes, eines Rechteckes, dessen Ecken rund sind und dessen Seiten leicht gebogen, und in der einen Ecke dieses Rechteckes, in der nordwestlichen, befindet sich die innere Burg, in der wir wohnen. Der Marktplatz bildet die Mitte eines christlichen Kreuzes, von hier führen Wege in die vier Himmelsrichtungen, zu den vier Toren der Stadt. Das östliche Tor wird Budaer Tor genannt, da dort die Landstraße nach Buda verläuft, die einen Bogen um die Berge macht, um dann nach Norden zu biegen. Außerhalb des Tores muss man über eine Steinbrücke gehen, da vor den Mauern ein schneller und wasserreicher Bach, der Mühlenbach, flink dahinfließt. Er wurde so genannt, weil das zu kleinen Seen angestaute Wasser an seinem oberen Lauf etwa vierzig Mühlen treibt, oben am Stadtrand namens Malomszeg. Es gibt Mühlen, die Getreide mahlen, es gibt Ölmühlen, in denen aus Leinen- und Hanfsamen Öl gepresst wird, es gibt eine Sägemühle, in der mit der Kraft des Wassers Balken für Häuser und Bretter für Möbel, Wagen und Lafetten zugeschnitten werden, und hier steht auch die staatliche Pulvermühle, die nicht nur die Pécser Stadtwache mit Schießpulver versorgt, sondern auch die kleineren Burgen des Sandschaks.

*

Das Hammam ist die Begegnung von Himmel und Erde. Der einzige Ort auf Erden, den Engel und Teufel gleichzeitig besuchen. Jeder Mensch kann für sich entscheiden, warum er das Hammam betritt. Um der Engel willen, die durch die Kuppel des Gebäudes kommen, oder um der Teufel willen, die im Wasser lauern und im Feuer herumspringen, welches das Wasser wärmt, und sich in den lauwarmen Steinen des Becken verkriechen. Als bei der Einweihung des Hammam der alte Imam das wunderschöne neue Bauwerk zum ersten Mal von innen sah, wollte er nicht hineingehen. »Mein Herr, großer Derwisch Beg, das sind doch Drachen!« schrie er entsetzt. »Haben wir denn nicht genug Sorgen damit, dass im Wasser und Dampf allerlei Wesen die jungen Gläubigen zur Unkeuschheit anstiften? Da stellt uns dieser Stambuler Rotzlöffel auch noch das Ebenbild des Teufels in die Mitte des Beckens! *Bismi 'llahi r-rahmāni r-rahim!* Ich betrete diesen Raum nicht!« »Imam, verhalte dich,

Verschleierung hält in der Király-Straße das Wasser nicht auf.

wie es deinem Alter gebührt! Ein weiser Mann hat keine Angst vor dem Dampf. Die Dschinns sind auch Geschöpfe Allahs und Gläubige des Islam. Und die, die es nicht sind, sind selber Schuld. Allah umfängt die Ungläubigen.« Der Alte ging letztendlich hinein, aber seine Augen mussten verbunden werden, und er ließ sich von dem Diener ins Becken geleiten, um die Nacktheit der anderen nicht sehen zu müssen, und seine *Bismi 'llahi* murmelte er immerfort, um sich vor den Dämonen zu schützen. Auch der Obermufti Abdurrahman, der Rechtsgelehrte in kirchlichen Sachen, war dabei, doch er sorgte sich nicht.

Nachdem wir die Umkleide- und Waschräume verlassen hatten, betraten wir den zentralen Raum unter der großen Kuppel. Hier sind das heiße Wasser und der Dampf, das Becken aber ist auf ganz erstaunliche Weise aus einem einzigen riesigen Stück Marmor gemeißelt. Es ist so groß, dass in ihm fünfzehn Männer gemütlich Platz haben. Ich hatte gesehen, wie es auf geschälten Baumstämmen vom Siklóser Tor hinaufgeschleppt worden war. Der Marmorblock wurde aus dem Berg von Harsány herausgehauen, es wird jedoch behauptet, es habe mehrere Wochen gedauert, ihn nach Pécs zu bringen, da Mimar Hassan wegen des großen Gewichtes keine andere Möglichkeit des Transportes sah, als den Stein zu rollen, was aber langsam und beschwerlich war, da die Stämme, über die der Block gerollt worden war, einzeln nach vorne gebracht werden mussten, immer und immer wieder. Als der Block Pécs erreicht hatte, dauerte der Weg vom Stadttor bis zum Marktplatz einen ganzen Tag, da es hier bereits sehr steil bergauf ging. Wenn die Kuppel der Himmel ist, dann ist dieser Marmorblock die Erde, da er ein ungeteiltes, heiles Ganzes ist. Als der Stein an seinen Platz gelangt war, bohrten die Steinmetze ein Loch in seine Mitte, durch das sie jenes Bleirohr führten, das das Wasser über den Kanal von der Quelle zur Heizung und schließlich ins Becken leitete. Das Rohr wurde in einer rosafarben geäderten Marmorsäule versteckt, an deren Spitze das Wasser hervorsprudelte und in einen glänzenden Messingkelch floss, an den Seiten der Säule aber spuckten zwölf kupferne Drachenköpfe das Wasser. Diese Köpfe störten den alten Mullah ganz besonders. Im nächsten Raum waren die Becken mit lauwarmem und kaltem Wasser schon aus kleineren Marmorplatten gefertigt. Seitdem wurden zwei weitere Bäder in der Stadt gebaut, aber bis heute ist dieses das schönste und größte.

*

Wenn du ins Hammam gehst, dann spare nicht mit Seife, Düften, Cremes und Körperölen, gleich ob du Mann bist oder Frau, denn sorgfältige Hände massieren sie in deine vom Dampf entspannten Muskeln und in deine vom Schweiß gereinigte Haut; sie sind aus Zutaten zubereitet, die Allah in guter Laune erfunden hat. Mit dem alten Rezept, das aus Sauerkirschen, Rebenwurzel-Sud, Safran, Kandiszucker, Gummi arabicum, Fledermausharn, Muttermilch, Mandelöl, Feigensaft, getrockneten und gemahlenen Meerzwiebeln, Schöllkraut, Minze, Kichererbsenmehl, Reismehl, Pistazien, römischem Senf, armenischem Borax, Olivenöl, vermischt mit Wasser und einer Essenz aus Eiweiß, entstand, hat der Alchemist Dschafer seine Werkstatt zur Blüte gebracht, sobald die Badeanstalt eröffnet hatte.

*

Auf dem Markt verkauften die ungarischen Kaufleute, was sie selber gezüchtet und gepflanzt hatten, Wein, Weizen, Geflügel, Eier, Schafsköpfe und sogar Schwein (Gott sei diesen Elenden gnädig). Am Frühlingsanfang gibt es hier noch kein Obst und Gemüse, aber vom Herbst sind noch Nüsse, Mandeln, Erdnüsse übrig, und es gab süßes Gebäck mit Honig. Sie verkauften auch Fische, aber wenig, denn es ist weit bis zum großen Fluss, zur Donau, auch zur Drau. Was an Fischen auslag, war in der Sumpfgegend gefischt, die vom Mühlbach, der vom Berg heruntersürzt, oder von anderen Quellen gespeist wird, unter diesen Fischen gibt es welche, die ganz nach Sumpf schmecken, weil sie Schlamm fressen, und welche, die andere Fische jagen und deren Fleisch weiß und schmackhafter ist als das von Seefischen – die werden von den Ungläubigen Hecht und Wels genannt. Die Fische werden in großen Eimern gehalten, deren Wasser leicht zu wechseln ist, da auf den Marktplatz das saubere Quellwasser in einem breiten Kanal herunterrast.

*

Du kannst nicht wissen, mein rechtgläubiger Nachkomme, wie diese reiche Stadt in meiner Kindheit war, so höre zu, ich werde es dir erzählen.

Der Basar heißt hier Markt und auf diesem sitzen die ungläubigen Frauen nicht nur ohne Esarp und ohne jede andere Kopfbedeckung, sondern sie schämen sich nicht sich anzuschreien, zu streiten und mit vollem Mund zu lachen. Dienerinnen mit verhülltem Gesicht kommen viele auf den Markt, aber die Herrinnen der osmanischen Häuser selten, und auch dann umgeben von männlichen Bediensteten. Umso mehr deutsche Bürgerfrauen gibt es, die meist Kopftücher tragen, Frauen von ungarischen Bauern, von serbischen und bulgarischen Soldaten und allerlei Frauen, von denen ich anfangs nicht genau hätte sagen können, welcher Sorte sie sind: Es sind Moslemfrauen und heidnische Zigeunermädchen vom Stadtrand Siklós, die gleichermaßen ohne Esarp daherkommen, Italienerinnen aus Malomszeg, Frauen von jüdischen und armenischen Kaufleuten aus der Großen Gasse.

Denn guter Efendi, dieses Ungarn war schon vor der Eroberung ein Land, in dem die Ungarn in kleineren oder größeren Dörfern als Bauern lebten, in den wenigen Städten gab es viele Menschen, die andere Sprachen sprachen, da sich ihre Vorfahren von anderswo hier niedergelassen hatten, um Handel und Handwerk zu betreiben. Auch die Begs und Anführer der Ungarn wohnten nicht in den Städten, sondern in ihren eigenen Burgen mit all ihren Dienstleuten zusammen, ohne sich um Handel oder Handwerk zu kümmern, da sie diese verachteten. Sie trieben nur Steuern und Zoll von den Städten ein, doch die großen Städte wurden ihnen von ihrem König aus der Hand genommen. Pécs aber war eine Stadt, deren Großgrundbesitzer vor Ort wohnte, denn es war niemand anderes als der Bischof selbst. Bis er dann vor dem Padischah floh.

Aus dem Ungarischen von Eszter Katona

Márta Józsa
Der Kaftan des Pascha Memi – das Türkenbad

Der Pascha wurde andauernd von Rheuma gequält – aber er tröstete sich damit, an einen wirklich guten Ort geschickt worden zu sein: Pécs, in diesem Teil Pannoniens, das galt als ein großes Los, nicht nur im Vergleich zur verstaubten Tiefebene oder zu den unberechenbaren Wäldern des Bakony. Also hatte der Pascha Memi keinen Grund, sich zu beklagen. Er musste auch nicht erobern, er durfte erbauen, um zu beweisen: Zwar nimmt der Türke mit der einen Hand, doch mit der anderen Hand gibt er auch. Und er durfte stolz zeigen, dass die Hohe Pforte ihre in den schweißtreibenden Außendienst verschickten Söhne nicht nur zu schneller und schlagkräftiger Kriegsführung, sondern auch zu geduldiger, ausdauernder Baukunst erzogen hatte, die sich harmonisch in die Landschaft schmiegt. Denn wie ein Kinderkopf in der schützenden Hand der Mutter geborgen ist, so fügt sich die Dschami in das Bild der sanften Hügelketten des Mecsek-Gebirges. Geben wir ruhig zu, selbst in Konstantinopel gibt es keinen schöneren Anblick als in Pécs den frommen Derwisch, der im Kloster selbstversunken seine Runden dreht. Das alles solltet ihr uns niemals vergessen – stöhnte er und streckte dabei seinen leidenden Rücken –, denkt selbst dann an mich, wenn dereinst die reich sprudelnden Brunnen versiegt sein sollten, wenn nur noch die Steinbänke neben der Kirche übrig bleiben, die von den Papisten wieder aufgebaut sein wird, wenn kleine Kinder in meinen hochehrwürdigen Fußstapfen herumtollen und auf die heißen Steine der einstigen Becken nur mehr der Turm der Franziskanerkirche ein wenig Schatten wirft. Nachts aber, empörte er sich, werden die Halbwüchsigen den Platz umlagern und Bier trinken, wo sich einst die rechtgläubigen Badegäste massieren ließen. Da stieg ihm ein leichter Uringeruch in die Nase – fast so heiß und stinkend wie die Nächte daheim. Was heißt hier daheim – korrigierte er sich sofort –, der Mensch hat dort seine Heimat, wo er baut. Wo er seine müden Knochen einweichen kann, und schon am Eingang des Bades hört er das Plätschern des Wassers und ahnt dabei nicht, dass diese geliebte Gasse später nach den Franziskanern benannt werden wird. Tagelang könnte er zuschauen, wie die Diener Holz in die Öfen der Badekammer schleppen. Ihr alle seid meinem Kaftan entschlüpft, hält Pascha

Memi der Nachwelt vor. Als ob meine Seele reiner würde – murmelt er weiter vor sich hin –, aber jetzt ist die Zeit gekommen, auch dem Körper etwas Gutes zu tun. Er betritt das Bad, schält sich aus seinem Kaftan und begibt sich auf den Massierstein. Die Diener haben hier – wie einer seiner Landsleute, der große Reisende Evliya Çelebi, schon sagte – Hände mit der Kraft der Sonne.

Aus dem Ungarischen von Wilhelm Droste

Hinter Pestsäule und Kränen die ewig türkische Dschami

Axel Halling
Die Dschami als geometrisches Kultobjekt

Sie ist eines der wichtigsten Symbole der Stadt. Auf allen Postkarten oder Prospekten wirbt man mit ihr. Das ist auch kein Wunder, denn schließlich kommen Tourist wie Einwohner der Stadt auf ihren Wegen nicht an ihr vorbei. Ihre Lage ist zentral, sie beherrscht den Platz, und das nicht nur aufgrund der Steigung des Geländes, sondern auch durch ihre schiere Größe. Und durch ihr Ebenmaß. Sie ist ein wuchtiges Beispiel plastischer Geometrie, klobig wie kompakt, aber ausgewogen in ihren Linien. Sie fußt auf einem Quadrat, fächert sich zum Achteck und krönt sich in einer Kuppel: Viereck, Achteck, Kreis. Abends, wenn sie sich von innen beleuchtet, überrascht sie durch ihre unerwartete Durchlässigkeit, gleich den alten osmanischen Leuchtern in ihrem Inneren, verwandelt sie sich in einen überdimensionalen Lampion, der diese urbane Lichtung schmückt. Geometrische Strenge ist ihr Wesen, sie verfügt über eine architektonische Eindeutigkeit und Würde, die einen tiefen Glauben als ihren Baumeister erkennen lässt.

Dass es diesen islamischen Glauben in der Stadt nicht mehr gibt, diese Religion nunmehr ferne Erinnerung ist, schadet ihr nicht – eine andere Religion kann heute sehr gut mit und in ihr leben. Auf der Spitze der Dschami steht das christliche Kreuz über dem muslimischen Halbmond, doch könnte es genauso gut umgekehrt sein – sie selbst ist schon Symbol genug, welches die Religionen verbindet und die Brücke nicht nur zwischen den Religionen schlägt, sondern auch zwischen der Vergangenheit und der Zukunft. Die Dschami steht für Vieles, in ihrer schlichten Geometrie, die erst befremdet und trennt, dann erinnert und vereint. Viereck, Achteck, Kreis. Auch wenn die Quadratur des Kreises als unmöglich gilt, die Verkreisung des Quadrats ist ihr gelungen.

Dorit Hekel

Heiliges Zwitterwesen

Du Kirchenmoschee – Moscheekapelle, heiliges Zwitterwesen, auf jeder Postkarte zu schauender Nabel der Stadt. Touristen erblicken dein grünes Dach, freuen sich an dicken Mauern, blicken in ein Schaufenster der Vergangenheit. Doch was sehen sie eigentlich? Mehrere doppelte Antlitze hast du, ein christliches und ein islamisches, ein altes und ein neues, ein schönes und ein hässliches, aber die einzelnen Elemente dieser Janusgesichter lassen sich nicht etwa zu einer logischen Kette aufreihen, nach der Art »islamisch = alt = schön«, nein, nein. Das wäre zu einfach, du liebes Mischheiligtum, du verwirrst vielmehr den gründlichen Betrachter.

Abends schlendere ich an dir vorüber, im Dunkeln leuchten warm die Honigwabenfenster deiner Vorderseite aus dem verwitterten Stein, erinnern an Fackelschein und Glut, an goldenen alten Prunk.

Mittags haste ich zielstrebig an deiner Rückwand vorbei, sehe aus dem Augenwinkel glatten, bleichen Beton und kalten Stahl. Ich versuche, nicht hinzuhören, wenn der unansehnliche metallene Glockenturm zu surren beginnt und sein kaltes Kunstgeläut über den Platz scheppern lässt. So verschieden kannst du sein.

Und so verschieden musst du sein, schließlich hast du über die Jahrhunderte zwei konkurrierenden Weltreligionen Raum geboten, deine Mieter waren Götter und deine Besucher betende Gläubige, die einen Rom untertan, Mekka zugewandt die anderen. Vom Schmuckstück zum Schandfleck und wieder zurück, diesen Weg bist du in mehreren hundert Jahren oft hin und her gegangen, als katholische Kirche wurdest du zum Dorn im Auge der Osmanen; zur Moschee umgebaut jedoch warst du Schmuckstück und Zentrum der türkischen Herrschaft. Nach deren Ende bliebst du als schmachvolle Erinnerung zurück, Stein für Stein wurde türkische Schande umgewandelt in christlichen Stolz und dann doch wieder in historisierendem Eifer mit Spuren der islamischen Geschichte versehen. Du hast aus diesen Wandlungen würdevolle Bruchstücke in die Gegenwart gerettet. Deine Mieter, die Götter, sind über die Jahrhunderte ein- und wieder ausgezogen oder vertrieben worden, immer durfte nur einer bleiben, zu einer friedlichen Wohngemeinschaft kam es nie. Und heute? Kann man die äußerlich harmonische Einheit von Halbmond und Kreuz auf deinem grünen Dach so deuten, dass der

Gott der Christen und Allah nebeneinander auf den Kirchenbänken kauern, unsichtbar für Besucher, und sich hin und wieder auf nette nachbarschaftliche Weise unterhalten?

Oder, liebes Zwitterwesen, steckst du etwa ewig mitten in einer Identitätskrise?

Die katholische Version der Dschami vor hundert Jahren

Das Minarett in Pécs, umzingelt, aber höher!

Sándor Reményik
Das Pécser Minarett

Die steinerne Säule zum Himmel gewandt,
Gefangen von blutigen Dekaden,
Von müden Armen nun nicht mehr umarmt
Voll Angst, es blieben nur staubige Schwaden.

Doch eingebrochen ist das Bauwerk nicht,
Da steht er verwaist, der türkische Turm,
Wie ein leeres Schneckenhaus am weiten Strand,
Wie nach der Flut ein ungeschützter Wurm.

Er steht wie eine Säule der Vergebung
Erbaut auf zweier Brudermörder Grab,
Die durch das Schicksal Todesfeinde wurden
Und kämpften, bis ihr Leib am Boden lag.

Ein Völkerdickicht wuchs um sie herum,
Gebadet immer wieder in törichtem Blut,
Bis späte Reue auf dem Turm erschien,
Jetzt vertragen sich Kreuz und Halbmond gut.

Christengott und Allah haben gleich gestraft:
Das Minarett starrt trübe trauernd in die Weite,
Matthias und Soliman sind beide längst gestorben,
Am Krankenhaus steht der Turm, an seiner stillen Seite.

Pécs, Mai 1927
Aus dem Ungarischen von Felix und Clemens Prinz

Lajos Fülep, Kunstphilosoph, Kritiker, reformierter Geistlicher, 1885–1970

Wilhelm Droste
Lajos Fülep

INNERE EMIGRATION

Alle Kunst in moderner Zeit verlangt nach innerer Emigration. Wer sich naiv dem Geist der Zeit anvertraut und spontan ganz aus ihm heraus schafft und bildet, der läuft Gefahr, das heillose Chaos in ihr nur spiegelbildlich zu reproduzieren, statt es kritisch und souverän zu fassen und aufzubrechen. Künstler und Denker müssen sich herausreißen aus der Zeit, um ihr etwas zeigen und sagen zu können. Lajos Fülep war kein Künstler, hatte aber ein unbestechliches Gefühl für große Kunst, und auch dieses Gespür galt es in der wild bewegten Geschichte Ungarns im 20. Jahrhundert immer wieder in geschützte Sicherheit zu bringen, um es nicht zu verlieren.

Lajos Fülep wurde zwar in Budapest geboren, verbrachte aber seine Kindheit und Schuljahre auf dem Lande. Zum Studium kam er zurück nach Budapest, die Liebe zur Kunst und Literatur führte ihn nach Paris (1904 und 1905) und Italien. In Florenz lebte er fast ununterbrochen von 1907 bis 1913, 1913 dann auch in Rom. Mit dem jungen Georg Lukács gründete er eine Zeitschrift und nahm, nach Ungarn zurückgekehrt, an den Treffen des »Sonntagskreises« teil, in dem sich die fortschrittliche Intelligenz auf freie Weise gegen die etablierten Lehrinstitute gesellig formierte. Ab 1917 wurde daraus die Freie Schule der Geisteswissenschaften mit Gelehrten, die 1919 zu den Denkern und Lehrenden der kurzlebigen Räterepublik wurden, um danach in aller Regel zu langfristiger Emigration gezwungen zu werden.

Füleps Lebensweg verläuft etwas anders, er lässt sich zwischen 1916 und 1918 zum reformierten Geistlichen ausbilden und findet hier den Rahmen seiner inneren Emigration. Dieser Weg bringt ihn nach Pécs, genauer noch, vor die Tore der Stadt. Ein Gedenkzimmer in Zengővárkony, einem kleinen Dorf bei Pécs, erinnert heute noch daran, dass Lajos Fülep hier zwischen 1927 und 1947 sein Kirchenamt versah, in den dreißiger Jahren war er zugleich Universitätslehrer für Kunstphilosophie, Ästhetik und Italienische Literatur in Pécs. In dieser Zeit entwickelte sich seine Freundschaft zu dem Dichter Sándor Weöres. Nach dem Zweiten Weltkrieg schützte ihn seine frühe Freundschaft zu Georg Lukács, denn er blieb ein wahrer Freidenker und ließ sich nicht zum linientreuen Kommunisten umschulen.

Zsigmond Móricz
Spaziergang durch Pécs

Der Versucher führte Christus auf den Berg und zeigte ihm die Stadt: Das alles gebe ich dir, wenn du mich liebst.

Daran erinnerte mich der Bürgermeister von Pécs, als er mich dazu überredete, ins Mecsek-Gebirge hinaufzugehen, um mich zu vergewissern: Dies ist ein so schöner Flecken, dass man Christus versteht, die Größe Christi, einer derartigen Versuchung widerstehen zu können. Ich stand auf dem Mecsek, beim Aussichtsturm, in einer Höhe von 535 Metern, und die Schönheit, die sich darbot, machte mir fast Angst. Unten in der Tiefe eine unendliche Ebene. Am Fuße des Berges die Stadt. Links die rauchenden Schlote der Bergwerke und kleine alte Kirchen. Es ist Winter, doch die Fülle und der Frohsinn, die diese Landschaft im Sommer ausstrahlt, sind spürbar. Der Mensch sucht sich auf der Erde seinen Platz, wählt sich einzelne Punkte aus, wo er ein sicheres Fundament für sein Leben zu finden meint. In Pécs hatte der Urmensch sein Lager aufgeschlagen: vor ihm das Flachland, wo er sein Vieh weiden und seinen Weizen aussäen kann, und hinter ihm die Berge, wohin er sich immer wie in eine naturgegebene Festung vor Feinden zurückziehen kann. So schön, wie sich dieser Anblick dem Auge darbietet, so lohnend ist er, was das Leben angeht.

Ein wunderbarer Ort, nach Budapest die schönste Stadt Ungarns.

Sonderbar, dass sie nicht bekannter ist: Der Fremde entdeckt sie, wenn er sich hierher verirrt, immer wieder neu, und jeder entdeckt sie aufs Neue. Dieses Paradies auf Erden liegt fernab der Handelswege. Dabei gab es Jahrhunderte, als zahlreiche Wege durch die Stadt führten; heute hat sie ihr Hinterland verloren, einst lag sie ständig am Weg der Heere.

Seit wann gibt es diesen bewohnten Ort?

Ich gehe durch die Straßen der Stadt und nehme die unzähligen Zeichen in mich auf.

So sehr, wie hier, habe ich selten gespürt, dass der Mensch nur ein vorläufiger Bewohner dieser Erde ist. Auf dem Gebiet von Pécs folgt der Fuß den Spuren von Jahrtausenden. Die Bewohner von Jahrtausenden liegen übereinander. Ich könnte es auch so formulieren, dass hier Jahrtausende die aufeinander folgenden Generationen nähren, stärken und mehren. Was aber ist es, das eine Generation an die andere weitergibt? Gäbe es eine lineare Entwicklung, in was für grenzenlosen Höhen müsste Pécs dann leben? Aber der Mensch ist unfähig, die Lehre des Gestern zu übernehmen: nahezu jede Epoche beginnt von Neuem.

Nicht nur jede Epoche, sondern auch jeder Mensch. Die Maschine rettet die Entwicklung: Wohin die Technik sie brachte, dort hält sie sich und perfektioniert sich weiter. Der nächste Typ ist eine Weiterentwicklung des vorigen; der Mensch dagegen beginnt das Erwerben der Grundkenntnisse des Lebens ganz von Neuem, im Erwachen der kindlichen Seele, und es liegt vollkommen an den individuellen Fähigkeiten, ob er weiter gelangt als sein Vater: der Polyhistor stirbt, und statt seiner bleibt sein Sohn, der Analphabet. Die menschliche Kultur steht, was das vorige Zeitalter angeht, auf einer sehr dünnen Basis. Es ist unmöglich, die Linie der Entwicklung als Graphik nachzuzeichnen.

Ich stehe hier auf dem Hauptplatz. Vor mir ein Haus, es wurde in den achtziger Jahren des vorigen Jahrhunderts gebaut: Damals war es Mode, aus glänzenden, gebrannten und Stück für Stück dekorierten Ziegeln zu bauen. Wie hässlich ist dieses Haus doch auf diesem Platz, und als wie schön, neu und strahlend mochte man es betrachtet haben, als es gebaut wurde. Auf der anderen Seite steht eine Dschami, eine türkische Kirche mit runder Kuppel: Warum ist dieses vierhundert Jahre alte Gebäude schön? Wurde es doch beim Umbau sogar verpfuscht. Das Dach bekam einen neuen Bogen. Jemand hat mir erklärt, dass die originale runde Bleikuppel unter dieser neuen erhalten geblieben ist, man müsste sie nur abtragen und die alte käme zum Vorschein. Diejenigen, die am Umbau beteiligt gewesen waren, hätten nie gedacht, dass man ihnen wegen ihrer ambitionierten Arbeit einmal Vorwürfe machen würde.

Sicher, man kann die alte Hülle, den alten Rahmen nicht beibehalten: Die folgende Generation zertrümmert, zerschlägt, baut um und malt selbst auf die älteste Stadt ihr eigenes geistiges Angesicht. Auf einmal ist sie der alten einfältigen Formen überdrüssig und lärmt mit aufgeputzter, bunter Protzerei; dann kommt wieder ein Zeitalter, das sein puritanisches Denken mit noch schlichteren, noch schmuckloseren Äußerlichkeiten illustrieren will.

Ein paar Schritte vom Hauptplatz entfernt steht der viertürmige Dom, den noch Stephan der Heilige bauen ließ und den die Zeiten so oft niederrissen und wieder aufbauten. Nun ist er ein neoromanisches pompöses Gebäude. Der Reichtum des Zeitalters Franz Josephs, die königliche Eröffnung und der Weihrauch der Einweihung schweben noch über ihm. Doch unsere Fantasie führt er in die Vergangenheit zurück, und unser Auge will die ursprüngliche, die urtümliche Kirche zu Leben erwecken. So auch das Urleben. Mit unserem heutigen Geschmack finden wir die Säle der beklemmenden Unterkirche schöner als die gewaltige und allzu geschmückte neue.

Die türkische Dschami führt uns vierhundert Jahre in die Vergangenheit zurück. Türkenzeit. Reiter. Singende Derwische. Halb eingestürzte Häuser. Kasernenstadt. Wo ist die ungarische Bevölkerung? Sie hörte auf zu existieren. Als die Türken 1669 abzogen, gingen zehntausend türkische Menschen fort, und in der ganzen Stadt blieben nur ein paar Ungarn, und auch das waren eher Kroaten.

Dabei war Pécs schon sechshundert Jahre zuvor eine so große ungarische Stadt gewesen, dass Stephan der Heilige ihr eine gewaltige Kirche bauen ließ. Groß und prächtig war die Kirche, der Keller des Domes gefüllt mit gemeißelten Marmorblöcken. Und sie war ungarisch; hier finden sich Bildhauerarbeiten, die das bestätigen. Die schnurrbärtigen Engel müssen als heutig, als ungarisch, als Bauern verstanden und erkannt werden. Dabei ist es schade, dass die Türken die Statuen enthauptet haben, es gibt nur noch zwei oder drei, auf denen ein Kopf sitzt, doch auch da sind die Nasen zertrümmert. Aber es sind Ungarn, hier die drei Könige aus dem Morgenland, die auf einem gewaltigen dreiteiligen Relief erscheinen: Köpfe haben sie keine, tragen aber Baranyaer Hirtentaschen. Solche, die auch heute noch getragen werden. Auch die Verzierung mit Nieten darauf ist dieselbe wie bei dem Mann, der aus der Region Ormánység zum Wochenmarkt in die Stadt kommt.

Nach zwei, drei Schritten aber betritt man durch die Tür der frühchristlichen Katakomben die Vergangenheit vor der ungarischen Zeit. Es sind die Malerei, der naive Bogen und die Gedankenwelt der Katakomben von Syrakus. Es schwindelt einem geradezu: eine Weltströmung ist bis hierher gelangt. Das dritte, vierte Jahrhundert nach Christus. Wie sonderbar, dass an dem selben Platz, an dem die heimlichen Christen der Römerzeit ihre unterirdischen Kultplätze gebaut hatten, Stephan der Heilige den Grundstein für die neue und erklärt christliche Kathedrale legte.

Aber gehen wir wieder ein Stück weiter durch die Stadt: Hier ist das städtische Museum, und wir gehen wieder Jahrtausende in der Vergangenheit zurück, ganz bis zum frühen Paläolithikum. Die ältesten Steinwerkzeuge der Jungsteinzeit werden hier aufbewahrt, die aus den Gräbern des Kommunalfriedhofs in der Stadtmitte zutage gebracht wurden. Zehn bis zwanzig Jahrtausende sind hier ausgestellt: Diese Urmenschen lebten alle auf dem Gebiet des heutigen Pécs.

Welch große Zeitspanne von vielen tausend Jahren von den lorbeerblattförmigen geschlagenen Steinwerkzeugen bis hin zur heimischen Feuerstelle und den Gefäßen mit Kalkeinsatz. »Woher brachten sie wohl diese Pfeilspitzen?« »Hier gibt es kein Obsidian, sie holen ihn vielleicht aus Miskolc: dort gab es eine richtige kleine Fabrik dafür.« Der Handel vor zehntausend Jahren war atemberaubend.

Jetzt lasse ich der Fantasie freien Lauf, und sie versucht, den langen Weg von der Steinzeit bis zum Heute zu rekonstruieren. Durch die Jahrtausende des Neolithikums lässt uns die eine oder andere Vitrine mit Ausgrabungsfunden fliegen, in die keltische Welt und dann die Römerzeit. Jede von ihnen ist reichlich vertreten: Waffen, Gefäße, Frauenschmuck und Kinderspielzeug der keltischen Zeit, danach *Terra Sigillata*, gebrannte Ziegel, gewaltige Wasserleitungsrohre, behauene Steinsärge und die in ihnen gefundenen Glasgefäße, Balsamarien, Ölgefäße, Ebenholzschachteln aus römischer Zeit: Vor uns entfaltet sich das einstige Sopianae, dies war der allererste Stadtname von Pécs. An der Wand zeigen Schautafeln das Castrum, die Römerstraßen – ich selbst habe eine solche schon gesehen und bin am Ufer des Balatons einen Abschnitt auf ihr gegangen, die Ziegel liegen auf dem ein Meter tiefen oder noch tieferen Steinfundament genauso wie zu der Zeit, als sie angelegt wurden. Die Römer waren bessere Straßenbauer, als wir es heute sind. Wie lange sie wohl hier bleiben wollten, dass sie den Weg für zweitausend Jahre bauten? Bis in die heutige Zeit blieb er bestehen, doch letztes Jahr ließ ihn ein Gutsherr aufreißen und baute aus den basaltharten römischen Ziegeln einen Stall.

Wie viele Waffen! Jede Epoche produziert Waffen, Waffen und wieder Waffen. Die Speerspitze war eine epochale Erfindung: mit ihr konnte man schon besser Menschen töten als mit dem Knüppel.

Das menschliche Gehirn ist eine Hexenküche. Es kocht zerstörerische und fruchtbare Gedanken aus. Zuerst tötet, vernichtet, zerstört es, danach baut es wieder auf, dann kommen andere, die wieder töten, vernichten, zerstören und wieder aufbauen.

Fünfzigtausend Jahre lang leben sie an einem Ort, am Ausläufer des Mecsek-Gebirges, und was die Stadt heute zeigt, ist, als wolle sie das Leben erst heute beginnen.

Musste man dafür fünfzig-, ja sogar hunderttausend Jahre leben? Damit die Pécser Bergleute auch heute streiken?

»Der Mensch lebt nicht vom Brot allein«, sagte Christus.

Aber wenn wenigstens alle Menschen Brot bekämen ... Konnten wir in Millionen von Jahren nicht einmal das erreichen?

Pesti Napló, 7. Februar 1935
Aus dem Ungarischen von Mira Rauschenberg

Fünfzehn Jahre lang lebte ich in Pécs. Fünf davon verbrachte ich als Student, zehn als Lehrer an der Uni. Für mich bedeutet Pécs vor allem: Universität.

István Kerékgyártó
Pécs, anno 1367

Zu Beginn der siebziger Jahre kam ich in die Stadt, um Jura zu studieren. Damals gab es eine eigene medizinische Universität, und auch die Fachhochschulen – die Lehrerbildungsanstalt, die technische und die für Musik – waren nicht Teil einer einzigen großen Institution. Die Universitas bedeutete für mich damals – im Gegensatz zu ihrem Namen – die selbstständige Fakultät für Jura.

Und nachdem in Ungarn ein wenig freiere Winde wehten – nach der Diktatur der 50er Jahre begann der Eisberg der Macht langsam, aber stetig zu schmelzen –, hatte irgendeiner meiner Kommilitonen die Idee, T-Shirts mit dem mittelalterlichen Wappen der Universität drucken zu lassen. Im Schild ein Kreuz und fünf Kirchtürme, rundum die Aufschrift: UNIVERSITAS QUINQUEECCLESIENSIS, das heißt: die Universität der Stadt mit den fünf Türmen. Auch prangte noch eine Jahreszahl im Wappen, auf die wir besonders stolz waren: 1367.

Es war angenehm, so weit zurückzublicken. Zu pfeifen auf den Dreck des 20. Jahrhunderts, die dummen, verlorenen Kriege, die Diktaturen, die aus der einen und der anderen Richtung auf uns niedergefahren waren. Doch auch über die gescheiterte Revolution des 19. Jahrhunderts rutschte mein Blick hinweg, auch über die Türkenzeit, und schließlich sah ich eine glückliche Ära, das 14. Jahrhundert, die Zeit von Ludwig dem Großen, zu dessen Zeit noch Papst Urban V. selbst aus Avignon mit seinen vielen Türmen auf unsere Stadt, auf Pécs, blickte.

Damit der »Glaube selbst sich verbreite, die Ungebildeten klüger würden und die Rechtsordnung sich verstärken möge und auf diese Art auch der Verstand wachsen möge«, gab er seine Zustimmung zur Gründung einer Universität, an der Philosophie, Recht und Medizin gelehrt wurden. Eine theologische Fakultät wurde vom Papst jedoch nicht zugelassen. Vielleicht war die Stadt zu fern, als dass er hätte überprüfen können, ob denn nun die rechte Lehre unterrichtet würde, vielleicht hatte er dem Pécser Bischof nicht vertraut? Wer weiß das heute noch?

Doch für mich Jurastudenten war das gerade recht. Und mein Stolz wurde noch vermehrt, weil aus jener Zeit nur der Name eines einzigen

Professors erhalten geblieben war. Und auch er war Jurist gewesen! Ein gewisser Galvano di Bologna, der den Katheder der Universität Padua verließ, um nach Pécs zu kommen. Bei der Entscheidung hatte nicht nur die märchenhafte Lage unserer Stadt eine Rolle gespielt, offensichtlich war auch die Großzügigkeit des Pécser Bischofs Wilhelm ein schlagendes Argument gewesen; er bot jährlich sechshundert Goldgulden und den zehnten Teil der Abgaben des Dorfes Ürög, außerdem ein kleines Haus in der Stadt, um Meister Galvanos Schmerz zu lindern, den er wohl beim Verlassen Italiens verspürt hatte.

Ich war stolz, dass man hier fast gleichzeitig mit weltbekannten Universitäten eine Hochschule gegründet hatte – die Prager wurde 1348 gegründet, die Wiener 1365, die Krakauer bloß drei Jahre früher als unsere, im Jahre 1364. Doch als ich wegen der guten Beziehungen unserer Universitäten einmal als Student die Jagiellonen-Universität besuchen durfte und den von gotischen Arkaden gesäumten Hof des Collegium Maius betrat, die üppig verzierten Räume sah, vom Refektorium der Professoren bis zur Bibliothek, reifte in mir eine schreckliche Erkenntnis: Mir fiel unser Universitätsgebäude ein, das zu Beginn des Jahrhunderts gebaut worden war. Und als ich die Liste der Rektoren der Universität Krakau überflog – allein zwischen 1400 und 1500 zählte ich 137 Namen –, dachte ich an unseren einsamen Meister Galvano und sah ein, dass man die Krakauer Universität mit der, deren Wappen ich auf meinem T-Shirt trug, nicht vergleichen konnte.

Natürlich hatte es auch in Pécs im Laufe der Geschichte eine Rechtsakademie und ein Religionswissenschaftliches Seminar gegeben, doch diese alte, echte, der Krakauer Uni ähnliche Institution, auf die wir so stolz gewesen waren, gab es nur einige Jahrzehnte, bis zum Tode Ludwigs des Großen. Und heute findet sich davon nur mehr ein Wappen und ein wenig Schriftliches darüber. Was ist geblieben von dem Gebäude, das man an die Bischofsburg geklebt hatte, von den siebzig Studentenzimmern, von den Büchern, von den Namenslisten der Studenten, von den Lehrplänen? Nichts.

Doch meine damaligen Vorfahren, diese alten Jurastudenten – versuchte ich mich zu trösten, als ich nach Pécs zurückgekehrt war – haben wohl die Silhouette der Gipfel über der Stadt genauso gesehen, sich genauso den Havi-Berg hinaufgequält, wie auch immer er damals geheißen haben mag, genauso wie wir wohl im Schatten des Mecsek den

Frühlingsanfang genossen und nach den Examen den Wein der Reben getrunken, die sich hier im steinigen Boden verkrallen. Ich war in dieser Diktatur also doch ein Nachkomme jener mittelalterlichen, umherziehenden Studenten, die ich so sehr beneidete.

Wie ich höre, hat Pécs heute zehn Fakultäten, kann also wieder eine echte Universitas ihr Eigen nennen. Papst Urban wäre mit Sicherheit zufrieden, hat doch die Universität auch heute noch keine theologische Fakultät, und freilich würde auch Galvano di Bologna sich freuen, wenn er wüsste, dass die Pécser Studenten als Teil des Prozesses, den man nach seiner Geburtsstadt benannt hat, heute wieder reisen können, und nicht nur nach Krakau für ein Wochenende, sondern für einige Semester, vielleicht nach Padua, an seine einstige Alma Mater.

Aus dem Ungarischen von Clemens Prinz

Die Universität, als sie den kaiserlich-königlichen Mädchennamen Elisabeth (Erzsébet) trug, noch ganz allein auf weiter Flur

János Bárdosi Németh
Sommer auf dem Bálics-Berg

Hinter dem Kelterhaus bei stolz brennender Sonne
in der Kühle schattiger Bäume mit Freunden sitzen,
in Stille und vor lauter guten, alten Weinen,
wie wohl das tut, versonnen alles schön zu sehen.

Wie soll ich dieses Glücksgefühl beschreiben?
Wie der Karpfen im See, die Gans im Korn
sitze ich bis zum Hals in Stille und Idylle,
die von Berg und Tal mir frisch entgegenströmen.

Grün und gold funkelt kühler Wein im Glas,
ihn trinkend spüren wir das ganze Leben
erfüllt von Güte, einfach und gesegnet,
nicht viele Tage sinken so hinter den Berg.

So heiter-beflügelt, zu Tränen rührend,
wenn sich alle Traurigkeit wie eine Wolke löst,
der Himmel klar und blau von oben lächelt,
und auch im Herzen ein Regenbogen thront.

Sommer, Stille, Wein, sie halten dich umfangen,
mit leichtem Rausch und orphischer Musik,
der Wein, er schwindet aus den vollen Gläsern,
schwindet als Opfer wie die Sorgen und das Leben.

Aus dem Ungarischen von Wilhelm Droste und Éva Zádor

Mein Weg zum Schreiben war schwierig und wäre ohne Pécs vielleicht noch schwieriger geraten. Wieso? Darauf geben ein paar rhapsodische Erinnerungen gewiss keine überzeugende Antwort; doch es geht mir auch gar nicht darum, eine Antwort zu finden, ich möchte nur ein bisschen in mir selbst herumtasten. Ohne ein Stückchen Curriculum aber wird es nicht abgehen.

Miklós Mészöly
Was mir Pécs bedeutet

Ich bin in Szekszárd geboren, und damit war man fast zwangsläufig vor allem für die Wein-, nicht für die Geisteskultur prädestiniert. Und so haben wir Grünschnäbel denn auch lieber getrunken als uns zu bilden. Mit vierzehn war ich zum ersten Mal in Pécs. Domkirche, Theater, Konzertbesuch, Gemäldeausstellungen – es war die erste *urbs,* die mich berührte, doch danach empfand ich ein Heimweh nach Szekszárd und das Bedürfnis, mich nach innen zu wenden. Monatelang zehrte ich von der Erinnerung an die Stadt. Da hatte sich plötzlich die Lage auch zu Hause geändert: Unsere Klasse erhielt zwei junge Lehrer. Der eine war einige Monate zuvor aus Paris und Genf heimgekehrt und hatte persönliche Erinnerungen an Gide und Ramuz mitgebracht. Dem anderen wiederum gelang es, sogar in die Mathe- und Physikstunden ein wenig Literatur und Musik einzuschmuggeln. Das waren neue Töne, eine Neumischung der Leidenschaften. Und zugleich Anlass zu edler Verschwörung: Es zeigte sich, dass man sich vor der kleinbürgerlichen Enge auch in den Geist flüchten konnte. Also wurde die Komplizenschaft, die einige von uns verband, zu einer Schule des Gemüts, und ich atmete die Atmosphäre von Pécs bereits nicht mehr ganz so barbarisch ein. Gleichwohl behielt freilich ebenso jenes Andere seine Anziehungskraft: das Abenteuer, die physische Herausforderung, die Gefahr. Auch darin liegt ja nur eine Art Auflehnung gegen das Verstaubte. Wenn ich an gewisse Vorhaben denke, die um ein Haar Wirklichkeit geworden wären, packt mich noch heute Nostalgie – ich wollte etwa auf einem holländischen U-Boot als Matrose anheuern, doch auch noch manch anderer Plan trieb mich um. Aus dem *Don Quijote* schrieb ich mir einen einzigen Satz ab: »Der Weg ist immer besser als die Wirtshäuser.« Dann kam unvermutet die Zeitschrift *Sorsunk* dazwischen, die eine Novelle von mir veröffentlichte. Und das stürzte mich in Verwirrung. Besonders der erste Fahnenabzug: Stolz und Schrecken zugleich. Die Erfahrung, dass das Gedrucktwerden entblößender als der erste Beischlaf ist; selbst die verborgenen Fehler werden ans Tageslicht gezerrt – und nirgends auch nur eine spanische Wand, hinter der man sich verstecken könnte. Es sei denn, hinter dem Zuspruch und der warmen Menschlichkeit des Redakteurs. Diese aber wurden uns in der Tat durch die Persönlichkeit Nándor Várkonyis restlos zuteil. Lange Zeit kannte ich ihn nur aus Briefen, doch auch so war er bald ein persönlicher Freund. Ein Freund, der sich im Sinne von Plinius zum »Zeugen unseres Lebens« machte, unser Gewissen unablässig mit Aufgaben auf die Probe stellte und durch nahezu »taktisches« Vertrauen erreichte, dass jeder von uns Talent und Berufung aus sich selbst heraus entwickeln musste. Eines Tages versetzte er mich sogar damit in Schrecken, indem er mich zur Mitgliedschaft in der Janus-Pannonius-Gesellschaft einlud und mir die Redaktion der Zeitschrift in Szekszárd anvertraute. Nach solchen Anstößen versucht man jedenfalls, nach oben zu fallen, allein schon um der Gaunerehre willen. Denn, sollte man die anderen enttäuschen – was dann?

Seither ist so manches Jahr ins Land gegangen, diese Erinnerungen aber – und ich könnte damit noch lange fortfahren –, sind immer noch frisch wie von gestern. Und nicht nur in jener Zeit publizierte ich in Pécs am häufigsten, das blieb bis heute so. Dort habe ich die erste »ewige« Liebe durch die nächste korrigiert; und selbst das Kriegsende verschlug mich als Gefangenen der Bulgaren dorthin ... Dazu muss ich allerdings noch ein Wörtchen sagen. Zur Flucht aus dem Pécser Gefangenenlager verhalf mir ein sowjetischer Offizier, der mehr als auf seine Kriegsauszeichnungen auf Dostoevskij stolz war; und glücklicher mit seiner in Pécs eroberten Frau als mit der anderen, die er zu Hause hatte. Ob man ihn wegen dieser im Bann der Stadt begangenen Bigamie bestrafte – oder vielmehr der Geste wegen, die er für mich tat? Und falls er noch lebt – wie erinnert er sich an Pécs zurück, dem er verfallen war, wo er sich sogar niederlassen wollte? Und schließlich: Weshalb sage auch ich mir so oft, dass man vielleicht doch in Pécs leben sollte? Was zieht mich dorthin? Die Freunde? Das Panorama der Gesichter und Reflexe? Eine gewisse Empfindsamkeit in der Qualität seiner Kultur? Und hinter all dem die unsichtbare Ausstrahlung der Landschaft?

Darauf könnte ich nur widersprüchlich antworten: *wirklich* zu Hause bin ich nirgends. Ich könnte aber auch sagen, dass ich mich in Warschau mindestens so sehr zu Hause gefühlt habe wie in Neapel, Paris oder auf dem Plateau bei Les Pieux. Treulosigkeit? Ja, auch. Darüber hinaus jedoch hat ohne diese Treulosigkeit auch die heimatliche Bucht keinen Sinn und keine Perspektive; die heimatliche Bucht, die dazu da ist, auf Untreue Lust zu machen und der Rückkehr ihren Geschmack zu geben. Das »Transdanubische« als Lokalpatriotismus? Ich würde lieber von der Fähigkeit sprechen, die »Untreue«, die keine Voreingenommenheit kennt, verantwortungsvoll zu beglaubigen. Anders gesagt: die Treue als Schicksal zu nehmen, die »Treulosigkeit« aber als ernährende Aufgabe. Und genau dies habe ich an Pécs stets geliebt: seine offenen Fenster. Dass die Stadt ein Hafen zu sein versteht; sie schickt fort und ruft zurück. Deshalb zieht sie mich in meiner ruhigen Heimatlosigkeit auch heute noch an. Diese Stadt war selbst nach den Jahren der Dürre stets unter den Ersten, wenn nicht gar die Erste im Neubeginnen, Fördern und Verstehen, im Kultivieren jenes klaren Sinnes für Proportionen, der Voreingenommenheiten auflöst. Und die Suggestion dessen findet sich nicht nur in der Baranya im engeren Sinn, sondern im ganzen transdanubischen Pannonien, wobei die kulturellen Traditionen von Pécs gewissermaßen den Brennpunkt bilden. In der Tat erhielt und fand Pannonien hier eine *urbs,* ohne deren geistige Ausstrahlung unsere ganze Nationalkultur weniger europäisch geworden wäre; denn Pécs hat stets dazu angeregt, das »Kuriose« in eine universale Sprache zu übertragen. Dem Janus Pannonius, der seine ungarisch inspirierten Gedichte auf dem höchsten Bildungsniveau seiner Zeit in Latein verfasste, sind selbst jene verpflichtet, die meinen, von diesem Lichtstrahl unserer Kunst noch nie getroffen worden zu sein. Die Wirkungsgesetze der Literatur nämlich sind mindestens so verschlungen wie die einer Landschaft; oft sind wir ihre Sprösslinge, ohne uns der tieferen Beziehung zu ihr bewusst zu werden.

Aus dem Ungarischen von Lajos Adamik

Viktor Iro

Landnahme, zweiter Anlauf. Die Pécsi Műhely

Von Utah aus betrachtet liegt kein ungarischer Ort näher als Pécs. Jedenfalls kunsthistorisch, denn beide boten einer künstlerischen Richtung die Bühne, die sich aus dem Betrieb der Städte zurückzog und die Natur als Partnerin ihrer Projekte auffasste.

Um 1968 verlagerten Künstler wie Michael Heizer, James Turrell und Walter de Maria ihre Aktivitäten in die weiten Wüsten der Vereinigten Staaten, griffen im großen Maßstab in die ursprüngliche Landschaft ein und verwirklichten auf diese Weise ebenso spektakuläre wie vergängliche Arbeiten: die *Land Art* oder *Earthworks*. Stets schwang dabei der Mythos der *Frontier* mit, des Drangs der Siedler nach Westen, ins Grenzland zwischen Wildnis und Zivilisation. Zugleich steckte in den *Earthworks* eine Kritik überkommener Vorstellungen von Zivilisation und Fortschritt, bekamen doch die natürlichen Kreisläufe, Katastrophen und Verwitterungen ihren Platz in den Werken der *Land-Art*-Künstler. Einerlei, ob urbarmachend oder zivilisationskritisch, eines waren die *Earthworks* immer: »Westkunst«, um einen Ausdruck des ungarischstämmigen Kunsthistorikers László Glózer zu verwenden.

Aber was hat das alles mit Pécs zu tun? Nun, auch in Ungarn gab es eine *Land Art*. Nämlich in Pécs. Ich spreche von der *Pécsi Műhely*, der Pécser Werkstatt, einer lockeren Assoziation aus Schülern des abstrakten Malers und Grafikdesigners Ferenc Lantos. Manche datieren die Gründung dieser Gruppe auf das Jahr 1968, andere lassen sie 1970 beginnen, in jenem Jahr, in dem Robert Smithson am Rande eines Salzsees in Utah eine riesige Schotterspirale aufschüttete, die *Spiral Jetty* – ein Schlüsselwerk der Earthworks. Die Kerngruppe der *Pécsi Műhely*, die bis etwa 1980 existierte, bestand aus fünf Künstlern: Ferenc Ficzek, Károly Halász, Károly Kismányoki, Sándor Pinczehelyi und Kálmán Szíjártó. Am bekanntesten wurde wohl Pinczehelyi, dessen Selbstbild mit Hammer und Sichel (1973) gemeinhin als Emblem kritischer Kunst hinter dem Eisernen Vorhang gilt: Auf dem Foto hält der Künstler die Symbole kommunistischer Herrschaft so vor sich hin, als schnürten sie ihm den Hals ab. Solche und ähnlich provokante Arbeiten bewegten den ehemaligen Direktor der Berliner Nationalgalerie, Dieter Honisch, zu folgendem Urteil: »In Pécs, diesem relativ weit von Budapest entfernten zweiten Zentrum der Avantgarde in Ungarn, ging es sehr viel kesser zu als in der Hauptstadt selbst.« Allemal, was die *Land Art* betrifft, denn eine solche gab es meines Wissens nur in Pécs und nicht auch in Budapest.

Pécs, Herkunftsort vieler Bauhäusler, zeigt damit eine zweite Linie der Moderne: Nicht nur der Konstruktivismus der 20er und die Konzeptkunst der 60er Jahre gehören dazu, sondern eben auch die Auseinandersetzung mit der Umgebungsnatur. Von der Pleinair-Malerei der Schule von Nagybánya um die Jahrhundertwende bis zur biomorphen Architektur der 1980er Jahre zieht sich diese Linie durch die ungarische Kulturgeschichte. Für Ernst Kállai, Ungarns großen Kunstkritiker, stellte das Natürliche sogar den Wesenskern magyarischer Selbstauffassung dar: »Im ungarischen Weltbild hat der Mensch keine betonte Sonderstellung, die ihn der Natur zur Seite stellen oder gar überordnen könnte«, schrieb er 1937. Manche von Kállais Spätschriften lassen sich lesen, als habe der Kritiker seinen Landsleuten aufgrund ihrer Naturnähe eine Art frühökologischer Sensibilität zugetraut. Wie auch immer, die *Land Art* aus Pécs hätte ihn, den Theoretiker der »Bioromantik«, wohl kaum überrascht.

Muss die Kunstgeschichte umgeschrieben werden, weil sie den mitteleuropäischen Beitrag zur *Land Art* weitgehend ignoriert hat? Oder handelt es sich bloß um einen Ostanhang zur Westkunst, vernachlässigenswert gegenüber den angelsächsischen Pionieren? Eines ist sicher: Die *Pécsi Műhely* trat nicht unabhängig von den amerikanischen *Land-Art*-Künstlern in Erscheinung. Der Eiserne Vorhang war durchlässig genug, um an die aktuellen Entwicklungen anzuschließen. Man wusste, Provinz hin oder her, was international lief und nahm darauf Bezug. Das lässt sich schon daran belegen, dass manche Arbeit der Pécser Künstler eine Hommage an die amerikanischen Kollegen darstellt. Halász beispielsweise schuf 1973 am Donauufer eine große Sandspirale als Erinnerung an den damals gerade verstorbenen Robert Smithson. Und Pinczehelyi verpackte 1974 ein Architekturfoto mit augenzwinkerndem Schrägblick auf Christos Verpackungsaktionen.

Vieles erscheint ähnlich: das Verlassen der Museen, Galerien und Ateliers; die Neuentdeckung der Natur; der platzgreifende Charakter der Arbeiten; die Unbeständigkeit der Werke. Aber es gibt auch Unterschiede: Den Pécsern standen nicht so monumentale Dimensionen zur Verfügung wie den Amerikanern. Und auf einen Wild-West-Mythos

Károly Halász:
Der Mensch und der Kreis

Tatort Buchstabe

Der Kreis und der Mensch

konnten sie auch nicht zurückgreifen. Aber auf einen anderen, einen ur-ungarischen. Nämlich den der Landnahme, der *honfoglalás,* jenes überhöhten Gründungsdatums der ungarischen Geschichte, das mit jedem Millennium neu gefeiert und identitätsstiftend bekräftigt wird. Die Ungarn, so die staatstragende Erzählung, eroberten das Karpatenbecken und nahmen sich dadurch ihr Land, das ihnen vor allen anderen Völkern zustand. Seither ist die ungarische Landschaft »politische Landschaft«, aufgeladen mit Bedeutung, zumal in der Kunst, beispielsweise in Mihály Munkácsys monumentalem Gemälde »Landnahme«, das jedem Parlamentsbesucher gezeigt wird. Könnte es sein, dass der keck-spielerische Umgang, den die *Pécsi Műhely* mit der magyarischen Landschaft an den Tag legte, der Bedeutungsschwere ungarischer Urnatur etwas ungleich Leichteres entgegensetzte? Dass die Pécser Künstler das ewig umkämpfte und symbolisch vereinnahmte Ungarland mit leichtfüßigen Gesten vom Geist der Inbesitznahme befreiten?

Werfen wir einen genauen Blick auf das, was von den flüchtigen Aktionen der Pécser »Land-Nahme-Art« geblieben ist. Werke, die man besichtigen könnte, sind meines Wissens nicht erhalten. Die *Pécsi Műhely* hinterließ ihre Spuren auf belichtetem Material: Fotos und wacklige Amateurfilme dokumentieren ihr Tun. Sogar Kataloge durften sie drucken, politischer Unbotmäßigkeit zum Trotz. Auf fünf kurzen Super-8-Filmen, heute im Internet zugänglich, kann man sehen, was 1971/72 vor den Toren von Fünfkirchen geschah: Gut gelaunte Künstler streichen ein Baumgerippe weiß an, versehen es mit dunkelroten Binden und stellen es in die grüne Landschaft. Ein Schelm, wer dabei an die ungarischen Nationalfarben denkt ... Auf einem anderen Clip entrollen Kismányoky und Szíjártó Papierbahnen an einer Steilterrasse bei Pécsvárad und ziehen die flatternden, meterbreiten Bahnen durch den Wind wie in einem kindlichen Spiel-ohne-Grenzen-Wettlauf.

Die Filme sind stumm, Fusseln huschen über den Schirm, mal sehen die Bilder schwarz-weiß aus, dann wieder wie handkoloriert. Allem Anschein nach ging es dieser *Land Art* nicht um eine neue Unmittelbarkeit zur Natur, sondern weit eher um einen unverkrampften Bezug zur eigenen Landschaft. Mit spätavantgardistischem Witz werden weiße Würfel durch die Gegend geworfen, blaue Papierbahnen verlieren sich vor dem Hintergrund des Pécser Himmels. Es sind beschwingte, eigentümlich zweckfreie Bewegungen in stockender Zeit, die die *Pécsi Műhely* hinter dem Eisernen Vorhang aufführte. Landnahme, zweiter Anlauf: Wie gut täte dem heutigen Ungarn jene Leichtigkeit, die in den Gesten der Pécser Landschaftskünstler lag.

Andrea Grill

Spaziergangstraßen

Ein Nachmittag in Pécs

Die schönsten Städte der Welt sind jene, die ich kaum gesehen habe. Die, in denen ich gerade lange genug gewesen bin, ihre Umrisse ausnehmen zu können. Den Schatten, den sie auf die nächstliegenden Hügel werfen, auf die daran anschließenden Seen und Meere. Einen ihrer Gerüche um die Mittagszeit. Einen Windhauch, der Bäume zum Schweben brachte. Einen Ball, der einen Strauch Blüten regnen ließ. Eine Stadt, in der man ankommt, wenn es Frühling ist und die Bäume blühen, ist wie ein Mensch, der einem zufällig begegnet und einige bemerkenswerte Worte sagt, einen festen Händedruck hat, einen zarten Atem. Ein Mensch, der mir alles verspricht, weil ich nicht mehr von ihm weiß, als was ich sehe, fühle und höre; ein Mensch, der mir noch alles werden kann. Jemand, von dem ich gerade genug kenne, um zu bemerken, dass ich ihn mag, doch zu wenig, um zu wissen, dass er Mundgeruch hat und schnarcht, wenn er Bier getrunken hat. Jemand, der einem ein Geliebter werden könnte, begegnete man ihm nochmals. Jemand, der ein Geliebter wurde, weil ich ihm niemals mehr begegnete, seinen Namen nur halb verstand und mich schämte nachzufragen. Jemand, der roch, als hätte er sich gerade erst gewaschen und mit Sonnenstrahlen eingeölt. Jemand, dessen Armbewegung mir gefiel, seine Art, die Hemdsärmel aufzukrempeln. Wie die Ellbogen aus dem Stoff krochen und an den Handgelenken feine Haare ihre Wuchsrichtung änderten.

In den kurzen Schatten um die Mittagszeit, unter einem Himmel, der blau genug war, um Hintergrund zu sein für die Bilder, die mir in den Augen schwammen, während ich auf dem Rücken lag und nach oben starrte, deutete Pécs, diese unbekannte Stadt, ihre Geheimnisse an, doch gab sie nicht preis. Sie versprach, was sie nicht halten musste. Eine Stadt, in der ich nur kurz verweile, bekommt den Bonus des Flüchtigen, Vergänglichen. Museen, die Fassaden bleiben, weil ich sie nur von außen sehe, verwandeln sich in vielversprechende Grotten voll wunderbarer Schätze. Restaurants, an deren Terrassen gedeckter Tische ich, einen Apfel aus der Hand kauend, nur vorbeigeeilt bin, werden himmlische Tempel herrlichster Speisen, während in den Schaufenstern der Läden bunte Stoffe und extravagante Plattenhüllen mit unverständlichen Aufdrucken Gegenstände zu sein scheinen, die ich immer haben wollte.

Was kann ich über eine Stadt schreiben, in der ich kaum einen halben Tag verbracht habe? Pécs, aus dem ich, gerade erst angekommen, bereits wieder abreise, ist eine bezaubernde Stadt. Ich könnte sie mit meiner Heimatstadt vergleichen. Verglich ich einen Fremden, der wenige Minuten lang am Tisch gesessen hat, mit meiner Schwester, dann wäre das gleichermaßen unehrlich wie unmöglich. So unmöglich und unzulässig diese Vergleiche aber sind, so wenig kommen wir an ihnen vorbei. Unwillkürlich vergleichen Reisende, die an einen neuen Ort kommen, ihn mit Orten, an denen sie vorher waren, und unvermeidlich mit dem, der sie am meisten beeinflusst hat: dem Ort, an dem sie aufwuchsen. Bei jeder Ankunft an einem unbekannten Bahnhof versuchen wir, uns zu orientieren, überlegen wir, wie sich das, was wir hier vor uns sehen, das scheinbar unübersichtliche Gewühl von Menschen und Verkehrsmitteln, das ziellose Netz von Asphaltstreifen, in einer Weise auflösen lässt, die es uns ermöglicht, dorthin zu gelangen, wo wir hin wollen. Um uns in der neuen Umgebung zurechtzufinden, messen wir, was wir hier nun zum ersten Mal vor Augen haben, mit den Straßenzügen, Plätzen, Parkanlagen, die wir so gut kennen, dass wir sie kaum mehr wahrnehmen. Zu Hause finden wir alles blind. Ohne nachzudenken steigen wir in den richtigen Bus ein, an der richtigen Haltestelle aus, biegen um Ecken, nehmen Abkürzungen, gehen instinktiv Wege, die wir so viele Male gegangen sind, dass wir uns kaum mehr auszurechnen vermögen, wie oft es war. Geht einer einen Weg durchschnittlich einmal pro Woche, sind das zweiundfünfzigmal im Jahr, fünfhundertzwanzigmal in zehn Jahren, und demnach vielleicht fünftausendzweihundertmal in einem Leben. Ist das viel oder wenig? Ich neige dazu, es wenig zu finden. Wenig für das Maß an Vertrautheit, das mir der Gedanke an die Straßen meiner Heimatstadt vermittelt. Klar und deutlich sehe ich sie vor mir. Als hätte ich sie nicht fünftausend sondern zehntausende Male durchschritten. Als wären sie mir ins Hirn gelegt, Teil von mir geworden, so dass ich sie gehen kann, wann immer ich will, ihre Mulden und Gehsteigkanten sogar unter den Füßen spüre, wenn ich liege. Das Gedächtnis der Beine. Auch Straßen anderer Städte sehe ich klar und deutlich vor mir, Straßen verschiedenster Städte, Straßen, die ich nicht mehr als zwei- oder dreimal gegangen bin.

Mich an den Nachmittag in Pécs erinnernd, erinnere ich mich an Nachmittage in vielen Städten. Vielleicht habe ich an diesem Nachmittag entdeckt, was eine moderne Stadt ausmacht, ihr unfehlbares Kennzeichen: die *Spaziergangstraße* – eine fahrzeuglose oder mindestens fahrzeugarme Zone des Zentrums, in der zu gewissen, klima- und volksartbedingten Tageszeiten alle gehfähigen Bewohner der Stadt aufeinander treffen. Weil in dieser Straße alle zu Fuß gehen (sollten), wird sie mancherorts auch *Fußgängerzone* genannt. Ich spreche von Städten, was aber nicht heißt, dass Menschen auf dem Land nicht spazieren gehen, dass sie in den Dörfern immer in ihren Häusern hocken. Im Gegenteil.

Ich erinnere mich an Albanien, bei Hani Hoti, kurz hinter der Grenze, wo mir die Zöllner Beifall klatschten, als ich die Schranke passierte, an der außer meinem Auto nur zehn weiße Wagen der Marke Mercedes vorbeizischten. Ich lenkte den Wagen durch eine auf den ersten Blick völlig unbewohnt wirkende Landschaft und traf auf zwei Menschen im Sonntagskostüm. Arm in Arm spazierten sie am Straßenrand entlang. Die weißen Mercedes bremsten nicht, wenn sie an ihnen vorbeifuhren. In Städten passiert so etwas nicht. In Städten gibt es Straßen für die Autos und Straßen für die Fußgänger. Die Spaziergangstraßen. Manchmal sind sie auch zweigeteilt und für beide gedacht, Fahrzeuge und Flaneure. Doch das sind keine echten. Auch meine Heimatstadt hat eine. Was man als Beweis dafür anführen könnte, dass sie eine Stadt ist, obwohl die meisten Besucher sie auf den ersten Blick ein Dorf nennen. Die Spaziergangstraße meiner Heimatstadt ist eine Gasse. Pfarrgasse heißt sie, und ihre Verlängerung, in die man nach rechts einbiegt, heißt Schulgasse. Die Pfarrgasse geht schnurstracks auf die Kirche zu, und in der Schulgasse steht die Schule, in die meine Mutter gegangen ist, und gegenüber befindet sich das Musikgeschäft, in dem ich meine erste Gitarre gekauft habe, und nachdem ich ihr den Hals gebrochen hatte, auch meine zweite. Da ich mit achtzehn von dort weggezogen und bis dahin gewiss nicht jeden Tag durch diese Gasse gegangen bin, kann ich sie beim besten Willen nicht öfter als fünfhundertmal durchschritten haben. Trotzdem lässt bereits ihre Erwähnung in meinem Kopf Geschäfte entstehen, dekorierte Auslagen, Geräusche, Stimmen im Dialekt der Gegend, wo alle zueinander »Du« sagen, meine Füße die Unebenheiten der Pflastersteine fühlen, den leichten Knick auf halbem Wege.

Oft beherbergt eine Spaziergangstraße die wichtigste Konditorei der Stadt. So ist es auch bei uns zu Hause. Da sich bereits der Kaiser Österreich-Ungarns von diesem Zuckerbäcker verwöhnen ließ, führt das Ge-

Mit nackter Brust und schwerem Hammer verkündet: das Vasváry-Haus.

schäft noch immer das Prädikat *k&k Hoflieferant* – als schmeckten den Gästen Torten mit Prädikat besser. Zugegeben, kaum habe ich irgendwo besseres gegessen als hier. In Pécs bildet ein Haus, das durch ein gelbes *M* auf rotem Hintergrund auffällt, den Anfang der Spaziergangstraße. Außer dem *M* beherbergt es auch das Rathaus der Stadt. Leere Mägen haben in Spaziergangstraßen nichts verloren, und so steht das *M* für *McDonald's,* und die Gemeinderäte haben es nicht weit zum Mahl. Fürs Dessert befindet sich hundert Meter weiter ein Eisstand. Daheim steht das Rathaus unweit der kaiserlichen Konditorei, ein Durchgang führt ins Hinterhaus, wo der Gemeinderat tagt. Die auffallendste Gemeinsamkeit zwischen meiner Heimatstadt und Pécs ist ihre Farbe: ein Gelb an der Grenze zum Hellbraun, *Kaisergelb.* Hier wie dort, sind die meisten Häuser der Fußgängerzone so gestrichen; noch immer so gestrichen, obwohl sie seit der k&k-Monarchie mehr als genug Gelegenheit gehabt hätten, um abzublättern und anders gefärbt zu werden. Zugegeben, es ist keine hässliche Farbe. Sie fällt weder unangenehm noch angenehm auf. *Heimat ist, wo man unabhängig davon ist, ob es schön oder hässlich ist,* hat jemand einmal gesagt.

Am Ende der Fußgängerzone von Pécs biegt der Spaziergänger in eine schmale Gasse, die leicht bergauf führt. Sie endet an einer Häuserzeile, deren Rückwand höher und älter ist als der Rest. Viel höher und viel älter: Es sind die mittelalterlichen Stadtmauern. Jahrhunderte lang hatten ihre Bewohner vergessen, wogegen ihre Wohnungen sich anlehnten, waren die alten Mauern von der Vielzahl der Gebäude vollständig verdeckt worden, bis zufällig jemand das eine oder andere Haus abriss und sie zum Vorschein brachte. Dort irgendwo in einem Hintergarten sei ein Teich, in dem Wasserschildkröten schwimmen, hörte ich von einem, der in Pécs geboren war.

In meiner Heimatstadt gab es zwei Flüsse. In dem einen lernte ich schwimmen. In dem anderen schwammen Karpfen. Am Ufer befand sich ein Bäcker. Die Bäckerstochter war meine Freundin. Seltsam: ich sehe die Stadt immer im Sonnenlicht vor mir. In der Zeit, wenn das Licht von innen zu kommen scheint, aus den Dingen strahlt, nachmittags zwischen vier und sechs. Oder morgens, wenn die Sonne gerade erst hinter den Bergen hervorgekommen ist. Nie sehe ich meine Stadt im Regen. Obwohl es immer viel geregnet hat. Nie.

In Pécs beugt sich ein Komponist über das Geländer eines Balkons, der an einem Haus klebt, von dem es keine Tür gibt, keinen Zugang. Beide sind sie aus Bronze, Komponist wie Balkon. Der Komponist hat auch einmal in der Stadt gewohnt, in der ich geboren wurde. Und ein andermal in Pécs. Soviel habe ich mir gemerkt.

In Pécs hat einmal jemand Fußball gespielt.

Der Ball war rot mit weißen Tupfen.

In Dubrovnik hat einmal jemand Fußball gespielt.

Der Ball war weiß mit schwarzen Sechsecken darauf.

Es war am Ende der Spaziergangstraße der Stadt.

Unermüdlich und immer wieder »Ronaldinho, Ronaldinho« rufend, trat ein Bub gegen den Ball. Er prallte zurück. Der Bub schoss. Er war allein und spielte gegen die Wand. Die Wand war Teil der Kathedrale der Stadt. Gegenüber lag eine Bar namens *Hemingway*. Während langsam immer mehr elegant gekleidete Menschen durch die Seitentür ins Innere des Gotteshauses verschwanden, gesellten sich andere Kinder zu ihm. Sie begannen ein Match. Das Tor des Fußballfeldes waren zwei heiligenbekrönte Säulen, auf denen ganz oben ein goldener Heiligenschein, ein Adler und ein Totenkopf schwebten. Der Ronaldinho-Anhänger spielte barfuß, zog sein T-Shirt aus, rief immer wieder den Namen des brasilianischen Fußballers. Der Tormann trug gelbe Turnschuhe. Er, der barfüßige »Ronaldinho«, und ein kleiner blonder Bub waren die besten Spieler und fanatisch. Ein vorbeischlendernder Tourist schoss dem Blonden den Ball weg. Der Bub hielt im Lauf inne, schaute zornig, wollte mit den Händen eine Gebärde machen, machte keine Gebärde. Er trug rote Turnschuhe. Der Tourist war ein Mann mittleren Alters, schon lange über den Höhepunkt seiner Fußballkarriere hinweg, und dachte vielleicht, sich auf diese Weise unter die Einheimischen zu mischen, kroatisch zu sein, *jovial* zu sein, mit seinem Schuss, der den Stolz des Buben ins Mark traf und ihm seine Gewinnchancen vermasselte. Plötzlich hinkte der Bloßfüßige. Langsam ging er zu den Kirchenstufen, auf denen seine Schuhe standen, zog sie an, nahm ein orangefarbenes T-Shirt von den Stufen, die schwarzen Socken daneben, rannte mit langen Sprüngen fort in Richtung *Palazzo Sponza*, die zusammengeknüllten Socken in der Hand, das T-Shirt über der Schulter flatternd. Von seinen Spielkameraden verabschiedete er sich nicht. Ich saß auf einem Mauervorsprung, der den *Palazzo Reale* umrundete, zu Zeiten der österreichisch-ungarischen Herrschaft in Kroatien auch Theater der Stadt. Sieben oder acht ältere Frauen saßen neben mir auf demselben Mäuerchen. Wir saßen stundenlang, auf die vor uns liegende Spaziergangstraße schauend, die sich mit dem Fortschreiten des Abends immer mehr belebte. Alle zwischen acht und fünfzehn Jahre alten Mädchen der Stadt fuhren Rollschuh. »Ronaldinho« kam zurück. Jetzt trug er weiße Socken in anderen, schwarzen Turnschuhen, auf denen »Puma« zu lesen war. Er hatte sein T-Shirt wieder an, zog es aber, sobald er die Kathedrale erreichte, gleich wieder aus und warf es auf die Stufen. Der Ball verfehlte knapp den Kopf einer blonden Touristin. Sie schaute verärgert, sagte nichts. Einer nach dem anderen kamen Leute mit Handtüchern über den Schultern um die Ecke. Es dämmerte, es wurde dunkel. In der Kathedrale ging das Licht an. Schwalben flogen übers Dach.

In manchen Städten, vor allem in italienischen, sind die Spaziergangstraßen nicht lang gestreckt. Dort flaniert und trifft man sich auf Plätzen, weiten leeren Flächen, Inseln im Häusermeer, Distanz und Aussicht gewährend. In Bologna zum Beispiel ist es *die* Piazza, und allein durch den Gebrauch des Artikels weiß jeder, welche gemeint ist. Diejenige nämlich, mit der fünftgrößten Kirche der Welt darauf, die eigentlich ein Rohbau ist, aber ein sehr alter und uns daher wieder gefällt. Mit Marmor hätte sie verkleidet werden sollen, bis an die höchsten Zinnen, und einen Turm hätte sie bekommen sollen. Doch den Erbauern ging das Geld aus. Die Hälfte blieb unbekleidet, und der Turm wurde weggelassen. Heute finden wir so etwas schön. Vor fünfhundert Jahren hätten wir uns vielleicht noch geschämt für die Fehlkalkulation. Mitten auf diesem Platz befindet sich ein niedriger Sockel. Der Sockel ist höchstens zwanzig Zentimeter hoch und bedeckt fast den ganzen Platz. An seinen Rändern sitzen Tag und Nacht junge und alte Leute, Studenten und Obdachlose, Väter mit Sonntagskindern, Touristen mit Weinflaschen beim Picknick. Als handelte es sich um einen riesigen flachen Stuhl, sitzen sie alle vor allem an den Rändern, die Beine vor sich hingestellt oder ausgestreckt. Ganz selten sitzen einige in der Mitte. Die Mitte ist unheimlich. Sie bietet keinen Platz, die Füße auf einer anderen Etage abzustellen. In den warmen Monaten treten in verschiedenen Ecken des Platzes – vor allem im Schatten der Säulen, der ihn umgebenden Bogengänge – Künstler auf, Musiker, Komödianten, Marionettenspieler, Sänger. Sie stellen sich hin, tun, was sie können oder auch nicht können, und kaum haben sie begonnen, bildet sich um sie herum ein Kreis, dessen Glieder sich in fliegendem Wechsel austauschen, ihn aber nie unterbrechen, bis der Interpret geendet hat. Heute ist es ein Clown. Er trägt saubere braune Schuhe und schöne helle Hosen, ein weißes Hemd mit Gilet. Eigentlich gibt es keinen Grund anzunehmen, er sei ein Clown. Doch wissen es alle. Der Kreis ist geformt. Er hat angefangen. Mehr und mehr Menschen kommen herbei, stellen sich lose dazu, eher weiter hinten als weiter vorne. Sie warten. Er hält hinter den Säulen zwei Radfahrer auf. Er winkt dem Publikum, näher zu kommen. Die Radfahrer fahren hinter den Säulen hervor und weiter, während er winkt. Er hält neue Radfahrer auf. Er pfeift. Er nimmt einem Zuschauer das mobile Telefon weg und pfeift ins Telefon. Er spricht kein Wort. Er pfeift. Ein Mann mit einem Blasinstrument auf dem Rücken radelt quer durch die leere Mitte des Kreises, den der Clown vorsichtig aus einer Gießkanne auf den Boden gegossen hat. Wenn das Wasser verdunstet ist, wird auch seine Vorstellung zu Ende sein und er anderswo einen Zirkel auf den Boden gießen. Der Clown will ihn aufhalten. Der Mann lacht und fährt weiter. Das Publikum lacht. Nichts Komisches ist geschehen. Eine Frau spaziert mit raschen Schritten durch den Kreis. Sie hat einen Hund an der Leine. Der Hund zerrt sie hinter sich her. Es ist kein großer Hund, aber er zerrt sie trotzdem. Sie winkt dem Publikum. Sie winkt dem Clown. Sie winkt dem Himmel. Der Clown fährt leicht von hinten durch ihre Haare. Sie winkt. Sie wirkt wie bestellt. Die perfekte Darstellerin einer Frau mit einem Hund und schütteren gelbweißen Haaren, die in den Himmel winkt. Das Publikum klatscht. Der Clown pfeift. Die Frau mit dem Hund fährt sich mit der Hand in die Haare und schüttelt sie wieder in die Form zurück, die sie hatten, bevor der Clown sie durcheinanderbrachte. Zwei Radfahrer halten am Rand des Kreises und schauen. Jeder, der sich auf dem Platz befindet, betrachtet den Kreis und den Clown darin. Der Clown tut nichts. Er geht hin und her. Er pfeift. Und doch ist, was er getan hat, etwas, das die Leute ohne ihn nicht fertiggebracht hätten. Er lehrt sie zu schauen und zu sehen. Durch seinen Wasserkreis, der schon verdunstet, während er ihn noch zeichnet, gibt er den Spaziergängern auf dem Platz einen Rahmen, eine Bühne, auf der sie sehen, was immer schon da war. Weil es innerhalb des Kreises geschieht, fällt es auf. Geschähe es außerhalb, würde keiner es bemerken.

In den kurzen Schatten um die Mittagszeit lag ich in Pécs auf dem Rücken und schlief. Mir war, als führe ich nach Dubrovnik. Mir war, als gäbe es eine Eisenbahnlinie von Amsterdam nach Albanien. Eine der Haltestellen war Pécs. Am Bahnhof fand eine Hochzeit statt. Braut und Bräutigam saßen hintereinander im Zug. Eine Frau, die ich gut kannte, an deren Namen ich mich aber nicht erinnerte, saß ihnen gegenüber auf der anderen Seite des Ganges. Sie hatte einen Freund mitgebracht, der alles andere als hübsch zu nennen war. Er saß neben der Braut und griff immer wieder nach ihrer Hand. Ich kannte die Braut nicht, fühlte aber ihre Hand in der dieses Mannes, als wäre es die meine. Der Bräutigam drehte sich um, sah die Hand des unhübschen Mannes auf der Hand seiner Braut und schimpfte. Die Braut schaute etwas hilflos. Es war nicht meine Schuld, schien sie sagen zu wollen, ich habe nichts getan. Doch sie sagte nichts.

Der Bräutigam blickte ihr wild in die Augen. Genau darum, schien er sagen zu wollen, du hättest etwas tun sollen, laut aufschreien hättest du sollen, deine Hand wegziehen und mir auf die Schulter klopfen. Aber er sagte nichts. Niemand sagte etwas, und ich erwachte vom Schweigen unbekannter Leute, die sich neben mir im Gras niedergelassen hatten.

Másik war das einzige Wort, das ich aus ihrem ungarischen Gespräch verstand: *das andere*. Unter einem Baum stand einer, der zu warten schien. Ohne sichtbaren Grund zuckte er auf einmal am ganzen Leib, stellte die ganze Beweglichkeit seines Körpers zur Schau, drehte Rumpf und Hüften in einem seltsam wilden Tanz, bis er nach wenigen Sekunden, denn länger hatte es nicht gedauert, zum Stillstand kam. Auf dem Boden vor ihm lag sein Telefon. Es war ihm nicht gelungen, es vor dem Fall zu bewahren.

Iss einen Löffel Kaffee, sagte ein anderer zu mir, als ich im Bus saß, der mich von Pécs fortbringen würde. Iss einen Löffel Kaffee, sagte er, und öffnete seinen Rucksack einen Spalt weit, um mir die Dose Nescafé zu zeigen, die er darin hatte. Der Bus stand noch still am Parkplatz. Der Motor lief bereits. »Als ich heute morgen hier ankam«, sagte er, der neben mir saß und in Warschau geboren war, »als ich heute morgen hier ankam«, sagte er, »da dachte ich, ich sei wieder in Polen daheim. Derselbe Parkplatz. Die Autositze. *Sunday Icecream* im Café gleich daneben. Du bist so oft umgezogen«, sagte er zu mir. »All diese Städte, die du kennst, welche von ihnen gefällt dir am besten? Wo würdest du dich niederlassen wollen? Wo – wenn du sie alle zur Auswahl hättest? Vielleicht doch dort, wo du herkommst? In deiner Heimat? Im Zentrum des österreichischen Salzkammergutes?«

Es war eine Frage, die ich nicht beantworten konnte, würde jede Antwort doch bedeuten, dass ich nicht in der schönsten aller Städte bleiben könnte. Sich in einer Stadt niederzulassen, bedeutet zu entdecken, dass sie nicht halten kann, was sie versprochen hat. Die schönste Stadt der Welt wäre also, müsste also eine sein, aus der ich beständig abreise. Je länger ich lebe, desto deutlicher merke ich: Mein Geburtsort ist meine Heimatstadt nicht. Meine wirkliche Heimatstadt ist eine, die nur ich kenne. In der sonst niemand wohnt, niemand wohnen könnte, lüde ich ihn auch ein. Es ist eine Stadt, die aus allen Städten besteht, in denen ich war, die ich mag, die ich vermisse, denen ich neutral gegenüberstehe. Städte, in denen ich nur ein Café kenne, sieben klappbare Holzstühle an runden Holztischen, zerkratzt von Hunderten Tassen. Ich kann mir keine Stadt denken, die ich absolut meiden wollte. In jeder gibt es irgendwo einen, der Cola trinkt; einen, der isst; einen, der im Gras liegt; einen, der jemanden umgebracht hat; einen, der sagt: »Wohin fährst du?«

Aus dem hohlen, finstern Thor dringt ein buntes Gewimmel hervor.

György Aczél, Politiker, 1917–1991

Wilhelm Droste
György Aczél

Kaum eine Figur in der neueren Geschichte Ungarns ist so umstritten und in Widersprüche getaucht wie György Aczél. Er ist das kulturelle Gesicht der Kádár-Ära und teilt die Janusköpfigkeit seines Regierungschefs, der den weichsten Staatssozialismus Osteuropas hervorbrachte, gegründet jedoch auf verächtlichem Verrat und manch faulem Kompromiss.

Im Westen hatte Aczél einen gehätschelt guten Ruf. Er galt als intelligent und eloquent, als gebildet, gesprächsbereit und reformwillig. Manch ein Eurokommunist in Frankreich oder Italien sah in ihm einen östlichen Bruder. Seine Gespräche und Artikel wurden in Ungarn in die Fremdsprachen des kapitalistischen Auslands übertragen, um mit seinen Worten auch bei den Gegnern propagandistisch zu punkten, ja sogar dort erschienen seine Schriften, weil der Westen dankbar war auch für das kleinste Zeichen der Schmelzbereitschaft im Eisernen Vorhang.

Fragt man die Ungarn, die sein Wirken erlebt und erlitten haben, dann kommt ein ganz anderes Phänomen zum Vorschein. Vor allem die linke Opposition sieht ihn als zynischen Machtvasallen, der jede ernsthafte Kritik kalt und berechnend im Ansatz zu ersticken versuchte und vermochte. Für sie war Aczél nicht das Loch im Eisernen Vorhang, sondern der unerbittliche Vorhang selbst. Dabei suchte er nicht ohne Erfolg immer wieder die Nähe zur Kunst und zu den Künstlern, schrieb Bücher über den Dichter Attila József und den Musiker Béla Bartók und beteiligte sich an allen virulenten Diskussionen. Zwischen 1965 und 1985 war György Aczél ein nahezu verbindlicher Maßstab dafür, was in den sozialistischen Kulturbetrieb Ungarns hineinpasste und was nicht. Er rühmte sich mit der Abschaffung der Zensur und war doch ihre verfeinerte Inkarnation. Trotzdem hatte sein Dogmatismus eine gewisse Liberalität, vielleicht auch wegen seiner persönlichen Parteigeschichte, die ihn zum Opfer des Stalinismus werden ließ. Infolge des großen Schauprozesses um László Rajk wurde auch er Opfer der Säuberungen. Zwischen 1949 und 1954 saß er im Gefängnis, war aber dennoch 1956 gleich bereit, unter János Kádár in das Zentralkomitee der Ungarischen Sozialistischen Arbeiterpartei einzutreten und die Revolution von 1956 zu verraten, er blieb in entscheidenden Positionen bis in das Jahr der Wende 1989.

György Aczél entstammt einer armen jüdischen Familie (Henrik Appel war sein ursprünglicher Name) aus Budapest, er sah zu Beginn der dreißiger Jahre zunächst im Zionismus den Ausweg aus den gesellschaftlichen Nöten seiner Zeit, trat dann aber 1935 in die Kommunistische Partei Ungarns ein. Anfang 1942 geriet er wegen kommunistischer Agitation in Gefangenschaft in Vác, am Ende des Jahres wurde er in den Arbeitsdienst einberufen, aus dem er sich befreien konnte. Auch mit einem taktischen Eintritt in die Katholische Kirche versuchte er, sich 1944 vor der Verschleppung als Jude zu schützen, ihm und vielen seiner Freunde gelang es, im Netz des Widerstandes gegen die ungarischen Faschisten (Pfeilkreuzler) ihre Freiheit zu bewahren und ihr Leben zu retten.

Pécs war zwischen 1971 und 1990 die Stadt seines Wahlkreises, sein gewaltiger Einfluss in Budapest half dem Ort, besondere Förderungen und Privilegien auf sich zu ziehen. Dass Pécs in den ersten Jahren Schauplatz der Ungarischen Nationalen Filmfestspiele wurde, ist sicher auch seiner politischen Macht zu verdanken.

Mystifizierung und Dämonisierung umranken seine Person bis heute. In liberalen Kreisen der Opposition in der Kádár-Ära erzählt man sich jetzt noch von der prächtigen Bauhauswohnung am Donaupark in der Neuen Leopoldstadt, der schönsten und anspruchsvollsten Wohnung der ganzen Stadt mit der großen Dachterrasse und Blick auf die Innenstadt, die Donau und die Burg, die Genossen von damals rühmen die spartanische Bescheidenheit ebendieser Wohnung. Die Wahrheit ist ein schillerndes Geschöpf.

Géza Bereményi
Wohin geht die Uranstadt heute aus?

Wohin geht die Uranstadt heute aus?
Am Zahltag, da bleibt doch keiner zu Haus,
hier gibt's Kneipen wie am Himmel Sterne,
und fröhliche Mädchen amüsieren dich gerne.
Im besten Haus, der Olympia-Bar,
sind Sekt und neue Schlager niemals rar,
sie wartet auf Kumpel und auf ihr Geld,
hier wird der Zahlende zum großen Held.

Die Olympia-Bar ist kein finsterer Stollen,
dort wo sich die Frauen um Bergmänner trollen,
da findet im Sekt sich so manch eine Perle,
in der Band, da trommeln die weltbesten Kerle,
auf der Bühne tanzen die kessesten Mädchen.
Warst einmal du hier, kommst du hundertmal
und noch hundertmal und noch hundertmal,
oder geisterst für ewig durch Séparée und Saal.

Die Uranstadt, sie weiß es nur zu gut,
kurz ist das Leben und knapp sind die Fristen,
doch nach einer Nacht hier voll Hitze und Glut
ist alles befriedigt, was bekannt an Gelüsten,
hier wird nicht geschlossen, keiner schickt dich fort,
die Schönsten, sie springen, es reicht nur ein Wort,
jeder Kumpel ist hier heute ein Star,
dabei ist sie kein Stollen, die Olympia-Bar.

Die Olympia-Bar ist kein finsterer Stollen,
dort wo sich die Frauen um Bergmänner trollen,
da findet im Sekt sich so manch eine Perle,
in der Band, da trommeln die weltbesten Kerle,
auf der Bühne tanzen die kessesten Mädchen.
Warst einmal du hier, kommst du hundertmal
und noch hundertmal und noch hundertmal,
oder geisterst für ewig durch Séparée und Saal.

Aus dem Ungarischen von Felix und Clemens Prinz

György Orbán
Herr Zsigó und die Bomben

Ich könnte behaupten, die juristische Fakultät hätte mich nach Pécs gelockt, das stimmt aber nur insofern, wie mich das Benediktinergymnasium nach Győr gelockt hat. Diese Verlockungen spürt man, solange sie bevorstehen, solange die Neue Welt wie ein neuer Kontinent erscheint. Wenn man dann an Land geht, sich dort niederlässt, sich über Berge schleppt und durch Wälder kämpft, Ebenen durchquert und Abgründe überwindet, kommt man irgendwann am anderen Ufer an und sieht, dass der neue Erdteil doch nur eine Insel ist. Danach spricht der Reisende nicht mehr von Verlockungen, sondern von Möglichkeiten, die sich ihm dort aufgetan haben, und davon, ob er sie gut oder schlecht genutzt hat. Mit anderen Worten: ob ihn diese Möglichkeiten in eine gute oder schlechte Richtung geführt haben.

Jetzt, da ich über die Möglichkeiten nachsinne, scheinen sie schon eher Erfahrungen zu sein, die ich für mich selbst und die unbekannten Leser in diesen frühen Morgenstunden im flackernden Licht des Monitors aufschreibe. Die juristische Fakultät lockte mich damit, dass ich die Aufnahmeprüfung schaffen könnte, da man Fragen zur ungarischen Literatur und Geschichte beantworten musste. Ich hätte ja am liebsten *Poeterey* studiert, doch wusste ich auch damals schon, dass so ein Fach nirgendwo auf der Welt existiert. Die – im Übrigen ausgezeichnete – Matura bei den Benediktinern versprach, eher unbrauchbar und nur eine schöne Mission zu bleiben, die ich mit auf den Weg bekam, denn ich hatte meine Lektion gelernt: In die Lehrerausbildung würde man mich niemals aufnehmen, deshalb versuchte ich es erst gar nicht. Zum Jurastudium wurde ich aber, Wunder über Wunder, zugelassen. Doch lassen wir die auseinanderdriftenden Handlungsstränge des Lebens, die alle einer eigenen Interpretation bedürften, ziehen wir nun endlich unseren eigentlichen Helden aus der Tasche, Herrn Zsigó, den Mitarbeiter der Genossenschaft für Gaststättengewerbe des Komitats Baranya. Nach der Universität wurde ich, im Grunde genommen auf eigenen Wunsch, Hauptreferent in der Abteilung für Kultur der Stadt Pécs.

Das war ein schöner Titel, und die Schönheit wurde dadurch gesteigert, dass es keinen anderen Referenten gab, nur den Hauptreferenten. Deshalb war es leichter, ihn zu akzeptieren, mit dieser borniertenen Haupt-

heit. In diesem Amt bin ich den Herren Schenk, Várkonyi und Bujtár nachgefolgt. In den Schreibtischschubladen fanden sich unerledigte Akten, unbekannte Angelegenheiten, wie auch ich sie später zurückließ, und bestimmte Zuständigkeiten wurden von mir übernommen. In meinen Zuständigkeitsbereich gehörte für mehr als ein Jahr die Genehmigung von Barrevues in Pécs. Eine Revue, die genehmigt werden musste, gab es zwar bloß in der *Olympia*-Bar in der Uranstadt, die aber stand, wenn ich mich recht erinnere, jeden Monat auf dem Programm. Meine Vorgänger hatten mir auch die Praxis der »amtlichen Vorstellung« vermacht.

Ich war also vormittags vor Ort, man zog die Vorhänge zu, stellte mir einen kleinen Weinbrand auf den Tisch, und dann fingen die unglückseligen Musiker an zu musizieren, der Zauberer zauberte, die Sängerin sang und die Tänzerin tanzte in furchtbarem Licht und ganz im Krampf der frühen Stunde. Es war wie in meiner Kindheit am Weihnachtsabend: Kerzenschein, Glanz, Glitter und am nächsten Morgen rieselten schon die Nadeln vom schiefen Baum. Dann am Ende der Revue: Stempel und Unterschrift auf den vorgefertigten Bescheid, den man ausgestellt hatte. Ich konnte mir nicht vorstellen, dass es je zu einer Revue kommen könnte, die ich nicht genehmigen würde. Das Unternehmen wurde in erster Linie von Herrn Zsigó vertreten, der Geschäftsführer sorgte auch für den Weinbrand. Als junger Mensch wollte ich die Welt verändern, und ich dachte mir, dass innerhalb eines bestimmen Rahmens das durchaus auch möglich sei, wenn man über Courage und weise Einsicht verfügt. Also meinerseits. Ich entschied mich für eine totale Reform dieses Fahrplanes, es gab keine Sondervorstellungen mehr, die erste Aufführung war fortan der Gegenstand des Genehmigungsverfahrens. Kurz vor Mitternacht erschien ich in der *Olympia*-Bar, den vorbereiteten Bescheid und den Stempel des Stadtrates in der Tasche. Dann schaute ich mir gemeinsam mit Herrn Zsigó »live« die Revue an: Musik, Gesang, Tanz, Kraftübungen. Ich kann mich erinnern, dass Herrn Zsigó diese Praxis nicht zuwider war. Auch er dachte nicht einen Bruchteil einer Sekunde daran, dass es jemals ein Programm geben könnte, das nicht genehmigt würde.

Beim Weinbrand delektierte er mich mit verschiedenen Anekdoten. Er war um die sechzig, ein kleiner Mann mit schwarzer Lederjacke und einer schwarzen Western-Schnurkrawatte – wie man sie in alten amerikanischen Filmen sieht –, ein dünnes Oberlippenbärtchen, gerade nur zwei waagerechte und zwei kurze senkrechte Streifen über der Lippe, das graue Haar sorgfältig nach hinten gekämmt, doch vorne hatte er diese halbstarke Schmachtlocke. Er war tipptopp gepflegt und duftete, wie das bei den alten Halbstarken seinerzeit so war, die »Schnabelschuhe« trugen und sich nicht vor Lehel Németh ekelten, wenn er sang »Der Mond vibriert im Spiegel des nachtschwarzen Teichs ...« Neben der Zusammenstellung von Barrevuen war er auch mit den Firmenbestattungen in Pécs betraut. Er erledigte alles und hielt auch noch die Rede. Die Ehefrauen wollten oft ihrem Mann »nachgehen«, deshalb wurden sie von der Verwandtschaft stets festgehalten. Einmal war es einer stämmigen Witwe doch gelungen: Mit wahnsinnigem Gepolter stürzte sie auf den Sarg, ins Grab hinunter. Geschrei, Chaos, schließlich wurde sie mit dem Strick zum Sarghinunterlassen wieder ins Diesseits geholt. Das war eine von seinen drei lehrreichen Geschichten. Auch später habe ich sie oft mit großem Erfolg erzählt, als eine zu bestimmten Situationen passende bombensichere Geschichte.

Ende der sechziger Jahre, Anfang der siebziger kam das System für eine Zeit merkwürdig ins Wanken, denn damals war für einige Jahre der Striptease erlaubt. Die ganze Freiheit erreichte uns hier, im Karpatenbecken, nicht auf einmal, mit einem Schlag; unsere Kämpfe führten uns über verschlungene Wege schließlich zur Wende. Stolz dachten wir daran, dass wir die Ersten wären. In diesem Bereich waren uns nur die Jugoslawen zuvorgekommen, doch die waren anders, gehörten sie doch nicht wirklich zu uns. Mein Freund Szekér bestellte mich per Brief nach Fonyód, vielleicht gerade im Sommer 1968, wir sollten uns die Revolution in der *Sirály*-Bar gemeinsam ansehen, denn er wusste einen Platz, von dem man, trotz zugezogener Vorhänge, hineinspähen konnte. In Pécs löste die Nachricht des Striptease im Kreise der Uranbergleute eine wahre Volksbewegung aus. Auch damals wurde die Revue schon von Herrn Zsigó organisiert. Um die Geschichte zu verstehen, muss man wissen, dass die *Olympia*-Bar ein langgezogenes, rechteckiges Lokal ist, die Bühne stand gleich gegenüber dem Eingang, am anderen Ende des Raumes. Die Tänzerin verließ, nachdem sie sich am Höhepunkt der Revue tatsächlich von ihrem Bikinioberteil befreit und wahrlich mit ihren BRÜSTEN, TITTEN, GLOCKEN – keine Ahnung, welche Bezeichnung hier angebracht wäre: es hätten auch *welke Quarktaschen* sein können, denn Herr Zsigó ging, wie es sich für einen Gentleman geziemt, auf solche Details nicht ein – gewackelt hatte, im Schutze der plötzlich eingetretenen Finsternis, den Ort des tobenden Erfolgs, indem sie zwischen den Tischen hinauslief. Die Dame wurde aber im Laufe der Zeit immer öfter insultiert, manche Zuschauer, die sich gut platziert hatten, ließen in der Dunkelheit ihrer Erregung freien Lauf. Deshalb hat man, meint der Herr, der schon Vieles erlebt hat, neben der Bühne ein kleines Häuschen, eine Art Hühnerstall errichtet, in den die Künstlerin nach dem Abschalten der Lampen hineinkroch und wartete, bis die Gemüter sich beruhigt hatten, so konnte sie sich dann, nun bereits im Bademantel, mit männlicher Unterstützung und erhobenen Hauptes entfernen. Auch diese Geschichte war ein schönes Geschenk für mich, auf späteren Reisen konnte ich damit das kundige Publikum unterhalten, die sich darin bergenden Erfahrungen teilen und das Zusammengehörigkeitsgefühl fördern. Und würde das Leben in logischen Bahnen verlaufen, wäre der Reigen meiner Erinnerungen, die mich mit Herrn Zsigó verbinden, hier und jetzt zu Ende. Ich war nicht mehr für die Stadtverwaltung, aber immer noch in Pécs tätig, als das Schicksal uns in einem Zug von Budapest nebeneinandersitzen ließ. Wir freuten uns über einander, dann hörte ich die dritte Geschichte, die alles Bisherige in einen Rahmen fasst und dem, was ich zu sagen versuche, neue Dimensionen gibt. Am Ende des Krieges war Herr Zsigó, er war vielleicht bei der Horthy-Jugend, beim Volkssturm sozusagen, in Dresden stationiert. »In Dresden?!« Plötzlich wurden meine Ohren spitz, da ich von diesem fürchterlichen Inferno wusste und ahnte, dass ich diese abendliche Zugfahrt mit einem wirklichen Zeitzeugen verbringen würde. »Wir waren am Stadtrand in einer Fabrik untergebracht. Ein Fliegeralarm nach dem anderen, ein paar von uns hatten bald die Nase voll, denn es passierte ja überhaupt nichts, wir gingen also nicht in den Luftschutzkeller hinunter, war auch besser so ohne Aufsicht. Doch dann kam es anders. Dann wären wir gern in den Keller gekrochen, aber bei dem furchtbaren Gedonner hat keiner gehört, dass wir an die Türe schlugen. Es fiel dort zwar weit und breit keine Bombe, nur in der Innenstadt. Als wäre der Himmel eingestürzt. Wir sahen, wie alles brannte. Tags darauf brachten sie uns auch in die Stadt, wir mussten Tote wegschaffen, das, was von ihnen geblieben war, die Körper waren alle verkohlt, weil die Flugzeuge Brandbomben abgeworfen hatten. Phosphor brennt so, dass man ihn nicht löschen kann, und er fließt in die Keller, wohin sich die Leute flüchten.«

Seitdem verbinde ich Dresden und auch den Krieg selbst irgendwie mit dieser Zugfahrt, mit Herrn Zsigós Erzählungen, ich stelle mir seine Silhouette auf dem flackernden Bildschirm vor und kann mir doch weder sein Gesicht noch seine Stimme ins Gedächtnis rufen. Ich kann mir nur vorstellen, wie eine unauslöschliche Flamme durch die Gassen einer Stadt fließt, in die Keller hinunter, wo sich die Menschen verstecken. Sie werden am nächsten Tag von den Überlebenden weggeräumt.

Aus dem Ungarischen von Clemens Prinz

Das Hochhaus der Zukunft als Last der Vergangenheit

»Das Leben fühlte sich so modern an«
Frau Endre Horváth, lebt seit 1958 in der Uranstadt

Axel Halling
Zeitgeschichte im SozReal-Look: Die Pécser Uranstadt

1956 wurde in Pécs mit dem Bau eines neuen Stadtteils nach sozialistischem Ideal begonnen: Új-Mecsekalja, der später unter dem Namen *Uránváros* (Uranstadt) bekannt wurde. Auftraggeber war der unter sowjetischer Leitung in Pécs gegründete Uranbergbau, für dessen mehrere Tausend neu hinzugezogene Beschäftigte und ihre Familien ab 1955 Wohnungen und eine entsprechende städtische Infrastruktur gebaut wurden.

»Eines Tages sagte mein Mann zu mir, dass wir packen müssten, weil wir in ein anderes Haus ziehen würden: Wir ziehen nach Új-Mecsekalja. Wir haben den Lastwagen beladen, dann wieder alles abgeladen, mein Mann machte die Tür auf: Ach, wie schön alles war! Es gab keine Möbel, nichts, nur das Badezimmer.«
Frau József Bakó, wohnt seit 1957 in der Hajnóczy-Straße

In der Uranstadt strahlt auch der Kitsch

Es entstand ein großflächiger Stadtteil, der nicht nur den Angestellten des Uranwerkes eine moderne Unterkunft zur Verfügung stellte. Auch viele andere Familien, die in Pécs mit der Wohnungsnot zu kämpfen hatten, kamen in den Genuss der zeitgemäßen, hellen und gut heizbaren Wohnungen. Bis zur Schließung des Uranbergwerks blieb das Uranwerk die wichtigste Institution für den Stadtteil, der den Bewohnern nicht nur eine Unterkunft bot, sondern für sie auch Weiterbildungen und Freizeitprogramme organisierte.

»Das Kulturzentrum ›Ságvári‹ – sein Spitzname war *Sági* – war recht beliebt, wir sind dort gerne hingegangen, auch aus der Stadt kamen die jungen Leute. Berühmte Bands aus der Stadt spielten hier. Es gab eine Disko. Damals hieß es zwar nicht so, aber im Wesentlichen war es dasselbe, es gab große Partys.«
János Sárosi, lebt seit 1957 in der Uranstadt.

Doch ist die Uranstadt eben keine reine sozialistische Erfolgsgeschichte: Die meisten der damals überdurchschnittlich gut entlohnten Bergarbeiter starben früh an den Folgen der schweren Arbeit unter Tage und der radioaktiven Strahlung. Das Uranwerk wurde kurz nach der Wende geschlossen, und der Stadtteil drohte zu vergreisen. Inzwischen ziehen jedoch immer mehr junge Pécser Familien in die teilweise renovierten Bauten der 50er und 60er Jahre. Im Rahmen der »Kulturhauptstadt Europa – Pécs2010« bezog die Stadt Pécs 2007 die Uranstadt in ihre Ausschreibung für die Neugestaltung der öffentlichen Räume mit ein. Das Entwicklungsgebiet umfasst dabei das Stadtzentrum der Uránváros, die Ybl-Miklós-Straße, den Szilárd-Leó-Park sowie das Gelände des ehemaligen Uranbergbaus. Die Siegerentwürfe werden derzeit vom Landschaftsdesignbüro *Lépték-terv* und dem Konsortium der *Közlekedés Kft.* umgesetzt. Die Uranstadt scheint also auf dem besten Wege, ihrer postsozialistischen Depression zu entkommen. Oder wie es die Erstbewohnerin Frau Tukora, die seit 1958 in der Uranstadt lebt, ausdrückt: »Es hat immer noch Prestige, hier zu wohnen!«

László Bertók
Während

Auf dem Asphalt des Marktplatzes
zwischen einer umgedrehten Apfelkiste
und einer zermanschten Karotte
stehe ich
am 4. März
1969 abends um sechs
und müsste das präzise Gedicht Nr. 2
über die Dämmerung schreiben
während ich mir
zwischen Winter und Sommer
zwischen Tag und Nacht
zwischen Büro und Zuhaus'
zwischen Himmel und Erde
der Erde immer näher
inmitten des Großen Sandwiches
die Stadt neu erfinde
die Tochter des Bergs und der Sonne
meine Auserwählte
nach vier Jahren Ehe
über die Träume
den Flitterkram der Liebe hinaus
über Betrug und Betrogenheit
wieder allein genug
um bis zu meinem Tod
mit ihr zusammenzubleiben
während ich mir eins zu eins
die Stadt neu erfinde
auf ihrem
Kopf ein Sylvesterhut
einhundertneunzig Meter hoch
im Gesicht ein grauer Bart
an der Brust die beleuchteten Orden
zehn Kilometer lange Arme
ihr rundum begehbares Herz
mit pulsierenden Arterien
in ihnen treibe ich selbst
zwischen einhundertfünfzigtausend Schicksalen

ungeschützt und verletzbar
dass ich mich selbst zerstören könnte
am 4. März
1969 abends um sechs
während ich das präzise Gedicht Nr. 2
über die Dämmerung schreiben müsste

Aus dem Ungarischen von Clemens Prinz

György Konrád
Erinnerungen eines Stadtsoziologen

Pécs ist zauberhaft, denn es ist anders, nicht nur anders als das östliche Debrecen, sondern auch anders als Sopron, Szombathely oder Veszprém … Kulturhauptstadt soll eine Stadt sein, wo die Menschen einer Region sich am wohlsten fühlen. Pécs ist eine reizende Stadt.

Mitarbeiter des Instituts für Städtebau und Stadtplanung müssen viel reisen, das gehört sich so für Stadtsoziologen. Die älteren Herrschaften des Instituts wollten nicht, daher war ich montags, dienstags und mittwochs in den Städten unterwegs. Damals schrieb ich gerade meinen ersten Roman, daher lief ich morgens nicht gleich los, um die Bürger von Pécs zu befragen, ob sie diese Straßenbahnlinie oder jenen Stadtteil mochten, sondern setzte mich ins *Nádor,* in den sechziger Jahren das einzige richtige Café in diesem Land. Dort waren die Tee- und Kaffeekannen aus Alpaka, die Tassen auf dem Tablett waren ebenfalls aus Alpaka, und die Kellner brachten Quarktaschen wie aus guten, alten Zeiten. Alles war sehr gut. In meinem Pécs-Roman spielte ein winzigkleiner Mann, ein Zwerg sozusagen, eine Rolle. Die Kellner fassten ihm sanft unter die Achseln, hoben ihn hoch und platzierten ihn auf einer Couch am Fenster. Jedes Mal sagte er, er nehme einen kleinen Schwarzen, weil ihm ein großer bei seinen Körpermaßen zu viel wäre. Dieses Bonmot gab er Tag für Tag zum Besten. Das machte dieses Kaffeehaus heimelig, und noch Vieles mehr, denn Schauspieler kamen dorthin, aus dem Theater, zwischen den Proben. Etwas war hier erhalten geblieben von dem bürgerlichen Leben, von dem ich noch ein wenig bei meinem Großvater in Oradea gespürt hatte.

Ich machte einer jungen Dame den Hof, und einmal kam sie – sie wohnte in der Nähe des Theaters – auf einen Sprung zu einem Rendezvous herunter, und wir trafen einen Professor, mit dem sie mich wegen eines Interviews zusammengebracht hatte. Der Professor grüßte sie nicht. Ich verstand das nicht. War das Ungeschliffenheit? Oh nein, sagte sie, das ist Feingefühl, denn er hat bemerkt, dass ich keine Strümpfe trage, und er wollte mich nicht damit beschämen, dass er mich in diesem Zustand zur Kenntnis nimmt. Ich spürte, dass hier noch etwas herüberdrang aus der alten Welt, wo die Ureinwohner noch Weinberge hatten und feinere Sitten.

Der Bauchnabel der Stadt, das Kaffeehaus Nádor

Pécs hatte einst auch ein jüdisches Bürgertum, vielleicht vier- bis fünftausend Menschen, darüber ist jedoch kaum etwas zu erfahren. Nichts ist in Erinnerung geblieben. Nichts wird erwähnt. Als ließe das Vergessen schon eine Tendenz erkennen. Sachlich ist das unbegründet, denn in der Wirtschaft, der Geschichte und im kulturellen Leben der Stadt hatten die Juden eine bedeutende Rolle gespielt. Auch in meinem Heimatort erwähnte man, als die sozialistischen Geschichten geboren wurden, höchstens ein, zwei Mitglieder der Arbeiterbewegung, jedoch keine Kaufleute oder Industriellen. Über das Bürgertum der Stadt, das Bürgertum jenseits der Staatsdiener also, scheint Unwissenheit zu herrschen, die mit der aufgezwungenen Pflege der Erinnerungen zu erklären ist.

Das *Café Nádor* auf dem Széchenyi-Platz war für mich deshalb ein guter Beobachtungsposten. Ich schaute hinaus auf den abfallenden Platz, der vielleicht der einzige mediterrane Platz in ganz Ungarn ist. Das war wie im Theater. Ich saß im Kaffeehaus, bezahlte meine Eintrittskarte mit Kaffee und schaute. Dort latschte sicher in jeder historischen Periode die Jugend herum. Obwohl ich kein Pécser Teenager gewesen bin, konnte ich mir denken, dass dort die Rendezvous stattfanden. Und nachdem ich eine Woche regelmäßig dort hingegangen war, sah ich, wie sich, einige Meter weiter, ein Paar küsste. Der Platz liegt auf jeden Fall zentral. Und der Jókai-Platz, der von ihm abzweigt, sowie die heutige und ehemalige Király-Straße, zwischenzeitlich Kossuth-Straße genannt, waren zu allen Zeiten großartige Orte. In der Stadt gab es einige Kaffeehäuser, in denen ich mich wohlfühlte. Besonders interessant fand ich die Stadtteile Tettye, Zidina, Puturluk ... Damals in den Sechzigern floss das Abwasser noch in Kanälen am Straßenrand entlang, und die kleinen Hinterhöfe waren sehr ergreifend. Ich lief mit einer schrecklich schweren Tasche über der Schulter durch die Stadt. Darin war mein Tonbandgerät, auf das ich alles Mögliche sprach, was ich sah und was mir gefiel. Diese Stadtteile hatten Charakter. Keiner glich dem anderen. Und wenn ich in die Gaststätte *Halásztanya* ging, dann hatte auch die einen unverwechselbaren Charakter, ja, mehr noch als nach der Wende, als sie begann, Stereotypen zu bedienen.

Gut ist eine Stadt, wenn wir sie gern besuchen. Wohin gehe ich gern? Dahin, wo ich mich schon einmal wohl gefühlt, wo ich mich nicht gelangweilt habe, wenn ich mich auf der Straße umschaute. Wo ich als junger Mensch schöne Mädchen und Frauen gesehen habe, wo interessante Blicke gewechselt wurden, wo ich mich mit jemandem in der Kneipe unterhalten konnte, wo man nicht grob war, wo ich gut gegessen habe und nicht betrogen worden bin, wo der Kellner nicht nur die Speisen gebracht hat, sondern auch etwas Freundliches sagen konnte. Nicht die Baudenkmäler oder die Wunder der modernen Architektur nehmen mich gefangen. Die sind zwar auch gut, die schaut man sich an, aber wegen ihnen fahre ich nicht dahin. Der Mensch steht im Mittelpunkt des Interesses.

Aus dem Ungarischen von Karlheinz Schweitzer

Dezső Matyi, Verleger, *1968

Das größte Wunder von Pécs steht in Budapest und hört auf den Namen Paris. Zumindest der Mädchenname des ersten Großkaufhauses in Budapest war 1910 *Párizsi Nagyáruház* (Pariser Großkaufhaus). Es steht auf dem elegantesten Boulevard in Pest, der Andrássy-út 39, und hat lange auf einen mutigen neuen Nutzer warten müssen, der die alte Sezessionseleganz zu neuem Leben erweckt. Dieser neue Nutzer stammt aus Pécs, heißt Dezső Matyi und hatte Geld und Mut genug, das gewaltige Gebäude vor allem mit Büchern zu füllen. Matyi ist ein Bucholigarch, der vor Jahren mit dem Verkauf gedruckter Billigware in Buden unter dem freien Himmel von Pécs angefangen hat, um heute mit seiner Ladenkette *Alexandra* der bedeutendste Buchhersteller und Vertreiber im ganzen Land zu sein. Das neue Kaufhaus ist sein drittes großflächiges Buchkaufhaus allein in Budapest, alle drei befinden sich in bester, eleganter und lebendigster Lage. Dabei hatte Matyi schon ein großes Buchgeschäft auf der Andrássy-Straße (35), nur ein paar Häuser entfernt, in den Räumen des einstmaligen Kaffeehauses *Helvetia,* das vor hundert Jahren berühmt und zugleich berüchtigt war, denn an manch einem seiner Marmortische saßen damals die schönsten und teuersten käuflichen Mädchen der Stadt, die das elegante Café als ihren Kontakthof nutzten. Im Sozialismus wurden hier zuletzt keusche Fahrkarten der Ungarischen Eisenbahn verkauft, jetzt hat es Alexandra in ein großflächiges Antiquariat verwandelt.

Das Buchkaufhaus selbst ist schon Wunder genug, steigt man aber eine kleine Treppe höher, dann gerät man in die Pracht eines gewaltigen Saales, den der Maler Károly Lotz in den Gewölben mit großen, bedeutungsgeladenen Bildern verziert hat, die in ein Meer von Vergoldung eingetaucht sind. Hier wird auf bestimmt fünfhundert Quadratmetern in majestätisch hohem Raum Kaffee ausgeschenkt, bislang noch zu absolut bezahlbaren Preisen, so dass dort in fürstlicher Eleganz mehr als hundert zumeist ungarische Gäste sitzen, mit großen, staunenden Augen und glücklich verwöhnt, gut gelaunt redend und gestikulierend wie in besten Friedenszeiten, von denen nur mehr die Legenden raunen. Ganz nebenbei ist dem Buchkaufhaus ein Kaffeehaus geglückt, das mit Abstand glaubwürdigste Großcafé des Landes. Wahrscheinlich sind dies gegenwärtig sogar die glücklichsten Quadratmeter der Republik Ungarn, auch wenn Raucher nicht zu ihnen zählen, denn sie dürfen diese glückselig genutz-

Wilhelm Droste
Dezső Matyi

NICHTS IST UNMÖGLICH

te Eleganz nicht verqualmen. Ein Sonderlob den großzügigen Genehmigungsbehörden, die das Caféwunder nicht verhindert haben, obwohl es bislang nur schwer erreichbar viel zu wenig Toiletten gibt. Sieht man allein diesen Raum, so möchte man glauben, die Ungarn seien noch immer das lebensfreundlichste und toleranteste Volk Europas. Es ist, als hätte ein Großkapitalist dem Volk ein kommunistisches Geschenk gemacht.

Sultan Soliman sagte über Pécs, die Stadt sei der Himmel auf Erden. Auch heute besteht kein Zweifel an der Wahrheit dieser Behauptung.

Ich verbrachte eine Woche in Pécs und erkannte mit der größten Überraschung und Freude: Nicht nur die natürlichen Schönheiten der Stadt sind außergewöhnlich, auch die Bevölkerung ist reich an Fähigkeiten, die ihren Anteil daran haben, dass auch das Leben der Menschen, insofern das bei der heute besonders auch in Pécs so schweren wirtschaftlichen Lage möglich ist, zum Himmel auf Erden wird.

Zsigmond Móricz
Pécs, eine Stadt ohne Bettler

Pécs ist die einzige Stadt im Land, die mit dem Elend wirklich gründlich aufgeräumt hat. Sie schaffte das Betteln nicht durch Verbote ab, sondern durch soziale Arbeit, und verringerte die Not der Arbeitslosen auf ein Minimum.

Diese sozialpolitische Arbeit findet seit ungefähr vier Jahren statt. Während meines Aufenthaltes in Pécs besuchte ich Tag für Tag die Einrichtungen und es war, als würde ich den interessantesten und edelsten Roman lesen, den nicht die Phantasie eines Dichters vor die Leser zaubert, sondern den die Wirklichkeit schreibt, er löst die wahren Probleme und Leiden.

Die Grundprinzipien der Pécser Stadtpolitik sind die modernen sozialen Gedanken. Ich kann jedem, der sich mit diesem Thema beschäftigen möchte, wärmstens empfehlen, die Pécser Initiative zu studieren.

Ihr Grundgedanke ist, dass es in Ungarn keine hungernden Menschen geben darf. Es ist doch absurd, dass in unserer Heimat, wo Milch und Honig fließen, wo es einen beträchtlichen Überschuss an Weizen gibt, ein Teil der Bevölkerung trotzdem an Brotmangel leidet. Deshalb hat die Stadt schon vor vier Jahren alle Leute registrieren lassen, die aufgrund von Armut auf Almosen angewiesen sind. All diese Menschen, die zum Bettlerdasein gezwungen waren, ließ die Stadt zusammensammeln und in Armenhäusern unterbringen, wo sie ihnen mit Hilfe der städtischen Betriebe eine vollständige und einwandfreie Versorgung gewährleistet. Auf diese Weise unterstützt sie ungefähr 350 Menschen.

Dazu kam die sich gleichzeitig weltweit ausbreitende Arbeitslosigkeit. Diese nahm auch in der Stadt Pécs derartige Ausmaße an, dass Ende des Jahres 1932 fünfzig Prozent der arbeitsfähigen Arbeiterschaft ohne

Beschäftigung dastanden. Diese Masse, die etwa zehntausend bis zwölftausend Personen ausmachte, konnte nicht im Elend und demoralisierenden Leid belassen werden.

Die ganze Beihilfeleistung hätte die Steuern zahlende Bevölkerung jedoch sehr stark belastet, die Stadt konnte nicht zulassen, dass derartig vielen Arbeitern ständiger Unterhalt gewährleistet würde. Eine Beihilfe ohne jegliche Gegenleistung setzt zudem der allgemeinen Armut kein Ende, sondern zieht vielmehr Schmarotzer an.

Daher wurde eine städtische Arbeitssiedlung eingerichtet, wo die Menschen, die dringend der Beihilfe bedurften, alle zwei bis drei Wochen für einen minimalen Tageslohn Arbeit bekamen. Die Arbeitslosen bilden keine geschlossene und feste Gruppe. Der Handwerksgeselle, der heute arbeitslos ist, kann schon morgen neue Arbeit finden, während andere ihren Arbeitsplatz verlieren. So kann periodisch vielen Tausend Menschen geholfen werden, bis sie wieder aufatmen können.

Die städtische Arbeitssiedlung aber versieht Aufgaben, die den auf Versorgung Angewiesenen dienen. Die Einrichtung der Armenhäuser, die Bekleidung der Armen und Versorgung mit Nahrungsmitteln müssen ständig gewährleistet werden. Solange die Bettler ungepflegt im Elend leben, bilden sie keine positive Kraft. Sie sind weder Konsumenten noch Auftraggeber. In dem Moment aber, in dem die Stadt ihnen einen Status verleiht, sorgen sie für Konsum und erzeugen neue Arbeit. Die Arbeits-

Bauhaus liebt das Licht von allen Seiten.

siedlungen sind ausschließlich für soziale Bedürfnisse zuständig. Auch heute bemühen sich Tischler, Schlosser, Weber und Schneider fieberhaft, alle Arbeiten selbst zu verrichten und die Versorgung der Armen sicherzustellen.

Die Stadt ist in sieben Bezirke unterteilt. In jedem Bezirk gibt es ein Versorgungsamt für arme Menschen, in dem zahlreiche Arbeitskräfte beschäftigt sind. Auf der Grundlage einer Kartei werden alle registriert, die irgendwie in den Kreislauf gelangen. Zur Versorgung der Armen werden ausgebildete Arbeitskräfte, meist intelligente junge Frauen, gegen Bezahlung angestellt. Diese untersuchen bei ihren eigenen Armen das Umfeld, kennen alle, die sie versorgen, persönlich und führen selbst über die geringsten Angelegenheiten Buch. Die Bedürftigen bekommen alle einen Lichtbildausweis sowie ein Verzeichnis, in das außer den persönlichen Daten der Betreffenden auch eingetragen wird, welche Art von Beihilfen sie erhalten haben oder erhalten. Das Betteln ist also völlig ausgeschlossen, da jeder dazu verpflichtet ist, sein Ausweis-Büchlein vorzuweisen.

Ähnlich wird in gemeinsamer Anstrengung von Bürgern und Arbeitslosen ein *Bettlerdorf* aufgebaut. Zu diesem Zweck hat Pécs am Stadtrand eine bedeutende Fläche von mehreren Morgen abgetrennt, derzeit wurden bereits vierzehn Häuser unter Dach und Fach gebracht, in denen alleinstehende Arme wohnen werden. Sie werden einen ganzen Betrieb unterhalten, einen Garten, in dem sie den Bedarf der Volksküche anbauen, eine Hühner- und Schweinefarm, deren Produkte ebenfalls die Volksküche verwenden wird. Den Bau selbst, angefangen mit der grundlegendsten Arbeit, der Anfertigung der Ziegel, bis zum Decken der Dächer, verrichten die Arbeitslosen selbst.

Von Seiten der Handwerker wurde die Sorge formuliert, dass die Arbeitslosen für die arbeitende und Steuern zahlende Arbeiterschaft eine Konkurrenz bedeuten könnten. Da es jedoch ausschließlich um Aufträge geht, die ohne diese Maßnahmen nicht zustande gekommen wären, sieht selbst die Handwerkerschaft ein, dass die dort verrichteten Arbeiten der Gemeinschaft zugute kommen.

Ich war in der Arbeitssiedlung und habe gesehen, dass jeder gern und mit Freude arbeitet. Das größte Verdienst dieser Art von Beihilfe ist, dass sie den notleidenden armen Menschen das Selbstbewusstsein zurückgibt, weil jeder trotz des geringen Tagelohns zumindest in seinem Fach beschäftigt ist. Almosen sind demütigend, doch wenn der Arbeiter sich die Beihilfe mit seinem eigenen Handwerk verdienen kann, dann handelt es sich nicht mehr um eine Beihilfe, sondern um gesunde und ehrbare Arbeit und um Verdienst. Im Leben der Stadt ist so ein gerechter Kreislauf entstanden: Die erniedrigende und das menschliche Selbstwertgefühl verletzende Folgewirkung von Erbarmen und Samaritertum ist ausgeschaltet. Dagegen ist es ermutigend, wie alle wissen und verstehen, dass sie mit ihrer Arbeit, wenn sie die Hilfe beziehen, dazu beitragen, eine bessere gesellschaftliche Ordnung zu schaffen und zu erhalten.

Die Stadt Pécs ist mit diesem System an die Spitze der ungarischen Städte gerückt. Angefangen mit dem Bürgermeister und dem Rat, der das Sozialamt leitet, ist die gesamte Führungsriege der Stadt von einer Begeisterung geleitet, dass sie alle im Interesse der Stadt, ja, im Interesse der Menschheit arbeiten, wenn sie diese hervorragende Einrichtung betreiben und ihre Ergebnisse verbessern.

Die Basis des menschlichen Lebens ist die Arbeit. Unter allen Gefühlen ist das Gefühl der Arbeitsfähigkeit das tiefste und beglückendste. Diese grundlegende Fähigkeit, Veranlagung und Bedürfnis zugleich, hat die Stadt zur Basis ihrer Tätigkeit gemacht und so erreicht, dass Pécs heute in dem weltweit herrschenden Chaos des sozialen Elends ein verhältnismäßig ruhiges und friedliches, ja glückliches Leben führt.

1936
Aus dem Ungarischen von Ildikó Szabó

Armut vernagelt
Fenster und Tür.

Es ist eine atemberaubende Karriere, die sich da vollzieht, eine Art amerikanischer Traum in Mitteleuropa, mitten in Pécs. Eine Tellerwäscherkarriere, die heute die Boulevardblätter füllen würde.

Christoph Haacker
Ein jüdischer Engel für Pécs – Adolf Engel de Jánosi

Am Beginn und am Ende dieser Geschichte stehen Katastrophen. Derjenige, um den es hier geht – Adolf Engel –, erzählt sie 1888 selbst für seine Nachkommen: »Ich wurde am 6. Februar 1820 zu Fünfkirchen geboren [...] Mein verewigter Vater, Herr Peter Engel, der diese Daten eigenhändig in mein Gebetbuch geschrieben hat, welches mein einziges väterliches Erbteil bildete, war früher ein wohlhabender Mann; allein durch die französischen Kriege am Anfang dieses Jahrhunderts und die in der Folge derselben eingetretene Devalvation des Geldes verlor er fast sein ganzes Vermögen. Er besaß in der Zrinyigasse Nr. 12 ein kleines Haus, in welchem er einen Tempel für seine hier wohnenden Glaubensgenossen hielt ... Es war jedoch meinem seligen Vater nicht beschieden, dieses Haus auf seine Kinder zu vererben.«

Wie kam das? Sein jüdischer Glauben macht einem erfolgreichen Spekulationsgeschäft seines Vaters Peter mit Weizen einen Strich durch die Rechnung, denn die geplante Transaktion ist versehentlich auf den Versöhnungstag *Jom Kippur* gerutscht, der drohende Verlust ungeheuerlich – aber »diesen geheiligten Tag hätte er um keinen Preis anderswo als andächtig betend im Tempel zugebracht.« Dadurch bringt er sich in eine schlechte Position gegenüber dem nicht ganz so ehrbaren Geschäftspartner, und obendrein ist er Jude, was ein entscheidender Nachteil ist: »Den Prozeßweg konnte er nicht betreten, weil zu jener Zeit ein Prozeß mit einem Adeligen Jahrzehnte dauerte, und so verlor mein Vater den Rest seines Vermögens; sein Haus in der Zrinyigasse wurde gerichtlich versteigert.«

So endet die Karriere des Vaters, des Emporkömmlings Peter Engel aus Bonyhád, in der Metropole Pécs, das wie die übrigen ungarischen Königlichen Freistädte Juden besonders starke Beschränkungen auferlegt. Um 1825 gibt es dort nur zehn jüdische Familien. Zwei alteingesessene unter ihnen versuchen, Peter Engel aus der Stadt werfen zu lassen, als der 47jährige Witwer sich 1819 neu verheiraten und damit aus seiner angeheirateten Familie ausscheren will. Als er 1824 stirbt, wird die Witwe nur dank der zwei kleinen Kinder geduldet. Das hat ein Ende, als sie sich neu mit einem auswärtigen, burgenländischen Juden verbindet: mit Jakab Stern aus Rechnitz. Der Rat der Stadt hat vor, die Familie im Spießrutenlauf auszutreiben. Dennoch schlagen sie letztendlich in Fünfkirchen Wurzeln.

Das also sind die Trümmer, aus denen der eine der beiden kleinen Söhne ein Imperium aufbaut. Am Anfang stehen Not und Hunger und der erzwungene Abbruch der Schulbildung. Adolf Engel ist nach dem Tod der Mutter auf sich allein gestellt, und das weckt Lebenskräfte, »um mir selbst mein Brot zu verdienen. […] Ich kaufte mir um einige Kreuzer Asbest und Schwefelsäure, welche ich in Fläschchen füllte, nahm Schwefelhölzer und erzeugte so die damals gebräuchlichen Zündmaschinen; nebstbei verkaufte ich Bleistifte und dergleichen.«

Es folgt eine Szene, die an den bewegenden Roman *Der Pojaz* (1905) des deutsch-jüdischen Schriftstellers Karl Emil Franzos erinnert: Ein junger bukowinischer Jude überwindet darin seine Angst vor der unbekannten christlichen Umgebung eines Dominikanerklosters und den Vorur-

Diesem Bischof verdankt die Stadt ihre wunderbare Bibliothek.

teilen seiner Glaubensgenossen, um in der Bibliothek entbehrte Bücher, deutsche Klassiker lesen zu können. So lernt er Lessings *Nathan der Weise*, Schillers *Die Räuber* und andere kennen und träumt seinen Traum, einmal Schauspieler zu werden. Der Romanheld, Sender Glatteis, bezahlt dafür einen hohen Preis: in der Kälte der Klosterbibliothek zieht er sich die Krankheit zu, an der er bald darauf stirbt.

Im Lebensroman des Adolf Engel nimmt der ähnliche Bildungshunger des jungen Juden einen glücklicheren Ausgang: »An Sonn- und Feiertagen besuchte ich die durch weiland Bischof Szepessy gegründete öffentliche Bibliothek, wo ich im Winter nebst dem geistigen Genuß auch den eines gut geheizten Zimmers hatte. Ich lernte allein Deutsch, Ungarisch, Französisch und Hebräisch. So erreichte ich mein 16. Lebensjahr und hatte ein Vermögen von 160 fl. erspart.«

Das war 1836. Acht Jahre später heiratet er; sein Vermögen macht jetzt mehr als das Zehnfache aus – und das trotz der den Juden auferlegten »Toleranzsteuer«, die er, seit er dreizehn ist, zusätzlich aufbringen muss. Führungsstärke und Durchsetzungsvermögen beweist er gleich bei den ersten Schlachten mit der jüdischen Schwiegermutter, wie er sich stolz erinnert: »und man rechnete später mit dem Umstande, daß eine Schwiegermutter-Diktatur bei mir nicht zu etablieren sei.«

Auch sonst zeigte sich Adolf Engel aufmüpfig. Seine Stunde schlägt 1848/49. Wieder liegt in einer Niederlage der Keim späterer Erfolge. Der Aufstand der Ungarn wird zwar niedergeschlagen, und Adolf Engel zählt in besonderer Weise zu den Verlierern. Er gehört zu den ungarischen Juden, denen als Verrätern an Habsburg 1 Million Gulden an Sonderabgaben auferlegt werden. Diese Rolle als Parteigänger der Revolution ist aber mehr als Gold wert: Der Pécser Jude Adolf Engel erwirbt sich völlig zu Recht den Ruf, ungarischer Patriot zu sein. 1848 jedoch ist diese – unter heutigen Nationalisten ganz unbekannte – starke jüdische Erhebung für ein freies Ungarn nicht nur auf dem Schlachtfeld lebensgefährlich. Während Adolf Engel als Nationalgardist kämpft, drohen seiner Frau und dem Sohn Lajos Gefahr durch zusammengerottete deutsche Bürger, und sie müssen vorübergehend aus der Stadt fliehen. In Pécs werden nun, wie in Pressburg oder Pest, Juden zur Zielscheibe eines Pogroms.

In den folgenden ruhigeren Jahrzehnten erwirbt sich Adolf Engel als Unternehmer Erfolg sowie Anerkennung und Dankbarkeit seiner Beleg-

Engel in reiferen Jahren, mit Augen voller Tatendrang.

schaft. Von seinem Stammgeschäft, einem Gebrauchtmöbel- und Altkleiderladen, sattelt er in die Holzbranche um. Ein Sägewerk und weitere Fabriken enstehen. Sein Reichtum gründet sich einerseits auf unermüdlichen Fleiß: »Und [ich] mußte aus Mangel an verläßlichen Leuten den Betrieb selbst überwachen; ich gönnte mir keinen eigenen Wagen und fuhr auf ordinären Bauernwägen bei den bodenlosen Wegen oft von zwei Uhr Morgens bis Mitternacht um keine Zeit zu versäumen und wieder bei meiner Familie zu sein.« Daneben setzt er auch auf volles Risiko: seine Holzlager bleiben Jahrzehnte unversichert, es geht ohne Brände gut aus, und das Ersparte fließt auch in soziale Maßnahmen zugunsten seiner Leute: »Meine Arbeiter dürfen auch meine Badeanstalt umsonst benützen; wenn einer erkrankt, wird er unterstützt; daher sind meine Arbeiter stets zufrieden, und kamen bei mir niemals Unruhen vor.« Den Lohn zahlt er den Arbeiterfrauen aus, denn »oft kam es vor, daß Arbeiter statt das Geld ihren Weibern zu geben, […] es direkt ins Wirtshaus trugen und vertranken.« Ein soziales Netz fängt auf, wer in Nöte gerät: Krankenkassen, Unterstützungsfonds, Schulbildung sind Säulen der Unternehmen von Adolf Engel. Einem Antisemiten schaut er Fortschrittliches ab: »Turnvater« Jahn inspiriert ihn zur Leibesertüchtigung. 1857 gründet er eine Schwimmschule und eine Turnanstalt. Die hier erprobte Trockenschwimmmethode erobert das k.u.k.-Militär, hilft aber nicht, später den Ersten Weltkrieg zu gewinnen: die Donaumonarchie geht baden, und vor allem das alte Ungarn versinkt.

In der Gründungsphase der zweiten Hälfte des 19. Jahrhunderts boomt der Holzhandel. Alles schreit nach Holz: der Eisenbahn- und Bergbau, die Küfer, die Fässer für den Weinbau der Region herstellen, die Rüstung – und offenbar sogar die neue Wiener Straßenbahn – ist aus dem Holz des Adolf Engel geschnitzt.

Der Aufstieg des Bürgertums, sogar des jüdischen, geht mit dem Niedergang des Adels einher. Dass Adolf Engel 1880 einem Grafen mit dem klingenden parmenischen Namen Alfred Montenuovo – eigentlich Neipperg (Neuberg) – das Gut Jánosi abkauft, macht die Wachablösung augenfällig. Für den Ort – heute: Komlómecsekjánosi – ist der neue Patronatsherr ein Segen: Er gründet die erste ungarische »Cementsteinfabrik«, zugleich ein bewusster Akt der Autarkie gegenüber Importen aus Österreich. Aus dem Boden wird nicht nur die Fabrik, sondern auch eine Schule gestampft, ein Lehrer wird finanziert, die katholische Kirche, deren Orgel und das Pfarrhaus werden generalüberholt.

Der gläubige Jude als Magnat – und auch als Wohltäter an der Katholischen Kirche und der Öffentlichkeit. Diese Rolle des Adolf Engel überforderte seine Umwelt. Ihn dagegen nicht: Vom dankbaren Pfarrer danach befragt, antwortete er selbstbewusst und schlagfertig: »Dies sei natürlich, nachdem die katholische Kirche die Tochter der jüdischen ist, die Mutter leistet aber für die Tochter immer mehr, als die Tochter für die Mutter.« 1887 bekommt Adolf Engel einen handschriftlichen Brief: »Ich fühle mich veranlasst«, heißt es da etwas gestelzt, »für das im Interesse des Erziehungsvereins erbrachte, uneigennützige Opfer meinen herzlichen Dank in meinem und im Namen der Gläubigen auszudrücken.« Das schrieb Nándor Dulánszky, Bischof von Pécs, dem jüdischen Engel zum Dank für den Bau der Schule in seinem Sprengel.

Was er der Katholischen Kirche erwies, geht mit seinem Wirken für die Pécser jüdische Gemeinde Hand in Hand. Heute noch steht die Synagoge, die eine der größten in Europa war. Engel füllt dieses jüdische Zentrum mit Leben, indem er 1874 die Berufung des berühmten Orientalisten Alexander Kohut (1842–1897) als Oberrabbiner ermöglicht, der sich durch ein talmudisches Wörterbuch *Aruch ha-schalem* verdient macht, an dem er ein Vierteljahrhundert lang tagtäglich zwölf bis sechzehn Stunden gearbeitet haben soll. 1885 wurde der Rabbiner nach New York berufen. Die Grabenkämpfe um die religiöse Ausrichtung der Gemeinde – zwischen den Neologen, also dem Reformjudentum, und Orthodoxen – setzen Adolf Engel, einer Integrationsfigur, so zu, dass er seinen Söhnen (mit unterschiedlichem Erfolg) rät: »wenn Eure Ruhe und Ehre Euch lieb ist, das Gemeindehaus zu meiden …« In seinem eigenen, liberalen Judentum steht er felsenfest, in guter Beziehung zur Katholischen Kirche, entschieden ablehnend nur gegenüber Juden, die ihren alten Glauben im Stich lassen und konvertieren. Zu erleben, wie seine Nachfahren später teilweise zur Katholischen Kirche überlaufen, bleibt ihm erspart.

Adolf Engels' Engagement in der jüdischen Gemeinde geht nicht zu Lasten des weiteren sagenhaften Aufstiegs seiner Unternehmen. Nach dem Erwerb mehrerer Güter und dem wachsenden Erfolg seiner Firmen, die bei der Weltausstellung 1878 in Paris – preisgekrönt für einen »eigenen Pavillon von Parquetten«, im Schatten des brandneuen Eiffelturms –, der Budapester Ausstellung von 1885 und solchen in Triest und Novi Sad im Blickpunkt stehen, geht es bergab – und von da nach ganz oben. Bergab, denn 1892 hat er den Riecher dafür, dass sich ausgerechnet auf seinem Gut Kohlenvorkommen befinden könnten, Bohrungen bringen die Gewissheit. Eine Mustersiedlung des Kapitalismus entsteht: eine Kohlengrube, eine Fabrik zur Weiterverarbeitung, eine Arbeitersiedlung, eine Schule, Eisenbahnanschluss.

Das Märchen vom jüdischen Aufsteiger erfährt noch einen glanzvollen Höhepunkt: 1885 wird er vom ungarischen König in den Adelsstand erhoben. Ihm und seinen Nachkommen wird der Titel *de Jánosi* verliehen, und so findet der vier Jahrzehnte zuvor bewiesene ungarische Patriotismus späte Anerkennung – und eine kuriose Fortsetzung: Wo andere Gartenzwerge aufstellen, umgibt sich Adolf Engel am Wiener Alterssitz mit Heroen der ungarischen Geschichte wie Miklós Zrínyi,

1566 Widersacher von Sultan Suleiman II. Sie werden später kurzerhand zu jüdischen Helden wie David und Salomo umgewidmet …

Es spricht Vieles dafür, dass Adolf Engel de Jánosi über den Adelstitel nicht den Kopf verloren hat. Er vereint offenbar Bescheidenheit und Demut mit Selbstbewusstsein und Nüchternheit. Zum Speichellecker ist er nicht geboren. Das zeigt sich, als er 1857 dazu auserkoren wird, für die Rücknahme von althergebrachten diskriminierenden Bestimmungen für Juden zu danken, die bisher den Erwerb unbeweglichen Besitzes, also von Immobilien, verhinderten. In dieser fortschrittlichen Tat lag erst ein Grundstein für seine eigene Karriere. Er aber lehnt die Rolle des Danksagers ab, da »wenn man mir ein natürliches Recht genommen hat und wieder zurückgibt, ich dafür nicht danke.«

Der in den Adelsstand erhobene Jude Adolf Engel ist jetzt auf der Höhe seines Ruhms, seiner Heimatstadt Pécs verbunden, Besitzer eines herrschaftlichen Anwesens in einem noblen Wiener Vorort, Herr mehrerer Landgüter und industrieller Unternehmungen. Aber es liegt in der Logik der Wirtschaft, auf Gewinn und Expansion angelegt zu sein. Das ist nicht erst zu Beginn des 21. Jahrhunderts ein Risiko. Das Märchen bekommt erste Risse, wie der Enkel Friedrich de Jánosi überliefert: »Das größte und riskanteste Geschäft, den Erwerb Komlós, des damals größten Kohlenbergwerks Ungarn«, habe der Großvater aus seinen Familienerinnerungen ausgespart. »Komló erwies sich als zu große Last für die Finanzkraft der Familie. Ihre Zukunft muß eher trist ausgesehen haben, als der Staat sich entschloß, das Kohlenbergwerk zu erwerben, das dann zu einem wertvollen Aktivposten im Budget des Landes wurde.«

Es sind schließlich die erstklassig ausgebildeten Söhne, die ihn von weiteren Alterslaunen abhalten. So wird er mühsam gebremst, das Wiener Schloss Cobenzl mit seinen Weingärten zu erwerben. Adolf Engel, Edler von Jánosi, der große Sohn der Stadt Pécs, zugleich eine Vaterfigur für die Stadt, der er ein Wohltäter wurde, stirbt am 10. Januar 1903 in Wien-Döbling, das er sich 1893 zum Alterssitz gewählt hat.

Mit Adolf Engel verbindet sich der Traum von der Gleichberechtigung bekennender Juden, die nicht länger ihrem Glauben abschwören müssen, um sich in einer christlichen Umgebung entfalten zu können. Dieser Traum wandelt sich im Laufe des 20. Jahrhunderts zu einem Alptraum, und das Schicksal seiner Familie erzählt davon.

Adolf Engel de Jánosi ist heute weitgehend unbekannt, aber wer sich auf Spurensuche begibt, wird auf seine Fährte geraten. Im Stadtbild von Pécs stehen Gebäude, die es ohne ihn nicht gäbe: allen voran die Synagoge auf dem Kossúth-Platz (*Kossúth tér*), 1869 eingeweiht, und die von ihm als Baumeister errichtete Realschule; er gründete auch einen Kindergarten. 1860 hatte Adolf Engel den zentralen Czindery-Garten erworben, ein Dampfsägewerk errichtet, ihn darüber hinaus einem Gesangsverein, einem Zirkus, der von ihm gebauten und der Stadt gestifteten Schwimmschule und einem Damendampfbad zur Verfügung gestellt. Dafür musste ein anrüchiges Lokal weichen; der Mann hatte seine Prinzipien und klare Vorstellungen von Sitte und Anstand, »geplante Gewaltthätigkeiten der Nachbarn« – waren das die zeitgenössischen Zuhälter? – schüchterten ihn nicht ein. Als Patriot engagierte er sich auch als Mäzen zugunsten der heimischen Garnison. Die Renovierung der Pécser Pfarrkirche finanzierte er ebenso mit wie im fernen böhmischen Karlsbad den Neubau der Synagoge.

Der Kohlenbergbau von Komló im nahegelegenen Mecsek-Gebirge geht wesentlich auf ihn zurück. Und die Legendenbildung umrankt diesen Mann mit schönen Geschichten: »Alte Kumpel dort«, so erzählt der Enkel Friedrich Engel de Jánosi über die Bergmänner von Komló, »sollen sich noch immer gern an Adolf Engel und ebenso an seine schöne jüngste Tochter erinnern.« Das ist alles gut vorstellbar, und das fast klischeehafte Bild des gütigen Alten und der schönen Jüdin malt sich wie von selbst.

Die ungarische Schriftstellerin Gizella Dénes (1897–1974), häufiger Gast in Schloss Jánosi, schrieb einen ganzen Roman *Dreißig Silberlinge* (*Harminc ezüst*) über die Familie Engel und die Puszta um Jánosi. Es existiert aber auch eine eigene literarische Gattung, die als eine der »Engel-Legenden von Komló« überliefert ist: »Adolf Engel aber entschied einmal, das ganze schöne Schloss abzureißen (Jánosi Puszta) und genauso 300 Meter weiter in Richtung Kisbattyán wieder aufbauen zu lassen. Auf die verblüfften Fragen der Verwandtschaft, warum er dies täte, antwortete der alte Herr: ›Um dem Volk der Puszta Arbeit und Lohn zu verschaffen.‹ Seine Kinder und Verwandten konnten ihm dieses Vorhaben kaum ausreden. Die Erben hatten Angst, der alte Adolf, der plante, einen beträchtlichen Teil seines Vermögens der israelitischen und katholischen Kirche sowie verschiedenen wohltätigen Institutionen zu vermachen, würde mit seiner Großherzigkeit das immense Vermögen verschleudern.«

Gegen solche dankbaren Fabuliereien kam keine Macht der Welt an. Die von Deutschen wie Ungarn betriebene Ermordung der ungarischen Judenheit vollzog sich ab 1944; die nach Kräften betriebene Auslöschung des Andenkens an den großen ungarischen Juden Adolf Engel scheiterte dagegen mehrfach.

Das zeigt sich nicht nur an dieser geretteten Erinnerung zu seinem Gedächtnis. Auch das Schicksal seines Standbilds spiegelt die letztlich vergeblichen Versuche, ihn von der Bildfläche verschwinden zu lassen. Eine Büste von Adolf Engel de Jánosi war zu Beginn des 20. Jahrhunderts entstanden, offenbar veranlasst durch die Verwandte Erna Engel Bayersdorf. Geehrt wird, so die Gravur, »Adolf Jánosi Engel, der Gründer der Komló-Werke, 1820–1903.« Die Ausfertigung wird Sándor Apati Abt zugeschrieben, einem Gestalter aus den Keramikwerkstätten der Zsolnays.

Nach dem Ersten Weltkrieg wurde die Skulptur demontiert und verschwand. Für das Abbild eines Juden gab es keinen Platz. Und später, unter dem faschistischen ungarischen Regime der Pfeilkreuzler und nach den Vorgaben ihrer deutschen Verbündeten, waren ungarische Juden wie auch alle jüdischen Zeugnisse bedroht. Bergleute aus Komló sollen die Büste des Unternehmensgründers versteckt haben. Nach dem Krieg konnte sie wiederaufgestellt werden. Den neuen Machthabern, diesmal den Kommunisten stalinistischer Prägung, wurde sie aber nach rund zwei Jahren ebenfalls zum Stein des Anstoßes: ein frühkapitalistischer Ausbeuter und Bourgois und dazu noch ein Jude – dieses Standbild war ein dreifaches Feindbild, die »Fratze des Klassenfeindes«, um in ihrem Jargon zu sprechen. Mit den Vorbehalten gegen das anstößige Denkmal ging übrigens die abermalige Enteignung aller ungarischen Besitztümer der Familie einher. Diesmal soll die Büste eingemauert worden sein, wiederum subversiv. Irgendwer erlöste sie irgendwann davon, und so blühte sie nach einem Dornröschenschlaf im Garten des Péscer Stadtmuseums auf. Nicht zu übersehen ist sie erst wieder seit 1991, auf dem Platz, der ihrer Geschichte gebührt: auf dem Hauptplatz von Komló, im industriellen Dunstkreis von Pécs.

András Cserna-Szabó
Die Pécs-Connection

Fasching, der Liedpoet, war der fiebrigen Hauptstadt müde. Der überfüllten Hinterhofkneipen, der Radfahrer mit ihren Staubmasken, der wütenden Kampfhunde, der stinkenden Garküchen, des smogschwangeren Morgenrots, der verpissten Gehsteige, der kalten Blicke, der verrotteten O-Busse, der vor Nervosität zitternden Leute. Er zog aufs Land.

Sein letzter Liedtext, den er in Budapest schrieb, lautete folgendermaßen: »In der Kneipe sitzt einer neben mir / der baut sich 'nen Ofen / und ist dabei andächtig, als würde er / die letzte Glotze auf der Welt reparieren.« Wahrlich, die Reime waren ihm davongelaufen, es war höchste Zeit, die Stadt der Sünde zu verlassen – und er ging.

Er sehnte sich nach einem geschichtsträchtigen, mediterranen Ort, wo immer die Sonne scheint, wo die Steine Geschichten erzählen, wo ihn endlich Wärme, Ruhe und Glück erwarteten.

Im März streunte er schon durch die sonnigen Pécser Gassen. Er trank einsam in kleinen Schlucken Weine aus Villány auf einer Terrasse hinter dem Theater, an der Wand der Vorhängeschlösser gedachte er mit feuchten Augen seiner alten Lieben, neben der Moschee von Jakowali Hassan steckte er sich eine Zigarre an und beobachtete, wie der Rauch sich um das himmelwärts strebende Minarett kräuselte, auf dem Markt aß er geräucherte Schweinezunge, er setzte sich in den Barbakane-Park und las schlüpfrige Verse von Janus Pannonius, in denen der Bischof von Luzia schrieb, von Ursula und vielen anderen Frauenzimmern; und unser Dichter stellte sich Luzia vor, die außerstande war, während der Schäferstündchen über das »hässlich-laute Brodeln ihres Arsches« zu herrschen, und auch Ursula, die eine Fut hatte wie ein Bergwerk und den Hurenbock von Bischof ganz schön ins Schwitzen brachte.

Fasching verzehrte sich nach einer Frau, seinen rechten Arm hätte er für ein kleines Techtelmechtel gegeben, doch unternahm er nichts und litt nur weiter. Er wartete auf die Wahre, die Einzige.

Anfang April ging er an einem strahlenden und windigen Nachmittag die Király-Straße entlang. Beim Vasváry-Haus begegnete er einem Mädchen, das ein großer brauner Hund mit Schlappohren begleitete. Ein robustes, blondes Mädel voller Sommersprossen, dessen blaue Augen lachten, auch wenn es nicht lachen wollte. »Das gibt's nicht«, dach-

Hunde in der Stadtkultur

te sich Fasching, der immer schon von so einer Frau geträumt hatte. »Das gibt es nicht. Und dennoch gibt es sie«, dachte er ein wenig später.

Der jungen Frau gab er sofort, im gleichen heiligen Augenblick, den Namen Eichkätzchen, weil ihr Gesicht, ihr Blick und die Sommersprossen ihn an ein Kuscheltier aus seiner Kindheit erinnerten, das eben ein Eichkätzchen war. Fasching lud Eichkätzchen auf Kuchen ein, dann auf Wein, dann ins Kino. Dem Hund – der auf den Namen Baruch hörte – kaufte er ein Plastikhuhn, da er wusste, dass der kürzeste Weg ins Herz des Frauchens stets über das Hündchen führt.

Die Frau war blitzgescheit, wunderschön, ihr Hinterteil hatte eine Herzform wie jenes Aphrodites, und ihre Haut war weiß wie jene der Nausikaa mit Armen aus Schnee. Der Liedpoet war von der ersten Minute an verliebt, doch Eichkätzchen fing nicht so schnell und heiß zu brennen an. »Ich mag dich«, sagte sie, als ihr Fasching seine Liebe gestand. Sie lachte laut auf, als Fasching ihr sagte, er würde sogar für sie sterben. »Du scheinst gar nicht so hässlich zu sein«, meinte sie, als Fasching vor ihr kniete und ihr die Füße küsste.

So ging das monatelang. Jeden Tag hatten sie ein Rendezvous. Sie trafen sich fast immer bei den Überresten der Kapelle, die man über einer der frühchristlichen Grabkammern gebaut hatte. Dann gingen sie spazieren, tranken Wein, aßen feiste Mehlspeisen. Fasching durfte die Hand des Mädchens nicht in die seine legen, ja von einem Kuss wagte er nicht einmal zu träumen.

Der Liedpoet war schon knapp daran, diese verfluchte Stadt zu verlassen – lieber eine sündige und depressive Metropolis als diese unerträglich hoffnungslose Liebe. Und dann, an einem strahlenden Junimorgen, stand Eichkätzchen mit Baruch, wie eine wundersame Erscheinung, vor der Pension *Szindbad*, wo Fasching wohnte. Mit lachenden Augen sagte sie knapp: »Zieh zu mir, ich hab mich unsterblich in dich verliebt.«

Und Baruch bellte fröhlich und hüpfte ausgelassen herum, er leckte Fasching die Hand und pisste schließlich auf seinen Schuh.

Eichkätzchen wohnte am Berghang, in der Damjanich-Straße, ganz allein in einem zweistöckigen Haus aus Stein mit sechs Zimmern. Sie hatte es von ihren Großeltern geerbt. Die Zimmer waren alle finster, die Wände voller vergilbter Familienfotografien, die hundertjährigen Möbel knackten die ganze Nacht, als würden sie ihren früheren Besitzern nachweinen. Im uralten Teppich tummelte sich Zwischenkriegsstaub, aus den Porzellantassen hatten dereinst vielleicht Baroninnen ihren Kaffee geschlürft, und auf den Polstern der Kanapees ruhten sich ergraute Katzenhaare aus.

Der Garten war hingegen grün und erfrischend und bot ein wunderbares Panorama auf die Stadt. Als Fasching bei Eichkätzchen einzog und das erste Mal diesen umwerfenden Ausblick erlebte, dachte er, er würde niemals wieder von hier weggehen, hier wäre seine Endstation.

Es war August, Fasching hatte schon mehr als zwei Monate die Pension *Szindbad* hinter sich gelassen und lebte im Haus von Eichkätzchen. Auch jetzt lag er im Garten in einer Hängematte, zwischen den Apfel-, Maulbeer- und Zwetschkenbäumen, nuckelte Mandel-Furmint, rauchte Zigarren und schrieb halbnackt Liedtexte über das Glück für eine Pécser Lovepunk-Band namens *Zombiegulasch*.

Das Lied begann irgendwie so: *Siehst du, wie ich hier/einem Fischlein nachjage? / Das wie 'ne Unwetterplage / auf der Ringstraße flitzt/wie eine Chagall-Geiß / und ich laufe im Kreis / ganz alleine ihr nach.*

Baruch, der Hund, schnarchte ruhig neben ihm im Schatten. Der Liedpoet wartete auf Eichkätzchen, dass sie endlich von der Universität nach Hause komme, wo sie jede Woche dreimal über Spinoza vortrug. Am Abend wollten sie essen gehen, der Songtexter hatte schon sein schönstes Nadelstreifen-Sakko zum Auslüften an den Maulbeerbaum gehängt. Als er mit der Zigarre fertig war und den Stummel in einen leeren Blumentopf fallen ließ, wurde sein Herz vor Verzweiflung bang.

Ihm war plötzlich klar geworden, dass er sich vor den Abenden fürchtete. Er hatte Ruhe und Stille gefunden, er betete diese Frau an, jede Pore ihres Körpers und jeden kleinen Winkel ihrer Seele. Baruch war sein bester Freund geworden. Doch nicht ertragen konnte er Eichkätzchens Beziehung zum Wein. Dieses Fräulein sprach über die Säfte der Weinberge, als würde sie ihre Habilitation schreiben. Sie war ein Weinsnob, einer der übelsten Sorte. Das vermieste ihnen oft den Abend. Sie saßen im Garten, tranken, aßen und dann hob Eichkätzchen an: »Das Tannin ist so kratzig hier, mein Tigerchen.« Fasching bebte vor Wut, weil er nur dachte, dieses Tröpfchen ist ein Chandler-Krimi und gut so, wie er ist.

Eichkätzchen verhielt sich dem Wein gegenüber wie zu ihrem Leben. Keiner und nichts war ihr gut genug. Fasching steckte sich noch eine Zigarre an, nippte am Furmint und ihm war klar, dass er diese Frau niemals glücklich machen konnte. Ja, niemand würde Eichkätzchen jemals glücklich machen. Denn ihre Liebe ist unfähig zum Glück. Und das ist ihr Schicksal: das Unglücklichsein.

»Wie hat es den Studenten gefallen?« fragte Fasching, als Eichkätzchen von der Uni nach Hause kam.

»Ich glaube nicht, dass ich sie überzeugt habe, doch hatte ich das gar nicht vor, Tigerchen«, sagte das Mädchen traurig. »Weißt du, seit elf Jahren lese ich Spinoza auf Latein. Manchmal habe ich irgendwie das Gefühl, dass ich ihn liebgewonnen habe. Doch dann schleichen sich immer Zweifel ein ... Denn es ist herzerwärmend, von Benedictus zu hören, dass Gott unendlich und absolut positiv ist; und eine erhebende Idee, dass die höchste Tugend ist, unser eigenes Wesen zu erhalten, und je besser der Mensch sich selbst und seine Instinkte versteht, desto mehr liebt er Gott. Doch die eiskalten Schweißperlen kullern mir den Nacken hinunter, wenn dieser Marannuszögling den freien Willen beiläufig aus dem Fenster schüttet, die persönliche Unsterblichkeit und die Hoffnung, weil er meint, dass die Zukunft, genau wie die Vergangenheit, unveränderlich ist. Die Freiheit, die wir von Spinoza bekommen, ist kalt und schrecklich, diese Glückseligkeit, die Leidenschaft, Angst und Zeit entbehrt, in der der Mensch nichts anderes zu tun hat, als das große und gute Ganze zu verstehen und der universellen Natur, das heißt den Befehlen Gottes, zu folgen.«

Baruch war inzwischen aufgewacht und blickte den Liedpoeten so voller Schmerz an, dass es diesem fast das Herz zerriss. Während Eichkätzchen sich ankleidete, stierte Fasching auf die Stadt im Sonnenuntergang. Jetzt hatte er den Eindruck, als würde in jedem Haus von Pécs seit Urzeiten die Unglückseligkeit wohnen.

Am Abend saßen sie bei Kerzenschein auf der Terrasse des Grand Hotels. Der Hund schlief, der Speichel tropfte ihm auf seine Pfoten, Fasching starrte ruhig vor sich hin, Eichkätzchen ließ sich fast schon eine halbe Stunde über den »Restzucker« in einem Sauvignon Blanc aus. An einem anderen Wein schnüffelte sie zwanzig Minuten herum und sagte dann, »die Minze könnte weniger ausgeprägt sein«. (Fasching dachte daran, wie schallend wohl die Ohrfeige sein würde, die er von seiner Mutter bekäme, würde er zwanzig Minuten an ihrer Bohnensuppe herumschnofeln, bevor er sie essen würde.) Und dann fing sie mit dem Barrique an …

Fasching ertrug, was zu ertragen war, was er ertragen konnte, schließlich konnte er nicht mehr und sprang auf: »Meine Liebe, mir reicht's. Mit dir ist das Leben, als würde ich mir mit einem Fernsehtechniker ein Fußballspiel anschauen. Ich sehe Flanken, Grätschen, Tore. Du Pixel-Auflösung, Kontrast und Bildschirmdurchmesser. Das geht so nicht, tut mir leid.«

Eichkätzchen blickte ihn betreten an: »Was ist denn jetzt los, Tigerchen? Liebst du mich nicht mehr?«

»Eichkätzchen, es ist nur so viel los, dass ich es nicht mehr länger aushalte. Ich vergehe an deinem Unglück. Ich möchte endlich trinken. In Ruhe, alleine, so wie ein Mann.«

Damit griff sich der Liedpoet eine Flasche Wein vom Tisch und stürmte, ohne sich zu verabschieden, davon. Er blickte nicht zurück. Er sah nicht mehr, dass Eichkätzchen mit ihren lachenden Augen bitterlich weinte. Am Széchenyi-Platz setzte der Liedpoet sich in ein Taxi und ließ sich Richtung Bahnhof chauffieren.

»Sie verlassen uns, Herr Konzertmeister?« fragte ihn der Fahrer.

»Ja«, antwortete Fasching.

»Wenn Sie wüssten … Um diese Zeit im Sommer gibt es hier fast dreihundert Sonnenstunden in einem Monat.«

»Ich weiß«, brummelte der Liedpoet knapp und reichte dem Mann eine Visitenkarte. »Ich sehne mich nach ein wenig Schatten. Wie auch Dante, als er so alt war wie ich. Nicht zufällig ist er in die Unterwelt hinabgestiegen ... Holen Sie bitte meine Sachen ab und schicken Sie sie an diese Budapester Adresse.«

»Ich bitte Sie«, sagte der Taxifahrer, »Dante, Dante ... Das ist doch auch nur eine Pécser Kneipe! Wo fahren Sie den nun hin?«

Im Postzug nach Budapest setzte sich ein alter Arbeiter vis-à-vis von Fasching, der den Wein aus der Flasche trank. Der Arbeiter trug einen Overall, eine Baskenmütze, dreckige Stiefel. Der Liedpoet wusste sofort: Das ist Béla Hamvas. Vor Rührung brachte er kein Wort heraus. »Am Schluss bleiben nur zwei übrig: Gott und der Wein«, sagte der Alte leis'.

»Und ein jüdischer Hund«, setzte Fasching lachend fort und streichelte Baruch, der ihm zu Füßen lag.

Als er wieder aufblickte, war Béla verschwunden.

Vom Südbahnhof bis in die Budapester Altstadt tranken der Dichter und sein Hund ausschließlich schlechte Sachen: abgestandenes Bier, sauren Wein, falschen Obstler.

Als sie in ihrer Hinterhofkneipe ankamen, waren sie schon wieder glücklich.

Aus dem Ungarischen von Clemens Prinz

Trafik

Bálint Walter
Abgeschliffen und ausgelatscht

Früher das Kino *Apolló*. Das erinnert viele Leute heute noch an ihre erste Begegnung mit den Zeichentrickfilmen von Disney. Dann brauchte man es nicht mehr, es wurde geschlossen und stand jahrelang still …

Jetzt heißt es *Trafik*. Die Fassade lockt uns mit ihrer Aufschrift noch immer in das alte Kino – und so nennen es viele auch heute noch: *Apolló*. Die werden allerdings immer weniger. Ganz selten werden noch Filme gezeigt. Im Zuschauerraum befinden sich jetzt eine Bar und ein Tanzparkett. Dazu rote Sitze, rote Wände. Alles glänzt – rot, dunkel und steril. Leder, Metall und Holz. Wie eine dunkelrote Konditorei.

Leute ab zwanzig bis vierzig verbringen hier den Feierabend. Partnersuche, ja Partnerjagd, ist angesagt. Gut gebaute Körper setzen sich in Szene, schön gekleidet, wohl situiert. Was anderes zählt auch wenig, sprechen kann man sowieso nicht. Nur laute Musik ist wahre Musik. Laut, schön, duftend. Alles ekelhaft elegant. Und doch gab es hier die besten Partys. Auch für mich. Mit ihr.

Darunter verbirgt sich die Disko Pepita.

Café Zacc

Hat dir schon einmal die grüne Fee ins Ohr geflüstert? Sie macht es ganz plötzlich und hinterhältig: im Museum, im Antiquariat, im Bus, in der Kneipe, in der Bäckerei, im Restaurant, im Kino, im Theater, im Park. Überall kann es geschehen. Sie schleicht sich heran und flüstert: »Du hast mich schon so lange nicht mehr geliebt. Ich will mich als Feuer in dir ausbreiten. Ich begehre dich. Du begehrst mich. Komm und küss mich!«

So ist das. Und kommt sie erst, die grüne Fee, so gibt es keine Widerrede. Dann brauchst du die Kerzen, brauchst du Jazz, brauchst du Feuer und Zucker. Und die Fee. Geschmeidig schmiegt sie sich an deinen Körper, greift dich fest und haucht dir all ihr frisches Leben ein. Du fühlst sie in deinem Blut strömen, könntest schreien, könntest fliegen, musst aber sitzen bleiben. Zuerst musst du begreifen. Du brauchst jetzt deine Ruhe. Einen bequemen Ort. Und den Jazz.

So begegnest du ihr nur im *Zacc,* der grünen Fee: Absinth.

Papucs (Káptalani Borozó / Weinstube)

Am Eck strömt Licht aus den Fenstern. (Aus dem Café gegenüber nicht mehr.) Im Sommer ein Garten – im Winter nur ein Keller. Hier treffen wir uns. Bier gibt es nur aus der Flasche, es wird nicht gezapft. Das *Papucs* will schließlich eine Weinstube sein.

»Hier gibt's die besten Schmalzbrote«, keucht der besoffene Typ am Nachbartisch und pustet mir den Rauch seiner Zigarette ins Gesicht. Er hat dennoch Recht.

Die Luft ist gesäuert von Zwiebeln, Schweiß und Alkohol. Doch es ist gut so. Die schwüle, modrige Luft mit all den Ausdünstungen wird an den Tischen aus Weinpressen, Mühlsteinen und Weinfässern schwerfällig eingeatmet. Alte Schwarz-Weiß-Fotos von Bauern, Landwirten, Großbürgern und Reichsverweser Horthy schauen streng auf die Leute hinab, die in dieser großen Kleinstadt eben diese Kneipe gewählt haben und anscheinend unter keinen Umständen dazu zu bringen sind, ihren Stammplatz zu verlassen.

Das muss etwas mit der eigenartigen Romantik zu tun haben. Oder auch nicht.

In den weißgetünchten Gewölben haben die angenagelten Hauslatschen *(Papucs)* den Geruch vieler Jahre und Menschen in sich aufgesogen. Auf ihren Sohlen glänzt geschichtlicher Schimmel als Spiegel von Stadtgeschichten, denn sie haben in Pécs das Laufen angefangen und aufgehört, Menschen liefen darin, das Leben hat sie abgeschliffen und ausgelatscht.

Endre Kukorelly
Pécs ist Hauptstadt

Ich ziehe nach Pécs.

Alle leben in Budapest, die Ungarn leben in Budapest, alles ist in Budapest, das ist so zu viel, langweilig, ungerecht und dumm.

Ich kaufe mir ein elegantes, altmodisches Haus mit Garten. Definitiv. Endgültig.

Ich ziehe definitiv um.

Entsprechende Raumhöhe, Kachelofen, Buchsbäume, Kirschbäume, kein Verkehr, von der Terrasse ist das Meer beinahe zu sehen.

Irgendwie ist es auch sichtbar.

Man kann es aber kaum einsehen.

Fast kaum.

Und noch, vor allem, vor der Uneinsichtigkeit, bespreche ich mit hundert Freunden-Kollegen-undsoweiter, dass auch sie nach Pécs ziehen sollen, aber sofort.

Es ist im Übrigen keine große Sache: Sie beenden alles Bisherige – Job, Gewohnheiten, Familie, Freunde, Leben, derlei –, sie verkaufen ihre Wohnung und bekommen in Pécs eine bessere.

Oder sie lassen sich eine bauen, rücken sich dabei nicht gerade auf die Pelle, aber auch nicht zu weit voneinander weg, und integrieren sich radikal.

Mit jeder ihrer Nervenfasern.

Es wird schon gehen, die Nerven entspannen sich, du nimmst den Fuß gewissermaßen vom Nerv, du drosselst dich schön ruhig bis Pécs.

Ich drossele mich nach Pécs.

Nur Pécser Einwohner sollen und dürfen an der Universität unterrichten, entweder sie ziehen um, oder wehe ihnen, aber nur immer mit der Ruhe, sie ziehen bestimmt ganz locker um, wird alles abgesprochen.

Noch dazu ist's (von) Interesse.

Und Csontváry.

Bedeutendster ungarischer Maler, etwa an ihm ein Beispiel nehmen: Sein Lebenswerk ist schon nach Pécs umgezogen.

Und ich möchte gar nicht aufzählen, was es in Pécs alles gibt und gab, weil diese Angeber-Register in erster und zweiter Linie von gründlicher Frustration handeln.

Es gibt, was es gibt, Menschen, Kunstwerke, Ereignisse, normale: Flora, Fauna.

Dass *schon* Janus Pannonius (usw., er war Bischof von Pécs, umso mehr, weil er sich meistens in Buda verkroch. Er ging nur im Winter nach Pécs, siehe u. a.: mediterranes Klima) oder dass Mihály Csokonai Vitéz, Mihály Vörösmarty und Sándor Petőfi hier auch eine *einzige* Nacht verbrachten. (Arany?) Ady und Dsida 1 x, Zsigmond Móricz mehrmals, Mihály Babits ging in »Sót« – wie er die Stadt in seinem Roman nennt – ins Gymnasium. Sándor Weöres und so weiter, von der Dschami, dem romanischen Dom, der Porzellanfabrik, dem Zsolnay-Museum und der Zigarettenmarke *Sopianae* kein Wort.

Oben Genannte sind bedeutende ungarische klassische Schriftsteller (beziehungsweise super Porzellan und schreckliche Zigaretten), es lohnt sich nachzuschlagen.

Oder es lohnt sich nicht, wie es beliebt.

Eher darüber, dass in den Theatern Pécser Schauspieler spielen sollten, in der Literaturzeitschrift *Jelenkor* Pécser Schriftsteller schreiben sollten, und das alles wäre keine strikte Regel, es ergäbe sich irgendwie von selbst, denn wie sollte es anders sein.

Pécser Dichter sollten ihr Geld in Pécser Geschäften ausgeben!

Na daraufhin, angesichts dessen, was es alles gibt, drängeln sie nach hier unten – unten, weil jetzt nicht Beregszász (das heute zur Ukraine gehört) als Kulturhauptstadt angepeilt ist –, manche der Staatsorgane, Behörden, solcherlei, Kultusministerium, ob sie nun drängeln oder nicht, egal, aber die Firmen drängeln, eine fängt an, andere kommen nach, nur sollten sie es nicht übertreiben.

Dann ziehe ich nämlich zurück.

Nach Szekszárd (ungarische Kleinstadt). Oder nach Döbrököz (ungarisches Dorf).

Ich fange an, der Pécser – der Name fällt mir nicht ein – Fußballmannschaft (PMSC? PVSK?) die Daumen zu drücken, leicht, aber wirklich sofort stelle ich die Identität vom Fußballverein Ferencváros auf Pécs um, erinnere mich dabei gut daran, dass wir Newcastle geschlagen haben.

Die Identität stellt sich von selbst um.

Oder Manchester, egal, jeden, der hier auftaucht.

Vor tausend Jahren, ja da hätte man umziehen sollen, egal, wir ziehen jetzt um.

Wir ändern uns und verändern, hundert Personen plus Familienmitglieder, maximal vierhundert Seelen.

Aber beseelte Seelen: ein bisschen wird es, vielleicht, anfangs belustigend wirken, wie wir, mit Ur-Pécsern vermischt, plötzlich aus jeder riesengroßen Sache eine Riesengroße Sache machen, aber das macht nichts oder lässt uns kalt, weil wir uns dabei ausgezeichnet amüsieren.

Herzenssache.

Also groß angelegte Vernissagen, Buchpräsentationen, Theaterevents, Konzerte, Lesungen und Gesprächsabende, volle Häuser, alle nehmen teil, danach draußen sitzen bis in den Morgen.

Im Sommer, weil im Winter drinnen sitzen.

Unglaublich viele hübsche Studentinnen, ein selbstbewusstes Gewimmel, alle gehen sie nach Pécs, machen auf Kultur.

Alle wollen nach Pécs gehen, wo denn sonst hin.

Mitteleuropäisches Kultur-Fernsehen auf Ungarisch, Deutsch, Serbisch-Kroatisch-Slowenisch.

Rumänisch.

Auf Englisch, überall zu empfangen, wird überall empfangen.

Es wird einen späten Schlafwagen von P(est) nach P(écs) geben (und umgekehrt), Abfahrt um Mitternacht, du steigst ein, ein Bier, oder zwei, legst dich hin, schläfst dich bis zu Hause beinahe aus.

Denn die Autobahn M6 wird schon fertig sein, Fluglinie und alles, trotzdem fahren sie mit dem IC.

Sie reisen nämlich aus Pest zu den Events, und es gibt solche, die früh (doch nicht zu früh) zurückfahren und übel dabei wegkommen, aber es gibt auch solche, die dableiben und damit das Hotelgewerbe fördern.

Und es gibt auch den, der hierher zieht, obgleich es ihm bis dahin nie in den Sinn gekommen ist, weil.

Einerseits was soll er ewig pendeln.

Andererseits ist er ja bislang noch nicht hierher gezogen, oder?

Aus dem Ungarischen von Szabina Altsach

Pál Dárdai, Fußballspieler, * 1976

Zum ersten Mal habe ich Dárdai in Berlin spielen gesehen, es war scheußliches Wetter, aber im Olympiastadion konnte man sich wenigstens unter das Tribünendach verkriechen, denn zu den Spielen in der Zweiten Liga kamen selbst die fanatischen Hertha-Anhänger nur vereinzelt. Wir haben allein auf ihn geachtet, aber er konnte uns nicht wirklich überzeugen. Er bewegte sich zwar nicht schlecht, aber nach den begeisterten Berichten aus Ungarn hatte ich mehr erwartet. Ich hatte in Budapest einen Bekannten, der angeblich nur wegen ihm zu den Spielen des Budapester Eisenbahnerclubs ging. Ein paar Monate später lernten wir uns auch persönlich kennen. Da lebte ich schon ein paar Jahre in Berlin, durch reinen Zufall spielte ich dort in einer Amateurmannschaft, in der auch Leute von der Geschäftsstelle der Hertha spielten, so ließ es sich leicht organisieren, dass Pál Dárdai und der frisch verpflichtete Torwart Gábor Király aus der eben in die Erste Liga aufgestiegenen Mannschaft sich mit in Berlin lebenden Ungarn trafen. Da wurde dann über alles Mögliche geredet, vom plötzlichen Presserummel – zu dem halbprivaten Treffen kam sogar ein Fotograf – bis zu Fragen der Nationalmannschaft. Natürlich ging es auch um die Karriere, doch Dárdai verblüffte mich mit seiner Zukunftsplanung. Er würde alles ganz anders machen als Klinsmann, auf jeden Fall. Er könne nicht verstehen, dass der alternde Stürmerstar nach Gewinn der Welt- und Europameisterschaft, wo er doch alles erreicht hat, sich nicht endlich auf seinen Lorbeeren ausruht und noch gleich einen neuen Vertrag bei Sampdoria Genua unterschreibt. »Wäre ich so erfolgreich wie der, dann würde ich in meine Heimat nach Pécs zurückkehren, da wäre ich der König.« Als hätte ich mit diesem einen Satz für einen Moment in die tiefen Abgründe des ungarischen Fußballs hineinblicken können, wo es keinen Platz für Traumziele gibt! Die Fantasie dieses begabten und gescheiten Jungen reicht also auch nicht weiter; selbst von Berlin aus hat er keine größeren Ambitionen als ein bequemes Provinzkönigtum in Pécs.

Obwohl mich das verbittert hat und ich hier auch noch den Rest meiner leisen Hoffnungen auf den ungarischen Fußball begraben musste, hielt ich natürlich auch weiterhin zu Hertha und zu Dárdai, verfolgte Woche für Woche, ob er denn überhaupt spielte und wie er bei der Benotung im *Kicker* abgeschnitten hatte. Zunächst lief es nur für Király gut, Berlin erlebte Berg- und Talfahrten durch die Tabelle, Dárdai pendelte zwischen der Ersatzbank und der Startelf. Aus dem bissigen, offensiven Mittelfeldspieler hatte sich inzwischen fast unbemerkt ein fleißiger, harter, recht ballsicherer und spielstarker Abräumer vor der Abwehr entwickelt, der Arbeiter einer Mannschaft im gesicherten Mittelfeld der Tabelle. Die Jahre vergingen, wir zogen aus Berlin fort, Dárdai sah ich nur mehr hin und wieder in Zusammenfassungen der Bundesligaspiele. Die Hertha spielte nach treuer Gewohnheit mit schwankenden Leistungen, mal in der Champions League, dann wieder im Abstiegskampf der Bundesliga, doch auf den immer abgeklärter und reifer spielenden Dárdai wurden auch andere Mannschaften aufmerksam; eines Tages will die Presse sogar von einem Angebot der Bayern wissen. Pál Dárdai aber geht nicht weg, er fühlt sich an Berlin gebunden. Auf den Plakaten und Reklamebroschüren taucht immer wieder sein Gesicht auf, bald wird er – wiederum fast unbemerkt – zu einer fixen Größe, zum gestandenen Spieler, sogar zu einem Star der Hertha. Fast wichtiger noch als der Torjäger Preetz, als Šimunic, der Fels in der Brandung, oder Friedrich, der Nationalspieler, Dárdai, der »ungarische Routinier«, so wird er jetzt in den Medien immer wieder gefeiert. Auf einem Empfang sind wir uns dann erneut begegnet. Er war immer noch der sympathische und offene Junge wie vor zehn Jahren. Mir, dem nur flüchtigen Bekannten, verrät er, dass sich in Berlin immer alles wiederholt: Am Ende des Sommers wird er vom Trainer aus der Mannschaft genommen, Mitte Herbst kommt er zurück, um dann am Jahresende für die Hertha immer ganz unverzichtbar zu sein. Ich erzähle ihm, was Goethe über die Berliner gesagt hat, und wir lachen darüber, dass man wohl tatsächlich Haare auf den Zähnen braucht, um diese Preußen ertragen zu können. Er sagt, er werde in Berlin bleiben. Da frage ich ihn nach Klinsmann und seinem künftigen Leben als König in Pécs, doch an das, was er vor zehn Jahren gesagt hat, daran kann er sich nun wirklich nicht mehr erinnern.

Somno mollior unda

Selige Sehnsucht lässt meine Seele gleiten.
Was sich nicht verleugnen lässt, will ich nicht bestreiten.
Selig leichte Sehnsucht, glühend, wild und heiß,
die Kufen werden stumpfer, darunter schmilzt das Eis.

Flieg der Gefahr davon, mein Lied, und mach dich weit,
stille Bilder, steigt herauf, beschwört die alte Zeit,
du sollst meine Sorgen brechen, Lethe für mich sein,
denn im Lied erneuert sich, wer leiden musste, und wird rein.

Mihály Babits
Auf ein altes Schwimmbad in Pécs

1

Steht das alte Schwimmbad noch unter feuchtem Laub,
das im Sommer fast verschwand in Bäumen voller Staub,
im Frühling war es ein Pfützenmeer, roch faulig und verdreckt,
hinter Friedhof und Krankenhaus lag es gut versteckt?
Unten die weite Ebene, da probten die Soldaten,
oben die Türme des Domes, Moschee und die Arkaden,
darüber im Nebel die Berge, die sich stolz erheben
und wenigstens die Augen mit frischem Grün beleben.

Hier unten brütet die Hitze, verbrennt die Hochgefühle,
grünes Kraut in Staub und Dunst, drückend schwere Schwüle,
durch schillerndes Laichkraut steigt der Fabriken Rauch,
Winkel voller Silberfäden aus dem Spinnenbauch.
Grünes, weiches Moos bewächst die morschen Stege,
fauler Gerbereigestank legt sich warm auf alle Wege,
Kohlenstaub vom Bahnhof her, Lokomotiven klagen,
dazu dröhnt aus dem Turm im Dom dumpfes Glockenschlagen.

Fern und weit die Ebene, ermüdend und so müde –
was für ein Volk kommt nur hierher zum Park ins Grüne,
wo tags die Hummeln brummen und Frösche musizieren,

was sind das nur für Leute? Keinerlei Manieren.
Tagediebe, Gaunerpack, ein Schimpfen und ein Fluchen,
Arbeitslose ohne Halt, die etwas Ruhe suchen.
Säufer mit hitzigen Schädeln, zwielichtige Vagabunden,
wer Brot und Arbeit sucht, vertreibt sich hier die Stunden.
Hier lauert böse Schadenfreude, Wut und Streiterei,
gedankenlose, leere Träume, heilloses Einerlei.
Es wird nicht mehr als Gras gegessen, Bauch und Gehirn sind leer,
Schädel unter speckigen Mützen, Schnaps macht sie öd und schwer.
Hier sammeln sich die jungen Flegel und protzen mit ihrer Kraft,
sie zeigen ihre Muskeln voll Übermut und Saft,
hier wird geklautes Gut verteilt, immer gibt es Streit,
und abends kommt die Lüsternheit, ist gierig und bereit,
die Farben werden blass und blind, Lust hört man lüstern johlen,
Huren auf schief gelaufenen Schuhen, daneben nackte Sohlen.

2

Frauen vormittags 8–11
Männer 11–12

Wenn aber im Sommer die Sonne strahlend scheint,
kommt Anmut, die dem Grässlichen nun plötzlich Reiz verleiht.
Blasse Jungen, schlanke Mädchen wirken wie verwandelt,
müdes krankes Laub wird saftig grün, verjüngt und handelt.
In jungen Herzen, wo sich schon ein scheuer Schmerz versteckt,
wird von dieser Wunderlandschaft Sehnsucht aufgeweckt.
Dann wird das Grün im Park von anderen Schuhen gedrückt,
dann wird der sündige Park von anderen Spuren beglückt,
der Abdruck feiner Füße, die im Winter Schlittschuh fuhren,
an ihren Schuhen hinterlässt der Schmutz keine bleibenden Spuren.

Sieh das eitle Bürgermädchen, bewacht von einer Dame,
schon das Halten ihrer Hüte wird ihnen fast zur Plage,
zarte Mädchenhände, die man an keine Maschine lässt,
nicht einmal einen Tennisschläger hält sie willig fest,
benommen taumeln ihre Schritte, vom Sonnenschein verwirrt,

von seltsamen Gefühlen sind sie abgrundtief umschwirrt –
gäbe es Seife nicht nur für die Haut, auch für das Waschen der Liebe,
gegen die Wolllust und die Gier, gegen das Treiben der Triebe,
die das verwirrende Bad und dieser Schwindel wecken!

Bald schon füllen bunte Badekostüme das Wasser im Becken,
hinter der Holzwand hört man ein Lärmen, Brüllen und Spritzen …
Freiheit der Jugend, dort sieht man im Kreis die Burschen sitzen,
der Kindheit entwachsen, sie treffen sich hier,
vom kleinen, verschlagenen Bengel bis hin zum Kavalier.
Gleich gehen auch sie ins Wasser, doch während sie da stehen,
fliegen ihre Blicke, sie mustern die Mädchen und spähen.
Überall morsches Holz, da bilden sich sündige Ritzen,
die Riegel ihrer Kabinen bringen sie zum Schwitzen.
Was verbergen diese Bretter? Lauter Sinnlichkeiten,
diese ganz geheimen Körper, Formen ohnegleichen,

Hier stieg der Dichter ins Wasser:

Sünde voller Liebreiz, der in Sommerlichtern schwebt,
ewiger Sinnenfrühling, der immer in Blüte steht,
überall wächst und sprießt es, Vorrat für Winterzeiten,
selige Sehnsucht lässt die Seele auf Kufen gleiten.

3

Flieg der Gefahr davon, mein Lied, und werde weit,
lass kühle Wellen kommen, Minuten leichterer Zeit,
auch wenn im Wasserbecken ganze Völker schrein,
zu faul bin ich, um morgens früh hier fast allein zu sein,
auch wenn das ganze Becken im Lärm der Massen dröhnt,
springt einer kühn ins Wasser, ein Kind kriegt Angst, es stöhnt,
Wasser spritzt funkelnd auf, das Sprungbrett bebt,
hier, wo kein schmutziger Geruch von Frauen die Luft durchschwebt,
wo ein freches Mädchen, unbewacht und gewitzt
brave Judenfrauen mit Wasser ärgert und bespritzt,
wo nichts als Lärm ist, Schaum und gelbe Gischt,
alles Toben dieser Welt, hier stört es dennoch nicht,
trotz allem finde ich hier Frieden, sanfte Ruheliege,
ein weiches Bett, das schaukelt mich, wie eine sanfte Wiege,
weil du hier gegenwärtig bist, du Wasser bist immer rein,
du bist wie eine Welt für mich, mein Element, mein Heim,
auch wenn du hier nur künstlich bist, kein See, ein fader Plan,
lass ich mich auf dir treiben, behaglich wie ein Kahn,
ich fühle mich zu Haus' in dir, ein leichter Fisch, ganz rein,
und sehe in das Himmelblau, ja schwimme fast hinein.
Kühler Marmor, weiches Nass, ihr lindert jede Glut,
dann liege ich im grünen Gras und alle Welt ist gut.
So viel Gesindel schwimmt in dir, und doch hast du Erbarmen.
Süßes Wasser, bester Freund, ich will dich jetzt umarmen.
Auf deinen weichen Wellen will ich meine Falten glätten,
sie werden mich, sie können es, vor jeder Sünde retten.
Die liebsten Träume, von meinem Herzen weggerissen,
Wasser, du wirst stärker sein, ich lege sie auf deine Kissen.

Aus dem Ungarischen von Kati Fekete und Wilhelm Droste

Kati Fekete
Vor dem Dom

Nachdem ich mir den Tag alleine vertrieben habe, weil ich ja unbedingt unter der Woche nach Pécs fahren musste und natürlich tagsüber alle dort arbeiten, falle ich erschöpft auf eine Bank des Szent-István-Platzes und schaue einigen Mädchen zu, die um den Springbrunnen herumtanzen, in immer neuer Choreographie und sichtlich zufrieden mit sich und der Welt. Vielleicht liegt das ja an den Strahlungen dieses Platzes. Auch auf mich hat er eine aufregende und zugleich beruhigende Wirkung. Der Gedanke, dass man sich direkt über dem alten römischen Friedhof befindet und zusätzlich noch von anderen historischen Gemäuern umstellt ist, erzeugt ein angenehmes Kribbeln und beflügelt die Fantasie. Für die meisten ist der Széchenyi-Platz mit der Innerstädtischen Pfarrkirche, auf der Kreuz und Halbmond prangen, das Symbol für Pécs. Der Szent-István-Platz braucht sich hinter diesem nicht zu verstecken. Oben liegt mit seinen vier Türmen wie eine Krone weit sichtbar der Dom, dessen Baugeschichte in das 11. Jahrhundert zurückreicht. Westlich steht der Bischofspalast, Dauergast auf seinem Balkon Franz Liszt, von Imre Varga verewigt. Ganz nah eine mittelalterliche Rundbastei, wuchtiger Schutz oder Schauplatz von Finsternis und Furcht. Ebenfalls oberhalb des Platzes, östlich vom Dom beginnt die Káptalan-Straße voller Museen und Galerien. Kitzeln Hunger und Durst, dann lockt die ehemals berühmte Littke-Sektkellerei (heute *Cézár-pincészei*), die 1949 mit der Verstaatlichung an Bedeutung verlor, nun aber wie die Politik das System gewechselt hat und neu überzeugen will. Unter dem palastartigen Gebäude wuchert ein fünfgeschossiges Kellerlabyrinth. Für Entspannung der tieferen Art sorgt der Park mit seinen vielen Bäumen, Blumen und Bänken, großzügig und intim zugleich, vor allem der Springbrunnen, der sprudelnde Treffpunkt aller jungen Liebe. Auch die zieht sich seit neuestem später dann gern in den nahe gelegenen Kulturgarten zurück, der ebenfalls vom Platz aus durch den Torbogen eines Hauses zu erreichen ist. Wie sollte es anders sein, wieder landet man in einem alten Barockgarten, der im Sommer als große Freiluftkneipe betrieben wird. Am höchsten Punkt des Gartens öffnet sich ein Panoramablick auf die Stadt. Der Garten ist voll heller, lauter Geselligkeit und doch so groß, dass immer auch dunkle und stille Ecken bleiben.

Mein Gastgeber will den Abend unbedingt in einem Kiosk verbringen, worauf ich sehr gespannt bin, denn Kiosk, das klingt ominös, eigent-

Männlicher Wille zwischen den Türmen: Straße der Märtyrer von Arad.

lich ist er nicht der Typ, der abends mit zwielichtigen Gestalten in irgendwelchen Buden oder Tankstellen herumhängt und sich Dosenbier hinter die Binde kippt.

Ich erzähle ihm zuerst einmal begeistert von meinem Gang in die frühchristlichen Grabkammern, die ebenfalls zu den Schätzen gehören, die man auf dem Platz mit seiner ganzen Vielfalt und bunten Umgebung studieren und genießen kann. Wir lehnen uns über ein Geländer, und ich betrachte noch einmal beeindruckt die unter Glas sichtbaren Überbleibsel des frühchristlichen Mausoleums, bis mein Freund aus Pécs damit herausrückt, dass er als Student einmal dort unten wild herumgeknutscht hat, ohne auch die leiseste Ahnung davon zu haben, welche Gestalten der Geschichte da zum Augenzeugen seiner Sünden wurden.

Danach schlendern wir unter Bäumen auf einer Art Promenade, die unterhalb des Domes in Richtung Széchenyi-Platz verläuft, dem beliebtesten Korso vieler Pécser am frühen Abend. Als junger Lehrer an der Universität – so erzählt er – habe er die Jugendlichen, die hier auf den Bänken saßen und das Leben genossen, wehmütig beobachtet und beneidet. Später dann, als er sich erneut eingelebt, neue Freunde gefunden und alte Bekanntschaften wieder aufgefrischt hatte, wurde ihm klar, dass er jetzt wohl doch eher zu der Gruppe gehört, die am frühen Abend auf der fast schon mediterran anmutenden Promenade plaudert und flaniert, um schließlich im Kiosk bei Soda und Wein den Abend ausklingen zu lassen. Genau das tun wir jetzt.

Der Kiosk, so stellt sich schnell heraus, ist eher ein eleganter Pavillon, barock wie alles hier im mächtigen Blickfeld des Bischofs. Er steht dort schon seit 1896 und wurde errichtet, damit sich die Bürger der Stadt nach einem Spaziergang hier unter den alten Bäumen gegenseitig mustern oder bei einem Regenguss unter ein Dach flüchten konnten. Im Laufe der Jahre betrieb man im Kiosk unter anderem eine Konditorei, ein Café, einen Biergarten, sogar eine Weinstube des *Nádor*-Hotels fand während der Wintermonate in dem kleinen Gebäude Platz.

Auch heute ist unbedingt zu empfehlen, sich zwischen den Kübeln mit Oleanderbüschen an einem der Gartentische niederzulassen. Im Schatten der Kastanienbäume kann man bei einem Glas Wein aus der Region in der entspannten Atmosphäre des Südens den Tag voll Arbeit und Abenteuer ausklingen lassen, anregende Abende verbringen oder auch einfach nur das bunte Gemisch der Menschen beobachten. Eine Tradition mit Zukunft.

Péter Esterházy
Pécser Ernst
– Skizze –

Wir schweigen wie das Grab.
(Wilhelm von Oranien)

Für László Dés

Zwei Tote lagen schwarz im Januar Brasiliens, ich hegte schon lange den Wunsch, einen Text so beginnen zu lassen, das bewirkt zweifelsohne einen stärkeren Auftakt als »ein Kornél Esti saß auf der Gehsteigkante im Pécser Juli«. Wenn hingegen der letztere Satz keinen »Beginn« darstellte und Esti nur so dasäße im Schatten, gleichsam vor dem Text, aber auf jeden Fall vor dem formbewussten Hotel, Namen sind Schall und Rauch, Phönix, aus dem er zu dieser leicht dämmerigen Morgenstunde am Rande des Erstickens herausgetaumelt kam, weil er das berühmte mediterrane Klima nicht mehr vertragen hatte, das das ganze abscheuliche Gebäude verklebte und ausfüllte, das in ihm unbewegt stagnierte, eine würgende, feuchte, dumpfe Wärme; offensichtlich kann man nicht so ohne weiteres ein Gebäude planen, dessen Räume allesamt als ausgebaute Dachböden angelegt sind, das heißt eng, stickig, überall nur Teillösungen, sämtliche Details künden von dieser Beengtheit, auch das Parterre ist ein ausgebauter Dachraum, wie auch das Mezzanin, ja, selbst der ausgebaute Dachboden ist ein ausgebauter Dachboden, und überall herrscht diese unerträgliche Hitze – in diesem Fall bestünde die Möglichkeit des folgenden, bissigeren Beginns:

Der geht mir jetzt aber schon auf die Eier, nein, Kornél Esti würde eine Glosse nie, aber auch nie so beginnen, selbst dann nicht, wenn ihn eben diese Worte aus dieser morgendlichen Trottoir-Sitzerei aufschreckten, er folgte entsetzt dem Gespräch zweier Frauen, die jüngere hörte nur zu und nickte immer wieder, die andere, großmächtig und dick, versprühte diese Worte in einem milden Tonfall, fast schon gelangweilt, den dritten Tag schon hockt er zu Hause auf seinem Arsch, er würde uns ja keinen Gefallen tun, das hier wäre sein Arbeitsplatz, dem Scheißer seiner, ich bin ja kein Malteser Ritter, jetzt geht er mir aber schon gewaltig auf die Eier.

Esti wagte sich nicht zu rühren, um an seinen Bleistiftstummel und sein zweifach gefaltetes Papier (oder vierfach? Wie viele Fächer mag so ein Blatt haben?) zu kommen, er wollte sich die Sätze gut einprägen. Es waren ernsthafte Sätze. D. sagte etwas über die Ernsthaftigkeit Goethes.

Dass diese alle haushoch übertrumpft. Der geht mir auf die Eier, das ist ernst, noch dazu von einer Frau geäußert, doch Goethe ist ernster, das stimmt. Ernst Wolfgang von Goethe. Das Ernstliche ist seltener als der weiße Rabe. D. hat schon recht, wenn er sagt, man überspielt mit einem Witz, was man nicht geradeheraus sagen kann oder zu sagen wagt, und so kommt man dann gut weg. Das ist ziemlich verzwickt.

Vergeblich stützen die Tatsachen diesen möglichen Beginn, Esti kam nicht in Versuchung; die Wahrheit genügt nie als Argument. Dieses an Wittgensteins Brust trainierte Biest weiß das sehr wohl (an einer Brust kann nicht trainiert werden, sagte später kühl der Chefredakteur, zu dem ich binnen kurzem kommen werde), dass nicht für alles Wörter existieren, es gibt nur das, wofür auch ein Wort da ist, und doch, manchmal gibt es Wörter, und dann ist doch nichts da.

Die Grobschlächtige erschien durch ihre leise Art nur noch gewöhnlicher und vulgärer. Esti wurde es heiß und kalt zugleich, so heftig ekelte es ihn. Alles an diesem Weib verstärkte seinen Ekel, besonders die bis an die großen, eutergleichen Brüste hinaufgezogene Trainingshose, die beim Schritt einschnitt und das magische Dreieck zeigte; die totale Abwesenheit von Erotik, dachte Esti, das ist das Widerliche. Kürbisgemüse auf Fotzenmaul, das vermeinte er eben gehört zu haben. Absurd. Seine Hand tastete nach dem Bleistift in seiner Tasche. Selbst die zweifelhafte Wortfolge schrieb er der entsetzlichen Frau zu.

Pack dich zusammen und verschwinde aus meinem Leben, sagte eine Frau hier, in Pécs, noch im vergangenen Jahrhundert zu Kornél Esti. (In Pécs, das ist doch richtig mit »in«, denn bei Kolozsvár, da funktioniert es angeblich nicht, das reden wir nur schön, »zu Kolozsvár«, damit Kolozsvár, Klausenburg, ein wenig Patina abbekommt, von ganz Siebenbürgen brauchen wir nur die Patina, und die gibt es nicht, aber das verschweigen wir, aus Feigheit und getrieben vom unbezähmbaren Verlangen nach der Lüge; das echte Siebenbürgen interessiert kaum jemanden, inklusive die Siebenbürger; wir laufen unseren Träumen nach, die einmal als Breitwandträume auftreten, dann wieder leer sind, oder stumm, aber selbst in diesem letzten Fall sind sie ungarisch synchronisiert.) Esti zuckte auf das Verschwinde-aus-meinem-Leben zimperlich zusammen, wie gut machte sich jetzt ein Quäntchen Perfekt, »er ist zusammengezuckt« oder gar »er war zusammengezuckt«, welch fürchterlicher Satz! Er schnitt eine

Grimasse. Und schneide keine Grimassen, ich scheiße auf deine Sätze! – Esti grinste, ging es doch gerade um die Sätze der Frau, egal. Die Liebe endet in der Stilanalyse, fasste er weise die kärglichen Erfahrungen seines jungen Lebens zusammen. Die Frau las in seinen Gedanken.

Fick' deine Sätze, heulte sie und schleuderte, was gerade greifbar war, gegen Esti, es handelte sich um das *Neue Journal für Transdanubien*. Das *Neue Journal für Transdanubien* war zum Ableiten von Wutausbrüchen nicht eben geeignet: Es sank vor Esti weich zu Boden. Es rieselte herab wie der Schnee. Der junge Mann feixte, und seine Hand bewegte sich in der Tasche.

Rühr' dich ja nicht! Versuche nicht einmal, es zu beschreiben! – Die Frau brach in Schluchzen aus. Esti verspürte keine Anteilnahme.

Der Chefredakteur hatte ihn gebeten, irgendwie im Text das Wörtchen »pécs« unterzubringen. (Das ist hiermit geschehen, meinte er, indem er den Satz noch einmal las.) Mir persönlich, sagte jener noch, würde dieses Unterbringen viel bedeuten, und er vergrub die Finger in seinem neu gesprossenen orbitalen Vollbart. Ließ er den nur für das Fingervergraben wachsen? Esti wiegte den Kopf hin und her, währenddessen der Chefredakteur zweimal wiederholte: mein lieber Freund, mein lieber Freund. Esti mochte diesen Mann, der jetzt am ehesten Theodor Herzl glich. Theodor, nur etwas ruhiger. Oder Táncsics. Noch ruhiger als der. Bin Laden. Ein chassidischer Bäcker, ein orthodoxer Priester. Ihn befiel ein unwiderstehlicher Drang, den Bart anzufassen, also fasste er ihn an. Er fühlte sich drahtig an. Wie das Rosshaar in der Matratze. In der Matratzengruft. (Das lese ich immer als Ratzengruft, Heine in der Mat-Ratzengruft.) Irgendwie hatte er Angst um den Chefredakteur, wegen dieses Bartes. Als verberge der Bart etwas. Was konnte diesem Mann widerfahren sein, wiegte Esti den Kopf hin und her, wie Menschen, die sich mit den Geheimnissen der Seele befassen. Kornél Esti war wohl der Letzte in Ungarn, der zu einem Mann noch «Ihr» sagte. (Zu Kolozsvár kann man noch gut – »Sie« sagen.) Nach der Lesung kehrten einige in ein Gasthaus ein, oberhalb der Stadt. Unten sah man, wie lauter Glühwürmchen, die urbanen Lichter. Esti lobte Pécs leicht, ihm kam gleich Pécs über die Lippen, wenn nach der schönsten ungarischen Stadt gefragt wurde. Welche ist die schönste ungarische Stadt? Pécs. Wenngleich die Schönheit, nicht wahr, eben relativ ist. Und damit muss man ja auch etwas anfangen können. Selbstbewusste Bürger, verantwortlich für ihren Wohnort, plus eine intelligente Stadtverwaltung. Na ja. Schön ist, was mit Interesse gefällt. Pécs liegt irgendwie sehr weit weg von Budapest, nur unwegsame Wege führen hierher, Esti pflegte also mit dem Flugzeug zu kommen. Nicht einmal der Jetlag machte ihm etwas aus.

Unter normalen Umständen hätte Esti dieses Unten mit Glühwürmchen gar nicht gesehen, *für so etwas* war er blind, er hätte die Frauen am Tisch gesehen, der Ehre halber auch die Männer, und das Hirschgulasch. Mit Nockerln statt mit Kroketten. Indessen störte ihn dieser gewiss als pervers zu bezeichnende Pécs-Wunsch des Chefredakteurs ein wenig. Allerdings sind Chefredakteure zumeist nun einmal so, ihr Leben erfüllt sich von Monat zu Monat thematisch – wenn es um Zeitschriften geht.

Ich behaupte schlichtweg, rief Esti unerwartet aus, und er zeigte auf die Stadt, auf diese gelähmte Schönheit, dass der üppige Genuss des Panoramas Vergessen und Verkennen heißt! Er sah sich wild um, in der höflichen und undurchdringlichen Stille. Dann packte er diesen Vollbart, sagen Sie, verehrter Herr, sagen Sie endlich, zu welchem Ende? Zu welchem Ende wächst dieser Bart schlussendlich hier, im Schatten des Tettye-Berges?!

Der Chefredakteur lächelte milde in seiner Verlegenheit.

Nein, rief Esti aus, und er legte den Zeigefinger auf die heißen Lippen des Chefredakteurs. Wie es durch mich hindurchpulsiert, durchlief der Gedanke Estis Finger. Doch ließ er sich nicht ablenken. Nicht dass Sie mir damit kommen, dass er nur so, von selber gewachsen sei, oder dass Sie gar erkannt hätten, wie bequem es ist, sich nicht zu rasieren … Ach was! … Ein so mächtiger und derartig buschiger Bart existiert nicht nur so. Bekennen Sie, wenn Sie Ihr Leben ändern wollen, ihr Leben … Beichten Sie, wenn Sie eine neue Geliebte haben, oder wenn Sie jemanden umgebracht haben! – Nein, in Glossen und insbesondere in ungarischen werden keine Menschen umgebracht. In einer peruanischen Glosse schon eher. Oder in einer serbischen. In einer aus Serbien. In einem Feuilleton aus Subotica, das kann man sich schon eher vorstellen. Das Verhältnis der ungarischen Schriftsteller aus dieser Gegend zum Tod hat sich auch geändert. Auch damit ist die ungarische Kultur reicher geworden.

Esti atmete schwer.

Gibt es Probleme, wandte sich die ranke Redakteurin an ihn.

Ich hoffe es, sagte Esti mit schräggelegtem Kopf, und er versuchte, die Ranke in Reimzwang zu drängen. Der Abend machte keine Anstalten auszuarten, Kornél Esti war auch eher müde als betrunken, eher langweilig als skandalös. Dann kutschiert jeder von uns auf die langweiligste Art und Weise nach Hause, nickte er. Keiner antwortete ihm.

Als sie vor dem Hotel ankamen, wandte sich Esti plötzlich dem Chefredakteur zu, jetzt packte er ihn nicht am Bart, er hängte sich geradezu daran.
Schlafen Sie mit mir, mein Herr. Ich bitte Sie.
Die Stadt, die Steine verströmten Wärme, hier ist das Wetter anders als in den Bergen. Über das Gesicht, das Restgesicht des Chefredakteurs, zog eine mädchenhafte Röte. Wie schön, dachte Esti, wenn ein gestandener Mann fähig ist zu erröten. Er errötete fast bei diesem Gedanken. Doch dann schrie er den Mann aus Pécs fast an:
Sind Sie verrückt geworden? Wo denken Sie hin?! Nehmen Sie sich hier ein Zimmer, und schlafen Sie im selben Haus wie ich. Unter demselben Dach. Verlangen Sie nicht, dass ich bettle. – Der Chefredakteur blickte verstohlen, wie denn sonst, auf seine Uhr, er hakte Esti seufzend unter. Er brauchte den Artikel sehr.
Die Hitze übertraf alle Vorstellungen. Esti wähnte, eine gewisse auf seine Person abzielende Bosheit im Wirken der Hitze zu entdecken. Die schiere Heimtücke. Ein großer Ventilator rührte in der abgestandenen Luft herum; vollkommen nutzlos. Die Designerfenster ließen sich lediglich zu etwa 28% öffnen. Ein Anschlag sondergleichen! Da gibt es schon etwas Besseres, stellte Esti weise fest, als alle halbe Stunde schweißtriefend aufzufahren. Das mag ich gar nicht weiter ausführen, so entsetzlich war es.
Er erklärte die Nacht frühmorgens um sechs Uhr für beendet. Andererseits hatte der Tag noch nicht begonnen. Er duschte sich erneut. Schaltete den Fernseher ein und aus. Langsam verging die Zeit. Er klopfte an der Zimmertür des Chefredakteurs. Die Tür ging von selbst auf, wie in einem Krimi. Sie pendelte, wie eine Stalltür. Das Zimmer stand leer, es schien ausgeraubt. Offensichtlich war er schon beim Frühstück.
Beim Frühstück? Nein, der Herr Chefredakteur frühstückt nicht, antwortete der Rezeptionist verlegen. Er vermied es, Esti in die Augen zu blicken. Der Herr Chefredakteur frühstückt mitnichten, der Herr Chef-

redakteur hat um vier Uhr morgens das Hotel gewechselt. – Er hat Hotel und Unterwäsche gewechselt. Esti schnalzte anerkennend mit der Zunge. Seiner Hysterie nachzugeben, setzt eine gewisse Freiheit voraus. – Zur besagten Zeit wies er mich an, ihm unverzüglich ein Gebirgshotel zu suchen, wo dieser hinterfotzige, heiße, pseudomediterrane Wahnwitz nicht hinkommt, wo die Luft dem europäischen Standard entsprechend sich nächtens abkühlt oder wenn es sich schon nicht abkühlt, die Fenster ordentlich zu öffnen sind, und wo, wenn auch das nicht geht, es zumindest eine Klimaanlage gibt. Und dass er in einem ungarischen Hotel vielleicht so viel erwarten kann. Damit warf er sich in das von mir beorderte Taxi und entschwand. – Der Rezeptionist sprach zaghaft und gekränkt. Schließlich, dachte Esti heuchlerisch, hat ja nicht er die Hitze verbrochen. Und auch das Hotel nicht.

Als ihn dann der Chefredakteur beim Frühstücken anrief und mitteilte, er würde bald kommen, sagte Esti statt eines Grußes: Ich bitte Sie nur um eines, seien Sie so freundlich und lügen Sie mich an, sagen Sie, Sie hätten um vier in der Nacht bei mir angeklopft und ich hätte süß träumend und reglos gelegen, daher wären Sie gezwungen gewesen, sich allein zu entfernen. Nicht wahr, es hat sich so zugetragen? Ansonsten hätten wir es doch mit dem übelsten Verrat zu tun, oder? Der Chefredakteur erklärte mit unerwarteter, an Schlagfertigkeit grenzender Bestimmtheit, ein Gentleman würde um vier Uhr im Morgengrauen nicht an der Tür eines anderen Gentlemans klopfen, es sei denn, dieser sei weiblich, dann jedoch wäre dieser eine Lady.

Selten hatte es ihm so gut geschmeckt, er bestellte Eier mit Speck (ein großer Vorteil der ländlichen Hotels, hier bekommt man noch so etwas), die Leibspeise seiner Kindheit. Er aß sie stets mit seinem Vater. Nur sein Vater brachte den Speckstreifen dazu, sich so schön wie eine Krone zu kräuseln. Jetzt genoss er die Möglichkeit, das Brot ins Fett zu tunken. Auch das Tunken wird aus der Welt verschwinden. Angeblich gibt es sogar schon eine Schlankheitskur mit Fett. Verboten sind Obst und Milchprodukte, das Wollschwein ist in.

Als er beim letzten Bissen (Eiklar mit glänzenden Fettropfen, Brot, Speck) wieder ins Schwitzen geraten war – er hatte sich ans Genick gegriffen, seine Haare waren tropfnass, wie bei kleinen Kindern –, flüchtete er sich hysterisch aus dem, lassen wir die Adjektive, Gebäude. Er setzte sich etwas weiter vom Eingang entfernt auf die Gehsteigkante, in den Schatten, und förderte etwas zum Lesen zutage. Er wartete auf den Chefredakteur. Er war beruhigt, atmete langsamer, ihm war nicht mehr, als müsste er um sein Leben ringen. War es der Schatten oder das Manuskript? Eher diese ungewöhnliche, unerwartete, freie Art zu sitzen. Als hätte er konzentriert gearbeitet und wäre langsam wieder aus der Arbeit erwacht. Und die Stadt tat, als hätte sie es darauf angelegt, sich im Vorüberziehen dem Kornél Esti zu zeigen. Die Leute grüßten ihn zuweilen, er grüßte zurück. Oder aber sie lächelten ihn wortlos an. Die Menschen sind großteils Frauen, stellte er fest.

Da zog eine mächtige Frau vorbei, unwahrscheinlich langsam, sie trug einen Hut und einen bis zur Schenkelmitte geschlitzten langen weißen Leinenrock, als befänden sie sich in einem Fellini-Film. Er sah sich selbst sogar aufspringen (sein Körper dupliziert sich, das lässt sich im Film leicht darstellen, und Seelen waren ihm eh Zehntausende zu eigen, wie viele »E«-s), seine Schritte schassierend denen der Frau angleichen und mit ihr verschwinden. Er beginnt ein neues Leben. Wobei nicht einmal das »neu« wichtig ist, nur das Leben. Er hätte ein Pécser Leben. Eines hatte er schon einmal gehabt. Als er mit seinen Sätzen zusammen hinausgeworfen wurde. Wo war das auch gleich? Nádorváros, oder wo. Fick' deine Sätze, nicht einmal so schlecht. Da ist etwas dran. Ich würde sie gar nicht mehr erkennen. Wobei es durchaus angebracht ist, murmelte Esti, jeden, mit dem man gefickt hat, eine Frau, einen Satz, einen Mann, eine Ziege unabhängig von der Beleuchtung sogleich zu erkennen. Und er erkannte seine Frau, so steht es geschrieben. Diese Stattliche, die ist sicherlich eine Illyrerin. Hier, in Pécs, hier gibt es noch Illyrerinnen. Dann gibt es freilich auch Illyrer. Die sind vielleicht noch älter als die Kelten. Auch der Chefredakteur mag ein Illyrer sein. Ein Illyrer von echtem Schrot und Korn. Ich nehme einmal an, die Illyrer trugen Bärte, hauptsächlich die Männer. Was, allerdings, ist das: ein Mann?

Was ist das: Kornél Esti, fragte sich Kornél Esti, dann verwarf er die Frage.

Eine ältere Dame skizzierte zuvorkommend die Geschichte von Pécs, in vorgekauten Sätzen. Das interessiert Sie sicher. Esti nickte. Und dann gründet der Bischof György Klimó eine Druckerei, flötete die Dame mild, als wäre das, die Gründung, auf rätselhafte Weise ein Verdienst Estis. Er senkte bescheiden den Kopf. Und in der Gemeinde Vasas wird das erste Kohlenbergwerk des Mecsek-Gebirges eröffnet. Esti hob bescheiden den Kopf. Die Glocken rufen zur Frühmesse, mein Pfarrer wartet, flötete die Dame und flatterte davon. Als flöge alles auf, nur er bliebe sitzen. 1780 wird Pécs Königliche Freistadt. Gott sei Dank, seufzte er. Neben den Illyrern müssen die hier angesiedelten Deutschen und auch die Raitzen erwähnt werden. Ein junger, muskulöser Mann, halbnackt, mit einem grobschlächtigen (oder ist auch das orbital?) Krampen auf der Schulter; unwahrscheinlich, dass er auf dem Weg zur Messe ist. Nicht als könnte man mit einem Krampen nicht zur Messe gehen. So sind wir denn auch weiterhin gezwungen, uns das gedachte Wesen der Stadt in Metaphern vorzustellen, denken wir es uns in der Weise des Universums, wo eine Stadt ihre eigene repräsentative Welt besitzt, ihre auf Lug und Trug beruhende Halbwelt und ihre unheimliche Unterwelt; denken wir sie uns als einen eigentümlichen lebendigen Körper, dessen Wachen und Schlafen, dessen Anatomie und tätige Ordnung uns bekannt sind, indessen wir mit Schaudern an die dunklen, unberechenbaren, von Tatarenmeldungen und Gerüchten strotzenden Tiefen denken; oder versuchen wir, sie als einen eine unklare Bedeutung tragenden, uns tradierten Text zu lesen, in welchem lediglich einige Passagen in unserer Muttersprache geschrieben stehen, alles andere wäre zu übersetzen, steht in Fremdsprachen verklausuliert, wenn nicht gar als unverständlicher Nonsens-Text. Freilich können wir individuelle Lesarten versuchen, doch verwebt die Rhetorik die entrückten Schritte des Lustwandlers, die »Sprechakte« des Spaziergängers, die Tritte des Fußgängers zu einem Textkörper, den er selbst nicht zu lesen vermag.

Hat ihn der Chefredakteur vielleicht gar vergessen und ist schnurstracks in die Redaktion gegangen?! *Die guten alten Zeiten der Gamaschen und Lederfauteuils sind vorbei!* Mit einem Filmschnitt wie bei Mándy stand Esti auf einmal in der Wohnung des Chefredakteurs. Sein Gesäß verspürte noch die Kühle des Gehsteigbetons. Der Chefredakteur lag auf der Couch, mit Sakko und Krawatte und im eigenen Blut. Unten trug er nichts, er war nackt. Er trug noch weniger als nichts, neben ihm stand eine Frau, Esti schwante etwas von gestern Abend, seine Frau vielleicht? – in der einen Hand hielt sie ein blutiges Messer, in der anderen das Glied des Chefredakteurs. Wie in einem japanischen Film. Und dann sind da noch diese ziselierten, metaphysischen Gärten! Welche Wildheit, Erhabenheit und Feinheit zugleich. Ja, vielleicht ist dies alles auch anderswo zu finden. Sagen wir einmal, ein Klangbild von Kurtág dem Massaker am Kossuth-Platz anno 1956 gegenübergestellt. Esti blickte bestürzt auf den fürchterlich verstümmelten, lieben Menschen. An die Frau verschwendete er keinen einzigen Blick. Was fangen Sie jetzt an, so wie Sie sind, mein Lieber, fragte er schmelzend. Ich wusste es, ich wusste es. Aber warum haben Sie ihm nicht den Bart abgeschnitten, wandte er sich dann doch an die Frau. Sie zuckte die Achseln. Ich koche uns Kaffee, sagte sie, und wischte sich das Messer im Hinausgehen am Jeansrock ab. Es war ein richtig großes Messer, allerhand!

Und was machen Sie mit … rief ihr Esti nach, er mochte das Wort Schwanz nicht aussprechen, lebten sie doch auf den pannonischen Hängen, Sopianae.

Das lassen Sie meine Sorge sein.

Nur gut, dass Sie nicht mehr wedeln, damit … das ist kein Spielzeug.

Der Chefredakteur ächzte gluckernd.

Verzeihung, ich habe Sie ganz vergessen … Ich weiß gar nicht, was ich sagen soll. Worte sind so seltsam, wenn das Blut herausquillt. Wenn nicht, dass ich diese Kulturhauptstadt-Ausschreibung aufs Wärmste – der Chefredakteur errötete erneut –, entschuldigen Sie, das ist aber wirklich übertrieben, dass Ihre Gedanken immer nur um das Eine kreisen, es interessiert mich nicht, also, dass ich die Ausschreibung unterstütze. Ist das so in Ordnung? Tut es weh? Ihre Lenden sehen aus wie ein Grubensee voller Blut. Allein die Brille stört das Bild. Oder sind Sie erleichtert? Sie sind doch nicht von Ihrem Schwanz beherrscht gewesen. Oder doch? Hätte ich Sie verkannt? Wie das Blut klebt … Vielleicht müsste ich mich praktischer verhalten. Sie liegen nicht in Agonie, doch gut geht es Ihnen auch nicht. Wollen Sie verbluten? Jetzt, vor Redaktionsschluss? Das wäre kein besonders charaktervoller Zug. Ich kann mir freilich vorstellen, was Sie momentan von klassischen, traditionalistischen Werten halten. Wie Tapferkeit, Selbstaufopferung, Redlichkeit, Treue, Heimat. Obgleich das Blut zur Heimat passt. Über das eine und andere müssen auch Sie jetzt nachdenken, oder? Kann es sein, dass ich zu viel rede? Mein Tag hat so gut angefangen, wissen Sie. Am Morgen vor dem Hotel, auf dem Gehsteig. Sie haben mir so schön gefallen. Als wären wir Freunde. Auch Sie sind keine dreißig mehr ... Ein leichter Morgen, so etwas wie ein impressionistisches Schweben, um vollends in die Luft zu reden, in dieses würzige, aufregende, sommerliche Mediterrane hinein. Der Gebrauch von Wörtern wie mediterran und pannonisch sollte in Texten über Pécs verboten werden. Von der Kulturabteilung des Stadtsenates. Oder von Ihnen persönlich. Das Kleinod im Mecsek-Gebirge.

Schaumiges Blut trat über die Lippen des Chefredakteurs.

Schlimm, wie ich sehe. Später kommen die Phantomschmerzen. Obwohl ... auch das gibt es, dass Hühner ohne Kopf auf dem Hof noch herumlaufen. Vielleicht scharren sie auch noch. Wie der große Philosoph sagt, wenn die Welt auch morgen unterginge, pflanzte ich heute noch diesen Nussbaum. Ich gebe zu, das hilft Ihnen im Augenblick vielleicht doch nicht.

Im Vordergrund des Denkens Kornél Estis stand *schlussendlich* die Literatur. Was sie eigentlich sei und wie sie wichtig sei. Wie sie wichtig sei in der Unwichtigkeit. Und das Verhältnis zur Wirklichkeit. Gesicht und Maske. Ich tausche meine Fiktion, am Joliot-Curie-Platz gelegen, mit Donaublick, gegen eine Fiktion am Joliot-Curie-Platz gelegen, mit Donaublick. Neuerdings grübelte er eher über das Verhältnis zwischen Ernst und Unernst nach. Ungern würde er sich auch nur eins davon versagen. Über die Grandiosität der Bagatellen. Fünfkirchner Fotze, das müsste noch in den Text, im Ernst.

Davon fiel ihm seine Mutter ein. Was sie doch für eine keifende Harpyie geworden ist, auf ihr Alter. Eine Marketenderin. Wie sie seinen Vater fortwährend quälte. Sie redete und redete, immer wusste sie, was zu viel ist, und sie ging auch immer so weit. Wie eine Maschine. Eine Harpyienmaschine, die zudem auch noch leidet.

Komm einmal her, mein Söhnchen. – Esti mochte gern von ihr so genannt werden, je größer er wurde, je krummer seine Mutter, desto mehr. Er blickte wie ein Riese auf seine Mutter hinab. – Komm. Hier steht dein Vater. Na also. Dann frage ihn, mein Söhnchen, ob er mich liebt. So, direkt, ob er mich noch liebt.

Aber Mutti ...

Frage ihn, wortwörtlich. – Sie zerrte an Estis Hemdärmel. Sein Vater ließ den Kopf hängen.

Aber Mutti.

Nix da mit Abermutti. – Daraufhin ließ auch Esti den Kopf hängen. – Das ist typisch, Vater und Sohn, keuchte Estis Mutter verächtlich. Was soll diese Unverschämtheit, ich frage nichts, die sollen mich mit ihrem Gefühlsleben in Ruhe lassen. Noch ein Glück, dass sie nicht mit dem Sex kommen. Fünf Jahre lang habe ich mit meinem Vater nicht gesprochen, seit einem Monat reden wir wieder, und dann gleich das hier?! Fünf Jahre, das ist allerhand Zeit! Esti streckte sich stolz. Seine Mutter da unten kam ihm noch kleiner vor.

Zerren Sie bitte nicht an mir herum, Mama.

In Ordnung, mein Söhnchen. Ich zerre nicht. Du hast recht. Ich zerre nicht an dir herum. Frag du nur deinen Vater, ob er mich liebt.

Klar liebt er dich.

Hilf ihm nicht. Frag ihn!

Ich frage ihn nicht.

Sein Vater hauchte vor sich hin, so frag mich doch.

Esti wusste, dass er lediglich benutzt wurde, doch interessierte ihn die Szene mehr als seine eigene Würde. Vater. – Sein Vater regte sich langsam, mit viel Theaterroutine. Ein eleganter ungarischer Herr aus dem zwanzigsten Jahrhundert, verschlissen, fleckig. Sein Blick gemahnte an Mari Jászai, und als sagte er, stoß zu mit dem Meucheldolch, den diese Frau gegen mich zusammengebraut hat! (Sic!) – Vater, liebst du die Mama?

Der Vater sah den Sohn lange an, als sähe er ihn das erste oder das letzte Mal. Sie nützen mich aus, dachte Esti, und darum werden sie mich nachher hassen. Als dann sein Vater tonlos, als sagte er etwas ganz Unwesentliches oder eher etwas ganz Selbstverständliches, sein Nein aussprach, riss seine Mutter die Arme hoch, als hätte der Fußballklub Fradi ein Tor geschossen.

Nicht wahr? – jubelte sie. Ich habe es ja gesagt. Jetzt hörst du es selbst. Er liebt mich nicht. Du bist der lebende Beweis dafür, dass er mich nicht liebt. Dreiundsiebzig ist er und er liebt mich nicht. Bitte, dreiundsiebzig!

Esti lachte leise und eilig.

Er soll noch einmal sagen, ob er mich liebt.

Ich liebe sie nicht. Ich habe es schon gesagt. Noch einmal sage ich es nicht.

Aus dem Ungarischen von György Buda

Lajos Kassák
Im Ferienheim

Ein gut proportionierter Bau
mit Hunderten von Leuten
am Berg.
In Sälen und Fluren
in roten Tontöpfen
und grünen Holzkästen
südliches Gewächs.
Durch große Fensterscheiben
zeigen sich unten die Grundzüge der Stadt,
nachts schmücken
die farbigen Lichter der Lampen den Platz,
ich werde immer unruhiger.
Ich laufe hin und her,
als hätte ich etwas verloren.
Die Goldfische meiner Kindheit
schwammen so im Aquarium.

Ich laufe hin und her.
Unzufriedenheit nimmt mir den Atem,
und dennoch: wie groß ist hier die Stille,
wie schön spielt der stürmisch wirbelnde Schnee
und die Sonne, wenn sie neu erstrahlt.

Aus dem Ungarischen von Wilhelm Droste

Festungen der
Entspannung im
Mecsek-Gebirge

Gábor Csordás, Dichter, Redakteur, Verleger, Übersetzer, Autor, *1950

»Die Steine der Stadt sind besser als ihre Menschen.« Auch dieser Satz passt in die sanfte Melancholie und Resignation seines Wesens, in die innerliche seines Denkens und Fühlens wie auch die äußerliche seiner Körpersprache und seines Gesichtes, des markanten Kopfes mit den tief liegenden, dunklen Augen. Der willensstarken Nase und der gepflegten Wildheit von schön ergrautem Haar und Bart. Er spricht leise und sicher, und fast all seine Sätze bekommen wie selbstverständlich ein mildes Lächeln mit auf den Weg, eine charmante Ironie voller Intelligenz, listigem Angriff, höflicher Vorsicht und Lebenserfahrung. Er ist ein leidenschaftlicher Mensch auf eine stille, manchmal geradezu verlegene Art. Ein sonnengebräuntes, entschieden südeuropäisches Gesicht, das alle Kulturen und Sprachen in sich aufgenommen zu haben scheint, aus denen Gábor Csordás ins Ungarische übersetzt: südslawisch, rumänisch, französisch, manchmal auch polnisch, englisch und deutsch. Dem Reichtum der Sprachen entspricht ein Reichtum seiner Beziehungen. Csordás kennt die Kulturen der südlichen Nachbarländer, er kennt sie aus Büchern, aber auch aus persönlicher, leibhaftiger Erfahrung. Ein Netz von Freundschaft verbindet ihn mit den Menschen, nicht nur mit Schriftstellern und Übersetzern. Sein Interesse ist universal, Neugier und Wissensdurst sind ohne Fesseln und Grenzen, er lebt sie aus auf eine sehr persönliche Weise, als Leser, Autor, Hörer und Sprecher gleichermaßen. Verblüffend die Tiefe und sinnliche Fülle seiner Gedanken, das authentische Gewicht seines Wissens. Eigentlich ist er ein diplomierter Arzt, dazu hat er eine große Sammlung von Käfern. Wahrscheinlich hat ihn diese ungeheure Vielfalt zu einem der wichtigsten Verleger des Landes gemacht, dessen logische Vorschule die redaktionelle Arbeit in einer großen Zeitschrift war. Beide knüpfen sich an den Namen *Jelenkor* (Gegenwart). So heißt seit 1958 die bedeutende Kulturzeitschrift von Pécs, so heißt auch der nicht weniger bedeutende Buchverlag der Stadt. Das Monatsblatt glänzt nicht nur durch das schreiende Gelb seiner Titelseite, die Zeitschrift gehört seit Jahrzehnten zu den niveauvollsten Blättern des Landes, widmet sich vor allem der ungarischen Gegenwartsliteratur und Kritik, ist aber offen für Kultur im weitesten Sinne des Wortes, von der Philosophie bis zur bildenden Kunst. Hier arbeitete Gábor Csordás von 1980 bis 1988 als Redakteur, dann in den dramatischen Jahren des Systemwechsels bis 1991 als Chefredakteur. Seit

Wilhelm Droste
Gábor Csordás

DENKEN ALS LUST UND LEIDENSCHAFT

1989 leitet er den gleichnamigen Buchverlag *Jelenkor,* einen der landesweit wichtigsten Verlage für nationale und internationale Literatur. Gerade sein Verlag ist eine lebendige Werkstatt der modernen ungarischen Literatur, hier erscheint Péter Nádas, eine Schlüsselfigur der ungarischen Moderne, dazu zahlreiche weitere Gegenwartsautoren (László Márton, Gábor Schein …) und so manche Übersetzung von Csordás selbst, der in einer erstaunlichen Vielfalt und Menge zu übersetzen versteht. Gábor Csordás ist 1950 in Pécs geboren und dem Ort seiner Geburt treu geblieben. Drei Monate war er zu einem Sprachkurs in Belgrad, länger hat er die Stadt nie verlassen. Bei Spaziergängen durch Pécs stellt sich schnell heraus, dass sein Interesse für die Welt auch für den Mikrokosmos seiner Heimatstadt gilt, kein Haus bleibt unkommentiert, für ihn gibt es hier keine Straße, die nicht in Geschichte und Geschichten mündet. So widerlegt er Schritt für Schritt selbst den Satz, dass die Steine hier in Pécs besser seien als die Menschen, denn die Steine der Städte leben von dem Wissen und den Ahnungen der Menschen, die sie nutzen und beleben. Gábor Csordás ist einer, der Steine beseelt und zum Sprechen bringt, weil er ihre Sprache versteht.

Pál Závada
Stadt des Studiums und der Literatur

Das erste Jahr habe ich in einem Bergwerksdorf im Einzugsgebiet der Stadt gewohnt, Pécs-Vasas hieß der Ort und lag von der Universität etwa vierzig Minuten mit dem Bus entfernt (damals fuhren noch diese urtümlichen, zwergenhaften Ikarusbusse, die den Motor vorne hatten). Die Wirtschaftsuniversität hatte nämlich ihren Studienanfängern, die – wie ich – aus der Provinz kamen und finanziell nicht so gut gestellt waren, einen Platz in einem kleinen, zweigeschossigen, familiären Arbeiterheim angeboten, das damals Bergwerkseigentum war. (Die Wohlhabenden – Jugendliche aus intellektuellen Familien der Provinzstädte – waren gezwungen, in Untermiete zu wohnen, die einheimischen Pécser lebten zu Hause, von ihnen besuchten aber nur wenige unsere Fakultät, sie studierten eher Jura oder Medizin.) Wir, die Studenten aus Vasas, verbrachten unser halbes Leben im Bus – wir aßen in der Bergwerkskantine einer anderen Grube, die mehrere Bushaltestellen entfernt lag, und zum Studium fuhren wir in das Universitätsgebäude auf dem Platz der 1848er. Nachmittags trieben wir uns im wunderschönen alten Gebäude und im Garten der Universitätsbibliothek in der Szepessy-Straße herum, zum Lesen und Sonnenbaden gingen wir in den Garten des Bischofpalastes, der erstaunlicherweise offen war, abends besuchten wir – mit dem Gelenkbus Linie 10 – den Filmklub im Kulturhaus der Bergarbeiter in Meszes, dort habe ich viele Filme der größten Regisseure des 20. Jahrhunderts zum ersten Mal gesehen.

Im zweiten Studienjahr (1975/76) wurde ich in das Studentenwohnheim der Wirtschaftsuniversität in der Madách-Straße aufgenommen, auf seine ganz eigene Art ein wahres Kuriosum: Ein viergeschossiger Plattenbau (mit drei Treppenhäusern, mit Zwei- und Drei-Zimmer-Wohnungen) als Studentenwohnheim, das schien eine interessante Lösung. Zum Beispiel wohnten wir im großen Zimmer unserer Wohnung zu viert (über meinem Bett an der Wand waren meine Gitarre und Mandoline aufgehängt – aber nach einem dieser wahnsinnigen Wochenenden, als Studenten anderer Universitäten bei uns zu Besuch waren, suchte ich meine Musikinstrumente vergebens), in das kleine Zimmer unserer Wohnung aber zog ein junger Assistent der Soziologie, Csaba Pauker, ein.

Balkone wie Einkaufskörbe ...

Wenn es um entscheidende geistige Begegnungen in Pécs geht, dann darf ich Pauker nicht vergessen. Er wurde für mich nicht nur der Sozialwissenschaftler, der die größte Wirkung auf mich ausübte, sondern auch mein Freund – dank seiner Pester Beziehungen kam ich an besonders wichtige und oft verbotene Texte. Wir machten viele Ausflüge in die Berge der Umgebung, unvergesslich ist für mich auch die gemeinsame Fahrt nach Krakau – das muss wohl in den Frühlingsferien 1976 gewesen sein. Weil ich im Sommer zuvor als Mitglied des Universitätschors auch schon in Krakau gewesen war (übrigens mit István Kerékgyártó, György Andrássy und György Kiss, heutigen Führungspersönlichkeiten der Pécser Universität), schrieb mir meine Mutter ganz resigniert: Mein Sohn, in den letzten Monaten warst du mehr in Krakau als bei uns zu Hause in Tótkomlós. Und damit hatte sie Recht.

Im dritten Jahr verlor ich meine Berechtigung, im Studentenwohnheim zu wohnen, deshalb musste ich mich auf die Suche nach einem Zimmer machen (eine weitere Lektion im Entdecken der Stadt), um schließlich an einem günstigen Ort zu landen: in der József-Straße beim Széchenyi-Platz, in einer wenig komfortablen, schwer bewohnbaren und kaum zu heizenden Einzimmerwohnung mit Küche, die sich hinten im Garten eines Nebengebäudes befand – dazu noch in trostloser Einsamkeit. Einige Monate später empfahlen mir meine Kommilitonen in der Theaterkantine – ich trat nämlich oft als Statist im Theater auf – glücklicherweise etwas zur Untermiete, gleich gegenüber dem Hochhaus mit den vierundzwanzig Stockwerken, im Erdgeschoss des ersten Plattenbauturmes hinter dem damaligen *Szliven*-Kaufhaus, im Zimmer meines ausgezeichneten Statistenkollegen und Freundes Gyuri Rácz, er studierte übrigens ebenfalls Jura. Obwohl ich später noch in der Magaslati-Straße und im Studentenwohnheim der Technischen Hochschule wohnte, erwies sich diese Untermiete in der Rókus-Straße als meine dauerhafteste Bleibe in Pécs – sie wurde zum Fundament unseres Studentenlebens in Pécs.

Da wir, topographisch gesehen, an der Hauptverkehrsstraße lebten, war die Universität am Platz der 1848er leicht zu erreichen, doch bei gutem Wetter spazierte ich gerne über die Franziskanerstraße (damals: Sallai-Straße) und die Király-Straße, denn obwohl die Innenstadt damals in viel schlechterem Zustand war als heute, konnte man sich als richtiger Städter fühlen. Auf dem Weg lagen die besten Plätze: Man konnte sich Zeitungen kaufen, Kaffee trinken, ins Kino gehen, im Buchladen herumschmökern und auf Bekannte stoßen. Man stierte den Kurven der schönen Frauen nach, auf der Promenade wie auch am Széchenyi-Platz – wie jeder weiß, natürlich der Höhepunkt des ganzen Stadterlebnisses und ein wahres Wunder, dazu noch die ganze Innenstadt, der Dom und seine Umgebung. Davon war ich schon als Schulkind überwältigt, als ich mich als Gymnasiast mit einem Reiseführer auf einen Klassenausflug nach Pécs vorbereitete, um später vor Ort mehr zu wissen als die anderen. Dieses Erlebnis aus der Schulzeit bestimmte emotional unterschwellig wohl auch meine spätere Wahl, mich an dieser Universität einzuschreiben.

Das Kaffeehaus *Nádor* am Hauptplatz war für uns damals sehr wichtig und wäre es bis auf den heutigen Tag. Doch wenn ich richtig informiert bin, dann ist es trotz aller Erneuerung und Verschönerung in Pécs noch immer eine offene Wunde. Bis heute hat man keinen Schimmer, wie dieses Hotel mit seinem legendären Kaffeehaus zu neuem Leben erwachen könnte. Dort steht es nun seit zwanzig Jahren ausgeweidet wie ein bestürzendes Geisterhaus am Hauptplatz – als das lokale Memento der schweren Fehltritte in der Zeit der politischen Wende. Vor dreißig, fünfunddreißig Jahren, in der zweiten Hälfte der siebziger Jahre, verbrachten wir im *Nádor* regelmäßig ganze Abende – besonders auf den Kanapees neben dem Fenster –, aber wir kehrten auch tagsüber oder nach dem Theater dort ein. Daneben besuchten wir natürlich andere Restaurants und Kneipen, aber nicht allzu häufig, an ihre Namen erinnere ich mich gar nicht mehr – eine Ausnahme ist die Gaststätte *Tettye*, die blieb einem schon allein wegen ihres Namens, dem beliebten Ziel von Spaziergängen, im Gedächtnis. Und dann gab es noch das *Milán!* – jetzt fällt mir das nach seinem Besitzer benannte serbische Restaurant wieder ein, wir haben dort oft gut gegessen. Ach, und natürlich die Kneipe *Hullám!* – gleich neben dem Bad, ein Ort, an dem man nachts so richtig versumpfen konnte, manchmal wurde ich dorthin verschleppt, aber ich mochte es nie, denn schon der Name – »Welle« – wirkte wie eine tödliche Drohung. Außer dem *Nádor* besuchten wir am häufigsten die Theaterkantine – und nicht nur an den Tagen, an denen wir Statisten waren.

In die legendäre Redaktion der Zeitschrift *Jelenkor* am Széchenyi-Platz – in diesen ziemlich heruntergekommen luxuriösen, imposant geräumigen literarischen Salon, Tischtennishalle und Ballsaal zugleich, in diese Hexenküche geriet ich erst als Autor- und Redakteurskollege irgendwann Anfang der neunziger Jahre. Damals wohnte ich schon seit einem Jahrzehnt in Budapest, in Pécs war ich nur zu Gast – als guter Freund oder Autor bei Csordás, bei seinem Verlag oder bei den Redakteuren der Zeitschrift, eingeladen zu Gesprächsabenden, Lesungen oder Literaturfestivals. Und ich muss sagen, dass wir – Leute aus Pécs, aus Budapest, aus der Provinz und von jenseits der Grenze, die sich mit Literatur befassen – uns immer wieder hier in Pécs am besten zusammenraufen und verständigen konnten. Natürlich war es auch bei den Treffen des József-Attila-Kreises in Tata oder Szigliget gut –, aber wenn sich zu solchen Anlässen dann noch eine spannende Stadt wie Pécs als Schauplatz anbietet, so ist das doch etwas anderes.

Zum Beispiel konnte man hier nachts ins *Dante* gehen, Kaffeehaus, Kneipe und Gartenlokal zugleich, das heute, wie ich höre, leider auch geschlossen ist. Von Budapest aus konnte man am späten Nachmittag nach einer blitzschnellen Fahrt mit dem Auto in Pécs aufkreuzen und dort in einer brisanten Angelegenheit die endgültige Entscheidung fällen.

Deshalb fuhr und fahre ich mit größter Freude immer wieder nach Pécs – in die beste Stadt mit der besten Gesellschaft – gestern, heute und hoffentlich auch in Zukunft.

Aus dem Ungarischen von Ildikó Szabó und Szabina Altsach

Es war natürlich eine Veranstaltung des Verlags *Jelenkor*, die uns nach Pécs führte, oder vielleicht die Präsentation der Zeitschrift *Magyar Napló*, die es schon lange nicht mehr gibt – ich kann mich nicht erinnern. Wir fuhren mit dem Zug, der Sommer hatte die letzten Körner aus den Ähren rieseln lassen, der Herbsthimmel war verhangen, die Zugfahrt schien in die Unendlichkeit zu führen, wir tranken im Speisewagen Weizenbier, auf die Hügel entlang der Schienen hatten sich Wolken gelegt, kaum drang ein Sonnenstrahl durch sie hindurch.

Zoltán Kőrösi
Vorherbst

Abgesehen von einer Klassenfahrt im Gymnasium war ich vorher noch nie wirklich in Pécs gewesen. Wir ruckelten mit dem Zug gerade irgendwo an der Stadtgrenze dahin, als es zu regnen begann, es war finster, die Tropfen glitzerten an den Waggonfenstern. Als wir ausstiegen, schüttete es schon, auch blies der Wind, es muffelte, Regenmäntel schlurften über den Asphalt, ein gelber Überlandbus ließ vor dem Bahnhof seinen Motor tuckern, und die Auspuffgase setzten sich zwischen den Häusern fest. An den Abend und die Literaturveranstaltung erinnere ich mich nicht mehr, sehr wohl erinnere ich mich aber daran, dass man uns in einem Studentenheim einquartiert hatte: Stockbetten aus Eisen, Abwasserrohre, deren Isolierung abfiel, Tapeten, die sich von den Wänden lösten, fusselige, abgewetzte Bettwäsche.

Wir legten uns nicht schlafen, sondern gingen gleich ins nächstgelegene Wirtshaus, weil wir dachten, dann würde alles einfacher sein. Als wir dann unsere Unterkunft wiedergefunden hatten, war vom Bett, das mir zugeteilt worden war, mein kleines Kissen verschwunden, das schon seit Jahren immer mit mir reiste, damit machte ich mir die so ungewohnten Orte heimelig.

Ein dickes, ein volles Kissen war es, auf dem Überzug waren kleine blaue Blümchen.

Die ganze Nacht hörte ich, wie in der Dachrinne, die gleich am Fenster vorbeilief, das Wasser hinunterrann, und im Morgengrauen, früher Morgen war es auf jeden Fall, machte ich mich auf in die Innenstadt.

Die Straßen waren ausgestorben und grau, alle, die arbeiten mussten, waren wohl schon fortgegangen, die zu Hause geblieben waren, steckten nicht einmal die Nase aus der Tür. Ich ging dem Gefühl, den Instinkten nach, mein Pullover sog sich mit Regen voll, ich wich den

Bärenzähmung auf dem Jókai-Platz

Wasserlachen aus. Wenn ich mich jetzt zurückerinnere, weiß ich, dass ich aus Richtung der Jókai-Straße, der Rákóczi-Straße, der Citrom-Straße gekommen sein muss und unerwartet den Jókai-Platz erreichte, in der Ferencesek-Straße irgendwann einmal rechts abbog und mich am Ende des Széchenyi-Platzes wiederfand, am Fuße des Elefantenhauses.

Es war Morgen, und die Stadt brummte wie ein ferner Motor, der um seine Verpflichtungen wusste.

Es wurde nicht wärmer, doch gerade, als ich die Ecke des Platzes erreichte, ließ sich die Sonne blicken: Ein grelles, gelbes Licht erstrahlte hinter mir und fiel auf den Platz, ein herbstliches Licht, das jedes Korn des Putzes an der Wand neben mir scharfe Schatten werfen ließ.

Auch das Elefantenhaus selbst war plötzlich gelb, und das Sonnenlicht glänzte nicht nur an den Wänden, es glänzte auch auf dem Asphalt und ließ die Luft vibrieren, mir war, als würden auf dem kleinen Anstieg zur Dschami laue, gelbe Schleier schweben. An manchen Stellen hingen sie voreinander, und ihre Farbe verstärkte sich, dann wieder waren sie lichter und durchscheinend. Gelbes Licht ergoss sich über die Dreifaltigkeitssäule, über das verblichene Braun des *Nádor*-Hotels, über das schöne Gebäude des alten *Jelenkor*-Verlags. Und hinter dem Platz dampften die Bäume am Berg, unwirklich und doch in greifbarer Nähe, in diesem Dampf schwamm der ganze Horizont, es schien, als wäre alles ganz leicht und der ganze Tettye würde gleich in den Himmel entschweben.

Ich weiß nicht, wie lange ich dort gestanden habe, und ich erinnere mich auch nicht, was ich an jenem Tag sonst noch gemacht habe.

Vom Dach des Gymnasiums stiegen Tauben auf, als sie auf den Berg zuflogen, formte der ganze Schwarm für einen Augenblick eine große Taube.

Die Sonne schien, ich stand mitten in der Stadt, spürte den Dunst, das Licht und die Schatten, die Zeit blieb stehen und drehte sich, langsam, ganz langsam, und jedes kleine Detail zeigte sich ganz scharf vor meinen Augen.

Ein paar Stunden später fuhr wohl der Zug. Wir fuhren nach Budapest zurück, der Weg zurück ist immer kürzer.

Danach war ich noch oft in Pécs. Einmal war es besser, dann wieder schlechter, einmal so, dann wieder so.

Jener strahlende Morgen, der nach Regen roch, prägte für immer diesen Platz, jedes kleine Detail, ob im Frühling oder Winter.

Mein kleines Kissen tauchte nie wieder auf, ich hatte es sehr gern, dieses dicke, volle Kissen, auf dem Überzug waren kleine blaue Blümchen.

Aus dem Ungarischen von Clemens Prinz

Lajos Parti Nagy
Die Fenster einer immerwährenden Monatskarte
(Ein Entwurf)

Meine letzte Pécser Monatskarte ist aus dem Dezember 1986. Ein Proustsches Volán-Madeleine[1] Kombi. Seit zehn Jahren habe ich die Karte ständig im Blick, Reißzwecken halten sie an der Wand, an Regalen oder sonstwo fest. Kunststoffhülle und Lichtbild sind irgendwie verschüttgegangen, übrig ist der nackte Wisch, dieses sandfahle hässliche Pappkärtchen, das mir jetzt als Ausgangspunkt gelegen kommt, als Fenster auf die Zeit, unter Umständen als Schleuse zwischen mir und jenem komplexen Erinnerungsbereich, den ich einfachheitshalber »mein Pécs« nenne und von dem ich hier und jetzt bestenfalls ein Modell erstellen, also gleichsam nur einen blinzelnden Blick darauf werfen kann, statt ihn richtig und gründlich auszuleuchten, denn dazu wären Monate, wenn nicht Jahre der schriftstellerischen Erinnerungsarbeit vonnöten.

Und wenn denn Modell, so, bitteschön, auch roh, provisorisch und frei, dachte ich mir und machte mich entsprechend wohlgelaunt, aber auch leicht ergriffen an die Arbeit; schließlich geht mir mein Gegenstand durchaus nahe, eine lebendige Krümelhalde ist er für mich, wonach sonst als nach der lockeren und einfachen Form könnte der Sinn mir stehen, sofern ich's nur tatsächlich schaffe zu schreiben, irgendein schnelles provisorisches Sprachgefäß für den »Stoff« zu finden, alles andere, das Sortieren und die Tricks, Quälerei und Bearbeitung kommen erst später – dachte ich. Und wo sonst als hier sollte mich die Qual der Wahl packen? Stattdessen spüre ich nun immer deutlicher die pure Qual ohne Wahl, die Schwierigkeit all dessen, was ich leicht und schön-zufällig vorführen wollte.

Müsste ich nicht befürchten, dass ich durch dieses peinliche Zaudern sowie durch die übermäßige Vergrößerung des Gegenstandes unmöglich zu befriedigende Erwartungen im Leser wecke, würde ich selbst vom »Erhellungsprojekt« einen Entwurf versprechen, einige Streif- und Blitzlichter, etwas von jener stacheligen und süßen Spiegelgrütze, die mich, sooft ich das Fenster jener immerwährenden Monatskarte öffne, sogleich überflutet, das *Ganze* kommt über mich wie zwei Waggons Taschenlampenglühbirnen, Sacknähnadeln, Flitter und Nieten, Krimskrams, Sargnägel, Sterne, Glühwürmchen.

Die Stadt in mir beginnt auf einmal zu wachsen, sie wächst und wächst und verschlingt mich, ich lebe wieder in ihr, dieses »In-ihr-Drinnen« aber gibt es außerhalb von mir, in der Wirklichkeit nicht mehr, selbst dann nicht, wenn es stark jenem herzensschönen Walfisch ähnelt, auf dem, in dem und unter dem zu leben mir dreizehn Jahre lang vergönnt war. Diese bestimmte Stadt war nie und ist auch heute nicht von anderen Lokalitäten getrennt, sie funktioniert in mir in etwa wie die Mitte einer komplizierten Seelandschaft oder wie der chaotische und finstere Hauptbahnhof des Gedächtnisses, wo das *Wohin* und *Woher* immer ein wenig ungewiss, ja geheimnisvoll, ihre Bedeutung und Gegenwärtigkeit jedoch ganz unzweifelhaft sind. Unzweifelhaft eine *Mitte*, zumindest eine von meinen Mitten.

Die zweite ist Budapest, und die dritte schwebt irgendwo über dem Balaton, diese letzte setzt sich aus Licht, Sommer, Teer und Süßigkeit zusammen: so etwas wie ein fiktiver schriftstellerischer trigonometrischer Punkt. Am schwierigsten aber ist es immer mit Pécs. Für mich nämlich ist dies die erwählte Stadt, jener wichtige ORT, den man schnöde verlässt, um ihn im eigenen Inneren dann zum Mythos wachsen zu lassen – der tatsächlichen Geschichte entlang, doch eigentlich unabhängig von ihr.

Meine Pécs-Geschichte wird immer mehr zur Privatgeschichte, wenngleich sie ein Stück weit Geschichte der Gegenwart[2] oder der Gegenwartsliteratur ist. Privatsache, teils weil Zeit beziehungsweise Erinnerung privatisierend und verpersönlichend wirken, teils weil die Stadt und – sagen wir es mal so – *jenes* »Ich« immer noch sehr stark verwickelt sind, ineinander und aufeinander, feucht verbunden; klar, dass mich solche *Pécsereien* stets anziehen und doch zugleich auch zögern lassen.

Es wäre leichter, wenn ich noch immer dort lebte, denn dann würde ich ja im Gegenstand leben, während so der Gegenstand in mir lebt. Dieser Gegenstand aber ist, und hier folgt die schwierigste Erleichterung, längst kein wirklicher Gegenstand mehr, sondern eine echte, aus der Erfahrungsfantasie zusammengeknödelte Stadt. Etwas wie in einem langen, realen Traum, wo gegenüber der Vorlage alles nur ein bisschen verrückt und verändert ist, nur die Maßstäbe vielleicht, oder nur ich, der sie betrachtet und hervorbringt, dieses Etwas jedenfalls denke ich mir jetzt dermaßen groß und verschlungen, dass ich hier nicht einmal zum Auflisten dessen Platz habe, woraus es, zumindest leitlinien- und kapitelmäßig, denn bestehen würde, sollte ich es früher oder später zu schreiben versuchen.

Wenn ich es später dann auch noch »detailliert ausführe«, werde ich vielleicht genau so in die Fiktion *eintreten:* durch das Fenster einer immerwährenden Monatskarte, und es ist besser, gleich von Anfang an, bereits in diesem Entwurf von Fiktion zu sprechen, ist doch wahrlich alles, Fakten und Bilder, Ereignisse und Eindrücke in der Erinnerung uns zur Sprache werdend *beinahe* so, mal mehr, mal weniger nahe bei, und somit von Haus aus Erfindung, Fiktion. Dieses »Beinahe« in der Sache bin ich, »er« indessen ist höchstens mein Held, der vorläufig meinen Namen und meine Züge trägt.

Will schreiben: Wird die Erinnerung schon, im Werk nämlich, durch das Fenster einer Monatskarte ausgelöst, so könnte ich ja mit den Fenstern »im Allgemeinen« fortfahren beziehungsweise beginnen. In diesem Entwurf versuche ich lediglich, etwas Helligkeit hinter bestimmte Fenster zu bringen, meinen Helden, unter Umständen die Helden meines Helden da hinzuschaffen, und obgleich ich durch nichts gezwungen bin, mich entlang der Chronologie oder nach dem Stadtplan zu bewegen, bietet sich als Erstes doch ein Zugfenster an, hinter dem mein Held die Stadt von außen und von fern, vom Anfang der siebziger Jahre her ins Auge fassen kann.

Nicht zum ersten Mal. Erstmals erblickt er Pécs mit vier oder fünf Jahren, er fährt mit seiner Mutter von Kaposvár zur Mandeloperation dorthin. Ich hätte das Ganze längst vergessen, eine OP-Lampe, das Hinterrad eines Busses, die zu Boden gefallene Spitze einer Eistüte, und obschon mit dem Széchenyi-Platz als Kulisse – doch nur sehr wenige und sehr blasse Kindheitserinnerungen, denen allein der Ort Bedeutung gibt, die spätere Stadt. Doch dürften sie in der Geschichte sicher aufgehoben sein: in Gestalt des ersten unter den Gesichtern meines Helden, das ich in die schmutzige Ecke eines Zugfensters kaschiere.

In selbigem Zugfenster erscheint als nächstes Gesicht vor dem Hintergrund des Jakobsberges und des Misina dasjenige eines Gymnasiasten aus Fehérvár. Er raucht verträumt und entschlossen, draußen rötlichklebriger Frühsommer 1971, er bringt neue Gedichte in die Redaktion von *Jelenkor,* wo er früher schon veröffentlicht hat und wo er sich nun endlich auch persönlich vorstellen soll. Mein Held wird zum Széchenyi-

Platz hinaufgehen, das Haus Nr. 17 suchen, die Treppe emporsteigen, und sobald er die Glastür der ehemaligen Sparkasse öffnet und die Glocke von *Jelenkor* zum Klingeln bringt, erlebt er einen großen Augenblick seines Lebens, genauer: nachträglich wird ein solcher daraus, da ich ihn auffülle, hochstilisiere, tausend andere Augenblicke in diesem verdichte.

Mein Held wird István Pákolitz begegnen, dann für die Dauer eines Blitzes dem jovialen und faden Ervin Szederkényi, er wird wohl die Gedichte überreichen, Pákolitz wird sicherlich Pfeife rauchen, die Redaktion befindet sich noch im hinteren, dem späteren Tischtennis-Zimmer, es knattert der wunderschöne museale Ventilator, den er sich fünfzehn Jahre später, am Ende seiner neun *Jelenkor*-Jahre zum Abschied beinahe, aber dann doch nicht erbettelt. *Dort sei er der seine für immer*, denkt er, und auch sein Kaffeeglas möge ihm *dort* erhalten bleiben, in jenen Zimmern, in jenem Licht, Rauch und Kaffeegeruch. Oh, es gibt in der Tat, es gibt immer noch jede Menge Sentimentalität in ihm, denn er weiß genau, dass er den wichtigsten Ort seines Lebens verlässt.

Von dem Besuch 1971 ist mir nur seine Beklemmung, seine Verlegenheit im Gedächtnis, und die Furcht, man könnte ihm diese Verlegenheit anmerken, ich weiß noch, dass dieser mein Gymnasiast die Audienz zugleich in die Länge ziehen und möglichst schnell beenden möchte. Dort erlebt er vielleicht zum ersten Mal, wie es ist, in Panik zu geraten, weil man sich irgendwo sehr, allzu sehr wohlfühlt. Eine Panik, dass er flüchten muss. An die Gedichte, die er mitbrachte und zur Beurteilung überreichte, erinnere ich mich nicht. Man könnte dem nachforschen, wie allem, später einmal, detailliert.

Mein Held befindet sich bald wieder auf der Straße, er freut sich, die Vorstellung hinter sich zu haben, zugleich ist er leicht enttäuscht, eigentlich hatte er mehr erwartet, er weiß nicht was, aber mehr. Weiter ausgebreitete Arme vielleicht. Vielleicht, dass man ihm anmerkt: Der nimmt das Schreiben wie diese Stadt auf Leben und Tod. Diese fremde Stadt, die natürlich keine Ahnung davon hat, dass jemand sie soeben zur Stadt seines Lebens erwählt hat. Er bummelt durch die Straßen, in Wahrheit weiß er nichts mit sich anzufangen, er kennt niemanden, obwohl er hier kein Tourist ist, um einfach so herumzulungern, in dieser Stadt will er nie zum Touristen werden. Er kehrt zum Bahnhof zurück, trinkt in der Bahnhofskneipe ein Bier, isst vielleicht zu Mittag und betrachtet dann aus dem sich entfernenden Zug die Stadt. Im künftigen Manuskript wird hier wahrscheinlich ein Stück Beschreibung stehen, eine flüchtig-grobe Skizze der späteren Stadtbilder. Ein paar Striche bloß, erste und oberflächliche Eindrücke, zu denen jedes spätere Fenster etwas hinzufügt, und Fenstern wird er reichlich begegnen.

Das vollständige Panorama jedoch hebe ich mir für ein gutes Jahrzehnt und wer weiß wie viele Seiten später auf, für ein Plattenbaufenster im Gartenviertel. Ich meine das Walfisch-Fenster, das Fenster im Arbeitszimmer meines Helden, mit Blick auf die Kaserne und den Friedhof, von dem aus er abends die Nadelkissen-Stadt als Ganzes sieht, ein Bild, das für einen ganzen Gedichtband den Induktor hergibt. Im Übrigen: ich brauchte hier nichts weiter als nur die Stadt-Motive aus meinen früheren Texten aufzuzählen, allein das schon ergäbe eine Version, eine Ansicht, ein relativ vollständiges *Panno*rama, ohne dass ich über Pécs als solches besonders viel schreiben müsste.

Man kann von allen Seiten ins Schreiben einsteigen, ich weiß aber nicht, woher ich den Einstieg versuche, vielleicht gerade vom Reisen, vom Strömen zwischen Orten und Zeiten her, nicht zufällig schleicht auch dieser Entwurf um den Bahnhof herum, auf die Gefahr hin, dass mein Held aus der Stadt abreist, bevor er sie tatsächlich betreten hat. Und dass immer alles Entwurf bleibt, Stückwerk, bestenfalls umrissen, aber nie zu Ende geschrieben. Vielleicht aber ist dies nicht eine Gefahr, sondern eher natürliche Anlage, die Natur meines Helden, mein Zustand, meine Einsicht – unsere schön ausgebildete Manier.

Kein Wunder, dass mein Held sich so erinnert, als wäre er sein ganzes Leben lang nur umgezogen und hin und her gereist. Dies ist eine starke und etwas romantische Übertreibung, doch dass jenes Gesicht beziehungsweise jene Gesichter massenhaft Zeit hatten, sich in Zugfenstern zu spiegeln, das stimmt schon. Jene dreizehn Jahre bedeuten unzählige Zugfahrten zwischen Pécs und Budapest.

Wenn er jetzt die Augen schließt, spürt er den Staubgeruch, »Epochenmüll – Staubmäuse still« auf dem roten Linoleum, er sieht das Mittagslicht in die MÁV-grünen[3] Vorhänge schneiden, die hin- und hergeführten, im Zug gelesenen Korrekturfahnen und Manuskripte, nimmt das Klebrige des leberbraunen Sitzes wahr, die Müdigkeit im Morgengrauen oder nachts, und vergisst nicht, wie er an so manchem Nachmittag, in der Höhe von Sárbogárd aus irgendeinem Fahnenabzug aufblickend, für lange Minuten nicht wusste, ob der Zug mit ihm von Pécs nach Budapest oder von Budapest nach Pécs fährt. Er starrte auf die leeren Sitze ihm gegenüber, und es machte ihm gar nichts mehr aus, sich restlos im Reisen aufzulösen, in jenem schönen Provisorium, das ihn so ängstigte, worin man sich aber mit ein wenig Fantasie und Selbstmitleid zumindest einrichten konnte. Draußen lief unterdessen schlampig, routinehaft und unwiderruflich die erste Hälfte der achtziger Jahre vorbei.

In den 80er Jahren sind zwei Fahrten pro Woche der Durchschnitt, Zugfahren ist trotz allem gut, etwas anstrengend, doch natürlich und vor allem alltäglich ist der Verkehr zwischen »Pécser« und »Budapester« Literatur, die Fahrten sind kein Hinauf und Hinunter, sondern ein Hinüber[4], *Jelenkor* ist die beste ungarische Literaturzeitschrift, es ist gut, dort zu sein. Gut, dort aufzuwachsen hinter jenen schweren und würdevollen Fenstern, die so groß sind, dass dieser Entwurf höchstens ihren Ort bestimmen kann, den Ort der wassergrau-schwermütigen Morgen, der Nachmittage, die rot und blind wie Gold auf den Platz hinausfließen, oder den der nächtlichen Leselampen, der kleinen weichen Lichtbälle über dem stummen Platz.

Mein Held hat von Anfang an eine besondere, sozusagen poetische Beziehung zu den Bahnhöfen, zum Pécser vor allem. Er liebt die nächtlichen Eisenbahnbrücken, die geheimnisvollen Dampf- und Rauchwolken über den Schienen, die Herbstzüge Turners; und das ist nicht Fernweh, sondern eine Erwartung vielleicht, wenn er die müden, auch heute noch kleinen Züge stampfen und rattern hört, und er mag die Bahnsteige. Die bereiften Kakaobeutel auf dem Bahnsteig, das Scheppern der Rollläden und Milchkannen, das gelbe Keramit, als ob Einheitspferde unter den Kunststoffsohlen der Schuhe hervorgrinsen.

Die erste Dilettantin seines Lebens entdeckt er ebenfalls auf dem Pécser Bahnsteig, an einem schwarzen Brett, bereits in den frühen Siebzigern, jahrelang kommt er immer wieder nachsehen, ob ihrer fleißigen Feder neue Gedichte entsprungen sind; die Telegrafistin, von der die Rede ist, brütet nämlich Gedichte aus, maschinengeschrieben-optimistische Eisenbahnergedichte, »Schi-hu, schi-hu, schreit die schwarze Lokomotive«, beginnt das erste, das sich mein Held in sein kleines kariertes Notizheft kopiert, die misstrauischen Eisenbahner beobachten ihn aus der Ferne.

»Fotografieren verboten«, besagen ihre Augen. Mit den Jahren kommt eine hübsche kleine Sammlung zustande, Frau G. S. wird nie erfahren, dass sie einen geheimen Liebhaber hatte, der kein Festgedicht von ihr versäumte, und Feste gab es genug.

Ich habe einen Entwurf versprochen, und jetzt kann ich nicht einmal diese umständlich-unklare Einleitung zu Ende bringen. Lauter Lücken, Vergröberungen, Vorläufigkeiten. Paradoxerweise zeigt sich gerade daran, wie wichtig der Gegenstand mir ist: dass ich ihn über Seiten nur gerade anzutippen wagte und vermochte. Ich hätte gern wenigstens den Rahmen für die Erinnerung festgelegt, eine Motivreihe wenigstens, und nun bin ich kaum über ein Zugfenster hinausgekommen. Ja selbst von diesem Zugfenster fehlt noch eine Menge! Dabei lässt sich diese meine innere Stadt nicht allein aus einem riesigen Zugfenster heraus, sondern sogar schon durch jenen handgroßen Fleck hindurch schreiben, den mein Held im Dezember 1986 auf das Fenster des Zuges Richtung Budapest schmiert und dabei wie ein Filmheld auf seine Stadt »zurückblickt«. Denn es reicht im Grunde schon eine Monatskarte, man muss sie nur lang genug betrachten. Hier habe ich nur schnell mal einen Blick darauf geworfen.

1   *Volán* ist sehr häufig Bestandteil der Firmenbezeichnungen von Verkehrsbetrieben in Ungarn. (Anm. d. Ü.)
2   Der Name der Pécser Literaturzeitschrift *Jelenkor* bedeutet *Gegenwart*. (Anm. d. Ü.)
3   *MÁV* – die ungarischen staatlichen Eisenbahnen (Abk.)
4   Im Ungarischen fährt man nach Budapest »hinauf« und aufs Land »hinunter«, worin sich offenkundig die überragende Stellung der Hauptstadt im Verhältnis zur Provinz widerspiegelt. (Anm. d. Ü.)

Aus dem Ungarischen von Lajos Adamik

Das *Honigbärchen* befand sich auf dem Hauptplatz, sein Design erinnerte an diese Plastikhonigflaschen in Bärenform, seine altmodische Stimmung zog uns immer wieder dorthin, kein anderes Lokal konnte uns verführen. Zum Abhängen war hier alles gegeben; was anderes, Programme hin, Programme her, interessierte uns sowieso

Orsolya Karafiáth
In Gedenken an das Honigbärchen

nicht. Auch als man Lajos einmal versehentlich in der Redaktion eingeschlossen hatte, rührten wir uns nicht, stürmten wir die Redaktion nicht. Wir hatten nämlich keine Ahnung, wie wir Lajos aus dem Büro befreien könnten, warum sollten wir uns dann rühren? Ja, wir ahnten nicht einmal, wie er imstande gewesen war, so unter das Kanapee im Autoren-Wartezimmer zu rutschen, dass ihn bei Büroschluss keiner gesehen hatte. Obwohl auch wir selbst nicht wussten, wie wir die Nacht überlebt hatten. Egal, wir chillten und warteten. Das Telefon läutete wieder, Lajos hatte im Büro wohl auch irgendwas Trinkbares gefunden, da er jetzt ins Telefon johlte: »Hurra! Ich lebe noch!« Wir waren ausgelassen, machten uns keinen Kopf, die Tür der Redaktion öffnete sich schließlich, und wir genossen das Pécser Klima.

An diesem Ort passiert immer irgendwie dasselbe. Es ist Sommer oder früher Herbst, eventuell ein lieblicher Frühling, ich gehe spazieren, sitze auf Terrassen herum, trinke ein wenig, lese.

Das erste Mal war ich in meiner Grundschulzeit in Pécs, ich dürfte elf gewesen sein. Wir waren auf einem Wanderlager, und die erste und letzte Station unserer Tour war die erwähnte Stadt. Wir übernachteten in einem Studentenheim, und im Kino nebenan sah ich das erste Mal »Mary Poppins«. Statt einer Ansichtskarte schickte ich damals meinen Eltern einen Comicstrip: Ganz Pécs war eine große Moschee, auf deren Dach Mary stand, und die stand, aus welchem Grund auch immer, neben einem riesigen Friedhof voller Schädel und Kreuze. Und die Bildunterschrift war: »Es kommt der weiße Mann!!!« An den weißen Mann erinnere ich mich noch ganz genau. Mit ihm machte ich meinen Klassenfreunden Angst, weil mein Onkel mir damit Angst gemacht hatte. Meine Mutter meint, ich hatte auch mit elf Jahren schon kranke Gedanken …

Dann schaute ich einige Jahre lang nicht einmal in Richtung Pécs. Das nächste Mal war ich nach dem Gymnasium in Pécs, ohne einen

Groschen, per Anhalter. Und auf wundersame Weise strandeten meine Freundin und ich in genau demselben Studentenheim, in dem wir schon als Kinder einmal übernachtet hatten.

Als ich später dann schon publizierte, war Pécs die erste Stadt in der Provinz, wohin ich zu einer Lesung eingeladen wurde. Und seitdem lese ich dort regelmäßig. Zu Beginn wurden diese Abende von der Literaturzeitschrift *Jelenkor* organisiert, später dann erwachte ich zu eigenständigem Leben. Einige Male schlief ich im Gästeappartement des *Hauses der Künste,* und auch noch an vielen anderen Orten in der Stadt. In Pécs bestritt ich mein erstes Kinderprogramm, und hier bat mich ein Junge irgendwann in der Früh auf der Straße, ich möge ihm doch ein Autogramm rund um seine Brustwarzen geben. Pécs war die einzige Stadt, bei der auf der Anreise mein Intercity einen anderen Zug touchierte, und ich dann im Wirtshaus eines unbekannten Dorfes, mit Perücke auf dem Kopf und in eine Boa gewickelt, auf die netten Pécser wartete, die mich mit einem Auto abholen kamen. Und ich glaube, Pécs ist der einzige Ort, an dem das Publikum wirklich auf mich gewartet hatte, obwohl ich mich um zweieinhalb Stunden verspätete. Das erste Kapitel meines ersten Romans erschien ebenfalls in der Zeitschrift *Jelenkor*. Und dann habe ich auch noch zwei besondere Gefühle dieser Stadt zu verdanken: Ich dürfte wohl 22 gewesen sein, damals war ich ein sehr fröhliches und übermütiges Geschöpf, ich dachte, ich wäre herrlich jung und das würde immer so bleiben. Ich dachte, unter Leuten zu sein, sei mein Lebenselement und ohne Publikum wäre mein Leben nichts wert. Ich las in einem kleinen Buchladen, im *Eulennest,* und danach kletterte ich mit einer kleineren Runde und in High Heels den Tettye hinauf. Wir haben richtig viel gebürstelt; am nächsten Tag konnte ich keinem Menschen in die Augen schauen. Ich schwankte schwindelig in erwähntes Lokal namens *Honigbärchen* und rührte und rührte in meinem Kaffee herum. Dort dachte ich das erste Mal daran, dass ich eigentlich eine Eigenbrötlerin bin, introvertiert, doch dass das vor lauter Brimborium meist keiner sieht. Meine Gedanken hatten mich so mitgerissen, dass ich ganz vergaß, nach Hause zu fahren – es war wunderbar. Und vor ein paar Jahren, ebenfalls während einer meiner Pécser Umtriebe, küsste mich ein 20jähriger Junge. Als er mich losließ, schoss mir durch den Kopf, wie anders ich doch mit zwanzig gewesen war, und wie anders ich noch geküsst hatte – genauso wie dieser nette Junge jetzt mich. Und ich dachte mir, es

Kalte Anmut hinter Gittern

ist schon besser, ein wenig gealtert, sich in einen zögerlichen Kuss nicht mehr die strahlende Zukunft hineinzudenken, viel eher den nächsten Tag, der sich an diesem schon abzeichnet. Obwohl es das *Honigbärchen* nicht mehr gibt und mich Prinz Eisenherz heute wohl nicht mehr vor dem Csontváry-Museum abschleppen könnte, um mit ihm die ganze Nacht durchzuzechen, bleiben doch viele liebe – lauter liebe Erinnerungen. Die einzige Stadt, in der ich – wenn ich meine alten Tage erlebe und nicht aus Ungarn fortgehe – gerne meine Pension verbrächte. Und jetzt, da ich das schreibe, wird mir ganz schlecht – Mein Gott! so viele gravitätische Erinnerungen habe ich schon. Vielleicht ist diese ganze Pensionssache gar nicht mehr so weit weg. Terrassen wird es aber auch dann noch geben, nur muss ich irgendwas als Ersatz für die 20jährigen Jungen finden. Vielleicht geh ich ins Theater. Oder lese aus meinen Memoiren.

Aus dem Ungarischen von Clemens Prinz

Zoltán Ágoston

Tettye und Kutteln

»In Pécs gibt es insgesamt nur 637 registrierte Milchkühe«, beklagte 1845 Dr. Miksa Hölbing, der ehemalige Oberarzt der Gespanschaft Baranya. Bis heute hat sich die Situation womöglich weiter verschlimmert, und so ist zu befürchten, dass der Besucher in der Stadt keine einzige Milchkuh mehr findet. Deswegen lohnt es sich also nicht, hierher zu kommen.

Man könnte jedoch zahlreiche Dinge nennen, die durchaus sehenswert sind: von den frühchristlichen, bemalten Grabkammern, die einen Teil des UNESCO-Weltkulturerbes bilden, bis hin zur Basilika, von den einzigartig schönen biblischen Holzschnitzereien in der alten Domkirche vom Ende des 12. Jahrhunderts bis zur größten Moschee Ungarns, die auf dem Hauptplatz der Stadt steht und an die hundertfünfzig Jahre türkischer Herrschaft erinnert. Man könnte noch eine ganze Menge aufzählen, zusammenfassend lässt sich aber sagen, dass der wahre Reiz von Pécs in dem Verhältnis liegt, das sich im Lauf

Gaumenruhm dem Weltkaldaunenthum!

der Geschichte zwischen den verschiedenen Kulturen herausgebildet hat und dessen sichtbare und fühlbare Zeichen heute noch erfahrbar sind.

Von dieser besonderen, wohl einzigartig durchmischten Beschaffenheit der Stadt gibt Tettye eine Kostprobe. Der pittoreske Stadtteil, der von der Innenstadt in wenigen Minuten zu erreichen ist, hat seine vormoderne Struktur bewahrt, mit winzigen, dicht aneinandergereihten Häusern und mit der Unzahl sich überlappender Dächer, die von oben gesehen eine einzige zusammenhängende Fläche bilden. Hier fühlt man sich an die Stimmung von Städten auf dem Balkan erinnert. Bereits im Mittelalter hatten sich hier, vor der Stadtmauer, viele Handwerker angesiedelt. Der wasserreiche Tettye-Bach lockte Berufe an, welche die Wasserkraft nutzten: Es gab Zeiten, da arbeiteten hier mehrere Dutzend Mühlen. Zum malerischen Panorama am Bachufer trägt auch die Ruine des Sommerpalastes von Bischof Szathmáry aus dem 16. Jahrhundert bei, der außerhalb der damaligen Stadtgrenze, wahrscheinlich im ehemaligen Wildpark des hohen Geistlichen erbaut wurde. Nach der türkischen Eroberung diente der Palast als Derwischkloster, daher bekam er seinen heutigen Namen, der auf das türkische Wort *tekke* (Kloster) zurückgeht.

Auf einer Ansichtskarte vom Ende des 19. Jahrhunderts ist das Gebiet sehr spärlich bewachsen, die frisch gepflanzten Bäume sind dazu ausersehen, diese Kahlheit zu lindern. Im Hintergrund des Postkartenmotivs, auf der Terrasse der Palastruine, sieht man eine vornehme Gesellschaft, im Vordergrund sitzen Zigeunermusiker im Schneidersitz auf dem Boden, neben ihnen deren Primas, der selbstbewusst und breitbeinig mit beiden Händen in den Hosentaschen dasteht. Wie Geronimo, der Apachenhäuptling, und seine Mitkämpfer auf Bildern aus dem Wilden Westen, nur umklammern sie hier statt Gewehren die Geigen. Auch auf diesem Bild ein Schuss inszenierte Exotik: Die Kapelle besteht aus langhaarigen Männern mit Hüten vor malerischer Ruinenkulisse – sind es vielleicht gar legendäre Musiker wie Miska Darázs oder Guszti Rácz?

Schon seit Langem wurde das Tettye-Tal vom Stadtvolk gerne besucht, wenn es sich nach unverdorbener Natur, nach dem Grünen sehnte. Diese Natur war zu Fuß innerhalb von zehn Minuten zu erreichen, und man konnte hier sogar frisch gezapftes Bier trinken, Wein und Schnaps, ganz zu schweigen von den riesigen Mittagsportionen: Kutteln. Also auf zu den Kutteln! Kuttelflecksuppe, Kuttelgulasch – aus Rindermägen, aus Pansen zubereitete Speisen, die zu den besonderen Spezereien der ungarischen Küche zählen, doch nur Kennern und abenteuerlustigen Touristen zu empfehlen sind. Wenn sich jemand in Pécs also doch für Rinder interessieren sollte, so findet er mit Sicherheit zumindest Kutteln nach verschiedenen Rezepten..

Um die Jahrhundertwende erwartete das Gasthaus von Scholz und Bors die Ausflügler, bei Volksfesten wurden sogar verschiedene provisorische Pavillons aufgebaut. Heute bietet das Gasthaus *Tettye*, eines der besten Restaurants der Stadt, traditionelle ungarische Küche sowie Gerichte der »schwäbisch« genannten hiesigen deutschen Küche für diejenigen, denen Kutteln doch allzu exotisch erscheinen.

Durch das »Tor zur Hölle« unter den Ruinen des Palastes gelangt man in die Kalktuffhöhle am Tettye, in dessen Grottensystem über viele Jahrhunderte Menschen gewohnt haben. Im zwei Hektar großen Arboretum *Pintér-kert* wachsen zahlreiche in Ungarn ursprünglich nicht beheimatete Baum- und Straucharten, darunter eine der größten arizonischen Zypressen Mitteleuropas. Nach zwei Minuten Fußmarsch ist der Havi-Berg erreicht, auf dessen Spitze eine Votivkirche vom Ende des siebzehnten Jahrhunderts steht. Die Steine dafür trug die Bevölkerung eigenhändig hinauf, aus Dankbarkeit für die Befreiung von der Pest. Blickt man am Corpus Christi, das an die Expressivität Grünewalds erinnert, vorbei, hat man erneut einen Ausblick auf die unzähligen Dächer auf dem Tettye, etwas weiter dahinter liegt die Innenstadt mit der grünverfärbten Kuppel der Dschami, rundum die Türme anderer Kirchen – so zeigt sie sich uns, die vielfältige mitteleuropäische Stadt Pécs.

Aus dem Ungarischen von Bence Krausz

Herr Hoffmann handelte mit Möbeln – und kachelte mit Zsolnay ...

Nikolaus Lenau, Dichter, 1802–1850

Wilhelm Droste

Nikolaus Lenau

ELIXIERE DER MELANCHOLIE

Lenau ist allein durch seinen Nachruhm zu einem späten Bürger der Stadt Pécs geworden. Er ist im historischen Ungarn (Csatád, heute an der Westgrenze Rumäniens) geboren und als deutschsprachiger Dichter romantischer Melancholie in die Geschichte der Weltliteratur eingezogen. Seine persönlichen Beziehungen zu Pécs bestehen erst seit 1986, hundertsechsunddreißig Jahre nach seinem Tode, als der Gedanke aufkam, in Pécs ein deutsches Kulturhaus zu gründen, das dann im Juni 1990 in der Munkácsy-Straße 8 unter seinem Namen eröffnet wurde, um der deutschen Geschichte und Kultur in Pécs, in der Baranya, in Pannonien und schließlich in Ungarn insgesamt ein würdiges Zentrum zu schaffen. Seine poetisch verbriefte Schwermut zum Schutzgeist des deutschen Hauses zu machen, ist, wie bewusst oder unbewusst auch immer, ein mutiges und schönes Unterfangen, denn es gibt der geförderten, dennoch überall in die Enge getriebenen Kolonie der Ungarndeutschen das Gütesiegel einer irdischen Aussichtslosigkeit und lenkt die Perspektive auf die Möglichkeiten romantischer Transzendenz. Das Lenau-Haus hat sich einen guten Ort gesucht, auf halbem Wege zwischen der großen Synagoge und dem Verlag *Jelenkor*. Die Umgegend von Pécs ist auch heute noch voller deutscher Spuren, in der inneren Stadt wurde, wie auch in Buda, noch zur Mitte des 19. Jahrhunderts vor allem deutsch gesprochen. Als Stadtgründer waren die Deutschen in der ungarischen Geschichte von entscheidender Bedeutung, aber auch die Landbevölkerung musste nach den großen Verlusten (Mongolenstürme, osmanische Besetzung ...) immer wieder aufgefüllt werden. Dann packten Deutsche aus Schwaben und Sachsen, Württemberg und Bayern ihre wenigen Habseligkeiten, zogen in den südlichen Osten Europas und suchten in Ungarn Neuanfang und Glück. Nikolaus Lenau ist ein anderer Fall. Er stammt aus kleinem, deutschstämmigem Adel, sprach nur wenig ungarisch und suchte seine Zukunft schnell schon außerhalb Ungarns, es trieb ihn sogar bis in das ferne Amerika, auch dort aber war ihm nicht zu helfen. Wahre Melancholie findet ihre Nahrung überall und lässt sich durch keinerlei Flucht abschütteln. In seinem populärsten Gedicht »Die drei Zigeuner« benennt Lenau anschaulich und scharf, was ihm selbst zu leichterem Blut fehlt, in den Ausgegrenzten entdeckt er den Weg zur Heilung.

Den Roma, die sich in Ungarn in der Mehrheit gern auch heute noch selbstbewusst *cigányok* (Zigeuner) nennen, geht es ungleich schlechter als den noch verbliebenen deutschen Minderheiten, ihre Zahl aber wächst, die der Ungarndeutschen dagegen wird immer kleiner. Der Bevölkerungsanteil der Roma liegt jetzt bei etwa 8%. Hier liegt der Prüfstein des Landes für die nächsten Jahrzehnte. Angst müsste sich in Toleranz, Schrecken in Bereitwilligkeit verwandeln, um Grundsteine für eine bessere Zukunft zu legen.

Die Ungarndeutschen haben jetzt neue, fruchtbare Perspektiven, denn sie bahnen Ungarn den notwendigen Weg in die Internationalisierung. Gegen das Trauma ihres allmählichen Verschwindens ist Lenau für die Ungarndeutschen ein guter Geist, denn seine Dichtung zeigt nicht zuletzt, dass auch die Schwermut eine Schwester des Mutes ist. Die deutsche Sprache hat diese Verwandtschaft kühn in sich aufgenommen. Schwermut, Leichtmut, Übermut, Unmut und Mutwilligkeit, mutig verbunden, zeigen den Ausweg. Der nicht weniger von Schwermut beladene Dichter Friedrich Hölderlin hat den Zusammenhang gewusst und benannt: »Wo aber die Not groß ist, wächst das Rettende auch.«

Nikolaus Lenau
Die drei Zigeuner

Drei Zigeuner fand ich einmal
Liegen an einer Weide,
Als mein Fuhrwerk mit müder Qual
Schlich durch sandige Haide.

Hielt der Eine für sich allein
In den Händen die Fiedel,
Spielte, umglüht vom Abendschein,
Sich ein lustiges Liedel.

Hielt der Zweite die Pfeif' im Mund,
Blickte nach seinem Rauche,
Froh, als ob er vom Erdenrund
Nichts zum Glücke mehr brauche.

Und der Dritte behaglich schlief,
Und sein Cimbal am Baum hing;
Ueber die Saiten der Windhauch lief,
Ueber sein Herz ein Traum ging.

An den Kleidern trugen die Drei
Löcher und bunte Flicken;
Aber sie boten trotzig frei
Spott den Erdengeschicken.

Dreifach haben sie mir gezeigt,
Wenn das Leben uns nachtet,
Wie man's verschläft, verraucht, vergeigt,
Und es dreimal verachtet.

Nach den Zigeunern lang noch schaun
Mußt' ich im Weiterfahren,
Nach den Gesichtern dunkelbraun,
Den schwarzlockigen Haaren.

Axel Halling
Lenau in Pécs

Um das gleich zu Beginn zu klären: Nikolaus Lenau, der Dichter des Vormärz, hat historisch mit Pécs oder den Ungarndeutschen eher wenig zu tun. Lenau, der eigentlich aus der Gegend des heutigen Timişoara (Banat/Rumänien) stammt, war allerdings in Leben und Werk ein Dichter ganz nach ungarndeutschem Geschmack: Im alten Ungarn in einer deutschen Familie aufgewachsen und viel zwischen Budapest, Wien, USA und Stuttgart gereist, besingt er in seinen Gedichten die Natur, das einfache Leben und die Liebe zur Heimat. Vor allem Letztere hatte es den Pécser Ungarndeutschen angetan, als sie in den achtziger Jahren des vorigen Jahrhunderts einen Namenspatron für ihren neu gegründeten Verein suchten. Denn die verdienten ungarndeutschen Persönlichkeiten des 19. und 20. Jahrhunderts waren den sozialistischen Machthabern zu national, und so musste ein ideologisch unanstößiger Ersatz gefunden werden. So kamen der Verein und das gleichnamige Haus zu ihrem Namen.

Wer dann den Hof des Gebäudes betritt und dort eine männliche Bronzestatue mit Wanderstock und Bündel entdeckt, darf sich nicht täuschen, denn *das* ist wiederum nicht Lenau, sondern ein symbolischer Ungarndeutscher. Er ist ein Sinnbild der Vertreibung, bei der als Spätfolge der nationalsozialistischen Expansionspolitik rund die Hälfte der 400.000 Ungarndeutschen oder (Donau-)Schwaben, wie sie lange genannt wurden, zwischen 1945 und 1948 das Land verlassen musste. Erst in den achtziger Jahren konnte das ungarndeutsche Vereinsleben offiziell in Erscheinung treten und der Lenau-Verein 1985 gegründet werden.

Die heimlichen Hauptpersonen des Hauses sind allerdings weder Lenau, die Vertriebenen oder die heutigen Ungarndeutschen, sondern – Puppen. Kleine, dralle Damen in prächtiger Trachtenkleidung, die in aufrechter Haltung so manches Regal des Lenau-Hauses besetzt halten und aufpassen, dass der Besucher nach seinem stets pünktlichen Erscheinen auch brav die Tür hinter sich geschlossen und die Schuhe abgeputzt hat. Denn Pünktlichkeit, Sauberkeit und Ordnung, diese deutschen Primärtugenden, die in Bundesdeutschland an Bdeutung zu verlieren scheinen, werden im »Lenau-Haus« noch sehr geschätzt.

Doch auch diese volkstümliche Fassade täuscht. Nicht nur für ungarndeutsche Kultur bietet das Haus einen Rahmen. Hier trafen sich schon aus nah und fern angereiste Schriftsteller, Politiker und Künstler der ver-

Die Druckerei, die schöne Nachbarin des »Lenau-Hauses« in der Munkácsy-Straße.

schiedensten Genres, um im »Lenau-Haus« ein Buch, ihre Meinung oder eine Ausstellung zu präsentieren. Ist dieser Ort in Pécs oder Fünfkirchen, wie die Donauschwaben sagen, im Kern ein ungarndeutscher, so auch einer, der offen für den Dialog zwischen Menschen aus Deutschland und Ungarn oder den Nachbarländern ist: So gaben beispielsweise bosnische Studenten holländischen Diplomaten, Berliner Musiker ungarndeutschen Malern, italienische Fotografen sorbischen Kabarettisten die Klinke in die Hand. Und im Allgemeinen fühlen sie sich wohl. Denn das Haus mit seiner unbestritten folkloristischen Ästhetik macht es Gästen leicht, es zu mögen: Es ist großzügig angelegt, mit einer Bibliothek, einem Lesesaal mit Internet und Zeitungen, und unterm Dach finden sich Gästezimmer in kiefernholziger Gemütlichkeit – aber mit Kabelfernsehen.

Es liegt daher am Besucher selbst, sich seiner Vorurteile gegenüber einer in Deutschland weitgehend verschwundenen Tradition zu entledigen und sich auf das Ungarndeutsche einzulassen. Das ist einerseits nicht leicht, denn die Rolle, welche die Ungarndeutschen zwischen Deutschland und Ungarn spielen, nimmt mal die Gestalt einer festen Brücke, mal die eines akrobatischen Spagats an. Die Wahrung der Tradition und die Pflege der eigenen wechselvollen Geschichte ist eine genauso wichtige Aufgabe wie die Möglichkeit, in unterschiedlichsten Programmen ein zeitgenössisches Deutschlandbild zu vermitteln. Beides findet in diesem Haus, dessen Fassade täuschen mag, jedoch seinen berechtigten Platz.

Nicht rasiert zu sein, ist für den Mann von einiger Lebensart immer irgendwie etwas peinlich. Lieber einmal zu spät kommen, als mit Stoppeln ums Kinn in den frühen Morgen zu stechen. Aber es gibt, wie stets, auch Ausnahmen. Etwa, wenn man fast einen ganzen Reisetag einzubüßen in Gefahr ist, weil das nächste Auto – kurz und gut, ich fuhr zeitig von Harkány ab und bereute nicht, ohne Frühstück und Rasur das Hotel Hals über Kopf verlassen zu haben.

Alfons Hayduk
Eine Barannya-Fahrt: Fünfkirchen, stolze Stadt der Väter

Die Frühe schimmerte im Tau der Maisfelder und Weinhänge, durch die sich die Straße hügelan schlängelte, bis sie das reife Getreideland vor Fünfkirchen durcheilte. Es war ein wunderbarer Morgen, so eichendorffisch durch und durch, dass man lieber hätte zu Fuß gehen mögen. Aber wir sind ein eiliges Geschlecht, das keine Zeit zu haben vorgibt und damit seine Bequemlichkeit bemäntelt. Lieber schlecht gefahren als gut gelaufen. Diese dumme Redensart hat sicher der erste Autobusgast in Umlauf gesetzt.

Ich hatte aber wenig Muße zu solchen Erwägungen, denn der Morgen war zu schön, die Landschaft zu verlockend. So fuhren wir selig vorbei an fleißigen Bauern und buntröckigen Mägden, die den goldgelben Weizen bargen, fuhren durch ein Dörfchen, in dem kräftige Frauen Wasser trugen und alte Männer Morgenzwiesprach pflegten. Und als wir gar kurz vor der Stadt, deren Türme uns schon lange im strahlenden Frühlingslicht entgegen winkten, vor einem freundlichen Mauthaus halten mussten, dessen Fenster üppige Petunien umrankten, fehlte nur, dass auf dem Bänkchen davor der *Taugenichts* in seinem prächtigen roten Schlafrock mit gelben Punkten und grünen Pantoffeln behaglich schmauchend saß, den Zoll zu erwarten.

Ich träumte noch diesem Bilde meines heimatlichen Lieblingsdichters nach, da hielt auch schon der Bus. Wir waren mitten in Fünfkirchen, und gleich am schönsten Platz der Stadt. Es ist der Széchenyi-Platz, der alte Dreifaltigkeitsplatz. Hügelig steigt er an, gekrönt von der Türkenkirche, wie der Volksmund sie nennt, einem herrlichen Rundbau mit Kuppeldach. Einst mohammedanische Moschee zur Ehre Allahs und zum Fluche der ungläubigen Christenhunde dieser Stadt, glüht heut vor ihrem

Am Brunnen vor dem Autobus, da steht die Kinderschar ...

Tabernakel das ewige Lämpchen durch den hohen Raum, sind auf Grabsteinen an den Wänden die Namen der deutschen Patrizierfamilien Fünfkirchens zu lesen: von Strobl, von Broszig, von Kiss, Holbling, Grohmann, Eisenhut ...

Ich stehe draußen in der steigenden Julisonne und freue mich der großzügigen Architektur des Platzes. Zwei Gepäckträger mit ihren Schubkarren flankieren mich stumm, zur Rechten und zur Linken, einander die Beute meines Koffers offenbar nicht gönnend.

Wohin wünscht der Herr?

Der Herr wünscht im Augenblick überhaupt nicht, sondern genießt erst einmal wunschlos das Glück, fremd und allein auf historischer Erde zu stehen, mitten in Fünfkirchen, der Stadt heutigen Namens Pécs, der aus dem Slawischen abgeleitet ist, den Deutschen zum Trotz, die nichts mehr zu vermelden haben, da sie kaum viertausend zählen unter zweiundsechzigtausend Einwohnern. Da wundert es mich immerhin, dass gleich die beiden ersten Menschen, die mich ansprechen, deutsch redeten.

Der eine trollt sich schließlich von dannen, als er merkt, dass mit meinem Gepäck kein Geschäft zu machen sei. Der andere hat Zeit und räkelt sich gemächlich in der südlichen Sonne. Ihm geht es nicht um das bisschen Arbeit. Er freut sich seines Lebens. Hat auch allen Grund dazu. Denn wie er erzählt, ist er in der Besatzungszeit von den Serben zum Tode verurteilt worden, hat »drüben« Haus und Hof verloren und hat jetzt noch alle Mühe, seine Einbürgerung nach Ungarn zu betreiben.

Mir klingt die Geschichte reichlich phantastisch. Aber gibt's bei uns daheim in Oberschlesien nicht ähnliche Fälle? Grenzland ist allweil hartes Land, wo einer zwischen die unbarmherzigen Mahlsteine des Völkerschicksals kommen kann.

Er ist zufrieden seinen Schubkarren zu haben. Mein täglich Brot, mehr brauch ich nicht!

Ohne Alexander zu sein, bewundere ich diesen Diogenes verstohlen. Er hat Zeit, nun gut, ich habe auch Zeit. Und so sitzen wir nebeneinander am Platze der Allerheiligsten Dreifaltigkeit und verplaudern den schönen Vormittag wie zwei alte Weltweise, deren Bartstoppeln in der Helle des wolkenlosen Himmels philosophisch ins Heilige zu schimmern beginnen.

Wer kann sich rühmen, jemals geruhsamer und absichtsloser inmitten einer fremden Stadt zu Hause gewesen zu sein?

Wir saßen, bis mein knurrender Magen unsere brotlosen Reden übertönte und synkopisch das harmonische Geläut der Mittagsglocken bedrohte.

*

Nicht mehr Fünfkirchen heißt diese Stadt, die Hauptstadt der Schwäbischen Türkei. Die älteste ist sie, die traditionsreichste wie auch die wichtigste. Wie Mohács sind auch die kleineren Städte des Landes aus dem Bauerntum gewachsen und erhalten von diesem auch heute noch ihre Prägung. Fünfkirchen aber, die prunkvolle Königin der Barannya, trägt diesen Charakter nur mehr als die goldene Fassung ihres Geschmeides. Nach der deutschen Wiederbesiedlung, welche der Türkenherrschaft folgt, ist sie schon mehr der stolze Sitz einer selbstbewussten Handwerkerschaft, der Stapel- und Handelsort reicher Kaufleute zwischen dem Adriahafen Fiume und den Donaustädten, wie auch die Metropole regionaler Behörden, ganz zu schweigen von der Kirchenresidenz der Kathedrale, deren Bischofsstuhl Sankt Stephan um die Jahrtausendwende errichtet hat. Weit ins prähistorische Dunkel zurück gehen die ersten Spuren menschlicher Besiedlung. Die glückliche Lage am sanften Südhang des Mecsek-Gebirges mag von Anbeginn umherstreifende Nomaden zu gesegneter Sesshaftigkeit verlockt haben …

*

Schwäbische Türkei ohne Schwaben: Rund sechshunderttausend Deutsche leben im heutigen Rumpfungarn. Von den Minderheiten in den Städten, voran in Budapest, abgesehen, bewohnen sie dreihundertdreißig Mehrheitsdörfer und etwa siebzig Minderheitsdörfer, in denen sie etwa die Hälfte der Einwohnerschaft ausmachen […] Die größte und bedeutsamste Sprachinsel des ungarländischen Deutschtums und gleichzeitig das geschlossenste Siedelgebiet ist die Schwäbische Türkei, die den Südosten der fruchtbaren Donau-Drauplatte innehat, verwaltungstechnisch den Komitaten Barannya und Tolnau, sowie einem Teil des Komitats Somogy zugehörig.

Den Namen Schwaben haben die ungarländischen Deutschen von dem Herrenvolk und nicht ohne geringschätzigen Beigeschmack erhalten. Aus dem Spitznamen ist durch kulturelle Leistung und […] Selbstbewusstsein ein Ehrenname von hohem Klang geworden.

Da die deutschen Siedler in der Mehrzahl nach Ungarn auf der jungen Donau hinunterfuhren, in den Ordinari-Schiffen und Ulmer Schachteln, wie jene mittelalterlichen Fahrzeuge hießen, lag es nahe, alle Ankömmlinge einfach Schwaben zu nennen, auch wenn sie aus ganz anderen, entfernteren Gebieten Deutschlands kamen. Geographische und stammeskundliche Unkenntnis standen dem Namen Schwaben Pate.

Die junge deutsche Wissenschaft der Mundartforschung hat erst in der allerjüngsten Zeit hier Aufklärung geschaffen. Sie hat auch nachgewiesen, dass die herrschende und bei weitem überwiegende Mundart der Viertelmillion Deutschen in der Schwäbischen Türkei das Rheinfränkische ist. Wirkliche Schwaben, die schwäbische Mundart sprechen, hat man erst vor vor wenigen Jahren – entdeckt. Und zwar lediglich in ganzen dreizehn Dörfern, von denen neun in der Schwäbischen Türkei liegen, sechs nachbarlich in der Tolnau, drei zerstreut in der Barannya: Nagyárpád, Köblény und Hegyhátmaróc.

*

Ich stehe an der Haltestelle und warte auf den Autobus. Es ist Markttag. Also stehen viele Landleute da. Wie ich höre: Schwaben aus der Umgegend, die heim wollen. Sie kennen sich alle, Frauen, Männer, Kinder.

Wie von ungefähr gleitet der Blick absichtslos die gegenüberliegende Häuserfront entlang. Laden neben Laden. Daneben ein altes fränkisches Tor.

Das Auge verweilt auf den Schildern. Nur Zufall? Da stehen ja deutsche Namen! Hat man vergessen, die zu magyarisieren? Ich lese: Majer, Klein, Martin, Leibing.

Es ist kein Zufall. Wer die Augen aufhält, entdeckt überall in Ungarn deutsche Namen. Überall, von Budapest angefangen bis zur entlegensten Provinz. Am Plattensee hatte ich einen Wirt, mit dem ich mich schlecht verständigen konnte, der aber dafür den schönen Namen Winkler trug. [...] Ich wollte mir in Fünfkirchen den Spaß machen, deutsche Namen auf Geschäftsschildern aufzuschreiben. Ich gab es auf. Es waren ihrer zu viele. [...] Was ich schon in der Bauernstadt Mohács erfuhr, bestätigte sich auch in der Industriestadt Fünfkirchen [...]: Betritt irgendein Geschäft und sprich deutsch – man wird dich deutsch bedienen!

Diese Zweisprachigkeit kommt nicht von ungefähr und ist gewiss nicht nur ungarische Geschäftüchtigkeit. [...] Deutsche Straßennamen triffst du freilich nirgends mehr. Sie sind schon längst von den Häusern verschwunden.

Aber ein Blick in die Archive, und du findest sie ebenso wie die Namen der ersten Deutschen Fünfkirchens in der Urkunde König Bélas II. vom Jahre 1191. [...] Wieviel Geschichte erzählte da nicht jeder Gassenname!

Den alten Plan in der Hand, sah ich die Stadt mit ganz anderen, staunenden Augen.

Straßen sprechen mehr als Bücher. Wo Menschen schweigen, reden die Steine.

*

Nächtliches Intermezzo: Nebenbei kam ohne viel Umstände eine weinselige Nachtschwärmerei zustande, die alle Gesichter in ein magisches Licht tauchte, das der Tag nicht kennt und sie sozusagen auf der Ebene einer höheren wie hitzigeren Erkenntnis zusammenrückte, so nah, wie kühle Köpfe sonst nicht zusammenzukommen pflegen [...] Zum Zeichen, dass der Tag und seine Schwere nun endgültig unter den Tisch gesunken, durften die leichten, lockeren Mädchen des Lokals die Gläser füllen, indes die Zigeuner betörend Geige, Cello, Bass und Cembalo zusammenjauchzen ließen, in dulce jubilo …

Der Motor springt an. Noch einmal, immer noch einmal, verneigt sich der Zahlkellner schmeichlerisch tief vor der tollen Zeche dieser verjubelten Nacht. Da wir im ersten Morgengrauen in den Wagen steigen, schimmern unsere Gesichter bleich und fahl, als wären wir eben sämtlichen sechzehn Nachtwachen des Bonaventura entronnen.

Unwirklich schlummert die Stadt unter uns in der zunehmenden Helle. Wie eine Geisterhand fährt sie darüber hin und löscht die kraftlosen Lichter der Straßenlaternen. Steigt Nebel oder hängen Wolken so tief unter dem milchigen Strahlenbündel, das der Aufkunft des Tagesgestirns vorauseilt?

Erhabenes Schauspiel! Ein phantastischer Brodem von Dunst und Licht zaubert eine Fata Morgana [...]

Wir schweigen lange. Schauen von der Höhe des Mecsek-Gebirges und können nicht genug sehen vom Wunder und der Herrlichkeit des Sonnenaufgangs. Geschieht solches wirklich Tag um Tag?

Die Rauchwolken der Kohlenbergwerke längs der Talsohle wehen ihren dunklen Qualm in den lichten Traum des Morgens.

Das ist das rußige Antlitz des Fünfkirchner Grubenreviers. Eine unfeierliche, leidenschaftslose Wirklichkeit, deren schwarze Schwaden sich drückend auf die Schachtanlagen, Fördertürme, Zechenhäuser und Schlote legen. Das Wäldergrün der Hügelhöhen trägt einen Trauerflor.

[...] So dachte ich über dem Rauch der Kohlengruben in der Schwäbischen Türkei, dem einzigen Schwarzkohlenrevier Ungarns, dem einzigen, das ihm Trianon gelassen hat.

Nicht alle Ziegel der Geschichte überleben die Gegenwart.

Deutsche waren es, die schon im 13. Jahrhundert in Nordungarn und Siebenbürgen den Bergbau lehrten. Deutsche haben auch nach der Türkenzeit die schwarzen Diamanten Südungarns gehoben, wie sie auch den Tabak einführten und die erste Kartoffel pflanzten.

*

Die Stadt ist groß, will wachsen. Nach allen Seiten streckt sie ihre Arme aus. Schon langen ihre steinernen Häuserfinger in manches Dorf, in dessen friedlichen Siedelraum die Industriearbeiter auf flinken Rädern aus den Fabriken am Stadtrand kommen und mit ihren Frauen und Kindern hausen. So ist der Einfluss der Mietskasernen mit seiner gedankenlosen Gleichmacherei hinausgerückt bis nach Nagyárpád, dem Alemannendorf im Süden der Stadt.

Doch dort leben harte Bauernschädel, die nicht so leicht unterzukriegen sind. Anders ist's mit den Toten. Die können sich nicht wehren.

Der alte Friedhof oberhalb des Schienenstranges ist dem Erdboden gleichgemacht worden und weiter unten, den hohen Weizenfeldern zu, war gerade, als ich in Fünfkirchen war, die Spitzhacke eifrig in Bewegung.

Die Universität braucht botanische Gärten, man will Promenaden für den Bürger anschließen, und ein moderner Badestrand ist auch geplant.

Wozu also die verwunschenen Gräberwinkel, die sommers betäubend von Jasmin und Flieder duften, wo Nachtigallen schluchzen und wilde Kastanien ihr breites Geäst allzu schattig dehnen? Eine werdende moderne Großstadt kann solche verschollene Romantik nicht brauchen.

Aber seltsamerweise sterben auch die jungen und zeitaufgeschlossenen Menschen nicht aus, die ihr Herz an alte Erinnerungsstätten mit heiliger Ehrfurcht und leiser Trauer hängen. Und so führte mich mein Fünfkirchner Kamerad in der stillen Stunde des Mittags, da die Sonne glutend auf dem Häusergewirr lastete, unter das kühle Laubgewirr der uralten Bäume. Und so strichen wir mit unsern wehmütigen Gedanken, da draußen lachender Sommer war, kreuz und quer durch dichtes Gebüsch und verwildertes Gras, die Denksteine derer besuchend, an die niemand mehr denkt.

*

In allen Buchhandlungen und Antiquariaten – in Summa ein gutes Dutzend – stöberte ich. Aber ebenso wenig wie es ein Handbuch für Reisende in der Schwäbischen Türkei gibt, ist ein Stadtführer durch Fünfkirchen vorhanden.

»Wer kümmert sich schon um uns!« meinte ein junger Buchhändler. Nun, im Rathaus findet sich immerhin so etwas wie ein Verkehrsbüro. Mit stimmungsvollen Photos an den Wänden, Handwebererzeugnissen und einer Vitrine, die allerlei kleine Kostbarkeiten enthält. Und ganz überrascht bin ich, als man mir als Andenken einen bronzenen Schlüssel, dem alten Stadtschlüssel nachgebildet, in einem Etui überreicht. Aber Gedrucktes?

Hallo! Da ist ein Werbefaltblatt. Wenig Text, aber reich bebildert. Und gleich der zweite Satz lautet: »In Pécs« – ja, in einer deutsch gedruckten Werbung, die sich also wohl an Deutsche richtet, sagt man Pécs, nicht etwa, wie sich's gehörte, Fünfkirchen! – »ist man sorgsam bemüht, die Fremden gastfreundlich aufzunehmen und ihnen wohltuende Behaglichkeit zu sichern.«

Der dritte Satz: »Besonders bevorzugt ist das Kurhotel am Mecsek, Ungarns modernste Hotelschöpfung ... «

Ich verzichtete auf die besondere Bevorzugung. Hol der Kuckuck die berühmten Punkte! Man nimmt sie wohl auch mit [...], aber das Wesen eines Landes machen sie nicht aus.

Ungarn ist fürwahr ein herrliches Land ...

*

Wie erscheint einem die Feststellung eines Wissenschaftlers, dass die Landschaft bis nach dem Weltkriege von der Forschung [...] vernachlässigt worden sei. Erst im letzten Jahrzehnt ist ein Wandel eingetreten. So weiß man auch von Fünfkirchen im Grunde noch herzlich wenig, und was man weiß, ist noch längst nicht Allgemeinwissen geworden. Was man, zum Beispiel, sonst nur in Italien antrifft, frühchristliche Grabstätten und Katakomben, das entdeckt man hier, wo sich das Christentum schon zur Römerzeit ausbreitete. Ein deutschsprechender Sakristan führte uns durch die unterirdischen Gänge, in die zur Völkerwanderungszeit auch fremde Besucher gekommen sein müssen. Er zeigte uns geflissentlich ein Hakenkreuz auf einem der alten Steine.

Die in ihren Ausmaßen erstaunlich weiträumig angelegte Kathedrale ist nicht minder einzigartig. Mit ihren vier gedrungenen Türmen, die das Wahrzeichen der Stadt bilden, ist sie im vorigen Jahrhundert auf den frühromanischen Grundmauern im alten Basilika-Stil voll künstlerischer Ehrfurcht erneuert worden.

Die Türkenkirche nannte ich schon. Nirgends gibt es etwas Ähnli-

Der Dom, von sich selbst gerahmt
und vom Engel bewacht

ches; sie gilt als die größte und bedeutendste Islamschöpfung außerhalb der eigentlichen mohammedanischen Welt. Auch das zierlich-schlanke Minarett – »Ort des Lichts« heißt solch ein Moscheeturm zu deutsch –, das ich im Hofe des Krankenhauses sah, sowie die Grabkapelle des Idris Baba, einst ein Wallfahrtsort der Muselmänner, sind kulturgeschichtliche Einmaligkeiten.

Überall stößt Du auf Spuren einer wechselvollen, bedeutsamen Vergangenheit.

Ich war dieses Rundgangs vom Vielgesehenen schon müde. Doch als die ersten Lichter aufflammten und die Hauptstraßen sich im Abendbummel belebten, als aus den Gärten und Weinstuben die Zigeunergeigen lockten, da spürte ich ganz nahe den lebensfrohen Odem dieser Stadt unterm schützenden Misinaberg, der so vielerlei Geschick kommen und gehen sah und wohl auch heute noch die hohe Meinung des freilich hier nicht eingeladen gewesenen Gastes teilt, des Sultans Sulejman:

»Ein Paradies auf Erden!«

1937

András F. Balogh

Auf dem Drahtseil der Erinnerungen
Vertreibung der Deutschen nach 1946

Das Vertreibungsdenkmal der Ungarndeutschen in Pécs befindet sich im inneren Garten des »Lenau-Hauses« in der Munkácsy-Straße 8. Der Wanderer mit dem Stab in der rechten und dem Bündel mit den wenigen Habseligkeiten in der linken Hand ist ein Werk des ungarndeutschen Bildhauers Franz Tischler und wurde 1997 vom damaligen Staatspräsidenten Árpád Göncz der Öffentlichkeit übergeben. Wandern, eigentlich ein Akt von Abenteuerlust und Freiheit, wird hier zum Zwang der Auswanderung. Der dargestellte junge Mann blickt mit Ernst und Zuversicht in eine unsichere Zukunft. Seine Gesichtszüge verraten Stärke und Wehmut, Klage und Hoffnung. Dem Bildhauer wurde die unlösbare Aufgabe gestellt, die Geschichte der Ungarndeutschen nach 1945 in einer einzigen Figur zu verkörpern: Sie zeigt einen Menschen, der mit seinen Vorfahren durch Ausdauer, Fleiß und Liebe in jahrhundertelanger Arbeit mühevoll eine neue Heimat gewonnen hat. Nun muss er die zur Heimat gewordene Landschaft, die vertraut gewordene Fremde, das Erbe seiner Familie aufgeben und verlassen. Die Vertreibung nach dem Zweiten Weltkrieg, in den Jahren 1946 bis 1948, mit all ihren Härten und Ungerechtigkeiten bezog ihre Heftigkeit aus Not, Verzweiflung, Habgier und Hass und erfasste etwa die Hälfte der deutschen Bevölkerung Ungarns, um die 200.000 Menschen. Viele davon lebten in der Baranya, der Berglandschaft um Pécs herum. Im Chaos der Nachkriegswirren galt vielfach die These von der Kollektivschuld, jeder Deutsche zählte als Nazi, spätestens wenn er sich durch die Zugehörigkeit zum Volksbund zu Deutschland bekannt hatte, und sollte mit dem Verlust von Eigentum und Heimat für die deutsche Schuld büßen, auf nachweisbare Verstrickung der Einzelnen in die Nazi-Verbrechen wurde kaum geachtet, geschweige denn, die eigene, ungarische Rolle in dieser Tragödie kritisch reflektiert. In manchen Fällen durften ausgerechnet diejenigen bleiben, die beim Massenmord an den Juden tatkräftig mitgemacht hatten, und andere, die gegen Hitler und seine ungarischen Verbündeten Widerstand geleistet hatten, mussten das Land verlassen – nur weil sie vielleicht über Eigentum verfügten, das bei den neuen Machthabern Begehrlichkeiten weckte.

Das Standbild im Hof zeigt mehr als fliehende Verzweiflung, der junge Mann blickt in die Zukunft. Wie er seine Heimat in Ungarn finden und aufbauen konnte, so wird er sich wohl auch in der Ferne, in der mittlerweile fremd gewordenen Heimat seiner Vorfahren, behaupten können. Sein kräftiger Arm mit den gebündelten Habseligkeiten stellt schweigend die anklagende Frage, ob die mehr als zweihundert Jahre lange gemeinsame Geschichte der Deutschen in Ungarn umsonst verlaufen ist. Hat diese Geschichte kein Zusammengehörigkeitsgefühl hervorgebracht?

Auch wenn in den liberaleren Jahren der Kádár-Ära die deutschen Minderheiten in Ungarn ihre Kultur und Geschichte wieder freier pflegen und ausleben konnten, so bleiben die Fragen von Verschleppung und Umsiedlung nach dem Zweiten Weltkrieg bis auf den heutigen Tag

Der Vertriebene, in den Innenhof vertrieben

ein schwer zu verkraftendes Thema – nicht zuletzt vor dem Hintergrund, dass in Budapest selbst ein faschistisches Regime geherrscht hatte, das bis Kriegsende Deutschlands ergebener Verbündeter geblieben war. Ungarn hatte nach 1946 die aus der Slowakei zwangsausgesiedelten Landsleute, in der Regel ehemalige Bauern mit Landbesitz, aufzunehmen und mit neuem Land zu versorgen. So wurden vielfach die frisch Vertriebenen ungewollt zu neuen Vertreibern. Zufall und Willkür wurden zum System, Gerechtigkeit war geradezu ausgeschlossen. Bis heute ist es ungeheuer schwer, dieses verwickelte Unrecht zu thematisieren. Der merkwürdige Standort des Denkmals dokumentiert diese Schwierigkeit, denn ein Denkanstoß gehört natürlich nicht wie eine Privatangelegenheit versteckt in das Innere eines deutschen Hauses, sondern auf einen öffentlichen Platz, wenn gemeinsame Erinnerung gewagt und geübt werden soll. Heute, nach der politischen Wende 1989, ist es leichter, wenn auch noch längst nicht leicht, auch über die Verbrechen an den Deutschen zu sprechen. Das Denkmal soll an die vielen Familien erinnern, die durch die Umsiedlungen zerrissen wurden, und an die enttäuschten Menschen, die Ungarn mit aller Leidenschaft für ihre Heimat hielten und doch vertrieben wurden.

Es ist kurzsichtig zu glauben, dass die nach Westdeutschland umgesiedelten Ungarndeutschen letztlich lauter Glück im Unglück hatten, weil sie dort durch das Wirtschaftswunder zu raschem Wohlstand und Reichtum gekommen seien – im Gegensatz zu denjenigen, die bleiben durften. Es gehört zu den Tabuthemen der Bundesrepublik, mit wie viel Hass und Ablehnung die Vertriebenen zu kämpfen hatten, als sie ihre Aufnahme in den zerstörten Dörfern und Städten erzwingen mussten. Kränkung und Erniedrigung sind in keiner Währung messbar, erst recht nicht auszulöschen.

Diese leidvolle Phase der Geschichte wurde in Ungarn wie auch vielen anderen Ländern totgeschwiegen. Nur Dichter brachten in poetisch verschlüsselten Sätzen die äußeren und inneren Nöte der Ungarndeutschen, hin- und hergerissen zwischen Ungarn und Deutschland, zur Sprache, so etwa Valeria Koch in ihrem Gedicht:

STIEFKIND DER SPRACHE

Sag mal wer kennt dich
für wen bist du wichtig
seit zweihundert Jahren
suchst du nach klaren
Spuren auf Erden
um nicht zu verderben

Wo bist nun zu Hause
in schriller Pause
verklungener Worte
hoffnungsverdorrte
Takte bringt dein Lied
du bist ein fremdes Glied
geworden und geblieben
hier kein Grund dich zu lieben
dort keiner zu achten
leer sind die Frachten
versinkender Schiffe
im Meer der Begriffe
Sag mal wer kennt dich
für wen bist du wichtig
aus irrer Rache
bist Stiefkind der Sprache

Der vertriebene Mann wie auch die Stimme des Gedichtes laden zu einer Identifikation ein, die nicht zwangsläufig an das spezifisch deutsche Leidensschicksal der Vertreibung gebunden ist, sondern auf ein universales menschliches Leid verweist. Einfühlsamer Abstand, wie er von beiden Kunstwerken gefordert wird, ist ein möglicher Weg, selbst diesem heillosen Kapitel der Geschichte eine versöhnliche Perspektive zu schaffen.

Claudio Magris
Der Wein von Pécs

»Dem Deutschen Bécs, dem Ungarn Pécs«, die Deutschen haben Wien, die Ungarn Pécs, heißt es in einem Sprichwort. Still und selbstvergessen verdient die Stadt, die auf deutsch Fünfkirchen heißt, diesen hyperbolischen Vergleich mit Wien ebenso wie die zahlreichen Lobeshymnen, die sie seit dem Mittelalter rühmen: ihr Klima (milde Winter, luftige Sommer, ein lang anhaltender sanfter Herbst) und ihre kulturellen Traditionen, die sowohl ein reiches Erbe aus der römischen Antike als auch vielfältige Beziehungen zu Chartres aufweisen, ihre Chronisten und Gelehrten, ihre 1367 gegründete Universität – die erste in Ungarn und vierte in Mitteleuropa –, die Bibliothek ihres Bischofs Georg Klimó. Die Panegyriker vergessen auch die Weine nicht: die von Mecsek, die einst von den Deutschen getrunken wurden, den Siklós, den die Slawonen bevorzugten, den Alsó-Baranyaer, von dem alle Serben der Batschka schwärmten.

Die önologischen Ruhmesreden auf die Baranya – das Gebiet um Pécs – unterteilen sich jedoch seit langer Zeit in solche, die den ersten Platz dem lokalen Wein von Pécs, der Hauptstadt, zuerkennen wollen, und die kämpferischeren, die dem Wein von Villány diesen Rang zusprechen. Das Parisurteil gebührt Gigi – oder zumindest gebührt ihm der Vorsitz in der selbst ernannten Jury, die sich im Restaurant *Rózsakert* versammelt hat. »Richtet nicht«, so heißt es, aber richten kann auch eine durchaus angenehme Beschäftigung sein, wenn man nicht menschliche Handlungen und Gefängnisjahre abwägen muss, sondern Bücher oder Jahrgangsweine. Die Juroren, die über Literaturpreise entscheiden, setzen sich zusammen, diskutieren, bewerten, verkünden, verleihen und gehen zum kalten Buffet über; das undurchsichtige Leben vergeht glücklicherweise in der Zwischenzeit unbeobachtet und abgeschwächt, und das unbestimmte Gefühl von Bedeutung, das jenen beschleicht, der den Preis überreicht und sich leicht vor dem auf das Podium steigenden Preisträger verbeugt, hilft dabei, die eigene Leere und das Nahen des endgültigen Epilogs zu vergessen. Heute Abend, im *Rózsakert*, gibt es keine Autoren, sondern nur Werke, Flaschen aus dem Weinkeller, und viel zu diskutieren gibt es auch nicht. Der Weißwein aus Pécs ist ausgezeichnet, schlank und süffig, der dunkle Rotwein aus Villány ist leicht säuerlich, und so bricht der Ruf des Letzteren, der sich so hartnäckig gehalten hat, an einem x-beliebigen Abend in sich zusammen.

Die Baranya, die Alexander Baksay mit einem von zwei Flüssen durchzogenen Gobelin verglichen hat, ist ein verschiedenartig und vielschichtig zusammengesetztes Grenzgebiet. Abgesehen von den Ungarn und einer deutschen Minderheit gab es dort Serben oder Raizen, wie man im 18. Jahrhundert sagte, und Schokatzen, katholische Slawen vom Balkan, die das Kreuzeszeichen mit der offenen Handfläche machten und bei denen meist nur die Frauen lesen und schreiben konnten – möglicherweise um den Männern auch diese Mühe zu ersparen und somit die Ausbeutung der Frau zu vervollständigen. Man erzählt, dass in Ormánság in der Baranya ein Kandidat für das Amt des Richters, der von der zuständigen Kommission befragt wurde, ob er lesen und schreiben könne, antwortete: »Lesen und schreiben kann ich nicht, aber singen.«

Prägend ist vor allem die Präsenz des Deutschen gewesen; das Komitat Baranya nannte man die »Schwäbische Türkei«. Während Adam Müller-Guttenbrunn, der das Deutschtum gegen die Magyarisierung verteidigte, vor achtzig Jahren ebenso die Banater Schwaben wie die Siebenbürger Sachsen als Anhänger Österreichs und Gegner der ungarischen Revolution von 1848 darstellte, so betont heute die Literatur der Ungarndeutschen, die sich insbesondere in Pécs und in Bonyhád entwickelt hat, die Beziehungen zwischen Ungarn und Schwaben in diesem Gebiet, und zwar gerade um 1848 und mit deutlicher antihabsburgischer und antiösterreichischer Tendenz. Wilhelm Knabel, der 1972 gestorben ist, hat in einem offenen Brief vom 17. November 1967 ausdrücklich die Funktion des deutschen Schriftstellers in Ungarn zum Gegenstand seiner Überlegungen gemacht. Seine in Deutsch und im schwäbischen Dialekt geschriebenen Verse sind ehrliche, epigonale Gedichtchen, ähnlich wie die Prosa verschiedener Autoren in der von Erika Áts zusammengestellten Anthologie *Tiefe Wurzeln,* die ein naives lokales Epigonentum bezeugen; die Kritiker wie Béla Szende, die ihnen noch am wohlwollendsten gegenüberstehen, bescheinigen ihnen eine »an das Herz eines jeden rührende Schlichtheit«. Nach dem vollkommenen Schweigen, das über die deutsche Bevölkerung in Ungarn verhängt war – bedroht durch die Magyarisierung während der Habsburger Epoche, nach 1918 im stetigen Rückgang begriffen, kompromittiert von germanischem Chauvinismus zur Zeit des Nationalsozialismus und daher nach 1945 unterdrückt oder gänzlich ignoriert –, versucht man ihr heutzutage – auch auf künstliche Weise – Kraft und Bedeutung wiederzugeben. Dabei wird ihre vermittelnde Funktion zwischen den verschiedenen Kulturen (der Schlüsselbegriff für ganz Mitteleuropa) in Anspruch genommen, ähnlich jener Wende im vergangenen Jahrhundert, als etwa der deutsch-magyarische Jude Dóczi Lajos oder Ludwig von Dóczi Goethes *Faust* ins Ungarische übersetzte und *Die Tragödie des Menschen* von Madách ins Deutsche.

Der insistente magyarische Patriotismus dieser deutschen Autoren ist darum bemüht, die Erinnerung an die heftige ungarisch-germanische Feindschaft während der Zeit des Dualismus und insbesondere an die Spannungen während des Dritten Reiches zu tilgen. Gerade in dieser Zeit war die Situation reichlich verworren: die deutschnationale Bewegung der germanischen Bevölkerungsgruppe in Ungarn, die von Jakob Bleyer geführt wurde, identifizierte sich ungeachtet ihrer völkischen Ideologie nicht mit dem Nationalsozialismus, und im Übrigen beabsichtigte Hitler trotz des Schutzes für die deutsche Minderheit keineswegs, das Gebiet, in dem sie lebte, zu annektieren. Horthy seinerseits, der Führer der faschistischen oder parafaschistischen ungarischen Regierung und Hitlers Verbündeter, verfolgte eine nationalistische Politik, die schwer auf allen in Ungarn lebenden Minderheiten und somit auch auf den Deutschen lastete.

In den Jahren unmittelbar nach dem Zweiten Weltkrieg vertrieb und unterdrückte die ungarische Regierung die deutsche Minderheit, die sie mit dem Nazismus identifizierte. Heute [1988] bekunden die ungarischen Schriftsteller deutscher Sprache, die von Budapest ermutigt und geschützt werden, ihre Loyalität zur magyarischen Nation und zum Sozialismus. Sicherlich hat der »Bund«, die nationalsozialistische Organisation, seinerzeit die größte Anhängerschaft in der Baranya und insbesondere in Bonyhád gefunden, es sei denn, dass auch dies zu den jüdischen Verleumdungen gehöre, die, wie man weiß, für alles Böse und sogar für den Nazismus verantwortlich sind; denn sogar Hitler muss – den Antisemiten zufolge – jüdischer Abstammung gewesen sein, da nur ein Jude in der Lage sei, solche Verbrechen zu begehen. Nach Bleyer war der Korrespondent des *Völkischen Beobachters* in Ungarn jüdischer Herkunft und schrieb, um das Volk aufzuhetzen, in ungarischen Zeitungen unter einem Pseudonym antideutsche Artikel …

1988

Zsófia Turóczy
Das Gandhi-Gymnasium der Roma in Pécs

Das Gandhi-Gymnasium in Pécs ist das erste und einzige Gymnasium, das von Roma gegründet wurde und von ihnen besucht wird. Die zwei Gebäude stehen am stillen Stadtrand, auf einem Hügel. Obwohl im August noch Ferienzeit ist, herrscht im Lehrerzimmer bereits lebhaftes Treiben. Das Kollegium bereitet sich auf das kommende Schuljahr vor. Im Sommer wurde eine neue Rektorin gewählt, die das Konzept der Schule grundsätzlich verändern möchte. Ihre Strategie orientiert sich an einem dänischen Modell: Integration statt Assimilation, nutzbares Wissen und Traditionspflege.

1992 wurde diese Schule von verschiedenen Roma-Organisationen gestiftet, und seit 1994 ist sie in Betrieb. Benannt wurde das Gymnasium nach Mahatma Gandhi, womit die indische Herkunft und Urheimat aller Roma-Gruppen hervorgehoben und die Idee einer kämpferischen Toleranz betont werden sollen. Der Rektor war von 1994 bis zu seinem tragischen Tod bei einem Autounfall 1999 János Bogdán. Danach übernahm seine Witwe die Leitung der Schule, doch im Sommer 2009 wurde von dem Kuratorium durch eine umstrittene Wahl die neue Rektorin Erzsébet Gidáné Orsós gewählt. Viele Mitarbeiter und Unterstützer der Schule hatten große Sympathien für die Witwe und fanden den Wechsel eher unglücklich, aber all das stört die neugewählte Rektorin nicht, sie versieht ihre Aufgaben unbeirrt, und es wird sich zeigen, ob sie damit Erfolg haben wird oder nicht.

Zum Großteil wird die Schule von der ungarischen Regierung finanziert, ergänzt durch EU-Gelder und Spenden. Besucht wird sie von etwa 250 Schülerinnen und Schülern, zumeist im Alter von 14 bis 18 Jahren. Die ersten Schüler, die 1994 im »Gandhi« anfingen, machten im Jahre 2000 ihr Abitur. Von den 18 Schülern bewarben sich 16 an Universitäten, sieben von ihnen wurden aufgenommen. Der aktuelle Anteil der Roma an den Studierenden liegt bei ungefähr 1 Prozent, ihr Anteil an der Bevölkerung beträgt über 8 Prozent. Die meisten von ihnen belegen an den Universitäten Romologie oder Soziologie, die Lehrer der Schule aber wären glücklich, wenn ihre ehemaligen Schüler in jedem Bereich der Hochschulbildung präsent wären und viele davon als Lehrer ans Gandhi-Gymnasium zurückkehren würden.

Es gehört zu den Zielen des Gandhi-Gymnasiums, dass möglichst viele Roma-Kinder Abitur machen und sich so in der Zukunft eine Schicht von Intellektuellen herausbilden kann, die die aktuelle Situation ihrer Volksgruppe in Ungarn zu verbessern vermag. Es ist wichtig, dass die Schüler hier nutzbares Wissen vermittelt bekommen und eine Sprachprüfung ablegen können. Bis heute konnten zwei Schüler ihre Schullaufbahn in den USA fortsetzen, ein anderer Schüler beendete das Gymnasium in Italien.

Aber nicht nur die Leistungen sind wichtig: Den Jugendlichen soll beigebracht werden, ihre eigene Kultur kennen zu lernen und stolz auf sie zu sein. Die Schüler können hier ihre Muttersprache pflegen, um dann eine Sprachprüfung abzulegen. In Ungarn ist es möglich, in den beiden Zigeunersprachen (»beás« und »lovári«) Prüfungen abzulegen. An der Schule gibt es fakultative Angebote, so etwa Sozialkunde oder Stunden zur Kultur der Roma. Es wird großer Wert darauf gelegt, dass die Schüler auf dem Weg zu einer gesellschaftlichen Integration und Anerkennung ihre Identität als Roma nicht abzuschütteln versuchen, sondern diese vielmehr bewahren und profilieren. »Warum bin ich anders als du, warum bist nicht du anders als ich? Wir wollen unseren Schülern beibringen, dass ihr Anderssein nicht etwas Schlechtes, sondern etwas Gutes ist« – so äußert sich Gizella Nemes, eine Lehrerin des Gymnasiums. Auch sie kommt wie viele andere aus einer Zigeunersiedlung, für sie aber ist diese Herkunft ein wichtiger Teil ihres Lebens. In Ungarn ist die Lage dieser Minderheit bedenklich, sehr viele Roma leben in äußerster Armut. Die Sozialhilfe bietet kaum Möglichkeiten zur Selbsthilfe. Dieses Gymnasium bietet den Roma somit fast die einzige Perspektive für einen sozialen Aufstieg – und auf lange Sicht den Grundstein für eine Verbesserung ihrer Lebensbedingungen. Die Stadt Pécs hat mit dieser außergewöhnlichen Schule auch international von sich reden gemacht; schade nur, dass dieses Verdienst gleichzeitig darauf verweist, wie unrühmlich und hoffnungslos die Aussichten der Roma auf eine gute Ausbildung und ein menschenwürdiges Leben in diesem Lande im Allgemeinen sind.

Frouke Schouwstra
Sichtbar unsichtbar
Das Lied des Porrajmos

Nein, du darfst mich nicht fotografieren.
Ich wurde einmal fotografiert,
weil sie mich töten wollten.

Ja, ich habe überlebt.
Ich war klein und doch
habe ich überlebt.

Ich kann dir nicht sagen,
wie ich überlebt habe.
Die anderen wurden verschlungen.

All die anderen,
die dir sagen könnten,
wie ich überlebte.

Ich war noch klein.
Ich war noch jung.
Der Onkel Mengele

hatte mich zu gern.
Mein Körper lebt noch,
meine Seele ist verschlungen

wie die der anderen.
Ich bin unsichtbar,
aber du schaust mir

in die Augen.
Das ist lieb von dir.
Ich möchte dir meine Seele zeigen,

aber das geht nicht.
Das Rad ist gebrochen.
Siehst du das?

Nicht das Rad vom Wagen
ist gebrochen,
das Rad des Lebens.

Das ist nicht zu reparieren
wie hier das Rad im Marmor.
Das bleibt gebrochen.

Ich bin froh,
du hast versucht,
meine Seele zu sehen.

Es tut mir leid,
du siehst nur
das sichtbar Unsichtbare.

Dezember 2009

Rechte Seite:
Das Gedenkmonument der Roma in der Lánc-Straße in Pécs. Ein weißer Marmorblock, bearbeitet von Zoltán Jenő Horváth, einem Roma-Künstler, voller Symbole und Figuren, die die Geschichte des *Porrajmos* erzählen, der »Verschlingung«, so nennen viele Roma die Vernichtung ihres Volkes im Holocaust. Seit 2004 steht dieser Stein in Pécs, aber nur wenige Menschen wissen davon, obwohl er klar und deutlich sichtbar ist.

Vielleicht wollen wir es lieber nicht sehen oder wissen überhaupt noch immer nicht, dass auch die Roma von den Nazis als Untermenschen eingestuft und systematisch vernichtet wurden?

An jedem 2. August wird bei diesem Gedenkstein eine kleine Zeremonie veranstaltet, weil in der »Zigeunernacht« des 2. August 1944 die ganze noch lebende Gruppe von Roma und Sinti in Auschwitz ins Gas geführt worden ist. Ein Datum, das weltweit als Gedenktag für alle Ermordeten dieses Volkes gilt.

Márta Józsa
Die Orgel in der Fürdő-Straße – die Synagoge

Die beiden Baumeister, Frigyes Feszl und Lipót Kauser, hatten ein Problem. Zum einen mussten sie noch bevor die Bauarbeiten begonnen hatten, schon einen großen Verlust beklagen: Der dritte Meister, Károly Gerster, war plötzlich gestorben und fehlte ihnen sehr. Friede seiner Asche, sagten sie, jedes Mal, wenn sie sich die Baupläne ansahen.

Zum anderen verstanden sie nicht, auf was ihre Auftraggeber da nur verfallen waren: Die Glaubensgemeinde hatte sich für dieses kostspielige Gebäude entschieden, ließ ihre Kirche, die mehrstöckige Synagoge, von ihnen – den bedeutendsten Baumeistern ihrer Zeit – planen, und betraute nun plötzlich so einen dahergelaufenen Grünschnabel mit dem Bau der Orgel. Der war erst erst fünfunddreißig Jahre alt, und man wusste über ihn nur, dass er aus Paris gekommen war und noch nie alleine eine Orgel gebaut hatte. Sie verstanden zwar schon, dass die hun-

Die Synagoge in ihren Jugendtagen, bis heute würdig und schön

dertzwanzigtausend Forint, die für die Bauarbeiten benötigt wurden, viel Geld waren – kaum die Hälfte war von den Mitgliedern der Glaubensgemeinde aufgebracht worden, und man hatte einen Kredit aufnehmen müssen. Doch eine so große Synagoge würde nicht nur in Pécs nicht noch einmal gebaut, solange die Welt sich dreht, sondern auch in ganz Transdanubien nicht, dachten die Meister – und sollten Recht behalten. Und dann an der Orgel sparen? Sie waren empört.

Eine solche Orgel hat die Welt noch nicht gesehen, murrte gleichzeitig der Orgelbauer, der sich draußen die Beine in den Bauch stand. »Uns geht es nicht darum, zu sparen, wir wollen einfach auf die Jugend setzen«, sagte der Vorstand der Glaubensgemeinde.

»Aber die Synagoge ist das größte Werk unseres Lebens«, wiederholten die Meister immer wieder, »wir haben für sie von der Orgel eines Großmeisters geträumt.«

»Es wäre das erste große Werk meines Lebens«, sagte sich der junge Angster draußen immer wieder. Drinnen aber schien sich die Schlacht zu entscheiden. »Unsere Großväter hatten nicht mal einen Ort zum Beten« – lautete das entscheidende Argument –, »bis der alte Engel, wer weiß wie, ein Haus beschaffte, in dessen einem Zimmer wir beteten, als endlich einmal zehn Männer zusammenkamen. Und das ist kaum sechzig Jahre her – wir sind als Gemeinde jung, ganz wie dieser Orgelbauer.«

Von József Angster konnte man zwei Jahre lang kaum einen Ton vernehmen, bis schließlich am 21. März 1869 die Orgel erklang. Die erste von später 1300 Angster-Orgeln. Selbst in fernen Landen sprach man über sie, und alle beneideten die Pécser Juden. Sogar Lipót Löw, der Rabbi aus Szeged, predigte bei ihnen, noch dazu auf Ungarisch. Zur Einweihung der Synagoge kam eine Menge Menschen.

Menschenmengen versammeln sich heute nur noch selten in der Fürdő-Straße. Aber an jedem 16. April, am *Jom haScho'a*, kommen alle, die können – dann werden aus dem »Buch der Tränen« die 3022 Namen vorgelesen. Die Namen derer, die seit 1944 in der Gemeinde fehlen. Auch am 4. November 1995 waren sehr viele da. Am Tag, an dem Jitzchak Rabin ermordet wurde.

Aus dem Ungarischen von Éva Zádor

Márta Józsa
Der jüdische Friedhof in der Szív-Straße – und ein Massengrab, das keiner kennt

Jakab Stern wurde in Rechnitz geboren und ruht in der Szív-Straße. Für den jungen Kaufmann war es nicht einfach, sich in der ihm verschlossenen Stadt niederzulassen, deren Bürger noch 1692 sogar einen feierlichen Schwur geleistet hatten, dass innerhalb der Stadtmauern von Pécs keine Juden leben dürften. Er lief sich die Füße wund, bis das eingeführte Toleranzpatent nach dem demütigenden Klinkenputzen endlich auch für ihn galt. Jakab Stern war geduldig und er war sich sicher: Wenn in einer Stadt kaum Juden leben, dann hatte er, der Krämer aus dem Burgenland, dort etwas verloren. Und seine Rechnung ging auf. Er durfte hier sein Leben verleben und würde hier auch die letzte Ruhe finden. Aber wo? Es gab keinen jüdischen Friedhof. Die Juden durften zu jener Zeit zwar bereits Handel treiben, ein Gewerbe ausüben und Immobilien pachten, aber Häuser oder Grund und Boden durften sie nicht besitzen – nicht einmal einen Friedhof. Einen Verein jedoch durften sie gründen, und diese Möglichkeit nutzte Jakab Stern: Er rief den israelitischen Wohlfahrts- und Bestattungsverein *Chevra Kadisha* ins Leben. Das klang schon gleich viel offizieller, als er bei der Stadt eine Eingabe machte und um ein Grundstück für eine Begräbnisstätte bat. Kaufen also durften die Juden sie nicht, umsonst bekommen aber schon, ja einige Jahre später, 1827, erlaubte die Stadt Pécs ihnen sogar, ihren Friedhof einzufrieden. Über Generationen wurden die Pécser Juden dort begraben, legten trauernde Nachkommen Steine auf die Gräber. Fünf Generationen lang.

Von den Ururenkeln Jakab Sterns ruhen nur mehr wenige in der Szív-Straße und viele dort, von wo ihr Vorfahr nach Pécs aufgebrochen war: Einhundertachtzehn Jahre nach der Umzäunung des Friedhofs wurden sechshundert ungarische Juden von Güns mit Waggons über die Grenze nach dem burgenländischen Burg deportiert, um dort als Zwangsarbeiter an einem Schutzwall gegen die Rote Armee zu bauen. Zweihundert von ihnen wurden als zu geschwächt und untauglich aussortiert und zurück in die Nähe des Bahnhofs von Rechnitz getrieben. In ihrem dortigen Schloss veranstalteten an diesem 24. März 1945 Gräfin Margit von Batthyány, geborene Margareta von Thyssen-Bornemisza, und ihr Mann ein »Kameradschaftsfest« für örtliche Nazis und Gestapoleute. Die Feier war schon in vollem Gange, als jemandem die in den Scheunen eingepferchten Juden einfielen, und als besonderer Kitzel wurden auch gleich etwa hundertachtzig von ihnen von einigen Festgästen wie Jagdwild niedergemetzelt. Am Morgen ließen sie die Toten von den überlebenden Gefangenen begraben und ermordeten später dann auch sie – beim örtlichen Schlachthaus.

Von Oktober 1945 an war dieses Verbrechen Gegenstand von Ermittlungen. Es schlossen sich drei Verfahren an, in denen die Vorfälle nur teilweise aufgeklärt werden konnten; zwei Tatzeugen waren 1946 ermordet worden.

Dem späteren Hauptangeklagten bescheinigten Aussagen, dass er sich »sowohl politisch als auch als Privatmensch stets korrekt und anständig benommen« habe; die lokale *Oberwarter Zeitung* lobte zum 60. Geburtstag dessen »aufrechte[s] Wesen«, meinte voller Anerkennung, er habe »für seine Entscheidungen … im Landkreis Oberwart als dessen Kreisleiter der NSDAP« gestanden und beklagte die »Hetzjagd« – nicht auf die ermordeten Juden, sondern auf den – übrigens glimpflich – Verurteilten und bald schon Begnadigten.

Wie vom Erdboden verschluckt war lange auch die Erinnerung an das Verbrechen. Vom Massengrab keine Spur. Die Literaturnobelpreisträgerin Elfriede Jelinek hat die Vorgänge des März 1945 wieder ans Tageslicht gezerrt. Ihr Drama »Rechnitz (Der Würgeengel)« wurde im November 2008 an den Münchner Kammerspielen uraufgeführt.

Unter diesen erschütternden Umständen gelangten die Nachkommen von Jakab Stern 1945 zurück nach Rechnitz, ihr Grab ist nach wie vor unbekannt.

Den jüdischen Friedhof in der Szív-Straße gibt es noch heute. Laut einer Satellitenkarte ruht Jakab Stern zwischen der Direktion der Pécser Grenzwache, der einstigen Milchfabrik, der Rettungsstation, der Heizzentrale, einem Kindergarten und einem planierten Grundstück.

Aus dem Ungarischen von Éva Zádor

Christoph Haacker

»Es wäre geradezu ein Verbrechen, jetzt weiter zu schweigen ...« – József Engel de Jánosi

Am 11. April 1933, einem Ostermontag, schreibt der Schriftsteller und Jurist Armin T. Wegner in Berlin-Charlottenburg einen Brief. Darin heißt es: Er wolle sich nicht »durch Schweigen zum Mitschuldigen [...] machen, wenn mein Herz sich vor Entrüstung zusammenzieht«. Wem schreibt er da? Vertraut er jemandem seine Seelennöte an? Reift da ein Entschluss von großer Tragweite? Und was ist vorgefallen?

Wegner bezieht sich auf die gewaltsamen Übergriffe vom 1. April gegen jüdische Geschäftsleute, ihre Kundschaft und ihre Ladenlokale durch Nationalsozialisten. Er protestiert, er klagt an, er beschwört den Adressaten, »diesem Treiben Einhalt« zu gebieten. Der Empfänger ist Adolf Hitler, und der mutige Brief verhallt ungehört. Als außerordentliche Gewissenstat, als Verteidigung der »jüdischen Brüder« durch Wegner, den Nichtjuden, ist er, wenn auch viel zu wenig, bekannt.

Ungefähr zeitgleich entsteht, vermutlich in Ungarn, ein anderer Text. Darin heißt es: »Das Bekenntnis zum Antisemitismus ist in der Gegenwart quasi zum bon ton geworden [...] und ist so stark, daß selbst gerecht Denkende, von ihm affiziert, sich scheuen, ihrer besseren Einsicht Ausdruck zu geben, das Falsche zu widerlegen, der Wahrheit zur Ehre zu verhelfen, so daß Haß und Lüge dominieren können! – Auch Opportunitätsgründe veranlassen so manchen zum Schweigen; solchen fügen wir uns nicht; denn es bleibt wahr: qui tacet – consentit« – also: wer schweigt, zeigt sich einverstanden, billigt etwas – »... ja, es wäre geradezu ein Verbrechen, jetzt [...] weiter zu schweigen.«

Der Wortlaut erinnert an Wegner, und auch hier verbinden sich Anklage und Verteidigung. Auch hier tritt der Verfasser für die Juden ein. Doch ist es diesmal eine jüdische Stimme, die spricht. Und auch die Verbrechen unterscheiden sich, so sehr das Motiv, der Antisemtismus, übereinstimmt. In diesem ›Fall‹ geht es um das »Gebiet der Kunst«. Die Anklage lautet: Rufmord, üble Nachrede, Hetzerei, Verleumdung, bewusste Falschaussage. Noch drastischer könnte man sagen: versuchter Totschlag auf kulturellem Gebiet. Der Verfasser vertritt als Verteidiger überzeugend den jüdischen Komponisten Giacomo Meyerbeer (1791– 1864), einen der zeitlebens erfolgreichsten deutschen Künstler überhaupt. Manche seiner Opern wie *Die Hugenotten* oder *Die Afrikanerin* stehen noch heute auf den Spielplänen. Der ›Anwalt‹ vertritt auch den geschädigten Felix Mendelssohn-Bartholdy, den großen protestantischen Musiker aus berühmter jüdischer Familie.

Und auf der Anklagebank? Da sitzt ein Mann mit bewegter Vergangenheit. Als umstürzlerischer Freigeist ist er auffällig geworden. Nur die Flucht über die Landesgrenzen hatte ihn vor der Verhaftung und Schlimmerem bewahrt. Als Täter trat er dann unter dem Namen *Freigedank* auf. Beruf: Komponist. Die Anklage lautet: Verfassen und wiederholte Verbreitung der antisemitischen Hetzschrift *Das Judenthum in der Musik*.

Die Rollen in diesem ›Prozess‹ um Richard Wagner, einer Kontroverse, die bis heute immer wieder aufgerollt wird – so als der Dirigent Daniel Barenboim im Jahr 2001 die Chuzpe hat, dessen Musik gegen alle Widerstände in Israel aufzuführen –, sind also verteilt. Auf der einen Seite deutsche Komponisten jüdischer Herkunft, auf der anderen Seite ein ebenfalls großer Komponist, dessen judenfeindliche Hetzschriften sich leider als ebenso wirkungsmächtig erwiesen wie seine künstlerische Neuerungskraft. Viele sehen in ihnen sogar die Initialzündung zum modernen Antisemitismus, und ihr Verfasser rühmte sich dessen sogar.

Der Schriftsteller und Musikwissenschaftler Heinrich Eduard Jacob, Verfasser großartiger Lebensbücher über Haydn, Mozart und andere Komponisten, 1938 aus Wien geflohen, bringt den Tatbestand 1958 in seiner Mendelssohn-Biographie auf den Punkt: »Und dann geschah 1850 jener ›Schuß aus dem Dunkel‹, der Mendelssohn ärger traf, als ihn der Tod getroffen hatte. Es erschien jenes anonyme Pamphlet ›Das Judentum in der Musik‹, ein psychologisch aufgemachter und scheinbar sozialwissenschaftlicher Beitrag. [...] Wo nahm eigentlich der Anonymus, der unter dem Namen Karl Freigedank schrieb, die Beweise für seine Behauptungen her? Für die Schädlichkeit des Eindringens der Juden in die deutsche Musik? Nirgends – doch seine Behauptungen waren so apodiktisch gefaßt wie später die nationalsozialistischen. Im Fall Mendelssohn brauchten Hitlers Leute keine Lügen zu erfinden: alles Brauchbare stand bereits in jenem Pamphlet von 1850.«

Wer aber ist nun jener Anwalt, dessen Credo eingangs zitiert wurde? Er nennt sich *J. E. de Sinoja*. Das klingt nach einem spanischen Adligen. Der Schlüssel zum Verfasser liegt jedoch in einer anagrammatischen Verwandlung. Aus *Sinoja* wird so: *Jánosi*. Diese Spur führt zu einem Landsitz in Ungarn, den ein neureicher Industrieller – Adolf Engel – einem darbenden Grafen abgekauft hat. Bald darauf in den damals sprunghaft anwachsenden Adelsstand erhoben, verbanden diese jüdischen Besitzer ihren bürgerlichen Namen mit dem des neuen Anwesens: Nunmehr sind sie die Familie Engel de Jánosi.

Ihr sagenhafter Aufstieg vollzieht sich in und um Fünfkirchen, Pécs. Und ihre Begabungen liegen nicht allein auf wirtschaftlichem Gebiet. Unter den neun Kindern Adolf Engels – fünf Söhnen und vier Töchtern – ist ein musisches Ausnahmetalent. Wie sehr József, genannt *Jóska* (Joschka), jedoch wirklich ein Wunderkind ist, lässt sich auch nach eingehender Begutachtung durch den Komponisten Robert Fuchs in Wien nicht eindeutig vorhersagen. »Dies genügte dem Großvater nicht«, erinnert sich Józsefs Neffe Friedrich, »und auch Joska wurde dem ›Geschäft‹ einverleibt, was ihn nicht gehindert zu haben scheint, seinen musikalischen Neigungen nachzukommen; er pflegte stundenlang auf einem für ihn gebauten stummen Klavier zu üben. Mit etwa zehn Jahren durfte er Franz Liszt seine Fertigkeit auf dem Klavier vorführen. ›Wochenlang hernach‹, erzählte mir der Onkel, ›habe ich mich wohl gehütet, die Stelle auf der Stirn, die Liszt mit den Lippen berührt hatte, zu waschen.‹ Später hatte Joska in der Musik zwei nicht gut verträgliche Idole: Richard Wagner und Meyerbeer.«

*

Selbst als Geschäftsmann lässt es sich József Engel de Jánosi nicht nehmen, wenn nicht als Musiker, so doch als Schriftsteller in Erscheinung zu treten.

Dazu wählt er sich das Pseudonym *J. E. de Sinoja*. Dabei sind Rücksichten auf seine gesellschaftliche Position gut denkbar: Der derartige Aufstieg einer jüdischen Familie war unter keinen Umständen zu gefährden. Anerkennung als Autor wollte József Engel vermutlich auch nicht dank seiner Prominenz ernten. Außerdem mag sein Künstlername die Unterscheidung vom bekannten ungarischen jüdischen Bildhauer József Engel (1815–1901) erleichtert haben. Zuallererst erlaubte es ihm jedoch, sich uneingeschränkt über die Themen auszulassen, die ihm unter den Fingern brannten: den zeitgenössischen Journalismus, die Schattenseiten der Katholischen Kirche und vor allem den Antisemitismus.

Eine Verlagswerbung für seine Tragödie *Im Beichtstuhl* verweist auf einen Stoff, der im erzkatholischen Pécs allerdings Anstoß erregen konnte. Worum ging es?

»In diesem neuen Drama lüftet Sinoja den Schleier, der die Vorgänge im Beichtstuhl nur allzu häufig den Augen der Mitwelt verhüllt. In packenden, kraftvollen Zügen zeigt er uns die Gefahren der Beichte und deren Folgen. Leonore, ein unschuldiges Mädchen, fällt der Leidenschaft eines jungen Kaplans, zu dem sie ihre Herzensnot hingetrieben, zum Opfer. Sie hatte eine tiefe Neigung zu ihm gefasst, ihn öfters aufgesucht und ihm gebeichtet. Ihre Anwesenheit raubt dem jungen Kaplan die Selbstbeherrschung, und bald ist es um ihre Seelenruhe geschehen. Im Hospital finden wir das ihrer Ehre beraubte Mädchen als Mutter krank und elend wieder; sie stirbt.«

Schon der Sprachgestus dieser Annonce des Dresdner Verlags, der zwischen sensationslüsterner, reißerischer Enthüllung und sorgsamer Umschreibung schwankt, macht deutlich, wie anstößig die Thematik selbst außerhalb katholischer Hochburgen wirken mochte. Wir schreiben schließlich 1909, und das Thema Sex erobert sich erst Jahrzehnte später die Schlagzeilen; 1895 noch steht der Schriftsteller Oskar Panizza wegen seines antikatholischen Dramas *Das Liebeskonzil* in München vor Gericht, wegen »Blasphemie« muss er ein Jahr hinter Gitter. Sinojas zeitlos aktueller Stoff steht gerade 2010 im Blickpunkt: eine Welle von Fällen sexuellen Missbrauchs, zumeist an Jungen, erschüttert die Katholische Kirche in Deutschland, Österreich, Irland, Belgien und anderswo.

Die Publikationsumstände solcher Werke von József Engel haben eine weitere erwähnenswerte Note: Manches spricht für eine eher halbherzige Beziehung des Verlags zu ›seinem‹ Autor. Engels' Dresdner Verlag E. Piersons ist der Literaturwissenschaft manche Fußnote wert, nicht nur als einer der Verlage von Bertha von Suttner. Denn hier debütierten bedeutende Autoren wie Egon Erwin Kisch und Ludwig Winder mit belanglosen Lyrikbändchen, oder – wie Hermann Bahr, Theodor Herzl, Ludwig Anzengruber oder August Strindberg – mit dramatischen Versuchen.

Nicht hoher Kunst und gegenseitiger Wertschätzung, sondern klingender Münze war das wohl teilweise zu verdanken. Egon Erwin Kisch soll, als er zum weltberühmten ›Rasenden Reporter‹ geworden war, sogar seinen ihm inzwischen peinlichen Erstling selbst aufgekauft haben. Es ist anzunehmen, dass erst recht der vermögende József Engel seine Bücher selbst finanziert hat. So fällt auch der wenig überschwängliche Ton auf, mit der die Verlagswerbung den eigenen Autor vorstellt: *Im Beichtstuhl* wird recht verhalten als »Beweis eines schönen Talents« gewürdigt. Über sein Drama *Die Marranen* heißt es, es sei »nicht gänzlich unbekannt geblieben.« Ist das feines Understatement oder deutet das zwischen den Zeilen einen totalen Misserfolg an?

Ob selbst finanziert oder nicht, József Engel nutzt die Publikationsmöglichkeit aus. Die Schärfe seiner Positionen nimmt dabei zu. Ihm geht es jetzt vor allem um eins: den Kampf gegen den Antisemitismus, nicht nur im Fall von Richard Wagner. Auch die historische Schuld der Katholischen Kirche an der Erniedrigung und Verfolgung der Juden wird angeprangert.

Das gilt auch für die Tragödie *Die Marranen*, die heute weltweit in nur noch wenigen Exemplaren verfügbar ist. Das Schauspiel verweist auf die Lage der iberischen Juden nach der *Reconquista*, der Eroberung der letzten maurischen Festung Granada unter Ferdinand von Aragon und Isabella von Kastilien im geschichtsträchtigen Jahr 1492. Auf diesen Sieg der 1479 vereinigten »Katholischen Königreiche« folgte Spaniens Aufstieg zur Großmacht, die sich – dank Columbus – im selben Jahr daran machte, Kolonien in Amerika zu erschließen. Im Schatten dieser Ereignisse vollzog sich die Judenverfolgung, die in der »Austreibung« der Juden aus dem Land gipfelte und bereits seit 1478 mit der gegen (angebliche) Kryptojuden eingesetzten Inquisition in vollem Gange war. Die Perspektive für die Judenheit bestand darin, entweder glaubhaft zum Christentum zu konvertieren oder Heimat, Hab und Gut, womöglich gar das Leben, zu verlieren. Die unter Zwang getauften Juden wurden zu *Conversos* oder abschätzig: *Marranos* (wörtlich: ›Schweine‹).

József Engels frühe Beschäftigung (1900) mit diesem Stoff ist bemerkenswert, denn erst angesichts der nationalsozialistischen Verfolgungen wird in mehreren literarischen Werken diese frühneuzeitliche Kata-

Feuriger Freigeist:
József Engel de Jánosi

strophe der Judenheit mit der bedrohlichen Gegenwart in Verbindung gebracht. Anknüpfungspunkte boten dabei sowohl die verfolgten Juden als auch der fanatische Großinquisitor Torquemada, der als Vorwegnahme Hitlers gestaltet wurde.

Es war bereits József Engels Anliegen, mit seinen historischen Dramen aktuelle Entwicklungen zu kommentieren. Das legt nicht nur die Verlagsannonce zu *Die Marranen* nahe: »Die Beziehungen seines großen historischen Stoffes aus dem Mittelalter zur modernen Gegenwart sind von spannendstem Interesse.«

Den Hintergrund bildet dabei einerseits der Konflikt zwischen der vom Königspaar eingesetzten Inquisition unter Torquemada und den spanischen Granden, die an Einfluss verlieren. Im Vordergrund steht jedoch Dolores, die Tochter des berühmten Juden Abravanel, der die Zwangstaufe über sich hat ergehen lassen: »Kein Ausweg, keine Rettung war zu seh'n. / […] Ich nahm mit Euch die Taufe – / Doch nur zum Schein!« So führt seine Familie ein lebensgefährliches Doppelleben und praktiziert den jüdischen Glauben weiter: »Nach außen sind wir tadellose Christen, / Die treu dem König und dem Lande dienen, / Doch keine Macht vermag uns zu entreißen / Die Liebe zu dem alten heil'gen Glauben.« Dolores war zufällig dem glorreichen Feldherrn Gonzalo Fernández de Córdoba y Aguilar begegnet – ein Fall von »verbotener Liebe«: »Wär's wirklich Sünde, einen Mann zu lieben, / Bloß weil sein Glauben, anders als der meine? / Trägt er die Schuld, daß seines Glaubens Priester / Verfolgen uns in unbarmherz'ger Wut?« – ... zumal die Tugendhafte obendrein einem Marranen versprochen ist. Gonzalos Antrag lehnt sie – schweren Herzens – ab. Als es zwischen ihm und ihrem Bräutigam Don Manuel Abravanel am Hofe zu einer Eifersuchtsszene kommt, macht sich Don Diego de Talavera, der kriecherische Handlanger des Inquisitors, zum Nutznießer. Zunächst ermordet er hinterrücks Don Manuel und lenkt den erdrückenden Tatverdacht auf dessen Nebenbuhler. In Gonzalo schaltet er zugleich den edlen Gegner der Verfolgung von Marranen und Moriscos – der ebenfalls bedrängten Mauren – aus. Daraufhin errät Talavera Dolores' heimliches Judentum, liefert sie der Inquisition aus, verspricht ihr die Rettung, um sie – natürlich vergeblich – dazu zu erpressen, seine Geliebte zu werden. Durch ihren Cousin, Don Bernardo, wird das Ränkespiel in letzter Sekunde vereitelt, Dolores entkommt, stirbt aber an gebrochenem Herzen, vom herbeigeeilten, rehabilitierten Gonsalvo kann sie noch Abschied nehmen.

Was immer dieses Stück zu wünschen übrig lässt – *Die Marranen* ist Plädoyer gegen den Fanatismus und für Toleranz in der Tradition von Lessings *Nathan der Weise* oder *Die Juden*. Don Bernardos Botschaft lautet: »Wie Gift den Menschen – stürzen falsche Lehren / In wilden Wahnsinn ganze Nationen. – / Ich sah' am Werk die gleißnerische Sippe, / Nur leere Form ist ihnen Religion; / Deckmantel bloß für ihre bösen Zwecke. / Der Worte Sinn und wahre Absicht fälschend, / Verwirren sie Verstand, Gefühl des Volkes, / Nicht sondern kann es mehr das Recht vom Unrecht«. Vorm Inquisitionstribunal hält Dolores Torquemada in einer großen Verteidigungsrede unter Berufung auf Christus vor, wie unchristlich sein Tun ist: »Er war ein Jude – Ihr verfolgt die Juden; / [...] Er lehrte Liebe Euch – Ihr lehret Haß! [...] Gleichgültig ist die Form, in der wir beten / Zum Schöpfer dieser Welt – ist rein das Wesen. / [...] Ihr handelt nicht, wie wahre Priester Gottes«. Dolores wird zur mutigen Bekennerin ihres jüdischen Glaubens und überstrahlt die Schuftigkeit ihrer Widersacher, die stellvertretend für die modernen Antisemiten stehen: »Einen Gott nur kennt Israel, / Stolz bekenn' ich mich als Tochter / Dieses stets verfolgten Stammes / Stolz bekenn' ich mich als Jüdin!«

József Engel griff mit seinem dritten Drama einen bekannten Stoff auf: *Der Kaufmann von Rom* heißt die Tragödie, und Shakespeares *Der Kaufmann von Venedig* lässt grüßen. Hier schreibt ein Bewunderer des englischen Dramatikers, aber das ist nebensächlich. Dem Pécser Juden geht es allein um den *Shylock*, jene jüdische Figur von trauriger Berühmtheit: Dieser besteht zum Ausgleich für nicht beglichene Schulden darauf, dem christlichen Schuldner Antonio ein Stück Fleisch aus seinem Körper zu schneiden, was nur durch einen juristischen Kunstgriff verhindert werden kann.

Das wirft einen dunklen Schatten auf den erfolgreichsten Dramatiker aller Zeiten. War Shakespeares Erfolg hier dem gefährlichen Spiel mit der Judenfeindschaft zu danken? War auch er ein Judenhasser? Von diesem Verdacht spricht Engel ihn frei. Er argumentiert, Shakespeare habe gar keine Gelegenheit gehabt, Juden kennenzulernen, da sie zu seinen Lebzeiten in England nicht geduldet wurden. Sein ›Jude‹ sei also ein exotisches Phantasiegeschöpf aus zweiter Hand, aus zweifelhaften Quellen. Als Beleg führt er auch das Unjüdische dieser Figur an: die fehlende Übereinstimmung mit den sozialen Schranken für die mittelalterlichen Juden in Italien und die Verstöße gegen jüdisches Gesetz. Daneben erinnert Engel, wie einst Ludwig Börne, daran, welch Unrecht zunächst dem Juden angetan worden ist. Zuguterletzt entlarvt er den Shylock-Stoff als Überlieferung eines Vorfalls unter Christen.

Folgerichtig dreht er – nach seinem Einleitungsessay – den Stoff um: In seinem *Der Kaufmann von Rom* soll dem unverschuldeten Schuldner Shylock das voller Skrupel verpfändete Stück Fleisch herausgeschnitten werden, es sei denn, seine Tochter Jessica rettet ihn durch eine Liebesnacht mit seinem lüsternen Peiniger Antonio. Shylock ist nun zu einer glaubwürdigen Figur umgestaltet: im Bewusstsein des jüdischen Gesetzes. Analog zu Dolores in *Die Marranen* ist er bereit zum Märtyrertod, als ihm die Taufe als Notausgang eröffnet wird: »Als Jude lebte ich, als Jude will ich sterben, alle Schätze dieser Welt – sind nicht im Stande, dahin mich zu verleiten, meinen Glauben abzuschwören – alle Qualen [...] will ich [...] zur Ehre meines heiligen Glaubens ertragen.« Die Intervention des Papstes rettet ihn; verurteilt wird dagegen Antonio, den zuvor Gnadengesuche nicht gerührt hatten, als Verschwörer gegen den Heiligen Stuhl und wegen weiterer Delikte.

Stärker noch als in *Die Marranen* macht Engel in *Der Kaufmann von Rom* die ätzende Judenfeindschaft der Massen und ihre Triebfeder, hier die Katholische Kirche, zum Thema. Dabei wird jedoch der 1585 bis 1590 amtierende Papst Sixtus V. als ein Gegner der Exzesse gegen Juden gewürdigt.

Der Dramatiker zielte aber nicht auf diese historischen Verhältnisse ab. Ihm ging es darum, den *Shylock* seiner Wirkung zu berauben, »diese Figur, die auch im jetzigen, vom Antisemitismus durchseuchten Zeitalter als Vorwand dient, um Juden und Judentum die gehässigsten Keulenschläge versetzen und mit den vulgärsten Verdächtigungen und Verleumdunngen überschütten zu können.« Die Einleitung zu seinem Drama gerät zur Abrechnung mit dem Antisemitismus. Über Wagner, über die Totengräber des Liberalismus hinaus, »sei nur an die wahnwitzigen und brutalen Vorgänge [...] in Wien, Prag, Budapest, Paris u. s. w., an die Ritualmordprozesse in Tisza-Eszlár, Korfu, Xanten, Kiew u. a. – an den erschütternden Dreyfus-Prozeß in Frankreich, ganz abgesehen von den entsetzlichen Geschehnissen in Rußland und Rumänien [erinnert], um zu zeigen, welch' ein verderbliches Gift der Antisemitismus für die Völker geworden ist.« Engel fordert die Judenhasser direkt heraus: »Vernehmet diese Worte, ihr Ritter und Knappen des Ariertums und des Rassetheorie-Schwindels [...] ihr Hetzkapläne, welche die Religion mißbrauchen, um den Fanatismus zu wecken [...] ihr Professoren der Universitäten [...], ihr alle, die ihr nicht die Fähigkeiten, sondern die Geburtszeugnisse euerer Hörer prüft.« Das schrieb József Engel nicht 1933, sondern schon 1913. 1923 aktualisierte er sein Vorwort: »... alles, alles hat sich verändert – nur Eines ist geblieben: der Antisemistismus, der Judenhaß«.

József Engels Botschaft kam an: und zwar noch zehn Jahre später ... Es waren die Nazis, die 1933 sein Werk ernst nahmen. Während ihrer Bücherverbrennungen wurde in Leipzig auch *Der Kaufmann von Rom* ins Feuer geworfen. Als Untermalung für diese Untat waren ausgerechnet Verse aus Byrons *Hebräischen Melodien* (1815) missbraucht worden, die (nicht nur) unter Juden bis in die zwanziger Jahre populär waren; Engel zitiert sie selbst: »Die Taube hat ihr Nest, der Fuchs die Schluft [Höhle; Bau], der Mensch die Heimat – Juda nur die Gruft.«

Der, dem hier das Menschsein und das Recht auf Heimat abgesprochen, dem nichts als der Tod gewünscht wurde, dachte nicht daran, sich einschüchtern zu lassen. József Engel, der hellsichtig den Antisemitimus bekämpft hatte, als dieser von vielen noch unterschätzt worden war, legte nicht zufällig 1933 sein Buch *Das Antisemitentum in der Musik* vor, das an seine erste Publikation als Achtzehnjähriger, *Richard Wagners ›Judenthum in der Musik‹. Eine Abwehr* (Leipzig 1869), anknüpft. An eine Veröffentlichung in Deutschland war jetzt schon nicht mehr zu denken. Dem ungarischen Juden mit zweitem Wohnsitz in Wien stand aber ein bekannter Wiener und Zürcher Verlag offen.

Wieder kam József Engels Botschaft an – diesmal bei einem Kollegen, dessen Verhältnis zum Judentum keineswegs frei von Ressentiments war, obwohl er eine Jüdin zur Frau hatte. Nach der Lektüre von J. E. de Sinojas Buch notiert eben dieser Thomas Mann am 13. Februar 1935 über Richard Wagner in sein Tagebuch: »Grausiges Gefühl davon, wieviel dieser als Charakter abscheuliche Kleinbürger tatsächlich vom Nationalsozialismus antizipiert.« Damit vollzieht er eine Wandlung, wie sie auch József Engel vorgelebt hat: Eigentlich ›Wagnerianer‹, überwindet Thomas Mann die Heldenverehrung und gestattet sich den kritischeren Blick.

*

József Engel de Jánosi wirkte als ein deutsch-jüdischer Schriftsteller aus Ungarn. Es gibt eine Reihe von Autoren, die von Budapest aus ihren Platz in der deutschen Literatur(-szene) suchten und fanden, vor allem in Berlin, Wien und München. Darunter waren Arthur Koestler, Arthur Holitscher, Béla Balázs, Gyula (Julius) Háy, György (Georg) Lukács. József Engel aber blieb seiner Heimatstadt Pécs und seinem Land treu. Das machte ihn zur Ausnahme in Zeiten, in denen – unter dem selbsternannten Reichsverweser Miklós Horthy – nicht nur Budapests kulturelle Blüte welkte, der Antisemitismus dagegen wuchs und gedieh.

József Engels Leben vollzog sich in Ungarn aber nicht in provinzieller Abgeschiedenheit. Eine merkwürdige Verbindung führte von seinem Landsitz ausgerechnet nach Bayreuth. Denn Richard Wagner scheint den kritischen Wagnerianer ins Herz geschlossen zu haben: »Sind Sie vom Himmel zu uns herabgesandt?« soll Wagner den Gast launig bei dessen Antrittsbesuch begrüßt haben. Das überliefert dessen Neffe, der die offenbar freundliche Beziehung zwischen dem Grünen Hügel und dem Dorf Jánosi betont, »die auch nach dem Tode des Meisters nicht abriß, und über das Leben von Cosima bis zu Winfried sich fortsetzte. Das schönste Obst von Jánosi wanderte im Herbst nach Bayreuth.«

Harmonie pur also. Ob solche herzlichen Gefühle auch dem Verfasser von *Das Antisemitentum in der Musik* entgegengebracht worden wären? Das ist allerdings unvorstellbar, denn der intime Kenner der Verhältnisse József Engel zielt bewusst auf Machenschaften der Clique der Nachgeborenen im Hause *Wahnfried,* die einen speichelleckerischen Gefährten und Biographen, Carl Friedrich Glasenapp, als Gewährsmann für zahlreiche Lebenslügen des Meisters und als Nachbeter seines Antisemitismus protegieren, während andere Stimmen mundtot gemacht wurden.

Das eingangs vorgestellte Zitat daraus macht es deutlich: Engels' *Das Antisemitentum in der Musik*, mit Nietzsches »Der Fall Wagner« als scharfer Munition unterfüttert, erscheint nicht zufällig 1933. Einmal kommt die Rede auf Hitler, ohne dass dessen Name genannt wird – auf eine 1932 vom Wiener Musikschriftsteller Max von Millenkovich (Ps. *Max Morold*) »prophezeite und gewünschte Verkoppelung des Hauses Wahnfried mit einem eigentlich heimats- und gewissenlosen Abenteurer, dessen gesamte Bildung und Kenntnisse in dem Ausrufe ›Schlagt die Juden tot‹ kulminieren, der jedoch von Morold als ›Erlöser‹, als ›Messias‹ gefeiert wird [...] Daß es aber diesem ›Erlöser‹ einer wahren ›Spottgeburt von Dr ... und Feuer‹ trotzdem gelungen ist, Millionen von Deutschen, darunter doch gewiß viele Intelligente, an seine Fahne zu fesseln, daß das ›Volk der Denker‹ dem Gedankenlosen Folge leistet, gehört zu den Unbegreiflichkeiten ...«

József Engel beweist in seinen Beziehungen alles andere als Engstirnigkeit. Seine Bewunderung für Wagner, den Musiker, geht mit seiner Kritik an dessen menschlicher Niedertracht Hand in Hand. Seine kritische Haltung gegenüber der Katholischen Kirche hindert ihn nicht an engem Kontakt zum Apostolischen Nuntius Gamberti, und als Patronatsherr hält er seine wohltätige Hand über Jánosi.

Diese religiöse Toleranz kennt jedoch Grenzen. Friedrich Engel de Jánosi teilt als »Betroffener« mit: »Joska nahm seine Verpflichtungen als Inhaber des Patronats von Jánosi sehr ernst, blieb aber dabei der mosaischen Religion traditionsgemäß treu und hatte für den Übertritt eines Familienangehörigen etwa zur Katholischen Kirche keinerlei Verständnis.« Diese kompromisslose Haltung gegenüber der Assimilation beweist sich auch an anderer Stelle. Jüdischsein ist für József Engel nicht allein eine Frage der Herkunft, sondern weit mehr der Haltung: »Es gibt […] eine Anzahl nicht getaufter Menschen, die man Juden nennt, die aber dennoch keine Juden sind, wenngleich sie nach Abstammung und Gemeinde-Zugehörigkeit dahin zählen. Sie haben ihrem Glauben nicht abgeschworen, können aber demungeachtet als Juden nicht betrachtet werden, da sie außer jedem Zusammenhange stehen, mit allem, was das Judentum betrifft […] Sie haben überhaupt keine Religion und können mit Fug und Recht als Heiden bezeichnet werden. […] sie sind Scheinjuden […]«.

Folgerichtig nahm József Engel seinen Platz in der Pécser Jüdischen Kultusgemeinde engagiert ein: ab 1878 im Vorstand, 1901 bis 1911 als Vorsitzender.

*

József Engel war Jude, war deutscher Schriftsteller, war Ungar – sogar »Königlich ungarischer Hofrat« – und Patriot. Die Niederlage im Ersten Weltkrieg empfand er als Katastrophe. Das war sie für kein Land stärker als für Ungarn, das im Zuge des Vertrags von Trianon zwei Drittel seiner Territorien verlor. Und seine zweite Heimat Österreich sah sich von einem europäischen Großreich zur kleinen Alpenrepublik plus Wien geschrumpft.

Die Katastrophe des jüdischen Volks und der engültige Zusammenbruch des alten Europa blieben József Engel erspart. Er starb kurz nach Ausbruch des Zweiten Weltkriegs am 25. November 1939 in Jánosi und wurde auf dem Pécser jüdischen Friedhof in der *Szív utca* begraben. Zuletzt erfüllte den Witwer, so sein Neffe, eine Liebesgeschichte: »Mit fast 80 Jahren entbrannte Joska in einer leidenschaftlichen Neigung zu einer attraktiven Blondine aus Pécs, die um mindestens 30 Jahre jünger war; er war bereit, dieser Neigung einen Großteil der stolzen Eichenwälder von Jánosi zu opfern.« Das aber verhinderte sein Sohn Richard. Dieser fiel 1944 den Judenhassern zum Opfer, die sich auf Richard Wagner berufen konnten und gegen die sein Vater ein Leben lang gekämpft hatte: »Er wurde von der Gestapo nach Mauthausen gebracht, von wo er nicht zurückkehrte. Überlebende aus dem Lager berichteten, daß er – was glaubhaft ist – in Protest gegen Mißhandlungen einem Hungerstreik erlegen ist.«

So geht, was Mitte des 19. Jahrhunderts als eine märchenhafte Verheißung in Fünfkirchen begonnen hatte, im Krieg und in Konzentrationslagern unter. Eine Familie, die sich lange ihr Judentum bewahrt hatte, aber im Einklang mit der ungarischen Umgebung, der christlichen wie der deutschen Kultur lebte, eine Dynastie, die zum Wohlstand ihrer Heimatstadt Pécs beigetragen hatte, wird zu Verfolgten. József Engels letzte Monate werden von den politischen Ereignissen überschattet, »er verschied während der Lektüre seines bevorzugten Holzfachblattes; noch geraume Zeit glaubte man, daß er seiner Gewohnheit gemäß dabei nur eingeschlafen war.« Beide Söhne, nach deutschen Komponisten benannt, überleben ihren Vater nicht lang. Richard kommt 1944 im KZ Mauthausen um; Róbert – in Schumanns *Neue[r] Zeitschrift für Musik* hatte ihr Vater für Meyerbeer und gegen Wagner gestritten – stirbt 1943 in Pécs, als Katholik: »Den Leichnam unseres seligen Toten werden wir am 31. Juli 1943, nachmittags um 1/2 6 in der innerstädtischen Pfarrkirche einsegnen und in der Krypta der dortigen Unterkirche, in der Hoffnung auf eine Auferstehung, zur Ruhe betten«, lautet die Todesanzeige.

Ungarische Besitztümer der Familie verschwinden in den Kriegsjahren; darunter wertvolle Sammlungen József Engels, so musikalische Autographen und seine ausgedehnte Korrespondenz, zum Beispiel mit Wagner und dem russischen Erzähler Ivan Turgenev. Die Handhabe für den Raub bilden die ungarischen Judengesetze von November 1942 und Mai 1944. Das stalinistische Nachkriegsungarn kennt, nur wenige Jahre später, in Zeiten ›antizionistischer‹ Exzesse ebenso wenig Skrupel, jüdischen Besitz an sich zu reißen. Ein Großteil der ungarischen Judenheit wird 1944 in nur wenigen Wochen systematisch ermordet. Davon betroffen sind besonders die Juden der Provinz, auch die stolze Pécser Gemeinde mit ihren rund 4000 Mitgliedern, die vor ihrer Deportation ab dem 9. Mai 1944 in ein Ghetto gezwungen wurden. Das Zentrum der ungarischen Juden, Budapest, bietet dagegen mehr Schlupfwinkel; mutigen Helfern wie dem Schweden Raoul Wallenberg gelingt es dort, viele Juden zu retten.

Auch der Wiener Familienzweig der Engel de Jánosis gerät nach der Annexion Österreichs 1938 ins Visier der Nationalsozialisten: Ein Verwandter wird in der ›Kristallnacht‹ verhaftet und ins KZ Dachau verschleppt. Die »Holz- und Parquettenfabrik« gegenüber dem berühmten *Karl-Marx-Hof* in Wien-Heiligenstadt (Döbling) wird in der Zeit der »Arisierungen« an einen Cousin von Göring »verkauft« – bloß ein Bruchteil der Summe wird bezahlt –, und nur die Flucht in die USA rettet József Engels' Neffen Friedrich das Leben: »Samstag abend, am 1. April 1939, bevor der Zug um halb zehn Wien verließ, hörte ich bei der Mutter eine Hitler-Rede; sie war endlos. Der Abschied war kurz und ruhig. Als ich in das Auto stieg, hätte ich mich überzeugen können, daß die Dippelbäume, deren drohender Zerfall dem Vater so viele Sorgen bereitet und ihn zur Abstoßung des großen Hauses veranlaßt hatten, noch intakt waren, während der letzte männliche Nachkomme von Adolf Engel jetzt die Hofzeile 12 für immer verließ.«

Als arrivierter Historiker kehrt Friedrich Engel de Jánosi 1959 aus dem Exil in den USA zurück und lehrt bis 1969 als Professor an der Universität Wien. Seine »Erinnerungen aus einer verlorenen Generation« *… aber ein stolzer Bettler* (1974) sind auch ein Denkmal für seine jüdische Familie aus Pécs, ihre Verdienste und ihren Großmut, die der Stadt über rund hundert Jahre zugute kamen.

Im Nordosten von Pécs findet sich heute eine nach József Engel benannte Straße, die *Engel János József út;* eine der Marmortafeln in der Synagoge erinnert an seine Frau, eine andere an seine Tochter Natália, die mit vier Jahren gestorben war.

Sándor Weöres, Dichter, 1913–1989

Ungarn ist das Land, in dem noch mitten im 20. Jahrhundert ein lupenreiner Dichter leben konnte, geduldet und geliebt von Land und Menschen. Sándor Weöres ist der lebendige Beweis, und die Stadt Pécs hat einen hilfreichen Anteil daran, dass sich diese extreme und gefährdete Spezies in moderner Zeit glücklich und produktiv entfalten konnte.

Wilhelm Droste
Sándor Weöres

Jedes Kleinkind in Ungarn lebt mit seinen Versen, kein Kindergarten kann sich der ansteckenden Magie seiner Sprache entziehen, und an den Universitäten wird über die eindrucksvollen Rätsel seiner Poetik recherchiert und philosophiert.

Weöres ist 1913 in Szombathely dicht an der österreichischen Grenze geboren und 1989 in der Hauptstadt Budapest gestorben, dennoch aber binden ihn wichtige und prägende Jahre an Pécs. Nach mühsamen und von vielen Krankheiten gezeichneten Schuljahren kommt er im Herbst 1933 in die Stadt, um dort an der Elisabeth-Universität zunächst Jura, dann Geographie und Geschichte und schließlich Philosophie und Ästhetik zu studieren. In dieser Zeit befreundet er sich mit seinem Lehrer Lajos Fülep. 1939 promoviert er in Pécs mit einer Arbeit über die Entstehung von Dichtung, wirklich entscheidend aber ist für ihn allein die Dichtung selbst. Seine ersten drei Gedichtbände erscheinen in Pécs (*Es ist kalt*, 1934, *Der Stein und der Mensch*, 1935, *Lob der Schöpfung*, 1938); noch als Student gehört er zu den Gründern eines Blattes, das im Titel auf Fünfkirchen, den deutschen Namen für Pécs, anspielt: *Öttorony* (»Fünf Türme«).

Etwa zehn Jahre verbringt Sándor Weöres in Pécs, es sind die entscheidenden Jahre, in denen er sich als Dichter findet und durchsetzt. Kein ungarischer Lyriker hat so sehr aus der Musik der ungarischen Sprache heraus gedichtet, ja geradezu in einem Singsang aus ihr heraus gesungen wie Sándor Weöres. Diese naive Art des Dichtens im Schillerschen Sinne bedarf eines festen und zuverlässigen Schutzes, den das in mancherlei Hinsicht idyllische Pécs besser zu bieten vermochte als etwa die Hauptstadt Budapest. Hier ließ sich eine Doppelexistenz als Dichter und Bibliothekar (ab 1941) leichter und geschützter leben. Auch wurde ihm hier manch eine Disziplinlosigkeit, gern auch mit Alkohol verbunden, leichter verziehen als anderswo. Natürlich brauchte auch Weöres die Blätter und Verlage der Hauptstadt, um sich landesweit durchzusetzen. Besonders wichtig war sein Auftreten in den letzten Jahren der Zeitschrift *Nyugat* (»Westen«, »Abendland«), hier versammelten sich die besten Köpfe der ungarischen Moderne, die seine Nähe und Freundschaft suchten. 1935 und 1936 gewinnt er den »Baumgartenpreis« und das gleichnamige Stipendium, er investiert das Geld in große Reisen, 1935 nach Nordeuropa, 1937 über Genua und Neapel nach Ägypten und Indien. Auch später zieht es ihn immer wieder in die großen Urkulturen (China, Griechenland), um den eigenen Ursprüngen wie auch den tiefsten Quellen des Ungarischen näher zu kommen. Für ihn ist die kleine und die große Kultur ein einziges Lebewesen, das es elementar zu bestaunen gilt, aus größter Nähe und aus majestätischer Ferne gleichermaßen. Die Stadt Pécs hat sich als Schutzzone seiner Inspiration verdient gemacht, weit über die direkte Thematisierung in seinen Gedichten hinaus.

Sándor Weöres
Pécs

Über der wogenden Stadt
Floss die Klangflut der Glocken,
Doch trank sie der Mond zur Gänze
Und es ward Nacht.

Aus dem Ungarischen von Éva Zádor

Das Mecsek-Gebirge, Schutz und Aussichtsturm der Stadt

Soll ich nun die Tränen-Spitzen, *Meinem Freund Pali Lovász*
den Raureif-Flaum der Hängelampe
zum Licht- und Drähtedoktor tragen?
Ihre durchsichtigen Steinfäden,
ihr ausgetrocknetes Meeresufer?
In der immer engeren Gasse
kann ich keinen Fuhrmann finden.
Mägde hängen tief in ihren
Netzen, für ihr längeres Träumen
gibt es kleinen Stundenlohn.

Sándor Weöres
Traum vom alten Pécs

Oben an der Nadelspitze der Zeit
ist Tettye ein Puzzle-Spiel,
unten eingedrückt Purtuluk.
Um seine Winkel herum halboffen
der Steinkragen der Stadt,
hier mitten im Wirbelwind
thront die Mariä-Schnee-Kapelle
– ihr auf dem Rücken liegender Esel
streckt seine Hufe zum Himmel –
um sie herum der Felsenkragen
sammelt ehrlich, ohne Kanal
reichlich Regenwasser
auf die rußige Ekklesia.
Keine Brücke. Nur der Wasserfall.
Als Gleichnis oder Köder
ein Bretterweg am Wasser;
doch wahre Verwandte
fliegen einander auch
ohne Flügel in die Arme,
und eingebildete Kranke schlucken
kupferne Halbmonde,
geblieben aus türkischer Zeit.

Begraben unter meiner Mütze,
von meinem Rattenpelz beweint,
doch in windzerzauster Höhe
bewahrt der Makár seine Reben,
mit einem Finger lehrt Jakob,
der sich im See die Füße wäscht,
die Karpfen singen;
näher sitzt die Wiese von Málom
auf den Schranken der Eisenbahn,
bleibt vor der Bierbrauerei stehen
und kehrt nachdenklich heim.

Auf dem Rund der Mokka-Torte
im Kristallpalast der Bank
steht der Chor der Elefanten,
andächtiges Kelcheklirren;
wo sich die Häuserzeile duckt,
da schwimmt die alte Schmiede
im Purpur vergangener Zeiten,
zwischen ihren dunklen Spitzen
musizieren in Trauerkleidung
alte Teufel, junge Teufel;
und der unrasierte Weg,
wo Jungfrauen Orgel spielen
und Seifenblasen des Hausmeisters
ein, zwei Kometen zum Himmel werfen:
das ist der Rand der Kaffee-Torte,
weiter weg vielleicht der blaue Dunst,
vielleicht ein Pfad im Obstgarten,
verstreutes Bellen der Hunde,
ein Zug verliert sich in der Nacht.

Zwischen Reinigungsmitteln
scheint im Ausschank die Sonne,
dort ist der Kalender lesbar,
der Hängegarten der Kakerlaken,
getupfte Wirtschaft, dort hinein

taucht regendurchspültes Haar.
Soll ich denn auch den Krug bringen?
jede Quelle, jeden Blitz?
die Hörner des Stalles,
wo sie eben den Segen blasen
zwischen vollen Eutern und Grabeslichtern?
Ich höre nicht auf solchen Rat,
den Silberpapier aus Teerpfützen
in blinde verriegelte
Fenster hustet.

Lieber entzünde ich leuchtende
Blicke meines Mantels,
die Millionen kleiner Falter-Fühler;
ich will dich sehen, du Schattenbedeckte,
die du dein Netz wirfst
über Kinderweinen-Bienenkörbe,
und über der Altstadt
die Zukunft bindest,
lumpige Vergangenheit unterlegst
– nach einer Lampe hungert es mir,
du, gelöscht, nach allen –
Bist du es leid? hier trage ich die Gemme!
Soll ihr doch die mit der Schulter
davonlaufende offene
Keramikbrust entgegeneilen.

Aus dem Ungarischen von Éva Zádor

Károly Méhes
Herumstreunen in Pécs

An einem einmalig schönen Sommernachmittag bin ich von zu Hause verschwunden. Obwohl von Verschwinden, Verlorengehen die Rede ist, verbinden sich damit kein jammerndes Suchen, keine Tränen, weder Vorwurf noch Selbstvorwürfe. Nur zwitschernder Sommer und Friedlichkeit – man könnte fast sagen, verdächtige Stille erfüllten Haus und Garten in Pécs, dennoch kam niemand darauf, Verdacht zu schöpfen. Denn ehrlich gesagt, mich hat in dieser knappen halben Stunde meines Verschwindens niemand vermisst. Das Wissen um meine Anwesenheit war so klar und über allen Zweifel erhaben, darüber brauchte man nicht nachzudenken.

Dann schellte es.

Jemand schellte am Gartentor. Meine Mutter drüben im Haus ließ die Dinge liegen, mit denen sie sich gerade selbstversunken beschäftigte, vielleicht warf sie einen Blick auf ihre Uhr, wie spät ist es, wer kann das jetzt sein, so ging es ihr durch den Kopf, nicht aber, wo ich denn bin, ob ich überhaupt irgendwo bin.

Allerdings war ich irgendwo. Keiner kann sich erinnern, was und wie es passiert ist. Man kann es sich denken, es ist keine große Kunst herauszufinden, was der Zweijährige entdeckt: Das Gartentor ist einen Spalt weit auf, dann öffnet er es so weit, dass er rausschlüpfen kann, und zieht los. Ihm dämmert es, hier bin ich schon einmal gewesen, mit den Eltern, Mama und Papa, immer zusammen, im Kinderwagen oder an der Hand. Aber jetzt …!

Es bleibt ein Geheimnis. Wie stark hat sich das in meiner Seele festgesetzt? Was hat dieses erste Gefühl der Freiheit bewirkt, einfach loszuziehen, was auch immer geschehen mag? Ich, ganz allein, nur der eigenen Nase nach. Ich bin nicht weggelaufen, das ist keine Flucht, ganz im Gegenteil: Ich verwirkliche mich, ich bin zwei Jahre alt, nach zwei Jahren Eingeschlossenheit gehört die Welt nun endlich mir.

Stolz stolpere ich über den Bürgersteig. Ich biege von der Gábor-Straße in die Munkácsy-Straße ein (wie könnte ich wissen, dass die Straßen Namen tragen; vielleicht weiß ich nicht einmal meinen eigenen Namen). Wie kam ich dazu, nach rechts oder links weiter zu laufen? Mindestens einmal musste ich die Straßenseite wechseln, um dann nach links abzubiegen und vor die Synagoge zu geraten. Wie viel Zeit mag der kleine Ausreißer für diesen Weg gebraucht haben? Was habe ich mir unterwegs alles angeschaut? Vielleicht nichts, vielleicht habe ich die Entfernung nur hechelnd verschlungen, die Weite, vielleicht bis ans Ende der Welt ...? Tatsächlich, von der Gábor-Straße aus gesehen war der Kossuth-Platz beinah das Ende der Welt, wo zwar manche Menschenseelen sein mögen, bestimmt aber keine kleinen, winzigen Kinder. Ganz allein, niemanden an der Hand, so ganz bestimmt nicht.

Meine Mutter kann bis heute nicht sagen, wer mich zurückgebracht hat. Sie behauptet, sie habe nur mich angeschaut, so sehr schoss es ihr durch Mark und Bein, dass sie mich verloren hat, vergeblich stand ich vor ihr, wiedergefunden, sie konnte sich beim besten Willen nicht mit dem Mann beschäftigen, der mich zurückgebracht hatte.

Wer könnte das nur gewesen sein, der an einem Sommernachmittag vor der Synagoge entlangging und auf diesen kleinen Jungen aufmerksam wurde, der in seiner Freiheitsbegeisterung herumplanschte? Er wurde aufmerksam, schaute sich das Kind genau an und begann, in seinen Erinnerungen zu suchen. Er kam darauf, das Kind zu kennen, wenn auch nur flüchtig, den Namen mag er nicht gewusst haben, doch je intensiver er das Kind beobachtete, wurde er immer sicherer. Und er sah, dass das Kind so selbstversunken auf der Straße vorbeizog wie eine einsame Wolke am Sommerhimmel. Habe ich diesen Mann gesehen? Ist mir aufgefallen, dass er stehen blieb und mich musterte? Und überhaupt, was habe ich mitbekommen von all den Dingen, an denen ich vorbeigelaufen bin? Wie ist die Welt aus der Höhe von einem Meter? Nur Beine und abfallender Putz, kühle, aber stinkende Luft dringt aus den Kellerfenstern. Der Mann hatte sich entschieden. Das Kind war hier nicht am richtigen Platz. Ihn überkommt eine Ahnung, wo er den Jungen schon einmal gesehen hat, in welchem Haus man vielleicht schon nach ihm sucht. Es ist in der Nähe, zwei Straßen weiter. Eigentlich hätte er etwas anderes zu tun, aber er nimmt das Kind an die Hand und macht sich mit ihm auf den Rückweg.

Was konnte er dem kleinen Jungen sagen?

Na, mein kleiner Räuber ...? Wohin geht die Reise? Wo steckt deine Mutter? So ungefähr.

Ich kann mich nicht erinnern, wie gut ich mit zwei Jahren sprechen konnte. An nichts kann ich mich erinnern. Aber irgendetwas von diesem Mann muss in mir geblieben sein, der sich über mich gebeugt hat und dessen Schatten auf mein Gesicht fiel, er hat mir alles Mögliche gesagt. Habe ich verstanden, was ich hörte? Ich weiß es nicht. Dieser Weg nach Hause. Wie anders er war als der eben vor ein paar Minuten. Der Mann hat mich an die Hand genommen, wie mein Vater es tat. Wir gehen langsam, und dennoch schnell, denn ich musste Schritt halten mit einem Erwachsenen, selbst dann, wenn er das Gefühl hatte, sich meinen kleinen Schritten anzupassen.

Wie friedlich ist so ein Nachmittag im Sommer. Das Glück ist so tief und vollkommen für einen langen Moment, man merkt nicht einmal, wenn ein Kind verschwindet, unser liebster Schatz.

Haben wir uns auf dem Weg unterhalten? Was hat mir der Mann wohl gesagt? Vielleicht hat er mich weiter ausgefragt. Vielleicht habe ich ihm geantwortet. Ich mag sogar mit meinen zwei Jahren schon geflunkert haben. Belügen konnte ich ihn nicht, er hatte mich ja schließlich erwischt, obwohl auch er so an mir hätte vorbeigehen können wie all die anderen. Aber nein. Er war der Auserwählte, hatte mich ausgewählt, diesen Fremdkörper auf dem Platz vor der Synagoge.

Wir kamen zum Haus mit der Nummer drei. Wahrscheinlich hatte ich keinerlei mulmiges Gefühl, Gewissensbisse also haben mich nicht belastet, und wenn mich mein Begleiter eventuell gefragt hat, ob ich wirklich hier wohne, dann habe ich ihn vielleicht mit meinen großen braunen Augen angestarrt und lächelnd gesagt: Na klar.

Dann hat er geklingelt.

Und der Sommernachmittag war noch immer nicht zerstört, nur in dem Moment, als das Tor geöffnet wurde. Auf der einen Seite stand meine Mutter, auf der andern standen ich und der Fremde.

Wir waren angekommen.

*

Die Bäckerei in der Perczel-Straße und der Zigeuner, der Popcorn in der Király-Straße verkauft. Der Brotladen am Ende der Gábor-Straße gleicht ein wenig dem Krankenhaus. Auch hier alle in weißen Kitteln, nicht nur die Frauen sind weiß, irgendwie ist hier alles weiß, denn auf alles legt sich der weiße Staub, von dem ich vielleicht noch gar nicht weiß, dass er Mehl ist. Fast jeden Tag gehen wir zum Bäcker, dessen Laden nicht größer als ein Zimmer ist. Glasvitrinen stehen darin, und hinter dem Glas reihen sich die mit weißem Staub bedeckten, ansonsten aber appetitlichen Backwaren. Die Brote und Brötchen. Bäckereien haben ihren ewigen, mit nichts zu verwechselnden Geruch, mehr noch, ihren ureigenen Duft, wie auch die Krankenhäuser. Ich habe das Gefühl, allein deshalb lohnt es sich, hierher zu kommen, den Duft der frischen Backwaren in sich aufzunehmen, davon kann man fast satt werden, wäre das nicht trügerisch, denn dieser Duft macht Appetit, ich kann es kaum erwarten, an die Reihe zu kommen. Ich weiß – vor allem, wenn ich mit Opa zusammen bin –, dann werde ich der erste sein, der etwas bekommt, die Spitze des Hörnchens, und noch dort, an Ort und Stelle, meldet sich der Geschmack dazu. Mehr braucht es nicht zum Glück. Nur ein frisch gebackenes Hörnchen. Wie es knuspert. Reine Glückseligkeit.

Wie immer am Wochenende, wenn wir an der Ecke Király-/Kazinczy-Straße vor dem schwarzen Mann stehen bleiben, der auf einem schwarzen Eisenofen unter einem schwarzen Deckel Popcorn macht. Kleine Tüte, große Tüte. Zum Abfüllen benutzt er einen Aluminiumbecher, dann wirft er mit seinen teerschwarzen Fingern zwei, drei Stück als nette Zugabe oben drauf, noch aber kann man die Tüte schließen, um den Inhalt warm zu halten. Leider bleiben wir nicht immer bei dem Mann stehen, man kann sogar spüren, dass die Eltern beim Spaziergang am Sonntagvormittag diesen Ort direkt meiden wollen. Das aber ist fast unmöglich, denn die Straße ist nicht eben breit, außerdem passe ich genau auf, ob er da steht, natürlich, da steht er; noch dazu bemerkt uns der Zigeuner schon von weitem, vor allem mich, auf den er sich verlassen kann, er winkt und ruft mir mit seiner immer heiseren Stimme zu, ich solle kommen, weil das Popcorn gerade fertig geworden sei. Mein Vater ist aus irgendeinem Grund streng, vielleicht habe ich das Geschenk mit meinem schlechten Benehmen vorher nicht verdient, er hält mich fest an der Hand, drängt mich weiter, so ziehen wir auf der anderen Seite der Straße an dem schwarzen Eisenofen vorbei. Ich weine und schreie, ziehe und zerre an seiner Hand. Wir haben den Ort schon verlassen, ich aber schreie weiter, dicke Tränen rollen von meinem Gesicht auf den Kragen meiner Jacke. Ich drehe meinen Kopf mit der Bommelmütze nach hinten. Und dann sehe ich, fast schon Lichtjahre entfernt, wie der Zigeuner auf der Stelle eine kleine Tüte mit seinem Aluminiumbecher füllt, seinen Ofen verlässt, den Ort, wo er in meinem Weltbild immer zu stehen hat, und er eilt uns entgegen, fast im Laufschritt, soweit sein schwerer Körper das erlaubt.

Aus dem Ungarischen von Wilhelm Droste

Győző Csorba
Rochushügel

Verspieltes Reich, verwinkelte
Gassen Gesträuch Bildersäulen
an seinem Fuß Jahrhunderte plätschernde
Türkenbrunnen mit monotonem Schwatzen
Ein Hügel des Spielens lustwandelnden Liebens
Murren und Keuchen
Hügel des Spielens
es vergingen und wuchsen
Erinnerung und Vergessen
mit plumpen schweren Schritten
von der Zeit wie oft zertrampelt
doch alle Grausamkeiten
hielt er spielend aus
Wie viele Töne und Schreie
sind hier erschallt und verklungen
vermischte Starenschwärme …

Aus dem Ungarischen von Felix und Clemens Prinz

György Pálinkás
Im Garten von Licht und Erinnerung

Wie der Halbmond des Fingernagels glänzte der Schatten der Brille auf ihrem unteren Lid. Sie war ein wenig heruntergerutscht, ihre Wimpern und Augen waren angewachsen, als wären sie ihr einfach nur auf den Kopf gesetzt. Das machte ihr Gesicht so traurig, aber vielleicht waren es die weißen Schatten. »Es gibt auch weiße Schatten«, wusste er, nicht nur auf Eszters Gesicht, auch auf dem Sand war der Schatten der Glasscherbe weiß. Und der Schatten des Nebels, vom Priesterhügel war das am besten zu sehen. Von dort aus schien es, als wären nur die Schatten der Domtürme zu sehen, auch die schwebten eher.

Doch am meisten sann er über den Schatten des Atems nach. Das erste Mal hatte er ihn an Eszters Gesicht bemerkt, als er sich an ihr Ohr gebeugt hatte. Im Augenwinkel des Mädchens wurde die kleine Falte immer tiefer, und eine dünne Linie verlief auf ihrer Haut mit feinem Beben von der Nase bis zum Mundwinkel. Doch was er flüsterte, schien für einen Augenblick auch draußen in der Welt, in diesem kleinen Nebeldunst, bestehen zu bleiben.

Sie gingen damals vermutlich gerade die Straße entlang, die sich bereits jenseits des Szigeter Tores befand, die Rókus- oder Szent-Rókus-Straße. Obwohl sie wahrscheinlich keiner so nannte. Auch die Namen der Läden und Handwerker in der Gegend pochten so trocken und natürlich: Noszák, Kotolák, Bugyákli, Kaminek.

Jetzt aber sollten wir doch eher vom Nebel und Schatten sprechen, damit wir sehen und spüren, was jenes Kind damals sah und spürte. Gleich wie lange wir das auch tun, es kann in nur einem einzigen Augenblick zusammengefasst werden, wie das Auflodern der in die Flamme stürzenden Mücke: Damals war es da, doch in unserem Blick ist es noch vorhanden, dort bleibt es.

Er hört, wie der Blechteller der Laterne am Strommasten knarrt, und auch das scheint, wie jedes andere Geräusch im Nebel, ganz nah, als wäre man unter eine Glocke gesperrt. Plötzlich drehen er und das Mädchen sich gleichzeitig um, als würden sie mit ihren Blicken das Gleiche

Kacheln als Gütezeichen: ein Haus im Zsolnay-Reich

suchen. Nichts motiviert das in diesem Augenblick, denn sie sprechen kein Wort. Vielleicht haben sie vorher über etwas gesprochen, dessen Fortsetzung sie jetzt erst wahrnehmen. Eine Nebelwolke sammelt ihren Atem und zerstreut ihn dann in Fetzen. In dieser Straße sind es nicht die Bäume, nicht die Häuser, die interessant sind, sondern die Gärten und vielleicht die Tore. In die Stein- oder Ziegelzäune hat man schmale Brettertore eingebaut. Man kann sie nicht sperrangelweit offen lassen, denn sie fallen immer zu, als würde sie die kühle Luft der kleinen Gärten dahinter zuschieben. Für eine kurze Zeit scheint hinter ihnen ein Aufgang aus Ziegelsteinen auf und vielleicht das Küchenfenster. Eine schmale Schwelle – auch die meist aus Ziegeln – trennt sie vom Gehweg, von dem aus man sich auch nur unterhalten kann, wenn man die Ferse zwischen Schwelle und Tor zwängt. Der größere Teil des Gartens befindet sich immer links vom Tor, und ihn verdeckt der Zaun. Meistens ragt nur die Krone eines einzelnen Baumes über ihm empor. An Sommerabenden verschmilzt die Baumkrone mit dem mächtigen Dunkel des Himmels, und das Rauschen der Blätter verstärkt sich wie ein himmlisches Rauschen in der Stille des Gartens.

»Dort wohnt Eszter«, sagt er, doch er war nie bei ihr gewesen, sie verabschiedeten sich immer am Tor. Dann schloss sie es, und er stand noch eine Weile da, niemals aber hörte er ihre sich entfernenden Schritte oder das Schließen der Tür. »Vielleicht steht sie auch mitten im Garten«, dachte er.

Er erinnert sich, als hätte er einmal im Traum diesen Garten von oben gesehen und darin Eszter vervielfacht. Als würde er sie durch die Glasgehänge des Leuchters betrachten, und das Prisma vervielfältigte auch die Steinwände, und aus jedem Winkel dieses Labyrinthes sah Eszter aus unzähligen Fenstern zu ihm empor. An diesen Traum dachte er oft, und dann streifte ihn immer ein kühler Windhauch, der sich wie die Seide des spitzenverzierten Kissens anfühlte, das an der Wand hinuntergerutscht war. Er folgte mit seinen Fingern gern der lianenartigen Stickerei des Kissens und hielt immer in der Mitte beim Paradiesvogel inne. Seine goldenen Schwanzfedern schlängelten sich zwischen den geheimnisvollen Girlanden – »Mädchen haben solche Kissen«.

Einmal untersuchte er am Ende des Gartens auf dem Bauch liegend den Moosteppich, der einen Felshügel, der sich aus der Erde wölbte, bedeckte. Er beugte sich ganz nah, so nah, dass er die Fasern des bemoosten Sandes auch einzeln sah, und so konnte er sich das Ganze als dichten Wald vorstellen. Sein Blick versank im Fadengewebe, als würde er darin gehen oder eher noch fliegen. Er kannte dieses Gefühl aus seinen Träumen, wie irgendwelche Baumstämme mit unglaublicher Geschwindigkeit an ihm vorbeirasten und am Ende des Waldes ein großer dunkler Fleck, ein Mund, als würde er schreien, doch er war stumm. Auf einmal erschien ihm Eszters Gesicht. Er erhob sich und drehte sich um. Eine Dame schwebte langsam den Hügel hinunter, in einem langen knochenfarbenen Seidenkleid, ihre Augen lächelten. In glasurartigem Licht flimmerte die Landschaft vor seinen Augen, es schwindelte ihm, dann fand er allmählich das Gleichgewicht.

Wir könnten die Geschichte aus jenem Atemdunst rekonstruieren, der ihre Lippen verließ, als sie plötzlich zurückblickten. Dieser Nebeldunst existierte für sie in jenem Augenblick, und als er sich in nichts auflöste, nahmen sie davon keine Kenntnis, wie sie auch davon erst später Kenntnis nahmen, dass sie die Hand des anderen hielten.

Diese Straße ist sehr kurz und zielstrebig, wie all die Straßen in der Stadt, die in die Richtung des Berges weisen. Der Berg scheint den Blick zu versperren, dennoch sieht man meist dorthin, dort spürt man große Ferne, vielleicht wegen der Wolken, die sich hinunterkrümmen. Auch die Himmelsrichtungen zählen kaum, schon mehr die Richtungen, und unter ihnen auch am häufigsten das Hinauf.

Ab hier ist die Geschichte nur mehr bruchstückhaft, sie bewegt sich ganz zart mal nach hier, mal nach da, wie jenes Blatt auf dem Stein durch den Luftzug, den das sich schließende Tor nach Eszter hinterließ. Grauer Dunst macht das herbstliche Himmelszelt zu Milch, den Horizont, die Straße, alles rundherum. Verstrickt straucheln darin die Gestalten, und als sie sich dem Kind nähern, ist es, als kämen sie aus einem Tunnel hervor. Zunächst sieht es nur verzerrt einen schattenartigen Fetzen vom anderen, dann auf einmal wird auch das Gesicht deutlicher. Der Junge will ihrem Blick nicht begegnen, er wendet den Kopf ab, hält den Atem an und bemüht sich, den Atemschwall, der aus dem anderen hervorbricht, nicht einzuatmen. Das hat er schon oft gespielt, ganz bis zu dem Moment, als ihn beinahe Panik überkam. Auch jetzt versuchte er, dem zu entkommen, und ließ seinen Blick durch die Geröllstreifen führen, die sich entlang der Häusermauern abgelagert hatten. Der braune Streifen schwamm vor seinen Augen wie damals, als er aus dem runden Fenster des hinteren Waggons auf die Schienen geblickt hatte. Eszter, Eszter – ratterten die Schwellen.

»Willst du mich heiraten?« hatte sie einmal gefragt.

Plötzlich drehte er sich um, als sähe er Eszter, wie sich ihre Gestalt im Nebel immer weiter entfernt und immer dünner wird wie ein Stück Papier und dann, am Ende der Straße, mit einem Mal erlischt.

»Sie darf nicht gehen«, verblüfft steht er da. In sein blasses Gesicht nieselt der Nebel, und langsam öffnet er die Hand.

Die Spur von Eszters warmer Hand entflieht.

Aus dem Ungarischen von Éva Zádor

Márta Józsa
Ein Glas Gold – das Elefantenhaus

Der Elefant steht auf dem schmalen, braunen Steinsims, als wäre er gerade aus dem Porzellanladen getreten, und blickt zufrieden auf die Spaziergänger, auf den Jókai-Platz hinunter: Sieh da, ich hab's geschafft. Hinter seinem Hinterteil ist ein kleiner Rundbogen zu erkennen, als wäre es ihm nicht gelungen, die Tür ruhig hinter sich zuzumachen; oder vielleicht hat er sich gedacht: Sicher ist sicher und sich wenigstens ein Hintertürchen groß wie ein Mauseloch offen gelassen.

Von allen Kindern der Seele geliebt: das Elefantenhaus

Ein kleiner, mausgroßer Elefant an dem riesigen Haus. Das gar kein einzelnes Haus ist, aber auch nicht aus mehreren besteht. Auch glaube ich nicht, dass die Vielzahl der darin prangenden Gebäude zu zählen wäre: Das Elefantenhaus ist ein Ganzes und auch wieder nicht, je nachdem, von wo aus man es betrachtet. Denn vom Jókai-Platz sieht man den Elefanten nun einmal am besten, aber auch da ist es nicht egal, ob wir ihn von der nördlichen oder südlichen Ecke des winzigen Platzes betrachten. Denn in der nördlichen Ecke stehen ein Restaurant und Kaffeehaus, während sich in der südlichen eine Vielzahl von kleinen Geschäften befindet. Daher bietet sich dem, der auf der Seite des Restaurants steht, der Ausblick auf die Welt des Kleinhandels, während man von der Geschäftszeile aus diejenigen sieht, die sich faul auf der Terrasse räkeln. Und das ist erst das Erdgeschoss – ich bin mir sicher, dass jedes Kind mit dem Wunsch geboren wird, einmal in die oberen Stockwerke des Elefantenhauses hinaufgehen zu dürfen (oder gar ganz auf das Dach, doch dazu müsste man schon wahnsinniges Glück haben).

Ich selbst war in zwei Stockwerken: Mitte der neunziger Jahre, zur Zeit der Kriege auf dem Balkan gehörten gerade die Fenster über dem Elefanten zu einer Bar. Dorthin kamen die IFOR-Soldaten, die ihren Dienst in Bosnien versahen, um abzuschalten. Es kam vor, dass sechs bis acht Soldaten an einer einzigen nackten Frau herumgrapschten – dem einen blieb nur ihr Knöchel, dem anderen nur ihr Kopf. Gleich nebenan, Wand an Wand, aber befand sich unser Zuhause: das »Haus der Künste« (heute schon »der Künste und Literatur«) mit seinen heimeligen Salons, den kühlen Büroräumen und der einladenden Dachgalerie. Körper und Geist, wenn es denn wahr ist …

In dem Kaffeehaus im Erdgeschoss war ich nur einmal. Jemand hatte mich auf ein Glas eines süßlichen Getränks eingeladen. Das Besondere an diesem Elixier war, dass Goldblättchen darin schwammen. Blattgold in der Art, wie es die Goldschmiede von Toledo verwenden. Es hieß: Diese Alchimisten, die kannten sich aus – lange lebt, wer das trinkt. Ich trank es, obwohl ich süße Getränke nicht mag. Und als ich hochblickte, sah ich genau, wie der Elefant ein wenig seinen Rüssel rümpfte.

Aus dem Ungarischen von Éva Zádor

Ingo Schulze
Suppe und Küsse oder Pubertät in Pécs

Ich bin nur zweimal in Pécs gewesen. Einmal anderthalb Tage, das nächste Mal kaum einen halben. Wenn ich überhaupt etwas über Pécs sagen kann, dann vielleicht, dass sich die Stadt für mich mit etwas Traumartigem verbindet. Das erste Mal besuchte ich Pécs 1985 gemeinsam mit einem Kommilitonen. Es war Ende Juni, und ich lernte für die Klassik-Prüfung im Juli, die mein Kommilitone aus irgendeinem Grund bereits hinter sich hatte. Uns gefielen die alten Häuser und die Hügel und die Damen. Vor allem aber erinnere mich an den Garten unserer Quartiereltern (die Eltern einer Pécser Germanistikstudentin, die ein Semester in Jena studiert hatte), in dem wir den Kirschbaum plündern durften und ich die *Wahlverwandtschaften* beendete und mit dem *Wilhelm Meister* begann, während mein Kommilitone die Freundschaft zwischen unseren beiden Ländern festigte.

Nach über vierundzwanzig Jahren habe ich die Stadt nun wiedergesehen. Es war November. Meine Erinnerung ist noch ganz frisch. Deshalb ließe sich schon allein über die Fahrt nach Pécs viel schreiben, über die Hügellandschaft zwischen dem Balaton und der Stadt. Diese Landschaft gefiel mir auch deshalb so sehr, weil in ihr nun all die Geschichten angesiedelt sind, die mir Lídia Nádori, die schon seit Jahren auch meine Bücher ins Ungarische übersetzt, während der Fahrt erzählt hat. Vom Flug der ungarischen Olympiamannschaft nach Melbourne 1956 über die Zeit der ersten Wahlen 1989 bis zu den Morden an Roma. Es ließe sich auch eine Ode auf eine Kellnerin schreiben, die mich in ihrem Restaurant auf die Toilette gehen ließ und den auf einem Schild an der Tür dafür geforderten Obolus einfach nicht annehmen wollte. Meinen Obolus hinterließ ich schließlich – Geld stinkt nicht – auf der Theke und hoffe, dass sie darin allein Glück und Dankbarkeit erkannte.

Zu längeren Beschreibungen eigneten sich auch die Bauzäune, die den Hauptplatz und die meisten der angrenzenden Straßen weiträumig absperrten, sodass die Arbeiter und Baumaschinen am späten Samstagnachmittag keinerlei Rücksichten zu nehmen brauchten.

Da ich bereits für die abendliche Lesung gekleidet war, sprang ich, die Hosen gerafft, als gelte es einen Bach zu durchqueren, über den aufgebrochenen Asphalt, dessen Oberfläche mir vollkommen makellos erschien. War diese zertrümmerte Straße vielleicht eine Installation? Etwas Ähnliches hatte es mal in Venedig unter der Überschrift »Germania« gegeben.

Ich will jetzt nicht schon wieder über Lesungen schreiben. Die in Pécs war sehr angenehm dank Lídia, die einführte und moderierte, dank des Publikums und der Dolmetscherin und nicht zuletzt auch wegen des schönen Raumes. Aber das alles konnte ich nicht wirklich genießen, weil ich vor allem damit beschäftigt war, durch Haltung, Gestik und mit geschlossenem Jackett mein unsauberes Hemd zu verdecken. Kaum etwas ist peinigender, als in einem unsauberen Hemd auftreten zu müssen.

Das kam so. Ich würde das Lokal wohl wiederfinden, dafür habe ich eine gute Nase, aber als Fremdsprachenidiot ist der Name mir noch in Pécs entfallen. Es liegt an der Ecke zu jener Flaniermeile, in der wir später sehr preiswert Kinderhandschuhe gekauft haben. Ich aß Fischsuppe und Gulasch. Die Fischsuppe war ein Hauptgericht und das Gulasch war es auch. Das war zu bewältigen. Kaum zu bewältigen waren die langen Teigfäden (etwas zwischen Spaghetti und Spätzle würde ich als Deutscher sagen), die selbst mit einem großen Löffel unberechenbar blieben und kurz vor dem Mund wieder in meine rote Suppe zu platschen pflegten. Es war schon Lídia gegenüber peinlich genug, weit vorgebeugt über meiner Suppenschüssel zu sitzen und nach diesen Fäden zu schnappen und das auch noch ungeschickt, das heißt erfolglos. Lídia versprach Hilfe. Ich sollte meinen Appetit zügeln und den Löffel für eine Minute beiseite legen. Quer durch das Lokal verfolgte sie nun den Kellner, über dessen Schulter genau jene riesige Stoffserviette lag, die mein Hemd und damit mich gerettet hätte. Ich war mir sicher, dass er uns noch viele weitere und frische dieser riesigen Servietten geben würde – so hätte zumindest ich gehandelt, wenn Lídia mich darum gebeten hätte. Doch der Kerl war harthörig und blieb stur. Das führte nun dazu, dass ich versuchte, mich mit Papierservietten zu bepflastern, die schon einen Atemzug später wieder abfielen wie welkes Laub von einem Baum. Ich weiß nicht, warum ich nicht auf die Idee kam, auf die Teigfäden zu verzichten. Aber das Essen war wirklich gut und ich hungrig. Doch das Entscheidende, also das, was ich eigentlich erzählen will, ist etwas anderes, nämlich die Musik. Sie spielten unaufhörlich die englischsprachigen Hits von 1974, 1975, 1976, also genau aus jenen Jahren, in denen ich mich

Liebe auf Granit gebaut

mit diesem Zeug etwas auskenne. Ja ich musste mich beherrschen, um nicht nach jedem Titel zu sagen, welcher danach auf meinem Tonband folgte. Ich fragte Lídia, was das Erkennungszeichen der *Bay City Rollers* (*Saturdaynight*) gewesen sei – nämlich Ringelsocken. Sie bemühte sich um ein Lächeln. Wegen *Nazareth* hatte ich noch mit 18 Jahren unseren Budapesturlaub um zwei Tage verlängert. Doch nachdem für die Konzertkarten sowieso schon das letzte Geld draufgegangen war, lebten wir diese zwei Tage von trockenen Brötchen und Tee. Und dann kamen *Love hurts* und *This flight tonight* als allerallerletzte Zugaben, als wir schon auf dem Rückweg waren. Oder die *Glitter Band* mit *Let's get together again* und *Angel face*, kennst Du das nicht, Lici? Sie sah mich betreten an. Nein, das sagte ihr alles gar nichts. Mich aber wühlte diese Musik, die ich zum Teil mehr als dreißig Jahre nicht mehr gehört hatte, zutiefst auf. Sie versetzte mich in eine unangenehm sehnsuchtsvolle Stimmung (selbst dass ich die meisten Texte jetzt verstand, die ich früher nie verstanden hatte, störte dabei nicht). Ich habe nie Rockmusik in meinen Büchern erwähnt, weil es immer, wirklich immer, pubertär wirkt. Und jetzt das! Ich fühlte mich wie mit elf Jahren, wenn ich im Frühling um acht ins Bett musste, dann aber frierend am offenen Fenster stand, weil draußen die großen Jungs noch in der Garage mit den großen Mädchen Disco machten, und ich *Fox on the run* von *Sweet* oder *Only you can* von *Fox* hörte, verzaubert durch die Garagenakustik und die Vorstellung, wer da tanzte. Das war genauso unaussprechlich sagenhaft fern und begehrenswert wie jene Welt, die man abends nach acht auf Mittelwelle mehr erahnte als hörte. Plötzlich waren mir meine damaligen Gedanken so präsent, als hätte ich nie etwas anderes empfunden: Ich musste einfach nur etwas älter werden, nichts weiter, dann würde auch ich ganz selbstverständlich mit solchen Wesen tanzen dürfen, die langes Haar und Brüste hatten, breite Gürtel und kurze Röcke. Und eines nicht so fernen Tages würde ich sie sogar berühren dürfen …

Was war bloß mit mir los! Da druckte man nun, was ich schrieb, sogar ab und an im Ausland, da saß ich mit der schönsten und besten Übersetzerin an einem Tisch und würde gleich mit ihr zusammen vor einem kleinen aber feinen Publikum glänzen … Da bekleckerte ich mich gründlich, genau über dem Herzen, nein, auf der gesamten Hemdbrust, wo eben noch zwei Papierservietten gesteckt hatten. Probehalber zog ich mein Jackett über, aber da war nichts zu machen. Nur eine breite Krawatte, eine sehr breite, hätte da noch geholfen.

Natürlich fragte sich später bei der Lesung jede und jeder im Publikum, warum ich denn auch noch im Sitzen mein Jackett nicht aufknöpfte, das mir selbst offen schon recht knapp zu sitzen schien. Aber als Künstler darf man sich da einiges leisten.

Nach der Lesung gingen wir in ein Lokal, in dem wir Bier und Tee tranken, an Essen war bei mir nicht mehr zu denken.

Beim Eintreten setzte ich mich sofort mit dem Rücken zum Fernseher, in dem Fußball lief. Doch diese Selbstdisziplinierung, dieser Versuch, mich auf unser Gespräch zu konzentrieren, hatte seinen Preis.

Kurz nach uns setzte sich ein junges, ein sehr junges Paar ausgerechnet an jenen Tisch (wir waren die einzigen Gäste), auf den ich zwischen den Schultern eines berühmten und von mir verehrten Lyrikers, Verlegers und Übersetzers und seiner nicht weniger berühmten (und schönen) Frau sehen konnte. Der Junge (oder junge Mann) nahm der jungen Frau den Mantel ab, sie zog auch noch ihren Pullover aus, sodass sie nun in einem dünnen, tief ausgeschnittenen Kleid dastand. Der Junge (oder junge Mann) behielt seinen Pullover, über den der Kragen seines Hemdes gestülpt war, an. Mir war es unmöglich, jene Reize an ihm zu erblicken, die sie offenbar sah. Aber das ist seit jeher mein Problem. Schon als Kind war es mir unbegreiflich gewesen, wie sich all diese wunderschönen Eiskunstläuferinnen mit diesen unattraktiven, in schwarzen Anzügen steckenden Männern zum Paarlauf zusammenfinden konnten. Warum blieben sie dann nicht lieber solo.

Das ungleiche Paar zwischen der linken Schulter des Verlegers und der rechten der Schauspielerin konnte noch nicht lange zusammen sein. Ihr Treffen musste noch etwas Ungewohntes und Besonderes sein. Sie hatten etwas zu besprechen. Sie sprach immer etwas zu laut, er war praktisch nicht zu hören, nur die Bewegungen seines Mundes ließen erkennen, dass er redete.

An unserem Tisch wurde über Bücher gesprochen, zum Beispiel über die Monopolbildung im Buchhandel, die für die Verlage eine Katastrophe sei. Während ich die deutsche Situation erläuterte, küssten sich der Junge (oder junge Mann) und die junge Frau. Ich hatte sie genau im Profil vor mir. Sie hielten sich an beiden Händen, die Finger verschränkt, ein Paar auf dem Tisch, eines darunter. Sie war die aktivere, sie bewegte sich wesentlich mehr, während er in seiner leicht vorgebeugten Haltung verharrte.

Ich sprach über den Kampf, die Buchpreisbindung in den deutschsprachigen Ländern zu halten. Denn nur wenn jedes Buch einen festen Preis hatte, ganz gleichgültig, in welchem Geschäft man es kaufte, waren die Folgen der Monopolbildung noch hier und da abzufangen. Andernfalls würden alle kleinen Buchläden den Bach runtergehen …

Mein Gott – jetzt weinte sie. Aus seinem Mund musste eine Hartherzigkeit, ein unerwartetes Nein oder Ja, gekommen sein. Die junge Frau weinte bitterlich (*Love hurts*), sie weinte wie ein Kind, das Gesicht zur Decke gerichtet. Und glauben Sie mir, einige ihrer Tränen rannen ihr über die Wangen und dann am Hals herab, wandten sich auf ihrem Decolleté von rechts und links kommend der Mitte zu. Er schwieg, vorgebeugt wie eh und je. Sollte tatsächlich er ihr den Laufpass geben? Das konnte doch nicht sein. So ein blasser Schnösel – und sie weinte seinetwegen? Wieder einmal verstand ich die Welt nicht.

Wir diskutierten gerade die These eines österreichischen Kollegen, der gesagt hatte, wenn Wahlen wirklich etwas verändern könnten, wären sie gar nicht erlaubt. Das sei meiner Meinung richtig, sagte ich, auch wenn mir der Ausgang der Wahlen keineswegs gleichgültig sei, ja ich bis jetzt immer noch zu Wahlen gegangen wäre, aber trotzdem ...

Während ich so redete, schloss ich Wetten mit mir ab, in wie viel Minuten oder Sekunden die junge Dame vom Tisch aufstehen und hinausrauschen würde und ihn mit den beiden Eisbechern – sie hatten zwei Eisbecher bestellt – sitzen lassen würde. Ich war überzeugt, dass sie Pullover und Mantel erst auf der Straße anziehen würde oder überhaupt alles, alles hinter sich lassen würde, um nur im Kleid durch die kalte Pécser Nacht zu laufen (*Fox on the run*).

Ich sah mich bereits aufstehen und an ihren Tisch gehen, sie an der Hand nehmen (*Saturdaynight*) und an unseren Tisch bitten – nein, mich auf den Stuhl des Jungen (oder jungen Mannes) zu setzen. Ich würde sie nach ihrem Namen fragen – und ihr ein Exemplar signieren. Ich atmete tief ein, spürte mein enges Jackett – und erst da fiel mir wieder mein bekleckertes Hemd ein.

Nach einer Weile bewegte der Junge (oder junge Mann) die Lippen, sie stand nicht auf. Sie hielt jetzt die Ellbogen auf den Tisch gestützt, das Gesicht zwischen den Händen. Während er weiter die Lippen bewegte, glitt ihre linke Hand nach unten, auf ihr Knie, wo ihre Hand von seiner Hand gefunden wurde (*Only you can*) undsoweiter (*Lets get together again*). Sie küssten sich endlos, endlos (*Angel face, This flight tonight*). Ich wollte das nicht länger ansehen. Aber im Fernsehen lief immer noch Fußball. Ich sagte noch, dass niemand mehr über die Eigentumsverhältnisse spreche, zumindest nicht in Deutschland. Dann drängte ich zum Aufbruch. Schließlich hatten wir noch eine lange Rückfahrt vor uns. Obwohl ich nur zwei Bier getrunken hatte, musste ich den Autoschlüssel an Lídia abgeben – noch eine Niederlage.

Ich ging zum Tresen und zahlte. Ich übernahm auch die beiden Eisbecher des jungen Paares. Ich weiß, über so etwas spricht man nicht.

Aber es wäre doch interessant zu wissen, warum ich es tat. Wollte ich mich freikaufen und Abbitte leisten oder wollte ich teilhaben an ihrem Traum und mich bei ihnen einschmuggeln? Wollte ich Schicksal spielen oder endlich diesem Erinnerungsloch entkommen? Selbst wenn ich es wüsste, würde ich es dann sagen? Lag es nun an mir oder lag es an dieser Stadt, dass ich innerhalb von wenigen Stunden meine alten Träume erlebte und ihrer Erfüllung zusah? Nicht auszudenken, wenn ich ein sauberes Hemd angehabt hätte. Wer weiß, was dann noch aus mir geworden wäre in Pécs.

Keine Angst vor Herzlichkeiten ...

Björn Kuhligk
Pécser Rhapsodie

Da kommt die Frau, die ich liebe
unter den blühenden Kastanien
ist ihr Gang ein leichter

sie setzt sich zu mir an den Tisch, ach
gelobt und ins Museum der Schönheit
gebracht sei der Himmel

unter dem sie schimpft, als der Kellner
den Wein verschüttet, gelobt
sei ihr voller Mund

unter dem Bogen der rechten Schulter trägt sie
ein faustgroßes Muttermal, ich küsse sie
wenn vor dem Park die Trambahn hält

da kommt die Frau, die ich liebe, um die Ecke
sie wird bald graues Haar bekommen, wenn ich
sie anseh von der Seite, wird sie schöner

da kommt die Frau und ist sies nicht, soll es
die nächste sein, vielleicht vom Hügel, aus dem Fliederduft
die ich liebe, wie sie langsam um die Ecke

Gyula Juhász
Pécs

Gesegnet sind die Berge, die sanften Hügel,
Die wie ein Kranz die alte Stadt umarmen,
Glocken zieht sie zum Himmel wie ein Flügel,
Ungarns Schwermut klingt in ihrem Schlagen.

Die Stadt ist alt, doch immer ist sie jung,
Geschützt von grünem Laub der Zuversicht,
Aus ihren Toren dringt ein niemals müder Schwung,
Ein Zweifeln an der Zukunft kennt sie nicht.

In blauen Himmel ragt die Kuppel der Moschee,
Darauf das Kreuz, der Halbmond voller Weh,
Ungarn und Türken geben Friedenszeichen,

Wenn die Schleier der Nacht am Morgen weichen,
Erwacht die Stadt und fühlt schon ihr Gebot,
Bis Ungarn sich befreit aus jeder Not.

Aus dem Ungarischen von Wilhelm Droste

Olivér Nagy
Der Garten Ferdinand

Pécs ist ein katholisches Labyrinth aus alten gelben Mauern, das du nicht verlassen kannst und das dich nicht verlässt.

Der Herr Bischof ist ein sauberer Mann, ein purpurn lackiertes Ebenbild des Erzengels Gabriel, der mitternächtlich all den Töchtern seiner Stadt die gute Nachricht einer baldigen, glücklichen Niederkunft überbringt. Er ist die sanfte, kühle Hand, die die Frommen seiner Lande salbt in seinem Haus, das vier Türme hat; einen für den Vater, einen für den Sohn, einen für die Kranken, den vierten für die nächste Saat. Dem Bischof liegt die Ecclesia am Leib. Er darf nicht nur das viertürmige Ungetüm, den Dom, sein Eigentum nennen, ihm gehören all die Bauten der Ahnen, der Bürger und der schwarzen Seelen. Und fährt er sommers in seinen Straßen und auf seinen Plätzen spazieren, sieht er stolz Gesalbte und Ungesalbte, die, wie in einem Becken, darüber die Kuppel der Moschee aus grünem Seifenschaum, plantschen und sich zungenküssen; wie es eben unter Menschen zugeht. So erzählt, so ähnlich, die Großmutter, die bewusste Frau und Christin, Anna Kriszt. Wir sitzen in der Laube im Garten Ferdinand im lauen Mittsommer, das Junilicht verschlingt jedes wirkliche Detail. Das Haus scheint unsicher umrissen, wie auch die Gemüse- und Blumenbeete, die Bäume, von Großvater Ferdinand unermüdlich Tag für Tag regiert und gepflegt. Er ist ein trockenes Zeichen in dürrer Zeit, die raue Hand, die ordnet und dressiert. Wir sitzen in der Gartenlaube, über uns der Himmel in annehmbarem Blau, dünne Wolken wiegen sich gen Norden. Ich bin Kind und sage mir Unschuld nach. Die Laube ist meine Erfindung, ist Versteck und Geschenk für Großmutter und mich. Unbeirrbar nennt sie mich Ferdinand, der Name verleiht dem Träger Kaiserwürde, zugleich nötigt er zu grenzenloser Scham. Der wahre Kaiser ist natürlich der Großvater, Vermesser und biederer Verlobter der braunen Erde in diesem Winkel der Welt, auf diesem Grund, den er mit Zäunen umgibt, mit verhangenem Blick bewacht, den er von all den anderen Böden dieser Welt zu trennen sucht, zu trennen von des Bischofs Stadt; von den Menschen, die sie bewohnen. Ihm bleibt wie auch mir die Laube, der Garten als Beständigkeit, als Wiege aller Wahnvorstellungen. Solange die Laube noch steht, muss ich jede Stadt meiden, die mich erziehen wollen wird. Dem Kind sagt man Unschuld nach.

Macht zieht Männer an den Haaren herbei. Ist der Bischof über jedes Spiel erhaben, steckt er all die Seelen der Töchter und Söhne wie Murmeln in die Tasche, kommt ihm der Gärtner aus Gottes Gnaden in nichts nach; anhand strenger Muster weist er dem Wachstum die beste Richtung, vergräbt einige Leichen, diesmal unter dem Birnbaum, pflückt bedacht die letzte Feige, begibt sich in die Küche auf den Diwan. Meist sehnen wir uns zu ihm hinein. Schon hält uns aber der Garten gefangen. Der zaghafte Monat ist in recht angenehmes Blau, in laue Luft gelöst. Gespannte Sonnenschirme mahnen uns: Junitage ohne Ende werden folgen. Ferdinand schläft. Die Plagen dürfen kommen.

Schöner Glühbirnenschein: Missa Solemnis im Zauberlicht des Doms

Marcel Breuer, Bauhausingenieur, 1902–1981

Wilhelm Droste
Marcel Breuer

DIE WELT ALS BAUHAUS

Bis zum Abitur war Marcel Breuer ein Kind seiner Stadt, dann zog es ihn mit Gewalt hinaus in die Welt. Seine Eltern hatten ihm mit den zwei Vornamen den Weg in die Fremde wie auch die Treue zur Heimat eingeschrieben. Lajos, das ist ein Name, der nach ungarischem Ackerboden riecht, Marcel dagegen klingt universal, daraus konnte überall alles werden. Breuer entschied sich ab 1920 für die Fremde und wurde ein Bürger der Welt. Die Bauhausbewegung war ein idealer Ort aktiver Weltbürgerlichkeit, in ihr nahm sein Leben die verschiedensten Formen und Gestalten an. 1920 hält es ihn nicht lange in Wien, noch im gleichen Jahr zieht er weiter zum Bauhaus nach Weimar und wird Schüler von Walter Gropius. Vielseitig ist das Bauhaus in seiner Uridee, vielseitig waren auch die anderen führenden Persönlichkeiten, das Lebenswerk von Marcel Breuer scheint diese Vielseitigkeit noch zu übertreffen. Sein schwingender Stuhl aus Leder und Stahl wurde weltberühmt, dabei leitete er in Dessau die Holzwerkstatt und entwarf in seinen späten, amerikanischen Jahren Häuser, von kleinen Privatvillen bis hin zu gewaltigen Gebäudekomplexen, und wurde so zu einem Pionier der internationalen Nachkriegsarchitektur.

1928 verlässt er zusammen mit Gropius und auch seinem Landsmann Moholy-Nagy das Bauhaus, es beginnen die Abenteuer der Eigenständigkeit. 1934 gab es sogar den Versuch einer Rückkehr in die alte Heimat Ungarn, das aber blieb ein flüchtiges Intermezzo, denn die Ingenieurkammer nahm ihn nicht auf, so blieb ihm ein Bauen in Ungarn verwehrt. Zu einer ungarischen Rehabilitierung kam es erst 1968, als ihn die Technische Universität Budapest zum Ehrendoktor kürte.

Über England führte ihn der Weg 1937 nach Amerika, wegen seiner guten Beziehungen zu Gropius bekam er dort eine Lehrmöglichkeit an der Harvard Universität. Heimisch wurde er ab 1946 in New York, wie es sich für ein mutiges Kind aus Pécs gehört, das sich neue Welten zu wünschen und dann auch zu bauen getraut.

Durchblättert man den großen Katalog seines Lebenswerkes, so wird auffällig, dass sich Ausmaß und Dimension seines Schaffens unaufhörlich steigern und ausdehnen. Er beginnt mit der Funktionalisierung ineinander verschachtelbarer, raumsparender Möbel und endet in den siebziger Jahren bei unendlich großen Bauprojekten für Kirche und Staat, deren kalte Betonflächen bei aller Kühnheit und Funktionalität der Form auch an das Elend modernen Bauens erinnern, hinter denen der Mensch als Lebewesen hoffnungslos verschwindet. Hier würde man sich wünschen, dass der alte Marcel aus New York sich stärker an den kleinen Lajos aus Pécs erinnern könnte.

László Zsolt
Bauhausarchitektur in Pécs

Auch in Ungarn wird immer häufiger von den Pécser Bauhaus-Künstlern gesprochen, Bücher und andere Materialien zum Thema werden publiziert. Der Modernismus und das Neue Bauen setzten sich vor allem in Budapest durch, obwohl die ersten ungarischen Bauhaus-Mitglieder zunächst in Weimar und später in Dessau aus Pécs stammten. Alfréd Forbát zog 1920 nach Weimar und arbeitete dort bei Walter Gropius. Ihn erwähnt ein ungarisches Architektur-Blatt 1923 in einem Bericht über die erste große Bauhaus-Ausstellung in Weimar: »… eine internationale Schau moderner Architektur überrascht den Besucher. […] Unter unseren Landsleuten präsentiert Alfréd Forbát Entwürfe für ein vielseitig kombinierbares Typenhaus aus Gussbeton und für ein Ein-Küchen-Haus in Pécs, während Farkas Molnár die Pläne eines Wohnhauses mit dem Namen *Roter Kubus* vorstellt, eines vielseitig gestalteten Hauses in Holzkonstruktion auf einer utopischen Straße.« Marcel Breuer traf 1921 in Weimar ein und leitete bald darauf die Bauhaus-Tischlerei. Als das Neue Bauen in Ungarn langsam Einzug hielt, waren die finanziellen Möglichkeiten vor allem außerhalb der Hauptstadt Budapest äußerst beschränkt, die realisierten modernen Bauten blieben eher ein Kuriosum, sie bestimmten keinesfalls das Stadtbild. Marcel Breuer zum Beispiel konnte keinen einzigen Entwurf für ein Gebäude in Ungarn verwirklichen – auch deshalb, weil die Bauhaus-Ausbildung in technischer Hinsicht leider nicht der Ausbildung der Architekten in Ungarn entsprach und daher keine Anerkennung fand.

Zeitgenössische Fachzeitschriften

Über modernistische Bestrebungen und avantgardistische Initiativen wurde in der ungarischen Presse erstmals 1920 berichtet, und zwar in der Pécser Kunst-Zeitschrift *Krónika,* zu deren wichtigsten Mitarbeitern Andor Weininger zählte. Lajos Kassák gab 1926/27 beziehungsweise von 1928 bis 1939 die Blätter *Dokumentum* (»Dokument«) und *Munka* (»Arbeit«) heraus, die sich den Arbeiten namhafter ausländischer Baumeister widmeten, aber auch soziale, ethische und philosophische Themen behandelten. Ein renommiertes Fachblatt war das ab 1928 zwei Jahrzehnte lang von Virgil Bierbauer redigierte Monatsheft *Tér és forma* (»Raum und Form«).

Das neue Denken

Unaufhaltsam manifestierte sich der Ruf nach moderne Veränderungen in der Architektur, die nunmehr mit alten Formen brechen und ökonomischen wie sozialen Aspekten mehr Beachtung schenken sollte. Ausschlaggebend für diesen Aufstand gegen jene herkömmliche Architektur, die noch das überholte, konservative Bewusstsein widerspiegelte, waren insbesondere die neuen technischen Möglichkeiten, die sprunghafte Zunahme der Stadtbevölkerung und das industrielle Wachstum in den frühen zwanziger Jahren. 1928 gründeten 28 namhafte europäische Architekten mit Le Corbusier an der Spitze den Internationalen Kongress für Neues Bauen (CIAM), auf dessen zweiter Konferenz, 1929 in Frankfurt, ging es um das Thema: *Die Wohnung für das Existenzminimum*. Der Architekt Ernst May stellte aus diesem Anlass fest: »Wir erleben den Morgen einer Epoche, die die vornehmste Aufgabe des Bauens in der Befriedung der Wohnbedürfnisse der breiten Massen der Völker erblickt.« Hoher Wohnkomfort bei bezahlbarem Mietpreis, möglichst ein Zimmer für jedes Haushaltsmitglied, fließend Wasser und Strom, viel Sonne und ein eigener Garten beziehungsweise ausreichend Grünflächen in der Nachbarschaft sowie möglichst geringe Entfernungen zum Arbeitsplatz lauteten die Kernforderungen Mays.

Eine wichtige Rolle bei der Propagierung dieser Ideen in Ungarn spielte das Komitee der Ländergruppen, das sich mit den Problemen des modernen Bauens und mit der Vorbereitung weiterer Kongresse beschäftigte: Hier wurde der Bau einer Budapester Mustersiedlung angeregt.

Der Anspruch auf hohe Wohnqualität für breite Massen, der um die Jahrhundertwende aufkam und Ende der zwanziger Jahre im Mittelpunkt stand, zog in Pécs die Gründung der Baugenossenschaft *Megyeri Kertváros Építő Szövetkezet* (Megyeri Gartenstadt-Baugenossenschaft) nach sich. Zunächst entstand ein umfassender städtischer Bauplan unter Leitung des Technischen Baurats Lóránt Kalenda, der für Stadtplanung zuständig war. Die Urbanistik-Ausschreibung gewannen 1928 Endre Dörre, Károly Weichinger und Gyula Kőszeghy. Ihnen schwebte eine moderne Gartenstadt für Arbeiter und Angestellte vor. Sie erläuterten die Eckpunkte und Zielsetzungen ihres Konzepts, die Erschließung und Bebauung von neuem Gelände in ihrem Vortrag »Das Pécser Stadt-

Alfréd Forbáts Villa
für Endre Bálvány

bild«. Lóránt Kalenda plante daraufhin die Angestelltensiedlung mit Einfamilienhäusern am Südteil der Szigeti-Landstraße, das Villenviertel hingegen an den Ausläufern des Mecsek-Gebirges.

Wohnhäuser

Bei der Planung der Wohnhäuser taucht erneut der Name Alfréd Forbát auf, der mehrere Villen entwarf, die das Stadtbild wesentlich prägen.

Den ersten Auftrag für eine Villa erhielt er von Endre Bálvány, einem General a. D., dessen Grundstück in der Kaposvári-Strasse an den Familiensommersitz des Architekten grenzte. Forbát erwog ein Haus im Stil des Roten Kubus von Farkas Molnár, der seinerzeit Furore gemacht hatte. Doch er änderte schließlich wegen der markanten Lage des Grundstücks sein Vorhaben und passte die Größe des Gebäudes den benachbarten Bauten an. Abgesehen von der ohnehin stets logischen Strukturierung seiner Arbeiten erkundete er in diesem Fall den Lebensrhythmus und die Gewohnheiten seines Klienten noch eingehender, um ihm einen entsprechend bequemen Lebensraum zu schaffen.

Die für Forbát typischen Bauelemente – Granitsockel, Eckloggia, vorgezogenes Flachdach als Schattenspender – sind auch hier anzutreffen.

Die Villa Fecskefészek
– das »Schwalbennest«

Bei einer anderen, etwas kleineren Villa am Mecsek-Abhang mit dem Namen *Fecskefészek* (»Schwalbennest«), ist Forbát noch kühner: Aufgrund des abschüssigen Geländes setzt er das Haus auf eine Stützmauer, so dass es wie eine Konsole vorragt und einen völlig freien Ausblick gestattet. Vorbote der heutigen Öko-Architektur ist das Bad – versorgt mit Regenwasser aus der Zisterne.

Der Forbát-Entwurf für die Villa der Sängerin Olga Kalliwoda in der Surányi-Miklós-Straße wurde letztlich nicht realisiert. Der Auftrag

Die Villa Kalliwoda
von Farkas Mólnar

Mietshaus der
Brüder Havas in der
József-Straße

ging stattdessen an Farkas Molnár, das Haus ist heute dessen einziges Bauwerk in Pécs. Seine geometrischen Grundformen zeigen eine kaum gegliederte Quaderfront sowie einen Zylinder an der Südwestseite. Eine Ergänzung bildet die Brüstung der Dachterrasse, die in horizontaler Stellung das durchgehende Fensterband des Wohnzimmers beschattet.

Im Stadtteil Megyeri südlich der Rákóczi-Straße wollten die Stadtplaner zwei- und dreistöckige Mietshäuser und Einfamilienhäuser bauen. Den zentralen Platz, den heutigen Köztársaság tér, sollten mehrstöckige Universitätsgebäude umschließen.

Die Mietshäuser in der Pécser Innenstadt sind aufgrund der schmalen Gassen ziemlich flach und unauffällig. Das Mietshaus der Brüder Havas in der József-Straße steht leicht zurückgesetzt, da Architekt Forbát für etwas mehr Freiraum sorgen wollte und auch eine mögliche Verbreiterung der Straße berücksichtigte. Die abgerundeten Balkone der vorspringenden oberen Etagen erweitern die Wohnflächen. In den größeren bürgerlichen Wohnungen verbinden erstmals Falt- oder Schiebetüren mehrere Zimmer.

Öffentliche Gebäude

Die moderne Sportstätte im Balokány-Wäldchen wurde zur sinnvollen Freizeitgestaltung angelegt. Die Lokalpresse schwärmte von dem Komplex als modernstes Schwimmbad seiner Zeit: Klinker verliehen dem Kabinentrakt und den Sonnentribünen eine attraktive und wetterfeste Fassade. Der spezielle Eosinschmuck des Eingangs, den die Zsolnay-Fabrik gestiftet hatte, verbreitete lokales Flair.

Als die städtische Arbeiterschaft Ende der zwanziger, Anfang der dreißiger Jahre immer größer wurde, wuchs der Bedarf an Filmtheatern, die einen unterhaltsamen Feierabend ermöglichten. Diese Bauprojekte wurden meistens ausgeschrieben, häufig präsentierten Architekten aus verschiedenen Städten einen gemeinsamen Entwurf. So entstand 1936 in Pécs auch das *Uránia*-Kino nach Plänen von Andor Nendtvich, Zoltán Visy und Károly Weichinger.

Auch Hotelbauten wurden ausgeschrieben. Die um die Jahrhundertwende oder noch früher gebauten Gasthäuser entsprachen nicht mehr den aktuellen Bedürfnissen. Es gab keine Badezimmer, und die Räume waren übermäßig groß. Die Zimmer der alten Hotels wollten die häusliche Atmosphäre nachahmen, die Appartements sollten herrschaftlichen Gemächern ähneln. Die Architekten der modernen Hotels ließen sich bei der praktischen Gestaltung kleinerer Einheiten von den Bauhaus-Experimenten mit Minimalwohnungen inspirieren. Im Gegensatz zu den früheren eleganten Stadthotels wurden als Standorte für die Neubauten immer stärker Grünflächen bevorzugt, auch bewaldete, bergige Gebiete. Ein Beispiel dafür ist das Mecsek Szálló (auch *Hotel Kikelet* ge-

Das Uránia-Kino von 1936

Das Mecsek Szálló
von 1935

nannt) außerhalb der Innenstadt von Pécs. Der vierstöckige gewölbte Zimmertrakt aus Feldsteinen ist mit dem niedrigeren, weiß verputzten Flügel des eigenständigen Restaurants verbunden. Der Bauplan wurde 1935 von László Lauber, Andor Nendtvich und Zoltán Visy entworfen. Von der unlängst erbauten Caféterrasse hat man einen herrlichen Blick auf die Stadt.

Die Errichtung von Krankenhäusern war gut mit den Ideen der modernen Baukunst in Einklang zu bringen. Das Einfache, die glatte, einheitliche Fläche und die leicht sauber zu haltende Einrichtung entsprachen den hygienischen Anforderungen. In der Zwischenkriegszeit förderten Organisationen wie die Landes-Sozialversicherung OTI oder die Sozialversicherung der Privat-Angestellten MABI Neubauten im Bereich der medizinischen Versorgung. Ihnen sind viele anspruchsvolle Gebäude zu verdanken, die den damaligen europäischen modernsten Maßstäben durchaus gerecht wurden. Die erste ungarische Rettungsstation außerhalb der Hauptstadt entstand in Pécs in der Kolozsvár-Straße nach einem Entwurf von Zoltán Visy. Der zweistöckige, leicht zurückgesetzte Komplex umfasst vier Garagen, im Obergeschoss befinden sich Dienst- und Ruheräume. Die vorgezogene Dachtraufe spendet Schatten. Im Nordwesten führt der Streifen als schmales Band abwärts, auf der anderen Seite flankiert er abgestuft den Eingang, so findet auch die Baulinie der benachbarten Häuser Berücksichtigung.

Sakrale Baukunst

Als Andor Nendtvich Ende der zwanziger Jahre aus Amerika heimkehrte, war er der erste Architekt in Pécs, der dort nach den Ideen des Neuen Bauens ein Gebäude errichtete. Die Friedhofskapelle an der Siklósi-Straße erlangte mit ihrer logischen Struktur, ihrer rationalen Raumgestaltung und ihrem sowohl modernen als auch den lokalen Traditionen verbundenem Erscheinungsbild exemplarische Bedeutung und untermauerte die Identität der Stadt. Die Baupläne wurden 1932 unter der Mitarbeit von Károly Weichinger fertiggestellt, der seinerseits anschließend die Kirche und das Kloster für den Paulinerorden entwarf. Der lyrische Stil der Anlage lockert die kubische Strenge durch eine harmonische Gruppierung und markant akzentuierte Bogenfenster auf, die am Ordenshaus als Arkaden erscheinen und auch den oberen Teil des Glockenturms schmücken. Die Gebäude bestehen aus Eisenbeton, doch die äußeren Mauersteine bilden eine passende Überleitung zur natürlichen Umwelt.

Die einstige Moschee des Ghasi Kassim Pascha mit Kuppel und quadratischem Grundriss ist heute Innerstädtische Pfarrkirche der römisch-katholischen Kirche. Nándor Körmendy vergrößerte sie 1938 durch den Anbau eines halbrunden Kirchenschiffes, so dass die Struktur des Baudenkmals bei den Restaurierungsarbeiten erhalten blieb.

Die Rettungsstation in der Kolozsvár-Straße

Friedhofskapelle an der Siklósi-Straße

Spuren der Zeit

Durch Vermittlung der zahlreichen ungarischen Bauhaus-Studenten gelangte der Gedanke des Neuen Bauens recht schnell nach Ungarn. Allerdings drückte sich die Wirkung der neuen Ideen nicht in einer übermäßig umfangreichen Bautätigkeit aus, doch viele Spuren an Wohnhäusern und öffentlichen Gebäuden verraten den großen Einfluss der Bauhaus-

Kirche und Kloster des Paulinerordens

Die Innerstädtische Pfarrkirche der römisch-katholischen Kirche, einst die Moschee des Ghasi Kassim Pascha

Architektur. Ihre Geisteshaltung und Formenlehre hat in Ungarn auf eine indirekte Weise nachhaltig gewirkt.

Die hier erwähnten Pécser »Bauhaus-Gebäude« stehen auch heute noch, wurden allerdings im Laufe der Jahrzehnte in unterschiedlichem Maße verändert und umgebaut. Von diesen Veränderungen legen auch die Fotos von Hans Engels Zeugnis ab. »Beim Fotografieren von Architektur interessieren mich besonders die Spuren der Zeit und der Geschichte an und in den Gebäuden, Spuren, die ihre Erbauer und verschiedenen Bewohner hinterlassen haben.« Seine Intention ist, »das Bekannte wie das Vergessene, das Wiederhergestellte wie das Umgebaute oder Verfallene gleichberechtigt zu dokumentieren und damit ein vollständigeres Panorama der Bauhaus-Architektur im öffentlichen Bewusstsein entstehen zu lassen.«

Diese Studie und die Fotografien gehen auf eine Initiative des Goethe-Instituts Budapest zurück. · Aus dem Ungarischen von Madeleine Meran

Wir kriechen mit unserem Auto auf dem von Ziegen bewanderten Weg am Südhang des Mecsek-Gebirges hinauf und biegen von der Landstraße in Richtung Orfű ab. Da die steile, sehr schmale Straße einspurig ist, haben wir keine Möglichkeit, auszuweichen, wenn jemand entgegenkommt, also liegt der Gedanke nah, dass wohl sehr tolerante und geduldige Menschen dieses Steilgebiet bewohnen, die mit ihren Nachbarn gut auskommen.

József Martinkó
Ein Stein im Himmel
Neugedachte Moderne in Pécs

Und unser Ziel, dieses in jederlei Hinsicht außergewöhnliche Haus bestärkt uns in diesem Gedanken.

Im Gebiet der Eremiten

Eine Straße, genauer gesagt ein Feldweg, der zu den Weinbergen und Obstgärten führt und im Ungarischen »Dűlő« genannt wird, weist darauf hin, dass im Stadtviertel Ürög, das schon zur Zeit der Belagerung durch die Türken ein bewohntes Dorf war, der Weinbau bereits seit jeher blühte. Der Pécser Bischof Bertalan gründete im dritten Jahrzehnt des 13. Jahrhunderts auf dem Berg über dem Dorf ein Eremitenkloster, und der Ortsname – auch in den etymologischen Formen *irüg, ireg, üreg* (Höhle, Hohlraum) – verweist darauf, dass sich hier für Eremiten zahlreiche Möglichkeiten boten, in der Natur eine Unterkunft zu finden. In den siebziger Jahren wurde das Gebiet eingemeindet und ab Mitte der achtziger Jahre dann zum Wohngebiet erklärt, so sind die Züge der hiesigen Architektur hauptsächlich durch die Verworrenheit früherer Zeiten geprägt. Die schmalen, sich dahinschlängelnden Hänge des Tales am Mecsek-Gebirge bieten allerdings ein prachtvolles Panorama.

Heiliges Gleichgewicht

Nachdem der abenteuerliche Hang geschafft ist, öffnet sich oben von der Straße eine kleine Sackgasse, die zu einem geschlossenen Garten führt. Auf den ersten Blick bereitet uns das allein daliegende, mit Stein verkleidete Einfamilienhaus, ein Bungalow mit Flachdach, ein Entwurf des Pécser Architektenbüros von Zoltán Karlovecz, ein ganz unerwartetes

Erlebnis. Aufgrund der Lage und des Berg-Panoramas im Hintergrund fügt sich das Gebäude gleich einem Unterschlupf aus Stein mit einer Natürlichkeit und Festigkeit in diesen Ort, als ob man es dort an Ort und Stelle aus dem Berg gehauen hätte. Beispiele für ein ähnliches »heiliges Gleichgewicht« mit der Natur und den »Gegebenheiten« kann man meist nur bei der Villenarchitektur in den Schweizer Alpen vorfinden, hier in Ungarn dagegen selten.

Felsenfestes Wertgefühl

Man kann das Phänomen dieses Hauses philosophisch jedoch nicht nur in der Relation von Höhle und »heiliger Unterkunft« bewerten. Es zeigt nämlich zugleich eine sehr genau definierte Einheit von felsenfesten Werten und ein Gleichgewicht, das es zu einem der bedeutendsten Werke der zeitgenössischen ungarischen Architektur macht. Es ist ein ästhetischer Meilenstein, dessen Kühnheit in der Verwendung der Mittel beispielhaft ist. Das Gebäude zeigt sich in der Lage, den automatischen Minimalismus der zeitgenössischen Architektur zu überwinden, nach dem demzufolge all das als modern gilt, was eckig und ungeschmückt ist.

Zeitgemäß und ökonomisch

Im Übrigen gibt es in Pécs einige Auftraggeber, die von bedeutenden Architekten wie Ferenc Keller oder Margit Pelényi dazu gebracht wurden, sich statt auf handelsübliche Bauweisen auf einen wesentlich sensibleren Baustil einzulassen. So konnte auch in diesem Falle die Familie ihr Oberhaupt davon überzeugen, das auch als zwei getrennte Wohnhälften nutzbare Haus nach den kühnen Plänen des Büros Karlovecz erbauen zu lassen. Gleichzeitig bestand die Familie darauf, dass bei den Wänden, Stromleitungen, Türen und Fenstern eine Technologie verwendet werden sollte, die die Unterhaltung des Hauses auch langfristig bezahlbar macht. Die aus vierundvierziger Bausteinen bestehende, außen zwei Zentimeter stark isolierte und verkleidete Wand, die mit Sonnenkollektoren gespeiste Warmwasserversorgung, die intelligente Heizregulierung, die sich dem Lebensstil der Familie anpasst, und die optimale Nutzung der Sonneneinstrahlung (Sonnenenergie) senkt die Heiz- und Warmwasserkosten deutlich.

Innere Entwicklung

Vor einigen Jahren hat Zoltán Karlovecz diesen Stil, der ein Erbe der Zeit zwischen den beiden Weltkriegen darstellt und an den Pécser Modernismus erinnert, bereits bei der *Villa Bianca* entwickelt. Was die Kritiker damals bei der Gestaltung des Vordaches kritisierten, machte er jetzt bei diesem neuen Haus mit einem perfekten Gefühl für die Proportionen wieder wett. Die Fassade zum Garten gestaltete er mit einer rundherum verlaufenden Betonbarriere, hier erscheinen die dünnen rostfreien Stahlseile bzw. die dazu passenden – an der Fassade von außen angebrachten – Schornsteine nicht als Beiwerk, sondern als fein ausgearbeitete Bestandteile. Das zweistöckige Haus wurde an dem terrassenartig angelegten und mit Gras bedeckten Hang errichtet, wobei die Überlappungen die Beschattung fördern und den Kontakt zur Natur betonen. Während die Fassade mit dem Eingangs- und dem Garagentor fast eine monolithische Einheit bildet, schaffen die Terrasse, der Balkon und die sorgsam gestalteten Fenster eine Gliederung.

Bewegte Steinmauer

Der Rationalismus der Technologie, die Logik, aus der Not eine Tugend zu machen, spielten bei der Steinvertäfelung des Hauses dem Architekten wie auch dem Auftraggeber in die Hände. Man fand nämlich in

Neues Bauen in Pécs:
Die Villa Bianca

Deutschland für einen Bruchteil des üblichen Preises einen Restposten von Jurakalksteinplatten, deren Textur dem Kalkstein aus Süttő und Villány sehr ähnlich ist. Die ursprünglich für ein Büro vorgesehenen Platten wurden senkrecht zum Gesims angebracht, so werfen sie jetzt leicht schräg einen schönen Eigenschatten, der abhängig von der Sonneneinstrahlung ist, diese Bewegung lockert die Geschlossenheit der Fassade.

Ein doppelt bewohnbares Haus

Das System des inneren Grundrisses strukturieren die zwei Wohnungen beziehungsweise die zwei Stockwerke mit der Verkettung der Terrassen. In dieser Einteilung gewinnen beide Wohnungen eine vollwertige Gestaltung mit Panoramablick, natürlichem Licht und großen Räumen. Auch hier sollten die Räume des gesamten Gebäudes, das System der Fassadenöffnungen nicht durch eine egoistische Unternehmung gewaltsam gestaltet oder ersetzt werden. So kamen Räume zustande, in denen dunkles Holz dominiert und die meisten Möbel einen Holzcharakter besitzen, was auf die Segelleidenschaft der Familie hindeutet. Jedoch darf man das nicht falsch verstehen, es geht hier keineswegs um die billige Imitation einer Kajüte, sondern um eine in das Haus integrierte Gestaltung.

Aus dem Ungarischen von Vanessa Lenka Narr

Janus Pannonius, Csontváry, Zsolnay – was ihre Künstler angeht, so ist die Stadt Pécs im Großen und Ganzen darauf am stolzesten, was die Öffentlichkeit mit diesen Namen assoziiert, zumindest was die einzelnen Lebenswerke betrifft. Das wirft natürlich gewisse Fragen auf: Kann man wohl die Bedeutung eines Dichters und eines tausendjährigen Bistums vergleichen,

Géza Szőcs
Die verstreute Kathedrale

insbesondere wenn der eine Bischof gerade der besagte Dichter war; oder ist eine imposante Kathedrale als Anblick und als Symbol mit jener Erfindung vergleichbar, die nicht nur dem Erfinder und Keramikkünstler Weltruhm verschaffte, sondern auch der Stadt, in der man diese Keramik herzustellen begann (und wo man sie auch heute noch herstellt – würde ich hinzufügen, wenn ich sicher wäre, dass es Zsolnay noch geben wird, wenn diese Zeilen erscheinen)?

Mit bloßen Wörtern wie *Porzellanfayence, frostbeständiger Pyrogranit* oder *Eosinglasur* kann ich schwerlich jemanden begeistern. Meine Worte haben zu wenig Kraft, um zu zeigen, warum ein Stück Zsolnay anders, einzigartig ist. Warum man Zsolnay nicht ersetzen kann, wie dieser Glanz ist, wie die Farben sind, die Zsolnay zu Zsolnay machen. Eines aber ist sicher: Wenn wir uns die Stücke aus der Pécser Zsolnay-Fabrik von den Jardinieren bis zu den Blumenvasen so vorstellen wie verstreute Spielkarten, vielleicht eher wie Ansichtskarten, welche die Stadt Pécs in die weite Welt schickte, und wenn wir die Routen dieser Gegenstände auf einer Karte mit schmalen Linien einzeichnen würden, müssten wir eine außergewöhnlich komplizierte, sehr feine Abbildung bekommen. Und wenn auch die Lampen ausgeschaltet wären und nur Sternenglanz und Mondlicht auf diese Gegenstände fiele, dann würde dieses geheimnisvolle Dämmerlicht, würde der Zsolnay-Glanz die ganze Welt umspannen; das wäre selbstverständlich eine geografische Absurdität, weil es ja, wenn es auf einer Hälfte des Planeten dunkel ist, auf der anderen sicher hell ist. Das kann sein, doch ich sehe vor mir die Fabrik, die wie ein Diskuswerfer die fliegenden Untertassen, den Fassadenschmuck, die Dachziegel entlang ihrer leuchtenden Flugbahnen fliegen lässt.

Würden wir es schaffen, all diese Dinge in unserer Vorstellung zusammenzusetzen, wer könnte uns sagen, dass nicht plötzlich eine riesengroße Kathedrale vor unseren Augen stünde, erbaut aus lauter Zsolnay?! Oder wer könnte behaupten, dass dieser virtuelle Dom, den die Fabrik – eigentlich die Stadt – ungefähr ein Jahrhundert lang in der weiten Welt verstreute, nicht vom Ruhm der Stadt Pécs zeugt?!

Dank ihres klugen und begabten Sohns, der Vilmos Zsolnay hieß.

Aus dem Ungarischen von Szabina Altsach

Zsolnay ist der Vater der Porzellankanne

Rui Cardoso Martins
Kobaltgrünes Herz

Ich beschuldige Pécs und rühme Pécs, mich zum Dieb gemacht zu haben.

Ich ging durch ein Einkaufszentrum und zerbrach mir den Kopf, woher ich diese grüne Farbe kannte, wo ich das Kobaltgrün der Pécser Keramiken bereits gesehen hatte, ich überdachte die Möglichkeiten, vielleicht an dem nassen Blatt eines Feigenbaumes, an einem Krautstrunk im Gemüsegarten, in den Augen eines Mädchens, das ich seit zwanzig Jahren nicht mehr gesehenen hatte, nein, ihre Augen waren smaragdgrün gewesen, aber wo konnte ich es dann gesehen haben, wo war in der Natur bloß die metallglänzende Pécser Glasur zu entdecken, die, wenn sie der Sonnenschein berührt, sogleich hinabgleitet und sich verdunkelt, weil sich der eigene Glanz einen Scherz mit ihr erlaubt, wo konnte ich sie schon gesehen haben?

Mit einem Werbeband über Pécs in der Hand spazierte ich durch ein Lissaboner Einkaufszentrum. Ich ging in einen Buchladen, machte jedoch sogleich kehrt, sah mir nichts an, denn ich dachte über grüne Dinge nach. War es vielleicht das ölige Moos, das nach Regenfällen im Dezember an den Nordseiten der Mauern wächst?

Ich sah wahrscheinlich ziemlich verdächtig aus, denn bald darauf packte mich jemand an der Schulter und drehte mich zu sich herum.

»Entschuldigung, verzeihen Sie, aber könnten Sie mir zeigen, was Sie da in der Hand haben?« Es war ein Ladendetektiv der Buchhandlung. Er dachte, ich hätte ein Buch gestohlen. Er sah sich den Werbeband gründlich an, las: *Pécs – die Stadt ohne Grenzen*, dann wurde er rot. Er sprach kein Ungarisch, aber so geht es wohl vielen auf der Welt. Er spürte, dass wir uns beide in eine der typisch peinlichen Situationen des Lebens verwickelt hatten, jeder auf seine Art.

Sehe ich denn aus wie ein Dieb?

Ich kenne einen Mann, der kein Geld hatte, und akademisch Karriere machte, indem er Bücher klaute. Mit Methode, Buch für Buch, klaute er bald das gesamte Lebenswerk von Autoren, das er dann ebenso rasant konsumierte. Es gab Zeiten, in denen er so viele gestohlene Bücher las, dass er sich Helfershelfer holen musste. Diese Leute erwarteten ihn immer auf einer Parkbank, er kam und ging, und sie halfen ihm, die Taschen zu schleppen.

Ich aber habe noch nie ein Buch gestohlen und halte es auch nicht für richtig.

Sehe ich aus wie ein Dieb?

Der Ladendetektiv wäre vor Scham fast im Erdboden versunken. »Ich bitte vielmals um Entschuldigung«, begann er, »ich bin Ihnen gefolgt, als Sie den Laden verlassen haben, ich habe in Ihrer Hand den Band gesehen und … bitte, verstehen Sie, dass ich versucht habe, möglichst diskret … also«, fuhr er fort, habe er versucht, mir die peinliche Szene vor den anderen Kunden zu ersparen, er habe mich aus der Buchhandlung gehen lassen, doch …

… doch als er entschieden hätte, mir zu folgen – an dieser Stelle sprach er sein Bedauern aus –, habe er mir genügend Zeit gelassen, einige Meter auf dem Gebiet des Einkaufszentrums zurückzulegen, und so habe er mich schließlich erst an einer Stelle gestellt, die gar nicht mehr unter seine Aufsicht falle und wo er gar nicht mehr befugt sei, mir Fragen zu stellen, noch weniger, mich zu durchsuchen, da habe er tatsächlich einen Fehler gemacht, stotterte er, »Ich bitte wegen dem Ganzen aufrichtig um Entschuldigung!« Er schlurfte in seinen Schuhen, die eine dicke Gummisohle hatten, traurig davon. Ich habe noch nie einen Ladendetektiv gesehen, der sich nicht mit seiner Aufgabe voll identifiziert. Es gibt Berufe, von denen wir denken, man bräuchte zu ihnen keinerlei Berufung, sie seien nur eine Frage des fatalen Zufalls. Da gibt es zum Beispiel die Totengräber. Gibt es irgendjemanden, der Totengräber werden will? Doch eines Tages entdeckte ich in meiner Heimatstadt, dass der neue Totengräber ein ehemaliger Mitschüler von mir war, er war ein mutiger, aufrichtiger Junge gewesen, den die ganze Schule geschätzt hatte. Nachdem wir uns freudig umarmt hatten, erzählte er mir dort, zwischen den Gräbern, dass er sich für den Beruf des Totengräbers entschieden hatte, weil man sich auf diesem Erdenrund nur vor den Lebenden fürchten müsste, die Toten würden einem kein Leid zufügen.

Deshalb machte ich kehrt, und jetzt packte ich den Ladendetektiv an der Schulter und drehte ihn zu mir herum.

»Mein verehrter Herr«, sagte ich zu ihm, »Sie haben nur Ihre Arbeit getan, ich gratuliere … Sie haben sich geirrt, aber wer irrt sich nicht schon mal, wenn er seine Sache gut machen will?«

»Danke schön«, seufzte er zufrieden wie ein kleiner Junge.

»Aber wenn wir schon dabei sind«, fuhr ich fort, »dann sehen Sie sich doch dieses Büchlein, von dem Sie dachten, ich hätte es gestohlen, einmal genauer an: Es ist auf Ungarisch geschrieben und handelt von Pécs, der Europäischen Kulturhauptstadt 2010. Ich bin einmal dort gewesen, eine interessante Stadt.

Es gibt dort eine Tradition, die Tradition der grün glasierten Kacheln, gerade jetzt versuche ich mich zu erinnern, wo ich diese Farbe davor schon einmal gesehen habe. Alles machen sie in dieser Farbe, sogar Elefanten.

Wegen des Schnees sind die Hausdächer dort sehr steil. An einem Gymnasium gibt es ein Gitter, an dem lauter Vorhängeschlösser hängen, auch das ist da eine Tradition: Die Verliebten schwören einander mit ineinander gehängten Schlössern ewige Liebe, Gábors Schloss hängt an Mónis Schloss, das sind wahre Liebesketten oder DNS-Ketten ... leidenschaftliche Küsse, zukünftige Kinder ... wegen des Regens zerfrisst dann allmählich der Rost die Schlösser, wie auch die Tränen das Herz rosten lassen. Diese Vorhängeschlösser, wissen Sie, spotten sogar jener Geisteshaltung, die den Menschen in Pécs heutzutage wichtig ist, wie sie mir erzählt haben, der Offenheit ...«

»Ich muss gehen ...«, murrte der Sicherheitsbeamte.

»Gleich, nur einen Augenblick noch ... es gab einen ungarischen Schriftsteller, Miklós Mészöly, hier ist einer seiner Texte in englischer Übersetzung: ›*its artistic life and literature do everything to make all people aware of the inseparability of the native land proper and our broader homeland; that is Hungary and Europe*‹, das heißt, das Lokale und das Globale sind in einer Künstlerstadt wie Pécs, die weder zu groß noch zu klein ist und auf dem ebenen Brustkorb Europas liegt, untrennbar miteinander verbunden, aber am interessantesten ist ...

... am interessantesten ist«, fügte ich hinzu, »dass *A határtalan város* nur ein paar Buchstaben sind, die weder Ihnen noch mir etwas sagen, das Ungarische ist eine verzwickte Sprache, nur die Ungarn verstehen diese Buchstaben, die von einer für Europa offenen Stadt sprechen, von einer Region, in der es keine Grenzen gibt, *a borderless city* ... und Sie haben mich gerade in dem Moment geschnappt, als ich frei die Grenze des Buchladens überschritt, die Alarmanlage sprang nicht einmal an, unschuldig setzte ich meinen Weg fort, wobei mir die kobaltgrüne Farbe nicht aus dem Kopf ging. Es fehlt nur noch, dass Sie mich mit einem Schloss an sich ketten, mein lieber Freund, und wir für ewig miteinander verbunden bleiben, bei Regen und Sonne, das war natürlich ein Scherz.

Aber um zum Ende zu kommen: Diese Szene hat mir eine ganze Reihe von Dingen in Erinnerung gerufen, zum Beispiel, dass die öffentliche Demütigung und die Ungerechtigkeit einem helfen können, erwachsen zu werden, wenn wir die Situation zu nutzen wissen, meinen Sie nicht auch? Im Grunde genommen bin ich Ihnen dankbar, vielen Dank, Sie haben mir die mentalen Grenzen zu einer ganz neuen Welt geöffnet!« brüllte ich den Unglückseligen an, der in der Menge immer mehr zurückwich, sich fürchterlich schämte und beinahe einen sehr hohen Absatz hinuntergefallen wäre.

Ich begann die Suche aufs Neue: Wo nur hatte ich in der Natur das Grün der Pécser Keramik gesehen? War es vielleicht die Farbe eines Fisches? In Lissabon, wo ich lebe, gibt es einen Fluss, den Tejo. Und ein Meer, über das wir vor 500 Jahren Indien und Brasilien erreichten. In Ungarn gibt es kein Meer, aber es gibt dort den Balaton. Interessant ist, dass Pécs in Pannonien am südöstlichen Rand der Europäischen Union

Wächterinnen der Ewigkeit:
das Zsolnay-Mausoleum

liegt, Lissabon hingegen auf der gegenüberliegenden Seite, am südwestlichen Rand. Zwei Grundpfeiler, die beiden äußersten Säulen desselben mächtigen Gebäudes.

Wenn ich in das Ozeanarium gehe, kann ich alle Fische der Welt sehen, die Fische des Indischen Ozeans, des Stillen Ozeans, des Atlantischen Ozeans, Stachelfische, Rochen, Bullenhaie und so weiter. Da bleibt im schummerigen Wasser ein Riesenbarsch vor mir stehen, und ich kann nicht entscheiden, ob ich zu ihm gekommen bin oder ob er bei seiner Runde einen Abstecher hierher gemacht hat, um mich genau zu mustern. Er hat zwar grüne Schuppen, doch sind sie recht grob.

Vielleicht die Tauben? Das Gefieder der Männchen schimmert am Hals grünlich, wenn sie aus den sonnenbeschienenen Brunnen trinken … In Pécs hat man das übrigens schon geregelt, in die Gebäudemauern werden Zapfen geschlagen, dazwischen eine Menge Drähte gespannt, so können sich die Tauben nirgendwo niederlassen. In Lissabon werden sie zu jeder Stunde des Tages von den Menschen mit Mais und Brot gefüttert, sie setzen sich, wohin sie wollen, daher sind die Skulpturen, die Kirchen und die Theater von ihrem Kot bedeckt.

Doch überlegen wir nur genauer. Ja, ein Tier wird es sein, irgendein grünes Tier, das ich nicht in Lissabon gesehen habe. Ich bin in Portalegre geboren, 20 Kilometer von Spanien entfernt. Das ist eine kleine Stadt, manchmal bin ich auf Besuch dort. Ich kenne einen Mann, der zu der Zeit, als es die Grenzen noch gab, vor der Europäischen Union, auf ganz wundersame Weise zu Reichtum kam: Er kaufte in Spanien tausend Paar Schuhe, doch brachte er nur die linken über die Grenze. Das galt nicht als Schmuggelware, denn ein linker Schuh ist ohne den rechten nichts wert. Später dann brachte er auch die rechten Schuhe rüber und verkaufte ohne Probleme alle in den Geschäften.

Ich hab's: Libellen!

Dort bei uns, bei den Bergbächen, leben kobaltgrüne Libellen, und sie schimmern genauso, in dem gleichen Grün wie die Pécser Glasur.

Das war mir eingefallen, als ich das letzte Mal am Ufer entlanggegangen war.

Haselnusssträucher warfen ihren Schatten auf das Wasser, wo die Libellen ihre Beine schüttelten. Eine Amsel beobachtete sie, sie stand auf einem Bein auf der Spitze eines mehr als drei Meter hohen Wasserschierlings.

Ein schrecklich giftiges Zeug ist das, doch hier, wo die Wildrübe wuchs, war das Wasser von guter Qualität. Libellen können nur dort leben, wo das Wasser sauber ist. Ich sah eine blaue und eine kobaltgrüne. Sie waren gerade dabei ... nun wie soll ich sagen ... sich zu lieben.

Ich habe ein Buch von Marc Giraud gelesen *Über das außergewöhnliche Leben der Tiere in der Umgebung des Menschen*. Der auf Zoologie spezialisierte französische Journalist hatte nie die Menschen verstanden, die aufs Land fuhren und sagten, sie langweilten sich. Der genaue Titel des Buches lautet *Le Kama-sutra des Demoiselles* (herausgegeben von Robert Laffont). Zwei sich gerade paarende Libellen formen mit ihren Körpern ein Herz.

Das ist romantisch, aber nicht so einfach. Wenn das Männchen dem Weibchen in verliebtem Zustand begegnet, muss es eine Übung vollführen, die ein ganzes Buch füllt. Zunächst muss es seinen Penis, der sich im zweiten Glied des Hinterleibs befindet, dorthin stemmen, wo es sein Sperma produziert, was allerdings am weitesten von jenem entfernt ist, im neunten und letzten Glied seines außerordentlich langen Körpers.

Nachdem es sein Sperma bis zu seinem Penis geführt hat, packt es das Weibchen am Kopf und presst dessen Genick ganz fest mit seinen Hinterleibsanhängen (ich habe schon schlechtere Berichte von Liebesnächten in Paris oder New York gelesen). Dadurch schmiegt sich das Weibchen an den senkrechten Stiel einer Pflanze wie die Stripperin an die Stange, und nun folgt sein Gelenkigkeitstest, denn das sich in dem vorletzten Glied befindende Kopulationsorgan des Weibchens muss den Penis des Männchens finden – der sich ja im zweiten Glied befindet –, und dann geschieht das herzförmige Wunder des Lebens! Wenn das keine Liebe ist!

Die Libellen verbringen etwa fünf Jahre in Gestalt von fürchterlichen, fleischfressenden Larven unter Wasser. Meiner Meinung nach bleiben sie auch dann die hässlichsten Tiere des Sonnensystems, wenn man noch neue finden sollte. Sie durchlaufen fünfzehn Metamorphosen, ziehen sich öfter um als manche Frauen am Morgen, sind ständig vor den Kröten auf der Flucht und kommen dann auf einmal aus dem Wasser, trocknen ihre Flügel und werden zu wundervollen Insekten, die fähig sind, mit Hilfe ihrer Kristallmembrane zu schweben. Hier draußen bleiben ihnen dann nur zwei Monate, um ihren Partner für's Herzakrobaten-Kunststück zu finden. Dann sterben sie.

Einer der besten Liebesgeschichten, die ich je gehört habe, bin ich in einem Zelt begegnet, das man ruhig »Hölle der Insekten« hätte nennen können. In Wirklichkeit hieß es »Lebendige Kriechtiere, Piranhas, Schlangen, Echsen, Skorpione«. Es war ein ganz außergewöhnliches, bezauberndes portugiesisches Zelt. Der Name des Besitzers war Luís Augusto, er war Akrobat und Zauberer, »Gigi, der Clown«, der Sohn des berühmten »Drachens, des Zauberers«. Er zog mit einem Aquarium voller Piranhas, einem indonesischen Riesenpython, einem ghanaischen Waran und so weiter durch Zentralportugal und Spanien. Am furchterregendsten waren das schwarze, schwere afrikanische Skorpionweibchen und die faustgroße chilenische Vogelspinne. Eine rote Behaarung bedeckte ihren Körper, und ich erinnere mich, wie sie auf ihren langen Beinen in Ruhe eine Grille beobachtete, die sie dann zu Mittag verspeiste. Ich sah auch, wie der Python eine lebendige Maus verschlang. Die Ehefrau von Luís Augusto hieß Quinita, sie war ein Bauernmädchen aus Alentejo und wurde später Modedesignerin, noch als Kind verliebte sie sich in den Verdauungspausen der Tiere in Gigi.

Da die beiden Familien gegen ihre Liebe waren, entschieden sie sich für die Heirat, und Quinita schloss sich dem Zirkus an. Sie hatten einen Sohn. Quinita, die sich im Übrigen selbst vor einer Nacktschnecke fürchtete, trat in Spanien mit Schlangen auf, die sich um ihren Körper wickelten. An einem Frühlingstag hörte ich, wie sie zu dem Python sprach: »Geh ein wenig beiseite, mein Schatz.« Quinita versicherte mir, Hand in Hand mit dem Ex-Clown Gigi (während die Vogelspinne gedankenverloren an dem Grashüpfer kaute):

»Das ist wahre Liebe, das können Sie mir glauben.«

Eine außerordentliche Liebesgeschichte.

Ich glaube, auch sie waren durch ein pannonisches Schloss miteinander verkettet.

In Pécs erzählte man mir, dass das geheime Rezept für die Herstellung der blauen Glasur, die noch schöner und wertvoller gewesen sein soll als die grüne, für immer verloren gegangen sei, man wisse nicht, ob durch Pech, Starrsinn oder Familienzwist. Dieses Kobaltblau sieht man an den männlichen Libellen, die sich mit den kobaltgrünen Weibchen paaren.

Beobachten Sie nur die verliebten Libellen.

Wenn es in Pécs Libellen gibt, dann wird das nicht schwer sein.

Aus dem Ungarischen von Éva Zádor

Vasen schmücken den Garten der Zsolnay-Fabrik.

Győző Csorba
Edel steht der alte Zsolnay ...

Edel steht der alte Zsolnay
mit gesenktem Kopf betrachtet
er den Menschenstrom vom Bahnhof
auf ihn zu – schon mehr als sechzig
Jahre – die Straßenachse
die Stadtteil-Achse dreht sich um ihn
kleine Leben große Leben
auf seinen Schultern die Tauben
sie fliegen fort
Atemzüge unter ihrem Federkleid
Er aber lebt und ist der Alte
war der Alte wird es sein
um ihn wird alles neu

Urvater von uns allen
auch von jenen die aus nagelneuen
Häusern hierher kommen

und jener die
ihn seit vielen Jahren schon besuchen
erzählen was ihnen widerfahren ist
zeigen ihm Kind und Kleider
vielleicht
fragen sie ihn um Rat
wie man nur so alt werden kann
und trotzdem
so blendend dasteht

Aus dem Ungarischen von Clemens Prinz

Tivadar Csontváry Kosztka, Maler, 1853–1919

Wilhelm Droste
Tivadar Csontváry Kosztka
KUNST ALS HÖHERE WIRKLICHKEIT

Seinen Namen versteht man besser nicht, denn er lässt Gruseliges erwarten: Csontváry heißt in wörtlicher Übersetzung »Knochenburger«. Tivadar aber ist der ungarische Theodor, und wenn die Griechen nicht lügen, dann ist diese Knochenburg also dennoch ein Geschenk Gottes. Der eigenwilligste Maler der ungarischen Moderne hielt sich an den Auftrag beider Namen. Alle positiven und negativen Kräfte aus dem Jenseits nahm er in sich auf und durchfuhr die Welt, ließ sich von Städten und Landschaften bis zur Besessenheit inspirieren und gab ihnen dennoch seine ganz persönliche Botschaft mit jedem Zug seines Pinsels und dem unwirklichen Strahlen seiner Farben.

Csontváry ist ein einsames Kind. Es gibt in Gottes Schöpfung keinen einsameren Baum als die von ihm gemalte einsame Zeder. Auch er bezahlte diese schrankenlose Einsamkeit wie die ihm verwandten Geister Vincent van Gogh, Egon Schiele oder die Dichter Friedrich Hölderlin und Robert Walser in der harten Währung des Wahnsinns.

Mit der Stadt Pécs hat sein irdischer Wandel auf dieser Erde nicht viel zu tun, umso mehr aber sein Nachleben. Seit 1973 hängt die größte Sammlung seiner Bilder dort in der Janus- Pannonius-Straße 11. So lange hat die nationale Anerkennung auf sich warten lassen, denn gerade in Ungarn wurden seine Person wie auch sein Werk eher mitleidig belächelt oder gar spöttisch verachtet als ernst genommen und verehrt. Mit etwas Pech wären die großen Leinwandtafeln von den Verwandten zum Materialpreis verkauft worden, sie wurden im letzten Moment von Gedeon Gerlóczy, einem Verehrer des Malers, vor der Vernichtung gerettet.

Geboren wurde Csontváry 1853 im heute slowakischen Kisszeben. Als Sohn eines etwas schrulligen Apothekers erlernte er selbst diesen Beruf, mit dem er sich eine materielle Unabhängigkeit verschaffte, um dann erst mit einundvierzig Jahren eher zufällig zur Malerei zu geraten, die er sich als Autodidakt aneignete, auch wenn es zwischen 1894 und 1895 einige Schulaufenthalte in München, Karlsruhe, Düsseldorf und Paris gab. Reisen und Malen wurde in Csontvárys Schaffen zu einer untrennbaren Einheit. Er fuhr immer wieder nach Italien und ins Heilige Land, nach Dalmatien, Ägypten und Griechenland. 1907 verschaffte er sich in Paris erste internationale Anerkennung, während er sich in Ungarn für seine orientalischen Farben und Motive geradezu entschuldigen musste, weil man sie dort für krankhafte Erfindungen hielt. Immer stärker wurde er wegen bestimmter Eigenwilligkeiten verdächtigt und über den Rand der Normalität gedrängt, die ihm heute eher Zustimmung eintragen würden: Er war ein radikaler Pazifist, ernährte sich von Obst und verachtete entschieden allen Alkohol. Sein berühmtestes Bild, die einsame Zeder, entstand 1907 im Libanon. Mit ihr setzte er auch der zunehmenden eigenen Einsamkeit ein hymnisches Zeichen. Sie allein ist ein triftiger Grund für eine Reise nach Pécs. Zufälle fallen nicht zufällig. Das südliche Pécs ist ein würdiger Ort für das Nachleben Csontvárys, denn er träumte den südlichen Traum seines aus dem tiefen Osten kommenden Volkes.

Du wirst der größte Maler des Sonnenweges, größer als Raffael!
(Eine Stimme)

Péter Mesés
Original und Abbild

Ich reise nicht allzu viel in der Weltgeschichte herum, oder ich könnte hier und jetzt auch sagen, ich bin kein Evliya Çelebi. Ich hatte nie den Wunsch, die Welt zu bereisen (wozu gibt's denn das Internet?), höchstens ein kürzerer Flug, eine Autofahrt von ein, maximal zwei Tagen, solcherlei. Auch da passt unheimlich viel rein, wozu dann der große Eifer. Natürlich bin ich auch noch nicht einmal an allen Orten gewesen, die innerhalb dieser selbstgesteckten Grenzen liegen.

Es gibt allerdings eine Stadt, Mostar, die ich mir immer schon einmal anschauen wollte, auf die ich, wenn man so will, neugierig war, weil dort eine Brücke stand, von der ich aus irgendeinem Grund schon als Kind fasziniert war, obwohl ich sie nie gesehen hatte, nur als Bild. Natürlich hat sie einen unheimlich schönen Bogen, die Neretva ist unter ihr unglaublich wild, zudem umgibt sie eine für die mittelalterlichen Verhältnisse (denn in der von den Osmanen verwüsteten Gegend herrschte 1566, als die Brücke errichtet wurde, noch Mittelalter) außerordentlich urbane Umgebung. Aber es ist ja nicht die einzige Brücke, die ich auf einem Bild gesehen habe, nicht einmal die älteste, ich bin schon über ältere Brücken gegangen, auf eigenen Beinen, und auch andere Brücken wurden in früheren Zeiten in urbaner Umgebung errichtet. Und doch, mich hatte die Alte Brücke über der Neretva fasziniert.

Natürlich weiß ich, warum ich schon immer gerade diese Brücke sehen wollte. Es gibt einen ungarischen Maler, Tivadar Csontváry Kosztka, dessen Bilder mich noch früher als die Brücke faszinierten, schon als ganz kleines Kind, so sehr, dass diese Faszination bis heute anhält. Der häufig als Postimpressionist oder Expressionist bezeichnete Csontváry, der aber eigentlich keiner Richtung zugeordnet werden kann und sich selbst für den »Maler des Sonnenweges« hielt – was auch immer das sein mag –, nun, er malte diese Brücke so, dass sogar ich hinreisen wollte, um sie im Original sehen zu können. Ich habe sie jedoch nie gesehen und werde es jetzt auch nicht mehr: Die unter dem Schutz des Weltkulturerbes der UNESCO stehende Brücke wurde 1993, zur Zeit der bosnisch-kroatischen Kämpfe im blutigen Balkankrieg, von der kroatischen Artillerie zerstört. Ende der neunziger Jahre bargen ungarische SFOR-Soldaten die Trümmer aus der Neretva, in jahrelanger Arbeit wurden dann die Steine angeblich genauso aneinandergefügt, wie es die türkischen Baumeister einst getan hatten. Seit fünf Jahren, 2005, steht die Brücke wieder, in scheinbar alter Pracht, wieder als Teil des kulturellen Welterbes.

Angeblich haben reiche Amerikaner das auch so gemacht: Sie kauften alte, sagen wir, schottische Schlösser, trugen sie Stein für Stein, Ziegel für Ziegel ab, verfrachteten das Ganze nach Amerika und ließen sie dort genauso, wie sie in Schottland oder sonstwo standen, Stein für Stein, Ziegel für Ziegel wieder hochziehen. Ich weiß nicht, ob das stimmt, aber dass ein solches Schloss dadurch noch nicht zu dem wird, was es war, darin bin ich mir sicher. Ein Bauwerk, ob nun Schloss oder Brücke, macht nicht die getreue Anordnung der Steine wirklich wertvoll, sondern die geistigen Werte, die in ihm ruhen. Das gilt für jedes Bauwerk, nicht nur für die alten, auch für die ganz neuen. Nicht nur der Anblick zählt, ja, für mich zählt eigentlich gerade nicht der Anblick, sondern eben das, was dem Auge verborgen bleibt, was nur das innere Auge sehen kann.

Die Brücke von Mostar habe ich nie gesehen, und ich gestehe, jetzt interessiert sie mich auch nicht mehr. Das, was da jetzt steht, ist nur ein ansehnliches Abbild, ein Abklatsch, nicht mehr. Mir hat sogar das Gemälde aller Gemälde, die »Mona Lisa«, nie gefallen, solange ich nur Reproduktionen gesehen habe. Na toll, eine ein bisschen dämlich dreinlächelnde Frau, dachte ich. Aber als ich dort im Louvre stand, als ich wirklich die »Mona Lisa« sah und nicht bloß irgendeinen Papierfetzen, auf den gerade die »Mona Lisa« gedruckt worden war – da verstand ich erst, warum dieses Gemälde eigentlich so berühmt und bedeutend ist, seitdem weiß ich, warum so viele sie bewundern, mich jetzt eingeschlossen. So geht es mir irgendwie auch mit dieser Brücke, wozu soll ich jetzt noch dahinfahren? Was dort steht, ist nur eine Reproduktion, ein Abbild, fast wie eine Fälschung, auch wenn sie noch so UNESCO-Weltkulturerbe ist. Wozu soll ich jetzt nach Mostar fahren, wenn ich sowieso nicht gerne reise? Oder zumindest nicht allzu gerne.

Die Brücke aber kann ich mir immer ansehen, zum Glück ist das Original ja erhalten geblieben. Zwar nicht aus Stein, sondern aus Öl und Leinen, und das ist nur einer gehörigen Portion Glück und einem Kunstsammler namens Gedeon Gerlóczy zu verdanken, der die Werke Csontvárys aufgekauft hat. Sein Genie entdeckten seine Zeitgenossen nämlich

Mostar: die schwere Kunst des Brückenschlags

keinesfalls, sondern hielten ihn für verrückt und dilettantisch. Seine Erben wollten die Bilder, die auf Leinwänden von guter Qualität gemalt waren, zum Preis von Leinen an Fuhrleute verkaufen, gewissermaßen als Plane. Zu einem Spottpreis, weil sie natürlich dachten, es mindere den Wert des Leinens, dass es vollkommen vollgeschmiert war. Gerlóczy aber, wir können ihm nicht oft genug danken, kaufte die Leinwände nicht als Planen, sondern als Kunstwerke, so kann sich jeder, der wie ich keine Freude an Abbildern hat, die Alte Brücke im Original ansehen. Zusammen mit zahlreichen anderen wunderbaren Gemälden Csontvárys, in dem nach ihm benannten Museum in Pécs.

Aus dem Ungarischen von Éva Zádor

Eduard Schreiber (Radonitzer)
Im Rausch der Zeder

Kino ist eine Leidenschaft. Das Kino alter Zeiten. Iván Mándy erzählt davon. So erinnert sich sein junges Alter ego in einer schönen Reminiszenz an »Pufi« Huszár, einen liebenswerten Star der Stummfilmzeit, mehr schwärmt es aber von Greta Garbo, Frederic March, Norma Shearer, John Gilbert, kennt ihre skandalumwitterten Verstrickungen, ihre Erfolge, kolportiert ihre Mythen.

»Pufi« hörte in Wirklichkeit auf den Namen Károly, wer trug schon im Film seinen ungarischen Namen. Er tritt in der Burleske »Pufi kauft Stiefel« auf, die Ferenc Molnár 1914 für *Kinoriport*, eine Budapester Produktionsfirma, geschrieben hat. Pufi spielt dort das erste Mal mit Gyula Kabos zusammen, von dem alle Ungarn heute noch schwärmen. Gyula wurde später der Star des Tonfilms, da war er schon dreiundvierzig. Im Foyer des Pécser Kinos, das ich in den siebziger und frühen achtziger Jahren oft besucht habe, hängt sein Porträt an der Wand: der traurig-melancholische Blick, die hohe breite Stirn, das hinter den Ohren gelockte Haar, ein Komiker, ein Clown. Oft in der Rolle eines kleinen Angestellten spielt er gegen Ende seiner ungarischen Karriere Rollen, die angsterfüllt das Unglück nahen sehen, und es trifft ihn auch wirklich. 1938 muss er wegen der Rassengesetze aus Ungarn fliehen, hofft vergeblich auf eine Karriere in Hollywood, Jahre zuvor hatte er sie stets ausgeschlagen, und stirbt arm, einsam und verzweifelt im Oktober 1941 in New York.

Im Foyer, wie alle Foyers seriöser älterer Kinos dunkel und geheimnisvoll, ein wenig staubig und im Sommer schlecht durchlüftet, hängen die Stars des neueren ungarischen Kinos – Törőcsik Mari, Ruttkai Éva, Bálint András, Latinovics Zoltán, Cserhalmi György, natürlich auch der große Páger Antal, schauen auf Schwarz-Weiß-Fotografien von samtbezogenen Wänden herab. In vielen Filmen von Fábri, Máriássy, Makk, Kovács, Jancsó und Szabó habe ich sie gesehen. Schon aus ihrem ersten Film »Karussell«, 1956 von Fábri, blieb mir die damals zwanzigjährige Mari Törőcsik unvergesslich.

Wie immer, wenn ich aus dem Kino kam, ging ich über den Széchenyi-Platz, an der Dschami des Pascha Kassim Ghasi vorbei, die heute eine katholische Kirche ist (stehen die Kaffeehausstühle am *Nádor* schon

Pferd und Käfer, Halbmond und Kreuz

draußen, von wo aus man die Dschami in Ruhe betrachten und über den Wandel vom Halbmond zum Kreuz nachsinnen kann?), und ich sehe die Türken kommen, von Mohács her (sie wollen nach Wien), wo sie unter Süleiman, den sie den »Prächtigen« nennen, die Ungarn geschlagen haben, westwärts ziehen, nach Pécs, die christliche Kirche auf diesem Platz niederreißen, daraus ihre Dschami errichten und weiter nach Westen ziehen, nach einem Halbtagsmarsch erreichen sie Szigetvár und stoßen dort auf todesmutigen ungarischen Widerstand. Das hunderttausend Mann starke Türkenheer wird von zweieinhalbtausend ungarischen Verteidigern aufgehalten, angeführt von Miklós Zrínyi. Nach einmonatiger Belagerung wagen die Ungarn einen letzten verzweifelten Ausfall, Zrínyi tritt ohne Rüstung, nur im Helm, mit Schild und Säbel den türkischen Angreifern entgegen, wird niedergestreckt, sie erobern die Burg, deren Pulvermagazine in die Luft fliegen und mit ihnen die Angreifer und das letzte Häuflein der Ungarn. Zrínyi schlägt man den Kopf ab, pflanzt ihn auf einer

Stange vor dem Zelt des Sultans auf, (das kennen wir auch von Prag, wo 1620 die Kaiserlichen die Köpfe der böhmischen Aufständischen auf Rathausturm und Karlsbrücke zur Schau stellten), später schickt man den Kopf an die Ungarn.

Diese Assoziation löste eine Drei-Sekunden-Einstellung aus Zoltán Huszáriks Csontváry-Film bei mir aus. Ich hatte in jenem Kino Huszáriks Film gesehen (seit Mitte der sechziger Jahre fanden in Pécs Ungarische Spielfilmwochen statt). Csontváry durchquert die Wüste, irrt über Dünen, seine Spuren verwehen, müde legt er sich in einem Brettergeviert, einem Sarg ähnlich, zur Nacht nieder, Schutz vor dem Sandsturm suchend, als ein Schuss ertönt. Er schreckt hoch und für Sekunden blitzt Csontvárys Bild »Zrínyis Ausfall« auf: Zrínyi vor einem brennenden Palais mit Tschako, in roter Montur und blauem Mantel, den Säbel gezogen gegen die anstürmenden Janitscharen. Einige, neben dem Ziehbrunnen, richten ihre Flinten auf Zrínyi, der Himmel vom Feuerschein gerötet, aus dem Dach schlägt eine Flamme, die nahen Bäume in Rauch hüllend. Die Mehrheit der Krieger ähnelt aber eher Pilgern mit geschultertem Gewehr. (Alle Details konnte ich im Film in der Kürze der Einstellung gar nicht wahrnehmen, aber das Bild hängt ja unweit des Széchenyi-Platzes im Csontváry-Museum).

Huszárik, Jahrgang 31, drehte 1971 mit »Sindbad«, seinen ersten Spielfilm (im gleichen Jahr entstanden Fábris »Ameisennest« und Jancsós »Roter Psalm«), nachdem er zuvor mit experimentellen Kurzfilmen Aufsehen erregt hatte. Nach Erzählungen von Gyula Krúdy, einem zu Anfang des Jahrhunderts berühmten Erzähler (ich weiß nicht, ob er sich jemals in Pécs aufgehalten hat), entsteht ein Film, in dem die Grenze, wie in den Erzählungen, zwischen Wirklichkeit und Imagination verschwimmt. Huszárik wechselt Zeit und Ebenen, um Sindbad (Zoltán Latinovits) durch die Welt von Träumen und Erinnerungen zu führen, auf der Suche nach den einstmals geliebten Frauen, nach einem endgültigen Zuhause. In bezaubernden, langen und unendlich langsamen Einstellungen, die Gemälden gleichkommen, reist Sindbad seinen Träumen nach. Man meint, er kommt von den nahen Hügeln des Mecsek-Gebirges heruntergefahren, wenn ihn Kutsche oder Schlitten an sein Ziel bringen, wo er erwartet wird oder überraschend eintrifft. »Er registrierte die Frauen in der Stadt mit Leidenschaft, schwärmend, mit pulsenden Schläfenadern – die welken Schönen und die erblühenden Teerosen, die mit orientalisch verwöhntem Blick über Sindbad hinwegschauten«, heißt es bei Krúdy.

Der elegant gekleidete Sindbad begegnete mir in der Stadt natürlich nicht. Das Leben ist eher prosaisch, erinnert aber doch immer wieder an Filme. Ein Pferd wurde durch die Janus-Pannonius-Straße geführt, das plötzlich scheute. Es riss den Kopf nach oben und brach aus, der junge Mann, der es am Zügel führte, hatte einem Mädchen nachgepfiffen. War das nicht eines der Pferde, das in Huszáriks Kurzfilm »Elegie« die Straße entlang geführt wird, die Straße, die zum Schlachthof führt?

Die Spirale des Untergangs, des Verschwindens, des Mordens. Pferdeherden in der Puszta, donnerndes Getrabe, wogender Stau, jäher Halt, die Leiber schieben sich ineinander, wehende Schweife, zitternde Nüstern und in Naheinstellungen die großen traurigen Augen. Vor Stalltoren alte Bauern, Kutscher, Pferdehirten. Die Skelette von Pferd und Reiter in einer prähistorischen Grabstätte. Pferdeherden, Rennpferde, Lastpferde, Zirkuspferde in einer Dressurnummer. Immer wieder die Straße, zerfurchter Asphalt, Pflaster. Der Weg zum Schlachthof. Die Kapuze über dem Pferdekopf, der Schlag mit dem Hammer in die Stirn an die Stelle der Blesse. Sturz. Blut. Astigmatisch verzerrt und rötlich eingefärbt wiederholen sich Bilder der Opfer, der Straße, des Tötens. Das Ende einer dreieinhalb Jahrtausende alten Symbiose von Mensch und Pferd. Verlust und Niedergang. Auch der einst ungarischen Pferdenation?

Pferde sind aus dem ungarischen Film nicht wegzudenken. Jancsó lässt in einer Eingangsszene von »Die Männer in der Todesschanze« (*Szegénylegények*) die Gefangenen von berittenen Soldaten in der Weite der Puszta immer wieder umkreisen und sie auf die Gefangenenfestung zutreiben, eine großartig choreographierte Einstellung, Huszárik lässt in »Csontváry« ein Pferd am Straßenrand aufblitzen, das natürlich sogleich »Elegie« assoziiert – und die Bilder Csontvárys – vor allem »Spazierritt am Meer« und »Sturm über der Großen Hortobágy«.

An »Csontváry« hat Huszárik fast zehn Jahre gearbeitet. Der Film atmet den Ehrgeiz des Malers. Auf zwei Ebenen verflechten sich Fantasie, Traum und Wirklichkeit – auf der Ebene eines Schauspielers, der den Maler im Film darstellen soll und auf der Ebene des Malers Csontváry (1853–1919), der der Welt mit seiner Malerei eine neue Deutung geben will und im Wahnsinn endet. Beide scheitern auf unterschiedliche Weise

Schnappschuss aus der Bronzezeit: Csontváry als Kunstobjekt

– der Schauspieler im Film, und auch der Maler. In Izhak Fintzi (bekannt als Bezirksvorsteher Assenov in der bulgarischen absurden Filmkomödie »Die Zählung der Wildhasen« von 1973) haben sie einen großartigen Darsteller. Im Bemühen, in die Rolle des Malers einzudringen, entfernt sich der Schauspieler mehr und mehr von seiner Umgebung, entfremdet sich seiner Frau, nimmt asoziale Züge an und löst sich schließlich gänzlich in der Person des Malers auf, der abwesend auf dem Bett in seinem Atelier sitzt. Huszárik findet beklemmende Bilder für die Zerstörung und die Ablösung vom Ich des Schauspielers (die Herkunft des Regisseurs von der bildenden Kunst ist dabei nicht zu übersehen).

In einem dunklen Raum beginnt Fintzi mit einem Streichholz das 4 mal 7 Meter große Bild »Baalbek« abzuleuchten (als Schauspieler sich so dem Werk seiner Figur nähernd), und in einer apokalyptischen Szenerie (Schwerbewaffnete marschieren auf, Nonnen tragen Gasmasken) endet Fintzi als Maler Csontváry in einem Budapester Bad, in dem seine Bilder im Wasser schwimmend, dem Untergang anheimfallen – wie auch sein Land.

Huszárik stellt nur einmal eine direkte Beziehung zwischen einer Filmszene und einem Csontváry-Bild her, und es ist ausgerechnet »Sturm über der Großen Hortobágy«, jener berühmten Neunbogen-Brücke in der Puszta bei Debrecen. Eine Pferdeherde rast, getrieben von zwei Csikós, über die Brücke, an deren Fuß Fintzi sich vom Maler Csontváry zurück in den Schauspieler verwandelt, der sein rosa Hemd wieder überstreift. Die Szene trägt die gleiche Düsternis wie Csontvárys Bild.

Die ersten Csontváry-Bilder sah ich lange vor Huszáriks Film in Budapest. Einer meiner Freunde führte mich in eine Wohnung (war das im VI. oder im VII. Bezirk?), ein sehr geheimnisvoller Ausflug, die ich wie in Trance durchwanderte, und ich glaubte nicht, dass jemand so etwas malen könne. Mir stockte der Atem, ähnlich wie im Pécser Dom, in dessen einer Kapelle sich auf dem Steinboden wohl an die zwanzig Fledermäuse huschend bewegten, ein gespenstisches Bild unter den Engeln an der Wand. Ist das der Satan?

Ich befreite mich von dem grausigen Bild und ging gegenüber in das Csontváry-Museum, trat die »Wallfahrt zu den Zedern des Libanon« an, hörte das Rauschen, Wispern, Zirpen, Rascheln, Singen, das Schnauben der Pferde, den Schrei der Pfauen, das Schreiten der Jungfrauen und das Geräusch des Windes, der von den weißen Höhen des Gebirges in die blumenbestandene Ebene fällt.

Ich sah die Jungfrauen tanzen und die Reiter sich in einer gegenläufigen Bewegung um den Stamm der Großen Zeder bewegen. Das gelobte Land.

Kurze Zeit später fand ich im Archiv eines Budapester Museums Fotografien, auf denen Nonnen in Gasmasken eine Luftschutzübung absolvieren. Sie fanden Platz in einem Film, den ich über den ungarischen Dichter Miklós Radnóti drehte, der in einem apokalyptischen Marsch ausgelöscht wird.

Győző Csorba
Vasarely

Es türmt sich biegt sich wird leicht
wird dichter wird weiter erweicht
in sich selbst und über sich hinaus
oben unten von allen Seiten aus
klar und Klarheit verstrahlend
schon jetzt ein Verbot
für Chaos und Not
siegend über alles Prahlen

Aus dem Ungarischen von Clemens Prinz

Die erste Variante der *Straße* fertigte Erzsébet Schaár (1908–1975) für ihre Ausstellung in Székesfehérvár 1974 an, 1975 dann stellte sie in Luzern die zweite Variante aus. Diese genau dokumentierte Ausstellung war noch zu besichtigen, als Erzsébet Schaár starb. Sie wurde auch für die 1991 eröffnete Pécser Dauerausstellung rekonstruiert, dabei aber das schnell zerfallende Styropor durch Gips ersetzt.

József Keresztesi
Der gemeinsame Nenner – Die »Straße« von Erzsébet Schaár

Und schon sind wir bei der Frage von Original und Kopie, denn was wir hier sehen, ist zwar eine Rekonstruktion, doch durchaus eine dem Original gleichwertige Rekonstruktion. Wie Erzsébet Schaár selbst diese Synthese wohl weiterentwickelt hätte, werden wir aber nie erfahren.

Die *Straße* ist nämlich weit mehr als der Rahmen zu einer Sammelausstellung: Sie reiht die Skulpturen, die präsentiert werden sollen, nicht einfach aneinander, sondern platziert sie in einem Raum, der diese Werke in der vorgefundenen großen Form vereint und im Grunde genommen mit sich verschmelzen lässt. Er eröffnet ihnen im wahrsten Sinne des Wortes den Raum, indem er sie zu Bestandteilen einer großen Komposition werden lässt. Und wir müssen zugeben, in alledem verbirgt sich etwas, das einen in Verlegenheit bringt. Ja, hier sind Karl Marx, der Schriftsteller Miklós Mészöly, der Dichter Lőrinc Szabó und die Schauspielerin Éva Ruttkai zu sehen, und doch schmälert es das Erlebnis nicht, wenn wir die Modelle nicht erkennen. Als hätte Schaár nicht berühmte Persönlichkeiten verewigen wollen, sondern nach der panoptikumartigen Darstellung einer Art Privatmythologie gestrebt.

Doch auch damit stimmt etwas nicht. Es handelt sich nicht um ein Panoptikum, zumindest bestimmt nicht in dem Sinne, dass sich uns hier etwas Spektakuläres darbieten würde. Denn im Idealfall spaziert der Besucher ganz alleine durch die reglose Straße, und selbst dann fühlt er sich als Eindringling. Er gelangt nämlich in den Raum des Kunstwerkes und wird in diesem Umfeld zu einem Fremden, denn er ist das einzige sich bewegende »Objekt«. Die auf die Straße sehenden Fenster besitzen keine Dynamik: starre Porträts, reglose Gesichter, Totenmasken. Auch die Gebäude der Straße sind stilisiert, und was das wichtigste ist, sie locken nicht, laden nicht zum Schlendern ein. Wer hier entlanggeht, ist

Straße der Kunst ...

kein Baudelairescher Flaneur, sondern ein in den intimen Raum eindringender, ungebetener Besucher. Die in der Tür stehenden, in den Händen Blumen haltenden, starren Gestalten – der Rumpf der lebensgroßen Figuren besteht aus einem einzigen, nicht gegliederten, steifen Block – erwarten nicht ihn.

Doch wenn nicht ihn, wen dann? Die Totenmasken der Berühmtheiten schaffen die Atmosphäre eines Mausoleums, und das kalte, ephemere Material sowie das von oben einfallende Licht verstärken den Eindruck, dass wir uns in einer Nekropolis bewegen. Die Installation *Straße* bringt die Skulpturen auf einen gemeinsamen Nenner. Dieser gemeinsame Nenner ist die Einsamkeit – nicht die Figuren sind an sich einsam, sondern der Besucher wird es, der diesen unendlich intimen, persönlichen Raum des Werkes betritt.

Wie Mausoleen oder Grabdenkmäler, so handelt auch die *Straße* nicht in erster Linie von der Vergänglichkeit, sondern von der Erinnerung. In den Fenstern und Türen reihen sich reglose Erinnerungsbilder aneinander. Der kolossale Gemeinplatz, nach dem der Künstler in irgend-

einer Form »seine innere Welt ausdrückt«, manifestiert sich in den Werken von Erzsébet Schaár auf radikale Weise: Die *Straße* schafft diese innere Welt physisch greifbar und führt einen als Besucher physisch in deren Raum, lässt ihn an der Einsamkeit dieser inneren Welt teilhaben. Die am Anfang zu sehende Arbeit *Schaufenster*, ein listiges Spiegelspiel, macht gerade darauf aufmerksam: Unsere Orientierungspunkte werden unsicher, wenn wir die *Straße* Erzsébet Schaárs betreten.

Aus dem Ungarischen von Éva Zádor

Béla Tarr, Filmregisseur, * 1955

In den Filmen von Béla Tarr trinken nicht nur alle Figuren, auch Gegenstände und Landschaften wirken wie berauscht und ständig verkatert. Wo Land ist, da fällt ein unablässiger Landregen, Städte sind Ruinen ihrer selbst, Häuser sind Abgründe, Liebe ein Akt der Aussichtslosigkeit. Tarr gehört in die Reihe der großen Filmemacher, die an einem ewigen Film arbeiten, dessen Suggestivkraft ein Echo der Besessenheit ist, die jeder aufbringen muss, der in den Kosmos dieses Films eintreten will. So macht er seit Jahren schon die verrücktesten Filme der Welt und verschafft sich damit höchste internationale Anerkennung der Kritik und seiner zahlreichen Anhänger. Tarr macht Minderheitenkino, weltweit aber sind diese Minderheiten eine beträchtliche Masse. Wir treffen uns in einem Budapester Café, um über sein Verhältnis zu Pécs zu sprechen.

Wilhelm Droste
Béla Tarr

AUF ABWEGEN

»Pécs ist die beste Stadt Ungarns.« Mit diesem kategorischen Imperativ beginnt er. Das könnte in seinem Fall nicht mehr als blanker Lokalpatriotismus sein, denn er wurde hier schließlich 1955 zur Welt gebracht. Doch so einfach ist die Sache nicht. Er war erst drei Jahre alt, da bekam seine Mutter, von Beruf Souffleuse, ein Stellenangebot an einem Theater der Hauptstadt, und schon wurde der kleine Knabe nach Budapest verschleppt. Tarr hat keinerlei frühkindliche Erinnerungen an Pécs, er weiß nicht einmal, wo genau er geboren ist, auch seine tiefsten Albträume führen ihn nicht zum Ort des Ursprungs zurück. Und dennoch ist er voll guter Erinnerungen aus späteren Jahren. Zweimal hat er bei Bekannten der Familie angenehme Schulferien in Pécs verbracht, und je mehr er als Mann heranwuchs, desto begeisternder wirkte die Stadt auf seine stets neugierigen und empfindlichen Nerven. Hier spürte er den europäischen Süden, die sanfte Wärme Italiens, die wirren Reize des Balkans, die angenehmen Spuren einer eindrucksvoll verwitternden Bürgerstadt, den warmen Charme der Bourgeoise aus vorsozialistischen Tagen.

Dann geraten wir in Streit. Tarr beschimpft das Kaffeehaus *Nádor*, das sei ein protzig steifer Ort gewesen, elendig elegant, ein Flanierstreifen für elegante Möchtegernkünstler und andere Hochnasen, ein schrecklicher und in jeder Beziehung abscheulicher Laden. Mir ist das Café *Nádor* heilig, doch ich merke schnell, jede Verteidigung wird ihn in noch fundamentalistischere Ablehnungsrage versetzen, da lass ich ihn lieber schwärmen von einem Lokal, das nach seinem Besitzer *Milán* hieß und inzwischen leider von der Stadtkarte verschwunden ist. Das muss ein wahres Paradies gewesen sein. Milán war Kroate, er und seine Frau kochten selbst, der Höhepunkt aller Gelage war eine Beilage, marinierte Zwiebeln nach streng geheimem Rezept, die aus einem riesigen Holzfass geholt und unweigerlich zu jeder Speise serviert wurden. Das Lokal hatte nicht mehr als zehn Tische, war aber dennoch die Herzkammer der Stadt. Béla Tarr und seine Frau Ágnes Hranitzky, viel mehr als Ehefrau und Cutterin seiner Filme, ein sanfter, aufmerksamer und kluger Engel, symbiotisch mit aller Tarr-Arbeit verbunden, empfehlen mir dringend, nach dem Gästebuch zu fahnden, da stünden alle Leute drin, die von 1975 bis 1980 für die Aura der Stadt positiv verantwortlich waren.

Jetzt kommt Béla Tarr vor allem zu den Uraufführungen seiner Filme in die von ihm so geschätzte Stadt, besonders gern in das große alte Kino der Innenstadt, das *Apolló*. In Pécs hat auch sein erster Spielfilm *Családi tűzfészek* (»Brandherd Familie«) auf dem damals noch in Pécs stattfindenden Ungarischen Filmfestival seine gefeierte Premiere erlebt, auch Tarr genoss die Stadt als ein ideales Gelände, intim und großzügig zugleich mit der großen Filmgesellschaft des Landes zu feiern, in einer Atmosphäre, die Budapest so nicht zu bieten vermochte. Er schwärmt von den Auftritten des großen Schauspielers Latinovits, der dort angetrunken wie meistens seinen Hang zum Rausch erklärte: »Wenn ich nicht trinke, dann fürchte ich mich.« Tarr war damals ein wichtiger Exponent des Béla-Balázs-Studios, der Werkstatt des jungen ungarischen Films. Dieses Studio veranstaltete damals im Widerspruch zu dem etablierten Nationalen Filmfestival eine eigene Filmschau mit dem ewig aktuellen Titel: SEX – LIEBE – PARTNERSUCHE – MORAL. Der Rausch unter den Filmemachern war nicht nur dem Pálinka und Wein geschuldet, die Stadt selbst hat ihre berauschenden Kräfte beigesteuert. Lust lag in der Luft.

Es gab einen Moment, da Béla Tarr und Ágnes Hranitzky fast nach Pécs gezogen wären, denn beide sind keine fanatischen Budapester und fühlten sich vom mediterranen Städtchen angenehm gelockt. Dazu ist es nicht gekommen. Sie leben jetzt in einem ehemaligen Gasthof aus dem 19. Jahrhundert vor den Toren der Hauptstadt. Für beide steht ein Pferd vor dem Haus, jederzeit bereit, den Rückweg in den Ural oder den Fluchtweg nach Pécs anzutreten.

Apoll, in Pécs
die Gottheit des Kinos

Géza Bereményi
Pécs

Vielleicht das letzte Jahr.
Und davon bloß der Herbst.
Der Herbst, im Herbst dann eine Fahrt.
Eine Fahrt mit dem Wagen, hinunter nach Pécs.
Vielleicht. Vielleicht kann man sagen,
die Reise im Wagen war schön.
Letztes Jahr eine ganz kurze Reise,
vielleicht. Vielleicht kann man sagen,
die Reise im Wagen war schön.
Im Wagen, hinunter nach Pécs.
Ja. Vielleicht war sie schön.
Ja. Vielleicht war das alles.
Im letzten Jahr, eine kurze Reise …

Aus dem Ungarischen von Clemens Prinz

András Forgách
Bier, Strom, Tod

Im *Áfium,* wo Chanchu mit seinen Freunden eingekehrt war, schien der Kellner wie elektrisiert, genauer gesagt, er ärgerte sich, wurde wütend, er zischte auf, als hätte man ihn mit einer Nadel gestochen, ich hole das Beschwerdebuch, sagte er, obwohl sie es gar nicht verlangt hatten, sie konnten es auch nicht verlangt haben, denn es war ja noch nichts passiert, sie wurden sogar an einen reservierten ovalen Tisch in der separierten Ecke des Restaurants gesetzt, ich bringe das Bier, sagte er, und das Beschwerdebuch, aber ich bringe das Bier nur, wenn ich auch das Beschwerdebuch bringen darf – er war derart aufgebracht, dass er einem Schauspieler auf der Bühne glich, die Wut kochte und brodelte in ihm, als er den Namen des Biers hörte, das Zoltán trinken wollte, natürlich erst nach langem Überlegen, Erwägen und Zaudern, weil das Bier, sagte der Kellner, allerdings wie einer, der seine Frau beschimpft, der sich auf einen langwierigen und unangenehmen Scheidungsprozess vorbereitet und schon längst jede Scham vor seinen Kumpanen aufgegeben hat, sogar vor fremden Leuten in der Kneipe, weil das Bier verdorben, vergammelt, widerlich ist und stinkt, vergeblich streite er sich mit der Brauerei, vergeblich sage er ihnen, dass es ungenießbar sei, ihrer Meinung nach ist das Bier in Ordnung, sie stellen die Fässer ab, und er ist gezwungen, es entgegenzunehmen, aber das Bier ist ekelhaft und ungenießbar, also ich bringe was davon, sagte er, aber nur unter der Bedingung, dass ihr in das Beschwerdebuch schreibt – und wie gesagt, er kochte geradezu vor Wut, als stünde er auf einer Bühne –, übrigens bringe ich es auch dann, wenn ihr nicht in das Beschwerdebuch schreibt, das ist eure Entscheidung, aber dann müsst ihr es bis zum letzten Tropfen austrinken, dann brachte er das Bier tatsächlich, dazu auch das Beschwerdebuch, das Bier erwies sich wirklich als ungenießbar, es war trüb und erinnerte an Pferdepisse, und sie schrieben tatsächlich in das Beschwerdebuch, auch Chanchu, doch er überdachte dabei jedes Wort, denn er wollte nicht, dass es ähnlich wie Zoltáns Eintrag klang, er wollte, dass es glaubwürdig sei, was er da schrieb, obwohl er selbst kein Bier bestellt hatte, genauer gesagt nicht das gleiche, weil er nicht die geringste Ahnung hatte, was für ein Bier er bestellen sollte, er wusste nicht einmal, warum er Bier bestellt hatte, vielleicht wollte er seinen Kopf vorm Theater am Abend ein wenig betäuben, nach alter Gewohnheit – denn er glaubte, das sei das Richtige, von einem be-

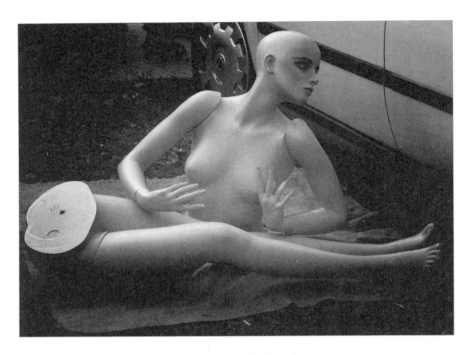

Schönheit ist teilbar, zumindest auf dem Flohmarkt

stimmten Zeitpunkt an glaubte er, er müsse das tun –, er fing an, den Kellner mit Fragen zu überschütten, wenn schon das Bier, das Zoltán bestellt habe, so schlecht sei, was für ein Bier er denn dann empfehlen würde, woraufhin der Kellner, blass, während sie noch hin und her überlegten, weil es außer dem verdorbenen Bier nur noch zwei Sorten Bier gab, also der Kellner ganz unerwartet mit aufgerissenen Augen erklärte, er trinke niemals Bier, er trinke nicht, er möge das auch gar nicht, aber dieses Bier stinke wirklich, er aber habe der Brauerei vergeblich erklärt, dass es ungenießbar sei, die glaubten das nicht, er habe sie angefleht, sie mögen doch die Fässer gar nicht erst abstellen, ganz abgesehen davon aber brächte er uns Bier, welches auch immer wir wollten, ihm persönlich sei das völlig egal, wir sollten es nur unbedingt ins Beschwerdebuch schreiben.

Als sie unter sich waren, Chanchu und seine Liebste, und die Gesichter am Nachbartisch studierten, zusahen, wie ein Mädchen lustvoll einen Bissen Fleisch aus dem Mund des Mannes fischte (sie aßen die gleiche Suppe wie sie, Chanchu wusste genau, was für ein geräuchertes Stück Fleisch das Mädchen aus dem Mund des Mannes erbeutete, wie sich die Fasern zwischen den Zähnen anfühlten); wie das jungenhafte Mädchen mit den kurz geschorenen Haaren an einem anderen Tisch auf Serbokroatisch oder Albanisch ihrer Freundin mit den üppigen Brüsten den Hof machte, deren Handy neben dem Teller klingelte, genau wie vor einer halben Stunde auf demselben Platz das Handy des Geschäftsmannes, der irgendwelche amerikanischen Hemden zum angeblich halben Preis verkaufen wollte, aber er glaubte selbst nicht an das Geschäft, fast musste er über sich selbst lachen, als er die Ware und den Preis nannte, er lachte laut, als der Betreffende am anderen Ende (noch so ein Herr im Anzug in irgendeinem anderen Restaurant irgendwo anders in der Stadt) den wahren Preis der Hemden nannte, du hast recht, lachte er, ich wollte dich wirklich reinlegen, und schließlich vertieften sie sich in die genaue Beobachtung der Mimik des Jungen, der ihnen rauchend gegenübersaß, dessen Profil nach Meinung der Liebsten von Chanchu genauso war wie Chanchus Gesicht in seiner Jugend gewesen sein könnte: Lange studierten sie dieses Gesicht, weder die fleischigen Lippen noch das starke Kinn erinnerten an den jungen Chanchu, auch nicht der schwerfällige Gang, aber das liebevolle Spiel seiner Hand mit der Zigarre, die kaum kleiner werden wollte, während Chanchu selbst schon seine zweite *Hunor* zu dem Parfait und Espresso rauchte, also die erinnerte tatsächlich an die Zigarren, von denen Chanchu so schwindelig geworden war wie einem Dramaturgen in der Provinz auf dem Weg in seine ungeheizte Mietwohnung, als würde das kalte Loch um ihn herum rotieren, in seiner Nase Heizölgeruch, gegenüber in der russischen Kaserne tiefe Stille, nur der Geruch frischen Gebäcks in den Straßen, der süße, berauschend süße Geruch, der so intensiv war wie der Geruch der Mäntel in den russischen Kasernen – und dann ging das Licht im *Áfium* aus, es wurde dunkel, stockdunkel im ganzen Restaurant, und still, ein echter Kurzschluss aus guten, alten Zeiten: Chanchu und seine Liebste rückten zärtlich und still zueinander, wie wenn der Zug in einen Tunnel fährt.

In der Nacht auf dem Weg nach Hause winkte in der Nähe von Zamárdi ein Polizist ihr Auto an den Straßenrand, ein anderer Polizist

– von der Spurensicherung – winkte sie noch weiter an den Rand, mit wütenden und gereizten Gesten: Sie fuhren in das nasse, vom Novemberregen aufgeweichte, triefende Gras, die matschige Erde, in der die Reifenspuren der zuvor angehaltenen Autos gut zu sehen waren, sie wankten leicht in den frisch entstandenen Rillen, als sie die eingequetschte Leiche im völlig zerdrückten Auto sahen, die Tür war bei dem Zusammenprall abgerissen, ein toter Mann im schwarzen Anzug saß darin, sein Gesicht war schneeweiß, die Karosserie umschlang seinen weichen Körper wie der Bernstein den eingefassten Käfer; das nasse Armaturenbrett funkelte in den Lichtern der Polizei- und Rettungswagen, sie sahen noch im langsam anrollenden Wagen (weil sie alle mit ihren Augen auf diesen einzigen Punkt starrten), wie die Männer von der Feuerwehr mit ihren Schweißgeräten und Zangen auf die Straße eilten, um die wertvolle Fracht aus ihrem Gefängnis zu befreien.

Aus dem Ungarischen von Wilhelm Droste

Der Regen trommelt aufs Dach des Lancia und wild schlagen die Scheibenwischer. Wir rollen über den sogenannten »Todesabschnitt« der Landstraße Nr. 6, anderthalbmal so schnell wie erlaubt. Mein älterer Bruder lenkt das Auto, seine zwei Zeigefinger hat er am Lenkrad eingehakt. Wer sich jetzt anhand dieser Handhaltung eine Meinung bildet, könnte glauben, er sei ein cooler Typ, aber was! So ist dem nicht. Ich kenne diese »Coolheit«, ich weiß, dass er jetzt mit den Zähnen knirscht und Stoßgebete zum Himmel schickt, der Allmächtige möge alle Traktoren mit Anhängern, die auf die Landstraße einbiegen wollen, ein wenig im Zaume halten.

András Maros
Bluetooth

Wir sind in strömendem Regen unterwegs nach Pécs, mein Bruder, drei seiner Freunde und ich. Sie wollen sich vergnügen, und ich eigentlich auch, doch habe ich zuvor noch ein anderes, äußerst dringliches Ziel: Bis wir in Pécs sind, muss ich mich in die Gesellschaft integrieren, mit anderen Worten, ich muss erreichen, dass sie mich in ihre Runde aufnehmen. Seit mindestens zehn Jahren donnere ich an die Tür dieser Jammergestalten, doch sie wollen mich nicht. Ich habe es diskret und freundlich versucht, mit Finten, hinterhältig, aufdringlich. Einmal habe ich auch meinen Bruder angefleht. Alles umsonst. Auch jetzt haben sie mich erstmal abgeschüttelt, doch einer der Burschen, der mitgefahren wäre, war krank geworden, und im Zusammenhang mit mir hatte sich herausgestellt, dass ich Geburtstag habe (den dreiundzwanzigsten), so dass mein Bruder, vielleicht, weil er mich das erste Mal in seinem Leben aufrichtig bedauerte, seine Zustimmung gab: »Mir ist es wurscht, komm mit.« Mein Bruder meint, seine Freunde seien nichts für mich, weil ich physisch und chemisch nicht zu ihnen passen würde; er hat einen frappanten Slogan, um meinen Annäherungsversuchen ein Ende zu bereiten: »Wir haben keinen Bedarf an Lückenbüßern.« Dabei sehne ich mich gerade danach: Ab heute will ich der Lückenbüßer dieser Runde sein. Kein Lückenbüßer in Reserve, sondern ein stabiler Lückenbüßeranfänger.

Ein Häkchen neben meinem Namen auf der Anwesenheitsliste, das ist mein einziger Wunsch, Freundschaft schließen will ich gar nicht, ganz im Gegenteil! Was soll ich mit diesen hirnleeren Snobaffen denn anfangen? Ich möchte ganz einfach nur jene Abende mit ihnen verbringen, wenn sie von größeren Gruppen hübscher und lächelnder Frauen umgeben sind. Das ist mein Ziel und nicht mehr. Aus irgendeinem unverständlichen Grund kleben die Frauen an ihnen, ja, wie erschütternd das auch ist, an diesen gehirnamputierten Losern. Frauen der Kategorie A und der Kategorie B. Für mich ist das mindestens so unverständlich und unerklärlich wie der Kugelblitz. Oft hab ich ihre Erfolgsorgien beobachtet; zugesehen, wie sie in düsteren, verrauchten Bars, in Freibädern, auf Konzerten in Formation anrückten und von den Frauen belagert wurden, von jüngeren und reiferen, im Allgemeinen Abteilungen von vier, fünf Freundinnen; oft war auch ich dabei, doch schaute ich ihnen nur von weitem zu, weil ich nicht zu ihnen gehören durfte; und wenn mein Bruder mich erblickte, nickte er nur leicht mit dem Kopf, wie jemand, der den anderen von irgendwoher kennt, ihn aber schon lange Zeit nicht mehr gesehen hat – vielleicht jemand, mit dem man in den Kindergarten gegangen ist und sich das Tassenbord geteilt hat?

Wir haben noch keine fünfzig Kilometer zurückgelegt, doch ich durchschaue die Verhältnisse bereits. Wer in der Gruppe was repräsentiert. Mein Bruder wird der schwierigste Gegner auf meinem Weg zum Lückenbüßer, da gibt's keinen Zweifel, denn momentan ist er der Lückenbüßer. (Und für eine Gang von fünf sind zwei Lückenbüßer zu viel.) Alles, was er hört, wiederholt er und lacht auf, und diesen Zustand behält er bei, er lacht, lange lacht er, und als würden sich zu den zwei Stimmbändern noch andere dazugesellen, er produziert alleine riesige Playbacklacher wie bei einer amerikanischen Sitcom.

Ganz offensichtlich ist auch, dass der Weg in die Runde über Adam führt – nicht weil er am schrillsten ist, nein, er ist wenigstens ein Charakter, eine Persönlichkeit (er ist mir am sympathischsten). Ein großer Bursche, braunes Haar, in der Mitte gescheitelt, wie mit einem Lineal. Wenn ich mich recht erinnere, ist er es, den die unbekannten Mädchen sofort zu streicheln und zu kraulen beginnen, als wäre er irgendein New Yorker Starrapper, der in einem offenen Lincoln durch die Straßen fährt. Er sitzt zu meiner Rechten auf der Rückbank und nimmt mich, gemeinsam mit Péter, der mit seinem riesigen Hinterteil links von mir sitzt, in die Mangel.

Minutenlang wiehern sie über jämmerliche, saudumme Geschichten.

Adams Wortspiele erinnern an die Silvesterprogramme im Fernsehen der 80er Jahre, mein Bruder heult vor Lachen, er kann das Auto kaum in der Spur halten (er lenkt immer noch beinhart mit nur zwei Fingern). Ich lächle über alles, kann aber keinen Laut dazu herausbringen, das wäre ein zu großer Schritt. Ich denke, dass auch ich einen Witz machen sollte … das wäre eine gute Eintrittskarte. Ich bin ganz Ohr, analysiere den Verlauf des Gesprächs, den Spannungsbogen und improvisiere im Kopf Wortwitze, die vielleicht passen könnten. Und den zehnten lasse ich dann auch los, laut werfe ich ihn ein, als gerade davon die Rede ist, wer welchen Wein trinken wird.

»Wenn ich Rotwein trinke, schaltet sich in meinem Mund der Bluetooth ein«, sage ich, im gleichen Moment schlägt sich aber Péter, der schon minutenlang hin- und hergerutscht ist, den Ellenbogen an und brüllt: »Aaaaaaaaaaaaaah, das war ein Nerv!« …

Sie lachen nicht, sie lächeln nur. Aber worüber? Über den »Bluetooth« oder über »das war ein Nerv«? Da ich mich auf meinen eigenen Witz konzentriert und die Außenwelt völlig ausgeschaltet habe, kann ich mich nicht erinnern, wer denn nun der lautere war, Péter oder ich. Keiner fragt nach, was ich denn nun genau gesagt habe, woraus ich darauf schließe, dass sie meinen Witz gehört haben, er ihnen aber nicht gefiel. Oder sie ihn nicht verstanden. Vom Rotwein bekommt man blaue Zähne, einen »Bluetooth« halt. Ist das so kompliziert? Na, egal.

Eine gute halbe Stunde später beginnt der Bursche, der wie ein Großvater aussieht (in Wirklichkeit ist er um die dreißig) und neben meinem Bruder sitzt, von seinen Fahrten nach Pécs zu erzählen, er tut das in ernstem Tonfall, wählt die Worte sorgfältig; er lispelt. Museumsbesuche, Besichtigung von Denkmälern, Spaziergänge. In der Truppe ist er das Hirn! Der Humor wurde bedient, denkt er sich, jetzt kommt die Kultur. Für die ist er verantwortlich.

»Ehrlich gesagt, will ich die Stadt schon kennen, in die ich fahre«, sagt er und mir läuft es kalt über Rücken. Grundregel: Glaub niemals einem Menschen, der Sätze mit »ehrlich gesagt« beginnt. »Pécs zum Beispiel. Was wisst ihr schon über Pécs? Abgesehen davon, dass es dort eine Moschee gibt?«

»Ich weiß, dass es dort zwei Moscheen gibt«, erwidere ich sofort, ohne mögliche Folgen dieser Antwort abzuwägen.

Das ist jetzt die neue Taktik: Mit Wortwitzen konnte ich Adam nicht verzaubern, das werde ich jetzt mit meinem Wissen tun. Hier ist sich keiner, ja nicht einmal mein Bruder im Klaren, dass ich meine Dissertation über die ungarische Herrschaft von König Ferdinand schreibe, deshalb weiß ich zufälligerweise das eine oder andere über die Türken in

Ungarn und über den Herrscher und seine Verbindungen zu Pécs. »Ich kenn deinen Namen nicht, aber jetzt hast du einen Glückstreffer gelandet, Affe!« (Das ist, als würde ich einen Chemiker mit meinem Wissen über die unendlichen Wasserstoffspiralen provozieren.) Und jetzt rede ich, ohne abzuwägen, erzähle alles, was mir gerade in den Sinn kommt – erzähle von Ferdinand, wie er Johann Zápolya besiegte, als Detail am Rande merke ich an, dass Ferdinand, der die Unterstützung von Pécs genoss, die Einwohner der Stadt als Dank für ihre Treue von den Steuern befreite und dadurch den Wiederaufbau der zerstörten Stadt ermöglichte. Ich setze fort. Komme richtig in Schwung. Ich rede und rede, schau keinen an, spüre aber, dass auch mich niemand anschaut. Irgendwann schaltet mein Bruder das Radio ein und dreht irgendeinen Radiosender, die ungustiöseste Diskomusik, laut auf – damit hat meine Geschichtsstunde ein Ende.

In der Nähe von Szekszárd zieht Adam sein Mobiltelefon aus der Tasche und zeigt Fotos herum. Natürlich nicht mir, doch auch ich sehe die Bilder auf dem Display. Mit einem guten Kommentar, einer frappanten Bemerkung habe ich vielleicht noch eine Chance. Dass ich einen Witz anbringen könnte – diese Hoffnung habe ich längst aufgegeben; die Klugscheißerei hat man hier auch nicht so gern, das sehe ich, darum versuche ich mich mit der universellen Methode der Anbiederung: Ich mache Komplimente. Er ist beim zehnten Bild, als ich einen größeren Knödel schlucke und meine:

»Ein sehr schönes Bild!« Auf dem Foto umarmt Adam ein schönes kurzhaariges asiatisches Mädchen in Jeans und T-Shirt. »Ein hübsches Mädchen. Aus China?«

»Aus Korea.«

»Ein wenig jungenhaft, aber wunderschön. Ich mag diesen Typ auch. Deine Freundin?«

»Nicht jungenhaft, sondern ein Junge! Mein Partner.«

Mein Bruder tritt noch fester aufs Gaspedal, gleichzeitig wird der Sekundenzeiger in meinem Kopf ganz merklich langsamer. Wenn alles jetzt so weitergeht, wird die Zeit wohl kurz vor der Ortstafel *Pécs* stehen bleiben.

Zwei Straßen von unserem Hotel enfernt, finden wir einen Parkplatz.

Wir steigen aus. Ich nehme Adams Regenschirm umsichtigerweise – aber vielleicht ein wenig zu schnell – aus dem Kofferraum und steche mit seiner Spitze Péter in die Wange – fünf Zentimeter unter dem Auge. Ich bin so erschrocken, dass ich vergesse, ihn um Verzeihung zu bitten.

Aus meiner Manteltasche ziehe ich meinen Regenmantel hervor und entfalte den durchsichtigen Plastikponcho, bei dessen Anblick mein Bruder lauthals zu lachen beginnt. Mir fällt der Sommertag bei unserer Großmutter wieder ein, als ich von der Steinmauer gefallen bin, mit dem Gesicht in den Dreck, da hat mein Bruder so unvorstellbar laut und lange über mich gelacht, dass er Fieber bekam.

Im Hotel melde ich mich erst gar nicht an. Sondern schleiche mich unbemerkt hinaus und fahre mit dem Taxi schnurstracks zum Bahnhof. Zum Glück muss ich auf den Intercity nach Budapest nur zwanzig Minuten warten.

Aus dem Ungarischen von Clemens Prinz

Arpad Dobriban
Der versteckte Strudel

In meinem Kopf ist der Stadtplan einer mir bekannten Stadt immer mit markanten Punkten gespickt. Stellen, an denen mich etwas erwartet, was besonders schmeckt. Darauf freue ich mich schon lange, bevor ich die Reise dorthin antrete. Wie ein Magnet zieht es mich zu diesen verheißungsvollen Orten. Besonders wenn es dort etwas gibt, das man nur in dieser einen Stadt findet oder weil hier etwas in besonders guter Qualität gemacht wird.

Auf dem Stadtplan von Pécs sind in meinem Kopf zugegebenermaßen nicht sehr viele Punkte dieser Sorte verzeichnet. Macht ja nichts. Manchmal reicht schon ein Ort, auf den ich mich freue und den ich sofort bei meiner Ankunft aufsuche: hier ist es d i e Konditorei von Pécs – *Mecsek Cukrászda* – in früheren Zeiten mitten auf dem Hauptplatz.

Heutzutage empfängt einen ein riesiger Tresen mit unappetitlich aufgetürmten Farb- und Aromabergen, die bei einer Temperatur von ca. -5° C in Form gehalten werden und mit irgendwelchen für alle Welt italienisch klingenden Namen versehen sind, die für Qualität bürgen sollen. Da muss man ganz schnell dran vorbei. Weiter hinten trifft man auf die üblichen ungarischen »Zuckerbäcker-Köstlichkeiten«, die sich offensichtlich bis heute in den gastronomischen Ausbildungsstätten im ganzen Land gehalten haben und der nächsten Konditorgeneration weiterhin so beigebracht werden. Dazwischen, unter seltsam angeordneten Alubackblechen – natürlich ohne Kühlung (was genau richtig ist!) –, verbergen sich die eigentlichen Magnete, die wahren Köstlichkeiten: Strudel.

Mit Mohn, Topfen, Sauerkirschen oder auch einfach nur mit Äpfeln gefüllt.

Angeblich nach Geheimrezepten hergestellt, über die man nichts verraten möchte, wie man mir bedauernd mitteilt. Der Teig könnte, wie so oft in Ungarn, aus einer tatsächlich geheimnisvollen »Zentralproduktion« stammen; man weiß es nicht. Dieser Teig ist mir schon an vielen Stellen des Landes begegnet und wird von allen, die ihn verarbeiten, als wunderbar bezeichnet. »Wunder« stimmt, ein »Wunder« ist er auf jeden Fall, denn hier wurde aus Wasser und Mehl und wiederum geheimen Zutaten eine Art Wickelkunststoff hergestellt, der beim Auseinanderziehen nie reißt und mit dem sich tatsächlich mehrere Meter lange Teige ausziehen lassen. Das nur nebenbei. Also, man weiß zwar nicht, wo dieser Teig herkommt, aber die Füllung und die Verarbeitung sind bestens und bieten alles, was man von einem Strudel erwartet. Also ein Strudel, auf den man sich wirklich freuen kann.

Darum muss ich spätestens am zweiten Tag in Pécs in die »Zuckerbäckerei« *Mecsek Cukrászda* eilen und den Mohnstrudel kosten, ob er noch immer genauso gut ist wie letztes Jahr.

Doch diesmal wird mir ein Strich durch die Rechnung gemacht: Der Hauptplatz muss schöner werden. Im Zuge der Vorbereitungen zum Kulturhauptstadtjahr wird er umgestaltet. Und zwar gründlich. So gründlich, dass wochenlang nicht einmal ein kleiner Fußweg zu den angrenzenden Geschäften frei gelassen wird. Es wird eben gebaut! Da muss alles weichen, auch meine kleine Strudelquelle. Als ich traurig weggehe, denke ich darüber nach, wie wohl die ganzen kleinen Geschäfte überleben werden, bis das Kulturhauptstadtjahr eröffnet wird. Aber das ist bestimmt alles gut geregelt. Wird schon gehen.

Ein paar Tage später komme ich zufällig mit einer Dame ins Gespräch und erzähle ihr von meinem »strudellosen Zustand«.

Und von ihr erfahre ich, dass es in der Nähe des Bahnhofs eine Art Bäckerei gibt, die den eigentlich besten Strudel von Pécs hat. Eine Frau aus der Umgebung hat sich dem Wunsch vieler Gäste gebeugt, den guten Strudel nicht länger nur bei ihr zu Hause essen zu dürfen. Auf dem wohlgehüteten Familienrezept hat sie eine kleine Produktion aufgebaut. Das sollen die besten Strudel sein, wird mir gesagt. Das sei weithin bekannt, und sie schmecken wie selbst gemacht.

Also begebe ich mich am nächsten Tag auf die Suche. Die Straße zum Bahnhof ist leicht zu finden und auch nicht sehr lang. Die Beschreibung war zwar nicht sehr präzise, aber ich denke, der Laden wird schon zu entdecken sein, wenn ihn alle kennen und er so berühmt ist. Aber weit gefehlt.

Ich fahre die Straße zweimal rauf und runter, von Spitzenstrudel keine Spur! Es wird schnell dunkel, also verschiebe ich die Mission auf den nächsten Tag. Zu Fuß geht es sicher sowieso besser.

Ich laufe die Strecke mehrmals ab, schaue in jedes Geschäft und bin schon kurz vorm Aufgeben. Doch da sehe ich auf einmal eine dieser so genannten Erlebnisbäckereien. Ein kleiner Raum, wie so oft mit nur einem Fenster für den Straßenverkauf, wo per Knopfdruck gebacken

Köstlichkeit versteckt sich gern

wird, was große Konzerne sich als landestypisches Gebäck ausgedacht haben. Diese Unternehmen liefern tiefgekühlte Ware und die schon vorprogrammierten Öfen gleich mit, in denen die Fertigprodukte nur aufgebacken werden. Also das genaue Gegenteil einer traditionellen Bäckerei. Eher eine ausgelagerte Produktionsstätte der Lebensmittelindustrie. Aber egal, es ist das letzte Geschäft, das infrage kommt. Ich blicke hinauf, und auf einem handgemalten Schild an der Fassade entdecke ich dann auch tatsächlich den Namen des ersehnten Strudels. Nicht direkt am Eingang, sondern ganz weit oben, man kann es gar nicht lesen, wenn man vor der Tür steht: *Bozsoki házirétes*. Glücklich betrete ich den Laden. Es hat doch noch geklappt, ich bin da und der Strudel auch. Es ist nicht mehr sehr viel in der Auslage, aber ich bestelle erst mal zwei Sorten. Sehr anders als die Supermarkt-Imitate sehen die aber auch nicht aus, denke ich. Doch mal sehen. Ich habe ja die Empfehlung der Dame, und ich habe das Schild draußen gesehen. Wird schon der richtige sein.

Während ich bezahle, sagt mir die Verkäuferin, als könne sie Gedanken lesen: »Aber das sind nicht die Strudel aus Palotabozsok, das sind normale!«

Ich frage sie, ob es heute denn keine mehr gäbe oder ob ich sie übersehen hätte? »Die gibt es nur tiefgekühlt«, sagt sie. Und zählt auf, in welchen Kombinationen: »Apfel und Mohn oder Mohn und Topfen … usw. In kleinen vorgepackten Portionen zum Aufbacken.« Selbst jetzt, wo ich den »besten Strudel« endlich aufgetrieben habe, werde ich daran gehindert, ihn zu probieren.

Besser kann man Leckereien gar nicht vorm Zugriff eines Essers schützen. Alle marktschreierischen Anpreisungen fehlen, die handelsüblichen Kaufsignale sind hier auf ein Minimum reduziert, ganz unscheinbar oder so unscheinbar, wie es nur geht, gestaltet. Understatement eben. So wird das Beste auf gar keinen Fall durch schnödes Verzehren zerstört, sondern bleibt unbedingt erhalten.

Das sind die wahren Geheimnisse einer Stadt.

Da ich im Hotel keinen Backofen habe, verabrede ich mit der Verkäuferin, dass sie mir am kommenden Morgen eine Portion aufbackt. So muss ich also noch einen Tag länger auf das ersehnte Geschmackserlebnis warten.

Und es sind wirklich gute Strudel, mit einem kleinen Durchmesser und einer guten Füllung – aber mit einem viel zu dicken Teig, wie ich mit meiner Patentante feststelle, nachdem wir sie gemeinsam gegessen haben.

Odette Németh
Die Stadt der Filme

Die sechziger Jahre, das war die goldene Zeit der ungarischen Filme. Ob in Cannes, Venedig oder Berlin, überall erwartete man diese mutigen, grenzüberschreitenden und außergewöhnlichen Werke, die aus dem Gebiet hinter dem Eisernen Vorhang eintrafen. Nur einige Jahre nach der Revolution 1956 schien die ungarische Kultur als eine Art Entschädigung für die Niederschlagung des Aufstandes eine verhältnismäßig große Freiheit zu genießen. Das war eine kontrollierte Freiheit unter strenger Beobachtung, doch gepaart mit einem starken Mitteilungsbedürfnis, brachte sie bedeutsame Werke und aufregende gesellschaftliche Debatten um die Filme hervor. Der ungarische Film war nicht nur im Ausland wichtig, sondern auch im Land selbst. Für die Zuschauer und Intelligenz nicht weniger als für die Politik. In diesen aufgeregten Zeiten wurde die Stadt Pécs Heimat, Zufluchtsort und Agora für das jährlich stattfindende Filmfestival, das die aktuelle Filmproduktion des ganzen Landes vorstellte.

Das Aufeinandertreffen der Filmleute und der Stadt war eine Liebe auf den ersten Blick. Die Ausmaße des Ortes mit dem mediterranen Klima, seine Struktur und relativ weite Abgelegenheit von Budapest, dem Zentrum der Kontrollmacht, nicht zuletzt die noch spürbaren Traditionen einer gastronomischen Kultur aus der Zeit vor dem Weltkrieg machten Pécs zu einem idealen Schauplatz, weil die ganze Filmwelt in einer gelösten und vertrauten Atmosphäre zusammen sein konnte und sich auf eine entspannte und persönliche Weise mit dem Publikum traf, mit den Studenten der Stadt, der Intelligenz, die aus ganz Ungarn anreiste und mit den Bewohnern der Stadt. Seitdem kreisen noch immer zahlreiche Legenden unter den Filmleuten über diese ganz außergewöhnlichen Tage, die man gemeinsam in Pécs erlebt und genossen hat. Die Augen der Älteren bekommen noch immer einen eigenartigen Glanz, wenn von Pécs die Rede ist, die Stadt war Schauplatz, Komplize und Kupplerin für ganz wichtige Momente, die nur hier und zu diesem Zeitpunkt entstehen konnten und die jeder liebevoll in seiner Seele mit sich trägt. Ein Dokumentarfilm der Regisseurin Ildikó Enyedi über die Ungarischen Filmfestspiele in Pécs versucht, dieses besondere Geheimnis zu entschlüsseln. Wie konnte die Stadt zu einem so magischen Katalysator werden? Was ist da eigentlich geschehen?

Eine ganz besonders freundliche, vertrauliche Stadt, ein aufnahmebereiter Raum der Begegnung:

»Das Festival fand im Winter statt, aber die Sonne schien warm, und wir spazierten in Hemdsärmeln über die Hauptstraße. Pécs war damals schon ziemlich liberal, auch unter dem Aspekt, dass es hier zahlreiche, kleine Weinstuben gab. Wenn wir dort spazierten, kehrten wir immer irgendwo ein, dann gingen wir weiter. Das Publikum des Festivals zog wie eine große Herde durch die Stadt.« *(So der Regisseur Péter Bacsó, ein Lebenskünstler mit unzerstörbarem Humor, dessen Komödie »Der Zeuge«, die das politische System auf stürmische Art verspottete, das halbe Land trotz des offiziellen Verbots dennoch in geheimen Vorführungen gesehen hat.)*

»Für uns Pécser war es ein großes Erlebnis, die Persönlichkeiten, die wir aus dem Fernsehen und den Zeitungen kannten, nun leibhaftig in der Fußgängerzone zu sehen.« *(Ein ehemaliger Student aus Pécs.)*

»Pécs war eine sehr arme, nette Stadt ..., aber hatte sehr gute Weine. Wir tranken immer Pécser Zierfandler, das ist ein Wein, der dem Riesling ähnelt.« *(Die Regisseurin Márta Mészáros, die viele Hauptpreise in Berlin, Venedig und Cannes gewonnen hat.)*

»Es ist sicher, dass ich von mir selbst aus nie mit Márta Mészáros gefrühstückt hätte, es hat sich bloß so ergeben, und es war nicht schlecht, es war gut. Also jedes Mal stürzte eine Mauer ein, und man fühlte, dass man etwas überschreiten, dass man sich mit anderen in Verbindung setzen kann.« *(Regisseur Péter Gothár, eine Kultfigur unter den ungarischen Filmemachern.)*

»Entweder mochten die Filmemacher einander, oder sie mochten sich nicht, hier waren sie gezwungen, zusammen zu sein, und letztendlich kamen sie sich näher, auch Leute, die sich meiner Meinung nach nicht so nahestanden.« *(Ferenc Szécsényi, ein Klassiker unter den ungarischen Kameramännern.)*

»Pécs hatte immer eine angenehm aufregende Atmosphäre. Was wir als Anfänger fühlten, war wunderbar. Alle tranken, lachten, unterhielten sich, die ganze Branche war zusammen, wenigstens schien es so. Das war ein ausgesprochen familiäres Zusammensein mit allen Konflikten einer normalen, durchschnittlichen Familie. Alle lachten, machten Scherze und waren geistreich. Ich habe nie verstanden, warum in den Filmen so wenig davon zu sehen ist, dass neunzig Prozent der Filmregisseure einen erstklassigen Sinn für Humor haben.« *(Die Filmregisseurin Ibolya Fekete, die durch eigenwillige Werke nach der Wende 1989 international bekannt wurde.)*

Das Überleben der traditionellen Kaffeehauskultur unter den spartanischen Bedingungen des Staatssozialismus:

»Soweit ich mich erinnere, war das Café *Nádor* der wichtigste Ort des Festivals ... und die Zimmer, die Flure im Hotel, wo jeder ein eigenes Zimmer hatte, waren sehr wichtig. Also das Leben, das gehört dazu, dieses gute Leben.« *(Der Regisseur Sándor Pál, das Wunderkind des ungarischen Films am Ende der sechziger Jahre.)*

»Es gab das atemberaubende Hotel *Nádor* mit einem Weißbrot, das ich seitdem nicht mehr gegessen habe. Das Hotel *Nádor* besaß eine ländliche Eleganz, und das galt sowohl für den Direktor als auch für die Kellner, die noch wussten – wir befinden uns schließlich im Jahre 1965, hier gab es noch eine Generation in der Gastronomie, und ich denke, dass das ein sehr wichtiger Faktor des Festivals war –, die also noch wussten, wie eine Suppe serviert werden will. Diese ehemaligen Restaurantbesitzer, ihre Kellner und die Piccolos, sie alle spürten, dass es sich hier nicht um eine alltägliche Zusammenkunft von Genossen handelte, sondern dass das hier etwas Besonderes war.« *(Regisseur Károly Makk, die vielleicht wichtigste Figur seiner Generation.)*

»Ich erinnere mich an eine grandiose Party nach dem ersten Festival, wir alle tanzten euphorisch zur Melodie von *Die Brücke am Kwai* stundenlang quer durch den großen Saal des *Nádor*.« *(Péter Bacsó)*

»Pécs, das war schon etwas. Dort gab es keine Affektiertheit wie in der Hauptstadt ...« *(Gábor Ferenczi, Filmstudent zur Zeit der Festivals in Pécs.)*

Die wunderschöne Lage der Stadt, die reizvolle Umgebung:

»In der Gegend von Pécs gibt es warme Quellen und Bäder, wo wir unseren Kater gemeinsam auskurierten, wo … die Kellner sich die Schuhe und die Strümpfe auszogen und uns den eiskalten Sekt ins warme Wasser brachten. Das imponierte uns sehr.« *(Sándor Pál)*

»Wir badeten in Harkány, und der Pali Sándor brachte uns den Sekt schwimmend, jeder war glücklich, jeder, der Sekt bekam, aber auch der, der ihn uns brachte.« *(Károly Makk)*

Die kleine Insel der Freiheit mitten in der Diktatur. Oder wenigstens die Illusion der Freiheit?

»Pécs war damals eine Arena, wo sowohl die Diktatur als auch ein Teil der ungarischen Intelligenz, die Filmbranche, ihre Kräfte vorführten.«
»Ich denke nach so vielen Jahren ehrlich noch immer, dass Pécs damals nicht nur die Hauptstadt der ungarischen Kultur, sondern auch die der Demokratie wurde.« *(Filmregisseur Ferenc Kósa, der mit seinem ersten Film »Tízezer nap« (»Zentausend Tage«) hier debütierte. Dieser wurde zunächst verboten und gewann dann 1967 in Cannes die Goldene Palme.)*

»Pécs, das war so eine Sache … du hast sicherlich schon ein Wasserballmatch im Fernsehen gesehen. Da gibt es einen Punkt, wo der Trainer um eine Auszeit bittet, und die Spieler versammeln sich in einem Kreis, du siehst nichts, aber sie flüstern aufgeregt … Pécs hatte diese Rolle in unserem Leben. Jährlich einmal versammelte sich die ganze Filmbranche und fing an zu flüstern, zu sprechen, und egal ob wir an einem misslungenen oder guten Match teilnahmen, es war gut, sich so zu versammeln und zu flüstern.« *(Péter Bacsó)*

»Das Festival war der unglaublich gut dekorierte Prunksaal eines sehr komplizierten Gebäudesystems. Es war der Ballsaal, und hinter allerlei Nebentüren wurden verschiedene Angelegenheiten erledigt. Und so wurde das Gebäude eigentlich konstruiert.« *(Károly Makk)*

Oder alles zugleich? Ein geheimnisvolles Gemisch, das allen Beteiligten ein nicht alltägliches, freies und großzügiges Verhalten schenkte?

»Es gab in all diesen Herren ... es gab da eine gewisse Eleganz. Es gab Größe. Es gab eine elegante Überlegenheit, und damit ist nichts Schlimmes gemeint. Sie hatten irgendwie eine kluge, elegante Beziehung zur Welt.« *(Ibolya Fekete)*

Die legendäre, große Generation des ungarischen Films sieht etwas Wunderbares und Aufregendes in dieser Stadt, sie gab den Regisseuren schließlich auf schlichte und angenehme Weise Gelegenheit, schön, stark und frei zu sein – wenn auch nur für die Frist weniger Tage. Heute bietet die Stadt mit dem immer im Herbst stattfindenden internationalen Filmfestival jungen Filmemachern aus Ost- und Mitteleuropa ähnliche Möglichkeiten ihrer ganz spezifischen Großzügigkeit.

Pécs: das ist immer etwas Anderes. Ein anderes Bild anders gesehen. Pécs, das ist ein Festival, aber nicht das des Films. Pécs, das ist die auf dem Gipfel, am Ende des oberen Havihegy-Weges stehende Mariä-Schnee-Kapelle. Pécs, das ist ein mit Efeu bewachsenes Häuschen, von einem berühmten Architekten entworfen, welches schon

Gabriella Györe
Schöne Tage auf dem Flórián-Platz

von weitem rötlich schimmert und das ich jedes Mal sehe, wenn ich mich auf den Weg nach Hause mache. Pécs, das ist ein Speck essender Zigeuner, der auf dem Bürgersteig sitzt, kleine Häppchen in sich hineinstopft und mit dem man sich darüber streiten kann, wie steil der Steilhang ist. Pécs, das ist ein Maler, der an Sommernachmittagen am ausgetrockneten Bett des Tettye-Baches Landschaftsskizzen anfertigt, weil er gerade einen Besuch zu Hause macht, in einer halben Stunde wird er

Vor der kleinen Kirche Mariä Schnee wohnt es sich gut.

von seinen Kindern mit dem Auto abgeholt. Aber bis dahin kann man sich zu ihm setzen, und während man mit den zirpenden Grillen im Gras spielt, kann man sich mit ihm darüber unterhalten, in welchem Maße das Sprachgefühl genetisch vererbt ist, von welchem Blickwinkel aus betrachtet die Lichter über Italien wohl am schönsten sind, warum es sich lohnt, das Wunder, das sich von Süden hierher verirrt hat, in wundervollen Tuschezeichnungen festzuhalten, diesen mitten ins Nichts geworfenen, warmblauen Bergsee, diesen koketten mediterranen Seitenblick, der die Möglichkeit zum Glücklichsein in dieser trübsinnigen Umgebung aufblitzen lässt. Pécs, das ist die morsche Seitenmauer der Ágoston-Kirche, von der freundlich der Putz rieselt, und die Schar der Tauben, die sich im Gras davor gütlich tut und das Gelände friedlich mit den Obdachlosen teilt, die wegen des Filmfestivals vom Hauptplatz und aus der Fußgängerzone der Stadt, in der edle Geschäfte mit einer Auswahl prahlen, die selbst manche Großstädte beschämen würde, hierher verdrängt wurden und auf den Bänken ihr Mittagsschläfchen halten. Pécs, das sind die rötlichen Gipfel des Tettye, die morgens in die ersten Sonnenstrahlen eintauchen, und die gähnenden Katzen, die sich mittags faul auf den Dächern sonnen. Pécs, das sind die Straßen, die schnurgerade auf die Berggipfel zuhalten und am Abend vom warmsanften Licht der Kandelaber erhellt werden, die sie wie stolze Reihen schwirrender Glühwürmchen flankieren. Pécs, das ist der Raum zwischen dem Nussbaum auf der linken Seite, der bis zum Balkon reicht, und dem Feigenbaum, der rechts in den Garten hineinhängt. Pécs, das ist das märchenhafte Dach der Allerheiligen-Kirche aus dem 12. Jahrhundert, das sich auf beiden Seiten wie ein Rock an das Gebäude schmiegt, und das im Sonnenlicht glitzernde Kreuz auf der östlich anmutenden Zwiebelkuppel. Pécs, das sind die vier Turmspitzen des Doms, die man schon von weitem sehen kann. Pécs ist das neue Zuhause von Viola Nagybotos, eines Alter Egos des Schriftstellers Gyula Krúdy. Und Pécs ist nicht zuletzt auch das Gasthaus *Flórián*; das Gasthaus *Flórián*, mit der stolzen Florian-Statue auf dem namensgebenden Platz gegenüber dem Eingang, mit dem in Jenaer Glastellern servierten Welsragout, zu welchem mit Dill bestreute Topfennudeln gereicht werden, mit einem Mittagsmenü für vierhundertfünfzig Forint, mit seinem Stammpublikum und den zufällig einkehrenden Gästen. Das Gasthaus, auf dessen jahrzehntelange Anspruchslosigkeit der Innenräume die Atmosphäre des Gartenlokals antwortet, in dem dickwändige Sodasiphons und der behaglich nach oben steigende Pfeifenrauch an die Budaer Wirtshäuser um die Jahrhundertwende erinnern – wenn man denn imstande ist, mit Hilfe der Speisekarte hinter die Welt der Tische und Stühle aus Plastik zu schauen.

Was hat dieser alte Kastanienbaum, der vorübergehend über den Leinenschirmen in der Mitte des Gartenlokals versteckt ist, nicht schon alles gesehen! Wie viele schwermütige Trinkgelage nach misslungenen Prüfungen, wie viel vorsichtiges Wimperngeklimper, wenn eine frische Liebe ihre ersten Triebe sprießen ließ, wie viele in Diskussionen vertiefte Tischgesellschaften, die das Schicksal der Stadt und der Umgebung bestimmten, wie viele verirrte Geisteswissenschaftler, entschlossene Mediziner, Schauspieler, die über frivole Witze lachten, und Beamte in ihrer Mittagspause! Wie viele Alteingesessene und wie viele, die sich zufällig hierher verirrt haben! Doch Nagybotos meint, dass man sich, wenn man unter diesem Baum sitzt, am ehesten traurige Mädchen vorstellen kann, die vor ihren schwierigen Herzensangelegenheiten in die Provinz geflüchtet sind, unter den schattenspendenden Schirmen scheu erst einmal eine Erfrischung bestellen, weil der Tag noch jung ist und es der Anstand so gebietet. Doch weicht die Atmosphäre dieses Ortes bald die Dämme ihrer Erziehung auf, und es siegt die Sehnsucht der trockenen Kehle und des Gaumens, die es nach den Freuden der säuerlichen Traube dürstet. Andere starren nur traurig vor sich hin, rühren ihr Sodawasser nicht an, gewähren dem Glas nicht die Freude an der Süße ihrer Lippen, manchmal schrecken sie aus ihren Büchern hoch, in denen sie soeben Sätze Krúdys gelesen haben wie »der morgendliche Traum duftet wie die Maiglöckchen im Schlossgarten der polnischen Königinnen, eine goldene Glocke ruft zur Messe und vom Turm aus sieht man zwei Flüsse, ein weißer Rabe hockt auf der Turmspitze und lässt seine silbernen Federn fallen« oder »er hatte noch nicht einmal ihr Gesicht gesehen, kannte nicht einmal ihren Namen; er war nur verliebt, weil in einer Herbstnacht eine Frau in weißem Kleid auf den Balkon getreten war«; Sätze, die sie an die eigenen morgendlichen Träume, an die eigenen unerklärlichen Liebschaften erinnern und die jungen Frauen wie verbannte Prinzessinnen an ihr Zuhause denken lassen und an einen Abend, an dem das gebrochen flirrende Licht die Formen des Männerkörpers, der sich in ihren Schoß beugte, als fleischgewordene Umrisse des Davids von Michelangelo in ihrem von der Lampe erhellten und von Regentropfen gesprenkelten Fenster in der Budapester Josefstadt widerspiegelte, damit sich dieses Bild in das weiche, formbare Material ihres Geistes einpräge und sie später erschrocken ihre unwahr erscheinenden Träume verleugnen könnten, deren Maiglöckchenduft auf dem Flaum ihrer Nasen haftet wie der in der Haut sitzende, fremde Geruch nach geheimen und verbotenen Schäferstündchen, der sie noch lange danach begleitet, selbst bis in den eisigen Matsch der Verleugnung, in den heimatlosen öden Winter, an den sie in diesem Augenblick denken müssen, und nach dem, so hoffen sie, während das Buch in ihren Händen ein wenig erzittert, wieder der Frühling kommt.

Als ich meinen Kaffee getrunken habe, verabschiede ich mich von diesen südlichen Träumen, auch wenn es nur die sich wiegenden Bauchtänzerinnen der Fantasie in einem nachmittäglichen, von Welsragout und Wein berauschten, schläfrigen Harem des Bewusstseins sind, sie hätten an keinen besseren Ort kommen können als hierher, in den Garten der Gaststätte auf dem *Flórián*-Platz, unter die rostbraunen Blätter des Kastanienbaumes, um vom Schutzheiligen der Feuerwehrleute Linderung zu erbitten. Wie jeder Traum vergeht auch dieser: Er verabschiedet sich, wie auch der Sommer sich verabschiedet, um Platz zu machen für die unnachgiebig kalten, sich hinter fallenden Blättern und unvorsichtig offen gelassenen Mantelkrägen versteckenden Regenmonate. Wir lassen sie ziehen, Viola und ich, damit ich ins Trockene komme, bevor die ersten Tropfen fallen. Vorbei an den sich gelb färbenden Laubkronen und weißen Häusern machen wir uns auf den Weg nach Hause, in den Fenstern noch die üppig blühenden Geranien, die die Erinnerung an den Sommer in sich tragen, und das sonst beruhigende Glockengeläut zu jeder Stunde zerschneidet jetzt den Nachmittag, kündigt mit gehetztem Rhythmus schon vor dem Wolkenbruch an: Sie kommen näher. Die schweren Geburtswehen der Stadt nahen, bis diese den Winter gebären und die Seele den Bergen entflieht, um dann mit hämisch im Nacken kitzelnden Frühlingswinden zurückzukehren und die Träume mit sich zu bringen, die nach den Maiglöckchen im Schlossgarten der polnischen Königinnen duften, damit diese wie Pfeifenrauch alles umschmeicheln, flötet Nagybotos, solange wir beide diese südliche, sanfte Heiterkeit, diese bittere Süße sehen, wir beide: sie und ich.

Aus dem Ungarischen von Kati Fekete

Treppentaumel im Höhenrausch – so schraubt sich das Bauhaus in den Himmel.

Anhang

Lexikon

Áfium Zu deutsch »Opium«, Restaurant, serbisch-kroatische Küche, Irgalmasok-Straße 2

Allerheiligenkirche Die ursprünglich einschiffige Kirche in der Tettye-Straße wurde bereits im 12. Jahrhundert errichtet und ist neben dem Dom das älteste Gebäude von Pécs. Ende des 15. Jahrhunderts wurde sie umgebaut und erhielt ein gotisches Gewölbe, im 18. Jahrhundert entstand der dreischiffige Innenraum. Während der osmanischen Okkupation war dies die einzige christliche Kirche der Stadt, die von Gläubigen katholischer, reformierter und unitarischer Religion gemeinsam genutzt wurde.

Alpaka Eine Nickel-Kupfer-Zink-Legierung, spöttisch auch »Hotelsilber« genannt

Bachman, Zoltán Mit dem Kossuth- und dem Ybl-Preis ausgezeichneter Architekt, Leiter des Lehrstuhls für Architektur an der Universität Pécs

Bálics Ein Pécser Stadtteil am Hang des Mecsek-Gebirges mit Weinbau und Obstgärten

Balokány Ein Pécser Stadtteil im Süden. Sein Name ist türkischen Ursprungs und verweist auf Sumpf und Fische. Dort befand sich auch das alte Schwimmbad, von dem Babits schreibt.

Baranya Von den Ungarndeutschen Branau genannt, ist der südlichste Verwaltungsbezirk Ungarns. Früher auch »Schwäbische Türkei« genannt. Der Komitatssitz ist Pécs.

Barbakane Ein Verteidigungswerk vor dem Tor einer mittelalterlichen Burg oder Stadtmauer. Im Hof des Hauses Nr. 4–6 der Esze-Tamás-Straße ist die erhalten gebliebene Barbakane zu sehen.

Benczúr, Gyula (1844–1920) Maler und Schöpfer von Fresken

Bischofspalast Am westlichen Rand des Domplatzes erhebt sich das Gebäude aus dem 12. Jahrhundert, das 1752–1770 im Barockstil umgebaut wurde. Die heutige eklektische Form stammt aus dem 19. Jahrhundert. Auf dem Balkon des Bischofspalastes steht Franz Liszt – ein Werk von Imre Varga – selbst bei Schnee und Regen. Von hier sprach der Komponist im Jahre 1846 zu der Menschenmenge, die sich ihm zu Ehren versammelt hatte.

Lexikon

Bismillah, ar-rah-man ar-rahim Arabisch für: Im Namen des barmherzigen und gnädigen Gottes

Brenner, Koloman wurde 1968 in Sopron (Ödenburg) geboren. Studierte Germanistik und Geschichte in Szeged, arbeitet als Germanist an der Budapester Universität ELTE.

Budaer Tor Das einstige, für den Handel äußerst wichtige Tor aus dem 15. Jahrhundert befand sich am östlichen Ende der heutigen Király-Straße.

Café Zacc Mátyás-király-Straße 2

Çelebi, Evliya (1611–1684) Pseudonym des Derwischs Mehmed Zilli, Sohn eines Goldschmiedes am Hof des Sultans in Istanbul. Von 1640 bis 1676 reiste er durch das Osmanische Reich und die angrenzenden Länder. Seine Reiseschilderungen hielt er fest in seinem zehnbändigen Werk *Seyahatnâme* (Reisebuch). In Ungarn verbrachte er mehr Zeit als anderswo – sechs Jahre.

Chanchu Dreibeinige Geldkröte des Feng Shui

Csontváry Kosztka, Tivadar (1853–1919) malte figurative Bilder in expressiver Farbigkeit. Ursprünglich Apotheker von Beruf, folgte er einer inneren Eingebung, wurde Maler und bereiste Palästina, Libanon, Sizilien, Griechenland, Bosnien und Ägypten. Seine Reiseeindrücke verarbeitete er künstlerisch. Trotz naiver Anklänge zählt er nicht zu den Naiven.

Dante Ehemalige Kneipe in der Janus-Pannonius-Straße 11

Domplatz Inmitten des Platzes steht der 70 m lange, 27 m breite und mit vier Ecktürmen verzierte Dom, eines der bedeutendsten mittelalterlichen Kunstdenkmäler Ungarns. Die ältesten Teile des Doms sind der im 11. Jahrhundert gebaute Chor, die Unterkirche, der westliche Teil des Schiffes und die beiden Westtürme. Der Eingang zur Unterkirche und die beiden Osttürme stammen aus dem 12., die Kapellenreihen der Nebenschiffe aus dem 14. Jahrhundert.

Der Dom wurde mehrmals umgebaut. Seine heutige Form erhielt er zwischen 1882 und 1891.

Lexikon

Der »Berényi-Brunnen« hinter dem Dom stammt aus dem Jahre 1739. An der Ostseite des Gebäudes steht ein nach römischem Muster errichtetes Haus, in dem das Lapidarium des Janus-Pannonius-Museums mit reichem romanischem Material aus dem Dom untergebracht ist. Gegenüber dem südwestlichen Turm befindet sich ein außerordentlich wertvolles altchristliches Denkmal aus dem 4. Jahrhundert: die mit Fresken verzierten Überreste der »Dreipasskapelle« (*Cella trichora*). An der Ostseite des Platzes wurden altchristliche Grabkammern aus dem 4. Jahrhundert freigelegt. Weitere bedeutende alte Baudenkmäler sind die römischen Grabkammern im Hause Geisler-Eta-Straße 8. In der Káptalan-Straße 2 befindet sich das älteste Wohnhaus der Stadt. Es stammt aus dem Mittelalter, wurde im ersten Drittel des 16. Jahrhunderts im Renaissancestil umgebaut und Mitte des 18. Jahrhunderts durch einen Barockflügel erweitert. Es beherbergt heute das Zsolnay-Museum.

Dschami Islamisches Gotteshaus, Moschee

Elefantenhaus Auf dem trapezförmigen Grundstück wurde seit 1712 ein Backhaus betrieben, um 1800 kam ein Gasthaus dazu, das den Namen *Zum weißen Elefanten* trug. Um 1870 betrieb hier György Pucher einen Gewürz-, Eisen- und Kolonialwarenhandel namens *Schwarzer Elefant*. Davon zeugt noch heute der Blechelefant am Hause Jókai-Platz 6. Gegenwärtig befindet sich hier unter anderem *Das Haus der Künste und Literatur*.

Esti, Kornél Romanfigur von Dezső Kosztolányi (1885–1936) von 1933. Vgl. Ders.: *Ein Held seiner Zeit, Die Bekenntnisse des Kornél Esti*. Berlin: Rowohlt Verlag, 2004

Eulennest/Bagolyfészek Die Buchhandlung und das Antiquariat befinden sich in der Ferencesek-Straße 36

Fülep, Ferenc (1919–1986) war in bedeutendem Maße an den römischen Ausgrabungen in Pécs beteiligt. Sein Forschungsschwerpunkt lag auf der Erforschung des spätrömischen Fundmaterials sowie der Geschichte der frühchristlichen Denkmäler Pannoniens.

Gosztonyi, Gyula (1904–1962) war der erste Architekt, der die Grabkammern zu einem Teil freilegte.

Lexikon

Hammam Türkisches Dampfbad

Hamvas, Béla (1897–1968) war ein klassisch gebildeter, universell orientierter ungarischer Schriftsteller und philisophischer Essayist, nach 1948 Repressionen ausgesetzt und mit Publikationsverbot belegt. Nur ein Bruchteil seines Werks, darunter die *Philosophie des Weines*, liegt auf Deutsch vor.

Haus der Künste und Literatur Die Institution befindet sich seit Ende der achtziger Jahre im *Elefantenhaus* am Széchenyi-Platz. Hier finden zahlreiche Lesungen, Ausstellungen und Theatervorstellungen statt.

Havi-Berg/Havihegy Stadtteil von Pécs am südlichen Hang des Mecsek-Gebirges. Von hier bietet sich eine schöne Aussicht auf die Stadt. Ein herausragendes Ereignis ist die Kirchweih, die alljährlich Anfang August gefeiert wird. Auf dem hervorspringenden Felsen steht das Kruzifix des Künstlers Sándor Rétfalvi.

Hunor Ungarische Zigarre, maschinengedreht.

Idris Baba Türbe Das Grabmal des Idris Baba befindet sich am Rochushügel / Rókusdomb. Idris stammte vermutlich aus Bosnien und gehörte dem Pécser Bektaschi-Orden an. Er galt schon zu Lebzeiten als Heiliger, daher pilgerten zahlreiche Gläubige an sein Grab. Die Grabkapelle wurde vermutlich in den 1630er Jahren erbaut, Ende des 17. Jahrhunderts widmeten sie die Jesuiten dem Heiligen Rochus und bauten sie um. Ab 1793 diente sie als Pulverturm. In den sechziger Jahren wurde sie restauriert und das unversehrte Grab freigelegt. Auch heute ist die Türbe, die sich auf dem Gelände des Kinderkrankenhauses in der Nyár-Straße 8 befindet, ein Pilgerort der Muslime.

Jakab-Berg / Jakab-hegy Der 602 Meter hohe Berg im Mecsek-Gebirge besteht aus Permer Sandstein. Hier befinden sich u. a. Ruinen eines Paulinerklosters, Erdschanzen aus awarischer Zeit und die sogenannten Steinpuppen am Steilhang oberhalb von Kővágószőlős.

Lexikon

Jakowali Hassan Pascha ließ die kleine Moschee erbauen. 1702 begann der Umbau zur Nepomukkapelle, das Minarett wurde als Glockenturm genutzt. In den 1960er Jahren Rückbau zur Moschee. Auch heute dient die Dschami in der Rákóczi-Straße als islamisches Gebetshaus. Eine Besonderheit sind die in die Wände eingemauerten Krüge, die zur Verbesserung der Akustik beitragen.

Janus-Pannonius-Gesellschaft 1931 gegründete literarische Gesellschaft

Jelenkor Name einer der renommierten Literaturzeitschriften Ungarns und eines bedeutenden Buchverlages, ansässig in Pécs.

Jókai-Platz Ein Platz im Zentrum

Jüdischer Friedhof Auf dem umfriedeten Friedhof in der Szív-Straße 2 sind zahlreiche schöne Grabdenkmäler zu sehen. Weiterhin befindet sich hier das Märtyrerdenkmal für die Opfer des Zweiten Weltkriegs.

Kalktuffhöhle Die Höhle am Tettye-Platz ist ein einzigartiges geologisches Gebilde, das Höhlensystem bildete sich in dem etwa zehntausend Jahre alten Kalktuff heraus. Im Laufe der Jahrhunderte wurden die Gänge künstlich erweitert. Einst dienten diese unterirdischen Höhlen auch als Wohnstätten. Zu Beginn des 20. Jahrhunderts war die Höhle unter dem Namen *Tor zur Hölle* eine wahre Touristenattraktion, woran der Drache, der in der Tettye-Höhle am Gewölbe angebracht ist, erinnert. In der 2008 erneut eröffneten Höhle erwarten die Besucher Ausstellungen, auch ist eine einstige Höhlenwohnung zu sehen.

Káptalan-Straße Auch die »Pécser Museumsstraße« genannt, da der Großteil der hiesigen Gebäude ein Museum beherbergt. Zu finden sind hier u. a. das Zsolnay-Museum, das Amerigo-Tot-Museum, das Vasarely-Museum, das Bergbaumuseum, die Moderne Ungarische Galerie.

Király-Straße Die bekannteste Straße der Fußgängerzone in Pécs, führt vom Széchenyi-Platz zum Búza-Platz. Ihren Namen erhielt sie 1864 zu Ehren des Bischofs József Király. Im mittleren Abschnitt der Straße befindet sich das Nationaltheater Pécs, zahlreiche Restaurants, Cafés und Galerien sind hier zu finden.

Lexikon

Kirche der Barmherzigen Brüder Die Kirche am Széchenyi-Platz wurde 1698 vom Kapuzinerorden errichtet. Der Flügel mit dem Krankenhaus entstand 1803, Ende des 19. Jahrhunderts wurde die Fassade im Stil der Neorenaissance umgestaltet. Besonders sehenswert ist der intarsienreiche Hauptaltar.

Kocsis, László (1891–1973) Dichter und Domherr.

Komló Kleinstadt im transdanubischen Komitat Baranya. Sie liegt in einem Tal am Nordostrand des Mecsek-Gebirges und hat heute etwa 29.000 Einwohner. Dem inzwischen weitgehend eingestellten Steinkohlebergbau verdankte die Industriestadt ihre jahrzehntelange Blüte ab der 2. Hälfte des 19. Jahrhunderts.

Konak 1. eine Tagesreise.
2. Palast der Ortsbehörde; auch: Herberge, Gefängnis

Kürsi Kanzel in der Moschee

Lapidarium Am Széchenyi-Platz 12 befinden sich das Altertumsmuseum und das römische Lapidarium. Das Gebäude wurde im 18. Jahrhundert im spätbarocken Stil erbaut und fungiert seit 1922 als Altertumsmuseum. Das reiche Fund- und Ausstellungsstücke zur Geschichte des südöstlichen Transdanubiens von der Frühzeit bis zur »Landnahme«.

Lenau, Nikolaus Eigentlich Nikolaus Franz Niembsch Edler von Strehlenau (1802–1850), österreichischer Schriftsteller des Biedermeier – und wahrscheinlich nie in Pécs gewesen.

Lotz, Károly (1833–1904) Maler, seine Fresken zieren die Herz-Jesu- und die Corpus-Christi-Kapelle des Doms.

Magasház (»Hohes Haus«) 84 Meter hoch, 25 Stockwerke. Es wurde 1974 errichtet und ist seit 1989 wegen Baumängeln unbewohnt. Es ist das höchste unbenutzte Hochhaus in Mitteleuropa und ist deshalb sogar in das Guinness-Buch der Rekorde eingetragen worden.

Mahfil Loge in der Moschee

Lexikon

Makár Pécser Stadtteil am Hang des Mecsek-Gebirges. Nach der Überlieferung erhielt er seinen Namen nach Oberst János Makár, der sich 1686 bei der Befreiung der Stadt hervortat und hier Weingärten besaß.

Málom Ein äußerer Stadtteil von Pécs, bis 1954 eine eigenständige Gemeinde. Erwähnt wird Málom erstmals 1200. Schon damals muss es dort Mühlen gegeben haben, wie sich aus dem Namen ableiten lässt. 1860 gab es ihrer noch acht. Sehenswert ist die Kirche aus der Arpadenzeit in der Szentegyház-Straße.

Mariä-Schnee-Kapelle (Havihegyi-Straße 7) Die Kapelle wurde nach der Pestepidemie 1693 erbaut und im Jahr 1710 erweitert. Nach dem Brand von 1780 wurde ein neuer Marmoraltar im Zopfstil errichtet. Die Orgel stammt aus der Fabrik Angster, die Glocke goss Michael Weingarten 1688 als erste in Pécs gegossene Glocke. Der Name der Kapelle geht auf die Sage zurück, nach der die Madonna in der Nacht auf den 5. August dem römischen Kaufmann Johannes und seiner Frau erschienen sei und versprochen habe, dass ihr Wunsch nach einem Sohn in Erfüllung ginge, wenn ihr zu Ehren eine Kirche an der Stelle errichtet würde, wo am nächsten Morgen Schnee läge. Bei Sonnenaufgang sei die höchste Erhebung des Esquilinhügels weiß von Schnee gewesen. Zum Gedenken an dieses Ereignis findet alljährlich eine Prozession statt.

Mausoleum Der obere Teil des Gebäudes, das durch einen gesonderten Eingang vom Szent-István-Platz besichtigt werden kann, war eine Kapelle, der untere Teil hingegen eine mit biblischen Wandgemälden verzierte Grabkammer. Im Mausoleum sind die Fresken am besten erhalten geblieben, zu sehen ist auch ein Sarkophag, in dem vermutlich ein Märtyrer oder Heiliger ruhte. Die Wandgemälde zeigen u. a. die Szene des Sündenfalls und Daniel in der Löwengrube.

MÁV Ungarische Staatsbahnen

Mecsek Ein etwa 45 km langer Mittelgebirgszug nördlich der Stadt. Der höchste Gipfel, der Zengő, erreicht 682 Höhenmeter.

Lexikon

Medrese Die geistliche Hochschule aus der Türkenzeit befand sich, wie Ausgrabungen belegen, an der Stelle des heutigen Franziskanerklosters in der Ferencesek-Straße.

Honigbärchen / Mézes Mackó Eine Bistrokette im sozialistischen Ungarn, die inzwischen auch in Pécs ihre Pforten geschlossen hat.

Mihrab Gebetsnische in einer Moschee

Mimber Kanzel in der Moschee

Minarett Wie auch die Dschami von Pascha Jakowali Hassan in der zweiten Hälfte des 16. Jahrhunderts gebaut. Zeitweilig diente das zwölfeckige, beinahe 30 Meter hohe Minarett als Glockenturm, doch in den 60er Jahren wurden Dschami und Minarett im ursprünglichen türkischen Stil restauriert.

Misina Auf dem Gipfel dieses Berges steht der 191 Meter hohe Fernsehturm, von dem man eine hervorragende Aussicht hat, bei gutem Wetter kann man sogar den Badacsony sehen. Es gibt dort ein kleines Restaurant und auch eine Ausstellung zur hiesigen Flora und Fauna, Gesteinen und Fossilien.

Möller, István (1860–1934) studierte Architektur an den Universitäten Karlsruhe und Wien. An seine Tätigkeit im Bereich des Denkmalschutzes knüpft sich u. a. die Rekonstruktion des frühchristlichen Mausoleums in Pécs.

Nádor Im Jahre 1846 auf dem heutigen Széchenyi-Platz errichtetes Gasthaus, mit dreißig Zimmern und einem Kaffeehaus. Die Kuppel des Restaurants ließ sich mit einer eigentümlichen manuell betriebenen Konstruktion öffnen, und die Gäste konnten unter freiem Sternenhimmel speisen. Nach den Umbauarbeiten im Jahre 1902 entstand ein neues, zweistöckiges Hotel im Sezessionsstil. Im Untergeschoss wurde das außerordentlich populäre Kaffeehaus betrieben. Der Oberbefehlshaber der im November 1944 einmarschierten russischen Truppen erklärte das Hotel zu seinem Hauptquartier. Momentan sind Rekonstruktionsarbeiten im Gange.

Nagybotos, Viola Alter Ego des Schriftstellers Gyula Krúdy

Olympia / Olimpia Der Gebäudekomplex wurde im Jahre 1960 zur Zeit der Olympischen Spiele in Rom errichtet. Die westliche Fassade zieren Kalksteinreliefs mit mythologische Figuren.

Lexikon

Pákolitz István (1919–1996) Dichter aus Paks an der Donau

Pannonien Von 9 bis 433 n. Chr. eine Provinz des Römischen Reiches, bis Mitte des 1. Jahrhunderts *Illyricum inferius* genannt. Die Provinz umfasste die Westhälfte des heutigen Ungarn

Pannonius, Janus (1434–1472) Herausragende Gestalt des Humanismus, studierte an zahlreichen europäischen Universitäten. 1459 wurde er Bischof von Pécs und eine wichtige Persönlichkeit der königlichen Kanzlei. Einen großen Teil seines Lebens widmete er der Dichtung und der Politik. Zum 500. Jahrestag seines Todes, 1972, fertigte Miklós Borsos die Bronzeskulptur von Janus Pannonius an, die auf dem Szent-István-Platz zu sehen ist. Neben die Skulptur pflanzte man als Verweis auf sein Gedicht einen Mandelbaum.

Papucs Kneipe in der Janus-Pannonius-Straße

Petrovich, Ede (1898–1987) Lokalhistoriker, Leiter des Stiftsarchivs. Sein Forschungsschwerpunkt lag auf der mittelalterlichen Geschichte der Stadt Pécs.

Pintér-kert Der botanische Garten erhielt seinen Namen nach János Pintér, der 1926 mit der Gestaltung des Gartens um die Ende des 19. Jahrhunderts erbaute Villa herum begann. Den größten Wert stellen die zahlreichen Orchideenarten dar, doch finden sich auch viele verschiedene einheimische Pflanzen. Den Weg durch den botanischen Garten säumen Skulpturen aus der Künstlerkolonie Villány-Nagyharsány.

Puturluk Dieser Stadtteil von Pécs entstand an der westlichen Seite des Havi-Berges. Über die Herkunft des Namens gibt es verschiedene Ansichten: Im Kroatischen und Serbischen ist »poturluk« die Sammelbezeichnung für die zum Islam konvertierten Albaner und Südslawen, also Renegaten, womit dies ein Verweis auf ihren Wohnort wäre – hier wohnten auch nach der Türkenherrschaft die in Pécs verbliebenen bosnischen Muslime. Nach einer anderen Auffassung erhielt der Stadtteil seinen Namen von der deutschen Bevölkerung nach einer hiesigen Quelle, dem »Potter Brünnlein«.

Lexikon

Rathaus Das heutige Rathaus wurde Ende des 19. Jahrhunderts nach Plänen des Österreichers Adolf Lang erbaut. An seiner Stelle befand sich bereits zur Türkenzeit ein Rathaus, das dann Anfang des 19. Jahrhunderts von einem zweistöckigen klassizistischen Gebäude abgelöst wurde. Im Inneren des heutigen Rathauses verweisen zahlreiche Elemente auf das frühere Rathaus im klassizistischen Stil. Die Modelle der beiden Vorgänger können im Stadthistorischen Museum besichtigt werden.

Restaurant Tettye Die Gaststätte befindet sich am südlichen Hang des Mecsek-Gebirges, am Tettye-Platz 4.

Rochushügel / Rókus-domb Zentraler Stadtteil von Pécs am Mecsek. Hier befindet sich das Mausoleum des Idris Baba, den Evliya Çelebi einen »rechtgläubigen Arzt« nannte. Nach der Türkenherrschaft gelangte es in den Besitz der Jesuiten, die es zu Ehren des heiligen Rochus, dem Schutzheiligen gegen die Pest, in eine Kapelle umwandelten. Bei der Restaurierung fand man im Felsengrab des Idris Baba ein unversehrtes Skelett.

Schaár, Erzsébet (1908–1975) Bildhauerin

Sankt-Bartholomäus-Kirche Aus den Steinen der einstigen Kirche aus der Arpadenzeit wurde die Dschami Pascha Kassim Ghasis erbaut. Bei der Neugestaltung des Széchenyi-Platzes kamen im Juli 2009 neue Funde zum Vorschein, mit Hilfe derer nun bereits etwa achtzig Prozent der Kirche rekonsturiert werden konnten.

Siklós Die im 13. Jahrhundert entstandene Burg von Siklós ist eine der besterhaltenen historischen Denkmäler Ungarns. Die Festung beherbergt eine Ausstellung zur Geschichte der Burg, ein Panoptikum und ein Weinmuseum.

Siklóser Tor Die Burgtore der einstigen inneren Burg im Mittelalter gibt es heute nicht mehr, eine Gedenktafel in der Irgalmasok-Straße zeigt die Stelle, an der es gestanden hat.

Lexikon

Sopianae 1. Name der Stadt Pécs zur Römerzeit. Das Wort *sop* ist wahrscheinlich keltisch und bedeutet »Sumpf«. Seit 2000 gehört Pécs zum Weltkulturerbe. Nahe der jetzigen gotischen Kathedrale wurde am Mons Sacrum ein Friedhof der Urchristen gefunden; bemerkenswert auch die zweigeschossige Péter-Pál-Grabkammer mit Krügen und altbiblischen Gemälden. 2. Beliebte Zigarettenmarke

Sorsunk Literarische Zeitschrift in den vierziger Jahren.

Synagoge Eingeweiht wurde die Synagoge in der Fürdő-Straße am 22. Juli 1869. Sie entstand nach Plänen von Frigyes Feszl, Károly Gerster und Lipót Kauser. Das kleine Gebäude neben der Synagoge diente einst als Schule der jüdischen Gemeinde, hier befindet sich die kleine Synagoge, die auch heute von den Mitgliedern der jüdischen Gemeinde an Wochentagen besucht wird. Die Orgel in der großen Synagoge ist das erste eigenständige Werk des weltberühmten Orgelbauers József Angster. Die Einführung von Orgeln in Synagogen war heftig umstritten; in orthodoxen Gemeinden war das verpönt; der Bau einer Orgel verweist auf eine eher neologische Reformgemeinde.

Szalon-Bier Erzeugnis der 1848 von Lipót Hirschfeld gegründeten Brauerei

Széchenyi-Platz Das Herz der Stadt, von hier führen die Straßen strahlenförmig bis in die Randgebiete. Das interessanteste Gebäude ist die ehemalige Dschami des Paschas Kassim Ghasi, die heutige Innerstädtische katholische Kirche. Dieser charakteristische Kuppelbau – Ungarns größtes Baudenkmal aus der Türkenzeit – wurde in den 1580er Jahren aus den Steinen der von den Türken abgerissenen mittelalterlichen St. Bartholomäus-Kirche errichtet. Elemente der Kirche, beispielsweise die Mekka zugewandte Gebetsnische neben dem Haupteingang, zeigen, dass sie früher als Moschee gedient hat. Die Stelle des einstigen türkischen Brunnens hat 1892 der mit einer farbigen Eosinglasur überzogene Brunnen aus der Porzellanfabrik Zsolnay eingenommen.

Szederkényi, Ervin (1934–1987) Bis zuletzt Herausgeber der Literaturzeitschrift *Jelenkor*

Lexikon

Szent-István-Platz Die Mitte des Platzes bildet ein stimmungsvoller Park mit Springbrunnen, hier steht auch die Bronzeskulptur Zoltán Kodálys, ein Werk von Imre Varga aus dem Jahr 1976. Am südlichen Rand des Platzes befindet sich das Gymnasium Klára Leőwey, dessen Gebäude nach den Plänen des Pressburger Architekten Ignác Feigler Ende des 19. Jahrhunderts errichtet wurde. Die Klosterkirche wurde 1727 im Barockstil gebaut und Mitte des 18. Jahrhunderts umgestaltet. Die Wandgemälde der Kirche stammen von János Boros, das Bild des Hauptaltars – Mariä Himmelfahrt – von dem Wiener Maler Lipót Kupelwieser.

Szigeter Tor Das Tor befand sich einst in der Nähe des heutigen Kórház-Platzes, wurde jedoch im 19. Jahrhundert abgerissen.

Tettye Eines der malerischsten Stadtviertel von Pécs mit Parks, Ruinen, einer Höhle und einem botanischen Garten. Die derzeitige Oberfläche entstand durch den tausendjährigen Abbau der hiesigen Gesteine. Die einstigen Gruben, deren Steine im ganzen Gebiet der Stadt verwendet wurden, sind heute fast vollkommen besiedelt. In der Felsőmalom-Straße entspringt der Tettye-Bach, an dem früher Korn-, Schießpulver-, Papier-, Gerber- und Tabaksmühlen angesiedelt waren. Der Name *Tettye* leitet sich vermutlich vom türkischen Wort *tekke* her, das Derwischkloster bedeutet.

Tezkere Eine Note oder eine Notiz

Theater Das Nationaltheater Pécs wurde nach den Plänen von Adolf Lang und Antal Steinhardt Ende des 19. Jahrhunderts erbaut, eröffnet wurde es am 5. Oktober 1895. Zuvor waren das *Elefantenhaus* und eine Freilichtbühne auf dem Tettye beliebte Orte für Theatervorstellungen.

Tot, Amerigo (1909–1984) Eigentlich Imre Tóth, ungarischer Bildhauer. Besuchte ab 1930 das Bauhaus in Dessau, wo László Moholy-Nagy sein Lehrer war. 1933 emigrierte er nach Rom. Im Amerigo-Tot-Museum in der Káptalan-Straße 2 sind Werke des Künstlers zu sehen, die er der Stadt Pécs schenkte.

Trafik Kneipe in der Perczel-Mór-Straße 22

Lexikon

Transdanubien (lat. jenseits der Donau) Der westlich und südlich der Donau gelegene Landesteil

Trianon Der Vertrag von Trianon, einer der Pariser Vorortverträge, von 1920 bestimmte nach dem Ersten Weltkrieg die Neuordnung Südostmitteleuropas nach dem Zusammenbruch des Habsburgerreiches. Darin wurden ungarische Gebietsverluste von rund zwei Dritteln des ursprünglichen Territoriums zugunsten Rumäniens, der Tschechoslowakei, Österreichs, des Vereinigten Serbien-Kroatien-Slowenien und Italiens besiegelt; rund 3,2 Millionen Ungarn bildeten nun Minderheiten in diesen Anrainerstaaten. Als Trauma erlebt – mit Parallelen zur Wahrnehmung von »Versailles« in der Weimarer Republik – ist »Trianon« teilweise bis heute ein politisches Reizwort, das insbesondere von Nationalisten als Schlagwort wach gehalten wird.

Tscharsin *(çarşı)* bedeutet Marktplatz

Türkisches Bad Neben der Franziskanerkirche in der Ferencesek-Straße befinden sich die Überreste des Bades von Pascha Memi, das erst in den 1880er Jahren abgetragen wurde, die Reste legte man 1977 frei. Die heute zu sehenden Bänke an den Wänden und der Springbrunnen sind spätere Rekonstruktionen.

Ungarndeutsche Zwischen 1700 und 1750 kamen deutsche Siedler aus Süddeutschland, Österreich und Sachsen in die nach den Türkenkriegen zum Teil entvölkerten Gebiete Pannoniens. Ende des 18. Jahrhunderts lebten im Königreich Ungarn mehr als eine Million Deutsche. Viele wurden nach 1945 vertrieben; kaum 30 Prozent sind geblieben.

Uranstadt Einst hochmodernes Vorzeige-Wohnviertel im Westen. Das erste Wohnhaus feierte 1956 Richtfest. 1974 waren 7350 Wohnungen fertiggestellt.

Valpó Heute Valpovo, liegt kaum 50 km von Pécs entfernt in Kroatien. Die erste Erwähnung Valpovos stammt aus dem Jahre 1332, von der mittelalterlichen Burg sind Überreste erhalten, die in den Komplex des hiesigen Schlosses eingegliedert wurden.

Lexikon

Várkonyi, Nándor (1896–1975) Schriftsteller, Redakteur, Kulturhistoriker. Lebte ab 1922 in Pécs, wo er Begründer und Redakteur der Zeitschrift *Symposion* war. Von 1941 bis 1948 war er Redakteur der literarischen Zeitschrift *Sorsunk*.

Vasarely, Victor de (1908–1997) Maler und Grafiker, Hauptvertreter der Op-Art. Vasarely studierte bei László Moholy-Nagy; geprägt wurde er auch von Piet Mondrian. 1930 emigrierte er nach Paris. Er experimentierte mit kinetischen und optischen Effekten. In der Káptalan-Straße 3 wurde der Künstler geboren. Einen Teil seiner Werke schenkte er der Stadt. Sie sind hier ausgestellt. Eine Skulptur von ihm ist auch in der Hunyadi-Straße zu sehen.

Vasváry-Haus Király-Straße 19, Haus des Eisenhändlers György Vasváry, verziert mit Reliefs aus der Zsolnay-Manufaktur und Allegorien des Eisenhandels.

Vladika Bei den orthodoxen Slawen der Titel und die Anrede der Bischöfe

Volán Größte Busverkehrsgesellschaft in Ungarn. Die Bezeichnung wurde aus dem Französischen entlehnt und bedeutet »das Steuer«. Die Gesellschaft betreibt viele Überlandverbindungen.

Vorhängeschlösser Die Wand mit den Vorhängeschlössern der Verliebten befindet sich in der Janus-Pannonius-Straße. Die sich seit den achtziger Jahren mehrenden Schlösser sind zu einem Wahrzeichen der Stadt geworden. Es gibt verschiedene Legenden über ihre Entstehung: So meinen manche, gewitzte Ehefrauen hätten mit den Schlössern ihren Geliebten ein Zeichen gegeben, wann ihr Ehemann außer Haus sei. Eine andere Legende erzählt, die Schüler der nahgelegenen Schule hätten die Vorhängeschlösser ihrer Schränke nach bestandenen Prüfungen hierhin gehängt.

Zápolya, Johann 1526 bis 1540 Fürst von Siebenbürgen, beanspruchte den Thron von Ungarn.

Zidina Kleines Stadtviertel mit engen Gassen, die auf den Tettye hinaufführen. Auf Kroatisch bedeutet *zidina* »große Mauer«.

Lexikon

Zrínyi, Miklós (Nikola Šubić Zrinski) (1508–1566) Oft siegreicher kroatischer Feldherr von Kaiser Ferdinand I. und Maximilian II. in Kriegen gegen die Türken. Sein legendärer Ausbruch aus seiner belagerten Burg Szigetvár bei Pécs am 8. September 1566 gegen die vielfache osmanische Übermacht begründete als »Heldentod« seinen Ruhm und machte ihn zur Identifikationsfigur der ungarischen wie der kroatischen Geschichte.

Zsolnay, Vilmos (1828–1900) Ungarischer Keramikkünstler und Großindustrieller. Obwohl er Maler werden wollte, übernahm er, dem Wunsch seines Vaters folgend, 1853 das Familienunternehmen. Er baute die Manufaktur aus und blieb bildender Künstler. Besonders lag ihm an der Entwicklung neuer Keramikmaterialien. Seine Erfindungen sind die Porzellanfayence und der zur Dekoration von Gebäuden verwendete, gefrierfeste Pyrogranit. Auf dem Höhepunkt seiner Karriere erhielt er Goldmedaillen bei der Pariser Weltausstellung 1878 und wurde in die französische Ehrenlegion aufgenommen. Ehrenbürger der Stadt Pécs. Seine Statue, die im Gedicht von Győző Csorba beschrieben wird, – Ecke Szabadság- und Rákóczi-Straße – wurde am 13. Oktober 1907 enthüllt. Das Zsolnay-Museum befindet sich in der Káptalan-Straße 2, in einem Gebäude, das bereits 1324 Erwähnung fand. Über dem Eingang schmückt das Wappen des Großpropstes Miklós Givovich (1693– 1762) die barocke Fassade.

Pécs und Umgebung

Nordwest-Mecsek

Im Nordwesten des Mecsek-Gebirges hat man die besten Möglichkeiten, die bergige Landschaft und die Wälder um Pécs kennenzulernen, wenn man keine langen Wandertouren unternehmen will.

Der beliebteste Erholungsort der Pécser ist eindeutig die Gemeinde **Orfű**. Am See von Orfű findet im Juni das neueste Musikfestival namens *Fishing on Orfű* statt. Die meisten Jugendlichen sind stolz darauf, dass man in Ungarn tatsächlich vom Frühjahr bis zum September seine Zeit pausenlos bei unterschiedlichsten Festivals verbringen kann. Dieses wurde von András Lovasi, Sänger und Bassist der legendären Alternativ-Band *Kispál és a Borz*, ins Leben gerufen.

Ganz in der Nähe liegt das Dorf **Tekeres**, mit einer einzigen Straße, der Petőfi-Straße, wo man noch die authentische Baukultur der ungarischen und ungarndeutschen Bauern aus der Zeit um die Jahrhundertwende entdecken kann.

Eine Alternaive zu Orfű ist im Sommer auch der Erholungsort **Abaliget**. Außer einem See hat Abaliget auch ein 1380 Meter langes Höhlensystem zu bieten, von dem man ungefähr 500 Meter besichtigen kann. Zur Atmosphäre trägt auch der Bach bei, der durch die Höhle fließt.

Auch in dieser Region bietet sich die Möglichkeit, die berühmten ungarischen Heilbäder zu besuchen. Das 40°C warme Heilwasser in **Magyarhertelend** enthält Kalzium, Kalium, Magnesium, Mangan, Jod, Paraffin und Kohlensäure, ist damit gegen Rheuma, chronische Erkrankungen der Gelenke sowie Kreislaufprobleme geeignet.

Im Thermalbad von **Szentlőrinc** kann man sich nach einer durchfeierten Nacht herrlich entspannen. Sich im 36°C warmen Freibecken mit traumhafter Umgebung herumzutummeln, ist ein geniales Programm bei schlechtem Wetter. Nach ausgiebigem Badespaß kann man hier zudem dem Esterházy-Schloss am Kirchplatz einen Besuch abstatten.

Kirchen aus der Arpadenzeit findet man in **Cserkút, Kővágószőlős, Kővágótöttös, Bakonya** und **Hetvehely**, den elegantesten Barock-Palast in Komitat Baranya in **Bükkösd**. Gebaut wurde er im 18. Jahrhundert nach den Plänen von Fischer von Erlach, dem Architekten Maria Theresias.

Pécs und Umgebung

Ormánság

Die Landschaft, deren Benennung auf die Bedeutungen »Berggipfel« oder »sumpfiges Gebiet« zurückgeführt werden kann, liegt südwestlich von Pécs und ist durch die folkloristische Homogenität der hiesigen Dörfer gekennzeichnet. Für das sumpfige Tiefland, das sich zwischen dem Mecsek-Gebirge und dem Fluss Dráva (Drau) erstreckt, sind die vielen kleinen Dörfer typisch, die meist nur eine einzige Straße besitzen. Die größte Stadt der Region ist **Sellye**, sehenswert sind aber auch die Ortschaften **Vajszló, Kórós, Adorjás, Kovácshida** oder **Hegyszentmárton**. Über die Region Ormánság verfasste János Kodolányi, ein bekannter Schriftsteller, soziologisch-literarische Schriften, nachdem er die Region 1941 bereist hatte. Das nach ihm benannte Kodolányi-Museum befindet sich in Vajszló. Die Gegend ist Teil des »Donau-Drau-Naturschutzgebietes«. Aufgrund ihrer Unberührtheit ist die Drau einer der beliebtesten Flüsse für Kanu-Fahrten.

Auf dem Weg ist es empfehlenswert, in **Görcsöny** oder **Sumony** anzuhalten. Das Schloss von Görcsöny mit seinem romantischen Park gehörte einst der Familie Batthyány, die es im 18. Jahrhundert erbauen ließ, später ging es in den Besitz der Familie Benyovszky über. Das bekannteste Mitglied dieser Familie war Móricz Benyovszky, ein großer Abenteurer, der sich nach langen Reisen im 18. Jahrhundert in Madagaskar niederließ und von der Bevölkerung zum König gewählt wurde. In der Kirche von **Sumony** ist ein Fresko von Mór Than, einem der bedeutendsten ungarischen Maler des 19. Jahrhunderts, erhalten geblieben.

Villány

Eine wahre mediterrane Gegend ist das **Gebirge von Villány**, hierfür lohnt es sich durchaus, auch einmal eine längere Fahrt aus Pécs zu unternehmen. Die Region südöstlich von Pécs ist eins der beliebtesten Reiseziele der Ungarn. Hier befindet sich nämlich das »Mekka der Rheumatiker«, das bekannte Thermalbad von **Harkány**, doch auch der Berg von **Siklós** und nicht zuletzt die Weingegend von **Villány** sind gern besuchte Ausflugsziele. Die Wohltat des schwefelhaltigen Heilwassers von Harkány genossen bereits die Türken im 16. Jahrhundert, doch wurde das Bad erst Anfang des 19. Jahrhunderts ausgebaut und ist heute mit seinen

Pécs und Umgebung

acht Becken – alle zwischen 24 und 37°C – eines der größten Bäder Ungarns. Die Nachbarstadt Siklós ist durch ihre gut erhaltene Schlossburg bekannt, an der fast alle Epochen der Baugeschichte – von der Romanik bis zum Barock – beobachtet werden können. Aus der Zeit der osmanischen Besetzung im 16. Jahrhundert ist hier weiterhin die Dschami des Bei Malkotsch erhalten geblieben, die Rekonstruktionsarbeiten wurden mit dem Europa-Nostra-Preis honoriert. Will man gute ungarische Weine direkt beim Hersteller verkosten, dann ist man in dieser Region an der richtigen Adresse. Das vielleicht bedeutendste Weinbaugebiet Ungarns ist nämlich die Umgebung von Villány. Hier wird hauptsächlich Rotwein angebaut, insbesondere Cabernet Savignon, Cabernet Franc sowie Merlot, doch auch traditionelle Sorten wie Blauer Portugieser oder Kadarka sind beliebt. Die erste offizielle Weinstraße – entlang an acht Orten um Villány – verläuft ebenfalls hier.

Ein Geheimtipp ist die kleine Ortschaft **Palkonya** mit ihrer einheitlich weißgetünchten (Wein-)Kellergasse am Dorfrand und dem Kultur-Festival *Ördögkatlan*, das vom Budapester Theater *Bárka* alljährlich im August veranstaltet wird

Die Liebhaber des Angelns können unterwegs am See von **Pogány** – einer Ortschaft, die mit der Széchenyi-Plakette für Umweltschutz ausgezeichnet wurde – eine Rast einlegen. Fangen kann man hier Karpfen, Graskarpfen, Karauschen, Welse, Rapfen oder auch Zander.

Mohács

Etwa 40 km östlich von Pécs liegt am rechten Donauufer eins der historisch-kulturellen Zentren Südungarns: **Mohács**. Berühmt wurde die Stadt durch zwei schicksalsträchtige Schlachten gegen die Osmanen: im Jahr 1526 eine verheerende Niederlage und im Jahr 1687 dann ein Sieg, mit dem der türkischen Besetzung in der Region ein Ende gemacht wurde. Ein kulturelles Ereignis von Mohács ist die sechstägige Fastnacht im Februar – *Busójárás* genannt –, bei der die so genannten »Busós« mit furchterregenden Holzmasken und in dicke Schafspelze gekleidet den Winter vertreiben.

Pécs und Umgebung

Nordost-Mecsek
Der östliche Teil des Mecsek-Gebirges bietet sich für einen Tagesausflug geradezu an. Die Burg von **Pécsvárad** war ein wichtiger Schauplatz bei der Gründung des ersten ungarischen Königreiches um das Jahr 1000. Aus dieser Zeit stammt die hiesige Benediktinerabtei, die schon damals als ein Zentrum der ungarischen Staats- und Kirchenentwicklung galt. Sie wurde von König Stephan I. gegründet, und der erste Abt, Astrik, wurde damit beauftragt, die Stephanskrone aus Rom nach Ungarn zu bringen.

Bei Pécsvárad befindet sich das Symbol des erfolgreichen Kampfes der ungarischen »Grünen« für die Umwelt: Der 680 Meter hohe Berg Zengő ist Teil des Naturschutzgebietes, lange Zeit sollte hier eine Radaranlage zur militärischen Überwachung des Luftraums gebaut werden, was von den »Grünen« schließlich verhindert wurde. Seitdem wurde das Bauprojekt auf den Tubes, einen Berg in der Umgebung von Pécs, verlegt, was allerdings ebenso zu Konflikten mit den ungarischen Bürgerinitiativen geführt hat und weiterhin umstritten ist.

Sehenswerte Ortschaften dieser Region sind auch **Zengővárkony**, berühmt für seine Maroni – geröstete Esskastanien – und die typischen Dörfer der hiesigen Ungarndeutschen: **Mecseknádasd** (Nadasch), wo ein Dorfmuseum die Bauweise, die Wohnungseinrichtung und die einstige Lebensweise der aus Hessen hier angesiedelten Ungarndeutschen vom Anfang des 18. Jahrhunderts zeigt, **Ófalu** (Ohwala), berühmt für seine Holzdrechsler und Stuhlbauer, sowie das idyllisch gelegene **Óbánya** (Altglashütte), das noch heute über die Landesgrenzen hinaus bekannt für seine Töpferwerkstätten und ihre Keramik ist.

Geschichte von Pécs

v. Ch. Die Region war ab dem 4. Jahrhundert v. Chr. von den Kelten besiedelt, doch archäologische Forschungen zeigen, dass sie schon ab dem 5. Jahrtausend v. Chr. kontinuierlich bevölkert war.

30 Im Karpatenbecken östlich der Donau entsteht die Grenzprovinz des Römischen Reiches namens *Pannonia*. Die Anfang des 2. Jahrhunderts gegründete römische Stadt *Sopianae* gilt als Vorläufer des heutigen Pécs und wird wegen einer wichtigen Handelsstraße zu einer bedeutenden Stadt.

313 Die Verordnung Konstantins des Großen zur Religionsfreiheit ermöglicht die Entwicklung Sopianaes zu einem der christlichen Zentren. Wichtiges Zeugnis dieser Zeit ist der Frühchristliche Friedhof neben dem Dom. Seit 2000 sind die bemalten Grabkammern Teil des UNESCO-Weltkulturerbes.

8.–9. Jh. An der Stelle der durch die Völkerwanderung verwüsteten römischen Stadt Sopianae entsteht *Quinque Basilicae*, eine Stadt des Fränkischen Reiches.

1009 Der erste König des ungarischen Königreiches, Stephan der Heilige, gründet in Quinque Ecclesiae ein Bistum. Die spätere deutsche Benennung *Fünfkirchen* kann aus dieser Zeit hergeleitet werden.

1367 Ludwig der Große gründet die erste ungarische Universität in Pécs. Damit ist Pécs nach Prag (1346), Krakau (1364) und Wien (1365) die vierte Universitätsstadt in Mitteleuropa.

1459 Janus Pannonius wird Bischof von Pécs. Der humanistische Dichter macht Pécs zu einem bedeutenden kulturellen Zentrum Ungarns.

1543–1686 Pécs wird von den osmanischen Heeren besetzt und ist fast 150 Jahre lang Teil des Osmanischen Reiches. Viele Baudenkmäler – wie die Dschami von Pascha Jakowali Hassan oder das 23 Meter hohe Minarett – stammen aus dieser Zeit.

Geschichte von Pécs

1774   Der Bischof von Pécs, György Klimó, macht – als Erster in Ungarn – seine Bibliothek der Öffentlichkeit zugänglich. Die Bücher gelten als der Grundstock der Universitätsbibliothek von Pécs.

1780   Pécs erhält von Maria Theresia den Titel der »Freien Königlichen Stadt«, was im 19. Jahrhundert eine starke wirtschaftliche und industrielle Entwicklung zur Folge hat.

1846   In diesem Jahr findet ein Konzert von Franz Liszt in Pécs statt. Als Gast des Bischofs erhält er den Auftrag, eine Messe zu komponieren. Allerdings wird aus der *Pécser Messe* aufgrund der Versetzung des Bischofs nach Esztergom/Gran die *Graner Messe*, bekannter unter dem Titel *Missa Solemnis*. An diesen Besuch erinnert die Statue von Liszt auf dem Balkon des Bischofspalastes.

1848 März   Ausbruch des Freiheitskampfes in Pest-Buda, Pécs spielt dabei eine eher geringe Rolle.

1918   Nach Ende des Ersten Weltkrieges gerät Pécs unter serbische Besetzung.

1920   Unterzeichnung des Friedensvertrages von Trianon, womit der Erste Weltkrieg auch formal beendet ist. Im Vertrag werden die neuen Grenzen des Landes bestimmt, Pécs bleibt Teil Ungarns.

1921   Die Serbisch-Ungarische Republik von Baranya-Baja mit Pécs als Hauptsitz wird ausgerufen. Die von den serbischen Truppen unterstützte Marionettenregierung löst sich nach einer Woche auf.

1923   Die ungarische Universität von Pozsony (Bratislava/Pressburg) wird – da die Stadt durch den Vertrag von Trianon zur Tschechoslowakei gelangte – nach Pécs verlegt.

Geschichte von Pécs

1944   Im Mai werden die Mietshäuser der Ungarischen Staatsbahn zum jüdischen Ghetto von Pécs erklärt. Zwischen dem 4. und dem 6. Juli werden ungefähr 3500 Juden nach Auschwitz deportiert.

1954   Im Mecsek-Gebirge wird Uran gefunden, damit entsteht in Pécs eines der Industriezentren des sozialistischen Ungarns.

1956   Die Revolution gegen die kommunistische Diktatur bricht aus, auch in Pécs finden Proteste statt.

1989   Nach der Wende werden die Bergwerke geschlossen, was für Pécs einen starken wirtschaftlichen Rückfall bedeutet. Der Balkan-Krieg der 90er Jahre wirkt sich auf die Entwicklung der Stadt ebenfalls negativ aus.

2010   Pécs wird – zusammen mit Essen/Ruhrgebiet und Istanbul – *Europäische Kulturhauptstadt*.

Unter den Augen des Fernsehturms modert marode Moderne ...

Autoren

Ágoston, Zoltán (1966) Literaturkritiker, seit 1992 Redakteur der Pécser Literaturzeitschrift *Jelenkor*.

Babits, Mihály (1883–1941) Dichter, Schriftsteller, Literaturhistoriker und Übersetzer, eine der bedeutenden Persönlichkeiten der ungarischen Literatur zu Beginn des 20. Jahrhunderts, Mitglied der ersten Generation der Literaturzeitschrift *Nyugat*.

Balogh, András F. (1964) Germanist an der Budapester Universität ELTE, sein Forschungsschwerpunkt ist die Untersuchung der ungarisch-deutschen literarischen Beziehungen.

Bárdosi Németh, János (1902–1981) Dichter und Schriftsteller, Mitglied der Janus-Pannonius-Gesellschaft in Pécs sowie Mitarbeiter der Zeitschrift *Sorsunk*.

Bereményi, Géza (1946) Schriftsteller, Liedtexter, Drehbuchautor und Regisseur. Zu seinen bekanntesten Liedtexten zählen die Lieder, die er für den Sänger Tamás Cseh geschrieben hat.

Bertók, László (1935) Dichter, seit 1975 redaktioneller Mitarbeiter bei der Literaturzeitschrift *Jelenkor*. Sein Band *Ameisen ziehen* ist auf Deutsch 2010 im Rimbaud Verlag erschienen.

Çelebi, Evliya (1611 – um 1683) Osmanischer Schriftsteller, der in seinem Reisebuch *Seyahatnâme* über seine zahlreichen Reisen im Osmanischen Reich und in den Nachbarländern berichtete.

Cserna-Szabó, András (1974) Schriftsteller. Kennzeichnend für seine Prosa sind fantastische Alltagsgeschichten, die nie einer gewissen Absurdität entbehren. Zudem schreibt er als Journalist für verschiedene gastronomische Zeitschriften.

Csorba, Győző (1916–1995) Dichter und Übersetzer, war lange Zeit in der Bibliothek von Pécs tätig, arbeitete als Redakteur bei den Zeitschriften *Sorsunk* und *Jelenkor*.

Autoren

Dobriban, Arpad (1957) Bildender Künstler und Koch. Ein Vertreter der Eat Art, als Geschmacksforscher ist er immer auf der Suche nach nicht mehr bekannten Materialien und Zubereitungsweisen, so rekonstruiert er gerne längst verlorengegangene Rezepte.

Droste, Wilhelm (1953) Autor, Übersetzer, Literaturwissenschaftler und Cafébetreiber, Herausgeber von *Drei Raben – Zeitschrift für ungarische Literatur*.

Esterházy, Péter (1950) Schriftsteller, zahlreiche seiner Werke wurden ins Deutsche übersetzt. Breite Beachtung fand sein Roman *Harmonia Cælestis* über die Geschichte der Familie Esterházy, 2004 erhielt er den Friedenspreis des Deutschen Buchhandels.

Fekete, Kati (1974) Hat in Berlin Prähistorische Archäologie und Hungarologie studiert. In den Jahren 2008 und 2009 nahm sie am Programm für literarisches Übersetzen am Balassi-Institut Budapest teil. Zur Zeit lebt und arbeitet sie in Budapest.

Forgách, András (1952) Prosaist, Dramenautor, Dramaturg, Drehbuchautor und Übersetzer. War 2002 Gast des Literarischen Colloquiums Berlin.

Grill, Andrea (1975) Biologin und Schriftstellerin, übersetzt aus dem Albanischen. 2007 nahm sie am Ingeborg-Bachmann-Wettbewerb teil. 2010 ist ihr Roman *Das Schöne und das Notwendige* im Otto Müller Verlag erschienen.

Györe, Gabriella (1974) Dichterin, Journalistin, Redakteurin. Von 2003 bis 2009 Redakteurin von *litera.hu*, seit 2008 Redakteurin der Online-Zeitschrift *irodalmicentrifuga.hu*. Führte zahlreiche Interviews mit zeitgenössischen ungarischen Autoren. Ihre Gedichte sind in verschiedenen Literaturzeitschriften erschienen.

Haacker, Christoph (1972) Germanist und Slavist. Seit 2002 Verleger. Wissenschaftliche Beiträge u. a. zur deutsch-jüdischen Literatur, zur Exilliteratur und deutschsprachigen Literatur der böhmischen Länder; journalistische Beiträge für den Hörfunk, Zeitungen und Zeitschriften. Jahrzehnte in Wuppertal, seit 2009 in Wien.

Autoren

Halling, Axel (1972) Studium der Hungarologie und der Ost- und Südosteuropäischen Geschichte. Von 2004 bis 2007 als Robert-Bosch-Kulturmanager am Lenau-Haus in Pécs tätig. Seit 2008 Referent der Initiative Bürgerstiftungen im Bundesverband Deutscher Stiftungen in Berlin.

Hayduk, Alfons (1900–1972) Nach dem Studium (Literatur; Philosophie; Volkswirtschaft) Feuilletonredakteur, Dramaturg und Lehrer. Als Schriftsteller verschrieb er sich Eichendorff, wie auch insgesamt schlesischen Themen. Am NS beteiligte er sich als Funktionär, so als Landesleiter der Reichsschrifttumskammer im Gau Oberschlesien; Beiträger zur *Krakauer Zeitung* im »Generalgouvernement«. Mehrere seiner ideologisch anstößigen Romane aus der NS-Zeit wurden nach dem Krieg in der SBZ / DDR aus Bibliotheken entfernt.

Hekel, Dorit (1978) Studierte »Europäische Studien« in Osnabrück. Als Stipendiatin der Robert-Bosch-Stiftung unterrichtete sie von 2004 bis 2006 an der Universität Pécs und organisierte u. a. ein deutschsprachiges Theaterfestival. Heute leitet sie das Akademische Auslandsamt in Bielefeld.

Horváth, Viktor (1962) Schriftsteller, Journalist und Übersetzer, ist zudem als Dozent für Ältere und Moderne Literaturgeschichte und Literaturtheorie sowie für Vergleichende Literaturwissenschaft an der Universität Pécs tätig.

Iro, Viktor (1968) Germanist und Kulturwissenschaftler. Von 2004 bis 2009 lebte und lehrte er in Budapest und schrieb dort zwei Bücher: die *Gebrauchsanweisung für Budapest und Ungarn* und den Kriminalroman *Tödliche Rückkehr*. Beide erschienen im Piper-Verlag.

Józsa, Márta (1962) Schriftstellerin, Fernsehfilm- und Dokumentarfilm-Redakteurin. Nach ihrem Studium in Pécs begann sie ihre Laufbahn beim dortigen Fernsehsender. Sie ist u. a. als Redakteurin der Zeitschrift *Ex Symposion* tätig, schreibt Kritiken, arbeitet als Publizistin. 2007 veröffentlichte sie ihren ersten Roman.

Juhász, Gyula (1883–1937) Dichter. Kennzeichnend für seine Lyrik ist ein melancholischer und resignierter Grundton, er ist ein Vertreter der impressionistischen Stimmungslyrik.

Autoren

Karafiáth, Orsolya (1976) Dichterin, Schriftstellerin und Journalistin. Ist dem breiten Publikum durch ihre schrill-schrägen Auftritte im Fernsehen und bei Veranstaltungen bekannt, zudem singt sie in der Band *Elektrik Bugi Kommandó*.

Kassák, Lajos (1887–1967) Schriftsteller und Maler, Redakteur mehrerer avantgardistischer Zeitschriften. Gründer der Zeitschrift *MA*, zu deren Umfeld auch László Moholy-Nagy gehörte, mit dem er 1921 während seines Wiener Exils das *Buch neuer Künstler* herausgab.

Kerékgyártó, István (1953) Schriftsteller. Nach einer Karriere als Privatisierungsberater und Unternehmer kehrte er jener Welt den Rücken und ist seit 1999 als freier Schriftsteller tätig. In deutscher Sprache erschien 2008 beim Kortina Verlag sein Roman *Engelsfurz*.

Keresztesi, József (1970) Kritiker, Redakteur, Gründungsmitglied und Songwriter der Bands *Szőranya Emlékzenekar* und *Új Párduc*, deren Texte auch in einem gesonderten Band erschienen sind.

Konrád, György (1933) Schriftsteller und Essayist. 1997–2003 Präsident der Berliner Akademie der Künste, ausgezeichnet u. a. mit dem Herder-Preis sowie dem Friedenspreis des Deutschen Buchhandels. Zahlreiche seiner Werke wurden ins Deutsche übersetzt, zuletzt erschien sein autobiographischer Roman *Glück*.

Kőrösi, Zoltán (1962) Schriftsteller, Drehbuchautor, Chefredakteur der ungarischen Literatur-Hompage *litera.hu*. Seit 2010 ist er der Vorsitzende der Ungarischen Filmstiftung.

Kuhligk, Björn (1975) Dichter und Buchhändler, leitet die Lyrikwerkstatt *open poems* der literaturWERKstatt Berlin. Der Titel seines neuesten Bandes, der 2009 im Berlin Verlag erschienen ist, lautet *Von der Oberfläche der Erde*.

Kukorelly, Endre (1951) Schriftsteller und Dichter. Seit 1976 Veröffentlichung zahlreicher Bände Lyrik, Prosa und Essays, in deutscher Sprache erschienen die Bände *Gedächtnisküste* und *Die Rede und die Regel*. 1995/96 war er Gast des Berliner Künstlerprogramms des DAAD.

Autoren

Lenau, Nikolaus (1802–1850) Aus Siebenbürgen stammender Schriftsteller und Dichter. Wichtiger Repräsentant des Vormärz, kennzeichnend für seine Lyrik ist sein einzigartiger, melancholischer Ton, der sich durch weite Teile seiner Dichtung zieht.

Magris, Claudio (1939) Italienischer Schriftsteller, Germanist und Übersetzer. War bis zu seiner Emeritierung Professor für moderne deutschsprachige Literatur an der Universität Triest, gilt als bedeutender Förderer der mitteleuropäischen Kultur in Italien. Sein neuester in deutscher Sprache erschienener Band *Ein Nilpferd in Lund. Reisebilder* wurde 2009 vom Hanser Verlag herausgegeben. 2001 Leipziger Buchpreis zur Europäischen Verständigung; 2009 Friedenspreis des Deutschen Buchhandels

Maros, András (1971) Schriftsteller. Hat bisher drei Bücher veröffentlicht und zahlreiche Theaterstücke geschrieben, die auch regelmäßig in Budapester Theatern auf dem Programm stehen.

Martinkó, József (1973) Journalist. Chefredakteur der Online-Zeitschrift *Octogon architecture&design*, publiziert in zahlreichen Design-Zeitschriften, ist Koautor eines Bandes zur ungarischen Design-Geschichte.

Martins, Rui Cardoso (1967) Journalist, Schriftsteller und Drehbuchautor. Mitbegründer von *Público*, einer der angesehensten portugiesischen Tageszeitungen. Berichtete als Reporter vom Krieg in Bosnien und den ersten freien Wahlen in Südafrika. Sein erster Roman erschien 2006.

Márton, László (1959) Schriftsteller und Dramenautor. Übersetzte unter anderem Kleist, Goethe und Grillparzer ins Ungarische. Mehrere seiner Werke sind auch in deutscher Sprache erschienen, zuletzt *Das Versteck der Minerva* beim Folio Verlag.

Méhes, Károly (1965) Dichter und Schriftsteller. Arbeitet als Journalist bei der Pécser Tageszeitung *Dunántúli Napló*. Mehrere seiner Werke sind in deutscher Sprache erschienen, zuletzt der Band *Insgeheim* beim Wieser Verlag.

Autoren

Mélyi, József (1967) Arbeitet freiberuflich als Kunsthistoriker, Kunstkritiker und Kurator, lehrt an mehreren Hochschulen und war für viele Jahre am Collegium Hungaricum in Berlin.

Mesés, Péter (1965) Essayist und Übersetzer. Studierte Geschichte und Philosophie an der Universität Szeged. Redakteur der renommierten Literaturzeitschrift *Ex Symposion*.

Mészöly, Miklós (1921–2001) Schriftsteller. Einer der bedeutendsten ungarischen Romanautoren des 20. Jahrhunderts. In seinem Werken verbindet er, was unvereinbar scheint: die auf eine Erzählung verzichtende moderne Prosa und den klassischen Realismus. Auch in deutscher Sprache sind mehrere seiner Werke erschienen, so beispielsweise *Familienflut* oder *Das verzauberte Feuerwehrorchester*.

Móricz, Zsigmond (1879–1942) Schriftsteller und Publizist. Eine der bedeutendsten Persönlichkeiten der ungarischen realistischen Prosa des 20. Jahrhunderts, in deren Mittelpunkt bei ihm die Bauern stehen. Auch in deutscher Sprache sind zahlreiche seiner Werke erschienen, so u. a. *Niemandsblume* oder *Verwandte*.

Nagy, Olivér (1985) Hat seine Kindheit und Jugend in Pécs verbracht, studiert derzeit Germanistik und Slavistik an der Budapester Eötvös Loránd Universität, Mitglied der Gruppe *Három Holló – Drei Raben*.

Németh, Odette (1988) Studiert Hungarologie und Germanistik an der ELTE in Budapest, schrieb ihre Diplomarbeit über Attila József und seine Beziehungen zum deutschen Sprachraum, ist Mitglied der Gruppe *Három Holló – Drei Raben*.

Orbán, György (1950) Studierte Jura in Pécs und arbeitete dort später als Kulturreferent. Heute ist er Inhaber der Buchhandlung *Ráday Könyvesház*, zudem ist er Projektmanager des Budapester Kulturprojekts *Kultucca*, in dessen Rahmen verschiedenste kulturelle Veranstaltungen Raum finden.

Autoren

Pálinkás, György (1946) Dichter und Schriftsteller. Rief 1975 den *Kreis Junger Autoren* in Pécs ins Leben, zu dessen Mitgliedern u. a. auch Gábor Csordás und Lajos Parti Nagy gehörten. 1995 gründete er den Verlag *Kijárat*, dessen Leiter und Eigentümer er auch derzeit ist.

Pannonius, Janus (1434–1472) Bischof von Pécs. Der bedeutendste Dichter des ungarischen Humanismus, Verfasser von zahlreichen Gedichten und berühmten Epigrammen in lateinischer Sprache.

Parti Nagy, Lajos (1953) Dichter, Prosaist, Dramenautor und Übersetzer. Von 1979 bis 1986 war er der Redakteur der Literaturzeitschrift *Jelenkor*, seitdem ist er freischaffend tätig. In deutscher Sprache erschien von ihm 2005 *Meines Helden Platz* beim Luchterhand Literaturverlag.

Pilinszky, János (1921–1981) Dichter und Publizist. Seine ersten Gedichte erschienen Ende der dreißiger Jahre. Als ungarischer Soldat kam er in Gefangenschaft und sah Konzentrationslager, was sein Werk nachhaltig beeinflusste. Viele seiner Gedichte verarbeitete der ungarische Komponist György Kurtág musikalisch. In deutscher Sprache ist von ihm 2000 der Band *Lautlos gegen die Vernichtung* beim Amman Verlag erschienen.

Reményik, Sándor (1890–1941) Dichter. Eine herausragende Persönlichkeit der siebenbürgischen Lyrik zwischen den beiden Weltkriegen, trotz allem gehört er zu den weniger bekannten Dichtern, da seine Lyrik – größtenteils aus politischen Gründen – für Jahrzehnte aus der ungarischen Literatur verbannt wurde.

Schreiber, Eduard (1939) Autor, Filmregisseur, Übersetzer. Studium der Literatur und Publizistik in Leipzig, Promotion. Bis 1990 Regisseur bei der DEFA, fast 50 Dokumentarfilme für Kino und Fernsehen. Arbeiten zur Filmtheorie und Filmgeschichte; Nachdichter und Herausgeber aus dem Tschechischen. Im Arco Verlag sind ein Band seiner Gespräche mit Eduard Goldstücker (2009), seine Nachdichtungen von Ludvík Kundera (u. a. *el do Ra Da(da)*, 2007) sowie eine *Hommage* zu dessen 90. Geburtstag, 2010, erschienen.

Autoren

Scherrer, Susanne (1961) Studierte Politik und Hungarologie in Hamburg, längere Studienaufenthalte und Arbeiten in Budapest, schreibt Essays und übersetzt aus dem Ungarischen, koordiniert gegenwärtig von Rostock aus Projekte im Ostseeraum.

Schouwstra, Frouke (1948) Niederländische Schriftstellerin, Restauratorin und Formgestalterin. Lebt mit ihrem Ehemann Eddy Smid seit 1998 in Nagypall, in der Nähe von Pécs. 2006 gab sie gemeinsam mit ihrem Mann einen viersprachigen Fotoband mit dem Titel *Auge in Auge: Nagypall reflektiert* heraus. Ihr restaurierter Weinkeller in Nagypall dient seit 2002 als Galerie, wo regelmäßig Foto- und Kunstausstellungen zu sehen sind.

Schulze, Ingo (1962) Schriftsteller. Studierte Klassische Philologie in Jena, war dann bis 1990 als Dramaturg in Altenburg tätig. 1993 verbrachte er ein halbes Jahr in Sankt Petersburg und lebt seither als freier Autor in Berlin. Sein neuester Roman *Adam und Evelyn* ist 2008 im Berlin Verlag erschienen.

Szalay, Tamás (1969) Studium der Literaturwissenschaft an der Janus-Pannonius-Universität Pécs, war danach als Übersetzer, Redakteur und Verleger tätig. Seit 2005 Leiter der regionalen und internationalen Beziehungen des Projektes Kulturhauptstadt Europas, seit 2008 dessen kultureller Direktor.

Szőcs, Géza (1953) Dichter und Schriftsteller. Stammt als Angehöriger der ungarischen Minderheit aus Rumänien, lebte 1986–1989 im Schweizer Exil. 1989 gründete er das Budapester Büro von Radio Free Europe. Sein Lyrikband *Lacht, wie ihr es versteht* ist 2002 bei der Frankfurter Verlagsanstalt erschienen.

Turóczy, Zsófia (1989) Studiert Hungarologie, Germanistik und Journalistik an der ELTE in Budapest, sammelt publizistische Erfahrungen (*Népszabadság, Három Holló – Drei Raben*) und ist gegenwärtig in Berlin.

Walter, Bálint (1985) Hat seine Kindheit und Jugend in Pécs verbracht, studierte Germanistik in Budapest und wird derzeit in Tirol zum Schauspieler ausgebildet.

Autoren

Weöres, Sándor (1913–1989) Dichter, Schriftsteller und Übersetzer. Bereits mit 15 Jahren veröffentlichte er seine ersten Gedichte, ab 1932 erschienen seine Werke auch in der bedeutenden Literaturzeitschrift *Nyugat*. 1971 gab der Suhrkamp Verlag seinen Lyrikband *Der von Ungarn* heraus.

Zádor, Éva (1966) Übersetzerin und Redakteurin der Zeitschrift *Drei Raben – Zeitschrift für ungarische Literatur*.

Závada, Pál (1954) Schriftsteller. Arbeitete als Wissenschaftler am Soziologischen Institut der Ungarischen Akademie. 1986 erschien sein erstes Buch, das sich mit der Sozialgeschichte seines Heimatdorfes Tótkomlós beschäftigte, seitdem hat er mehrere Romane veröffentlicht. In deutscher Sprache ist zuletzt *Mein Freund, der Fotograf* beim Luchterhand Verlag erschienen.

Zsolt, László (1982) 2009 Diplom am Lehrstuhl für Architektur an der Universität Pécs, seitdem Doktorant an der Doktorandenschule Marcel Breuer. Lehrt Design und Baukunst, der Forschungsschwerpunkt ist die Tätigkeit der aus Pécs stammenden Bauhäusler.

Textnachweise

Ágoston, Zoltán: Tettye és Pacal. Erstveröffentlichung.

Babits, Mihály: Emléksorok egy régi pécsi uszodára. In: ders. Összegyűjtött versei. Budapest 1977, S. 51

Balogh, András F.: Auf dem Drahtseil der Erinnerungen. Erstveröffentlichung

Bárdosi Németh, János: Nyár a Bálics-tetőn. In: Pécs – Költők a városról. Pécs 1975, S. 81

Bereményi, Géza: Út Pécs felé. In: ders. Dalok – Cseh Tamás zenéjére. Tatabánya 1991, S. 133

Bereményi, Géza: Hová megy ma éjjel az Uránváros? http://www.zeneszoveg.hu/dalszoveg/43560/cseh-tamas/hova-megy-ma-ejjel-az-uranvaros-zeneszoveg.html

Bertók, László: A város neve. In: A város neve. Pécs 2009

Bertók, László: Miközben. In: Pécs – Költők a városról. Pécs 1975, S. 165

Cselebi, Evlia: Evlia Cselebi török világutazó magyarországi utazásai 1660–1664. Ausschnitte. Budapest 1985

Cserna-Szabó, András: Mi marad végül az életből? Erstveröffentlichung

Csorba, Győző: Áll a vén Zsolnay. In: Hátrahagyott versek, Pécs 2000, S. 105–106

Csorba, Győző: Ókeresztény temető. In: Hátrahagyott versek. Pécs 2000, S. 265

Csorba, Győző: Rókus-domb. In: Hátrahagyott versek, Pécs 2000, S. 125

Csorba, Győző: Vasarely. In: Hátrahagyott versek, Pécs 2000, S. 231

Dobriban, Arpad: Der versteckte Strudel. Erstveröffentlichung

Esterházy, Péter: Pécsi komoly. In: Jelenkor, Jg. 48, Nr. 9

Fekete, Kati: Sopianae. Erstveröffentlichung

Fekete, Kati: Vor dem Dom. Erstveröffentlichung

Forgách, András: Sör, villany, halál. Ausschnitt. In: Jelenkor. 2001/2

Grill, Andrea: Spaziergangstraßen. Erstveröffentlichung

Györe, Gabriella: Flóriántéri szép napok. http://www.litera.hu/hirek/florianteri-szep-napok

Haacker, Christoph: Ein jüdischer Engel für Pécs – Adolf Engel de Jánosi; »Es wäre geradezu ein Verbrechen, jetzt weiter zu schweigen …« – József Engel de Jánosi. (Erstveröffentlichungen)

Halling, Axel: Das Gegenteil der Quadratur des Kreises oder die Dżami als geometrisches Kultobjekt. Aufnahmemomente/Momentaufnahmen. Wien und Pécs 2005

Halling, Axel: Zeitgeschichte im SozReal-Look: Die Pécser Uranstadt. In: Tímea N. Kovács, Axel Halling, Lidia Tirri, A legmodernebb lakótelep – Die modernste Wohnsiedlung, Lebensgeschichten aus der Pécser Uranstadt. Kijárat Verlag, Budapest 2008.

Halling, Axel: Lenau in Pécs. Erstveröffentlichung

Textnachweise

Hayduk, Alfons: Die Auszüge sind dem Buch *Török orczag. Leid und Ruhm der schwäbischen Türkei. Eine Baranya-Fahrt*, Wien/Leipzig: Adolf Luser Verlag, 1938, entnommen. Der Band steht in einem politisch tendenziösen Kontext, der von Walter Pollak hrsg. »Reihe Südost«, die sich »deutschem Volkstum« jenseits der Reichsgrenzen widmet. Auch Hayduks Darstellung ist nicht frei von völkischer Ideologie; der Autor diente sich dem NS an. Als ein seltenes Zeitdokument über Pécs in den dreißiger Jahren wurde sein Text, mit einigen Kürzungen, dennoch berücksichtigt.

Hekel, Dorit: Heiliges Zwitterwesen. Erstveröffentlichung

Horváth, Viktor: Török tükör. Ausschnitte. Jelenkor Kiadó. Pécs 2009

Iro, Viktor: Landnahme, zweiter Versuch. Die Pécsi Műhely. Erstveröffentlichung

Józsa, Márta: Szív utca – a zsidó temető. Erstveröffentlichung

Józsa, Márta: Alulról nézni a nagy falat – a Barbakán. Erstveröffentlichung

Józsa, Márta: A Fürdő utcai orgona – a Nagyzsinagóga. Erstveröffentlichung

Józsa, Marta: Egy pohár arany – az Elefántos ház. Erstveröffentlichung

Józsa, Márta: Memi pasa kaftánja – a törökfürdő. Erstveröffentlichung

Juhász, Gyula: Pécs. In: Pécs – Költők a városról. Pécs 1975, S. 30

Karafiáth, Orsolya: A Mézes Mackó emlékére – Pécs, nosztalgia. Premier Magazin, Juni 2007

Kassák, Lajos: Üdülőben. In: Pécs – Költők a városról. Pécs 1975, S. 83

Kerékgyártó, István: Pécs, anno 1367. Erstveröffentlichung

Keresztesi, József: A közös nevező. http://www.revizoronline.hu/hu/cikk/1584/muzeumok-ejszakaja-2009-pecs/?label_id=2122&first=0

Konrád, György: Az a jó város, ahová szívesen megyünk. Zoltán Ágoston im Gespräch mit György Konrád. http://jelenkor.net/main.php?disp=disp&ID=839

Kőrösi, Zoltán: Őszelő. Erstveröffentlichung

Kuhligk, Björn: Pécser Rhapsodie. In: Ders., Großes Kino. Berlin: Berlin Verlag, 2005, S. 72

Kukorelly, Endre: Pécs főv. In: *Jelenor*, Mai 2005

Lenau, Nikolaus: Die drei Zigeuner. In: Nicolaus Lenau's sämmtliche Werke in einem Bande, hrsg. von G. Emil Barthel, 2. A. Leipzig: Philipp Reclam, o. J., ca. 1860

Magris, Claudio: Der Wein von Pécs. Aus: Claudio Magris, Donau. Biographie eines Flusses. Aus dem Italienischen von Heinz-Georg Held © 1988 Carl Hanser Verlag, München

Maros, András: Bluetooth. Erstveröffentlichung

Martinkó, József: Földobott kő. In: Artium 2009/2, S. 16–25

Martins, Rui Cardoso: Kobaltgrünes Herz. Erstveröffentlichung

Márton, László: Látogatóban Szarkofágéknál. In: Jelenkor 11/XLIV Jg. 2001

Méhes, Károly: Elindulni Pécsett. In: Túl élő, Budapest 2009

Mélyi, József: Vom Spiel zum Kampf. Erstveröffentlichung

Textnachweise

Mesés, Péter: Eredeti és másolat. Erstveröffentlichung

Mészöly, Miklós: Was mir Pécs bedeutet. In: Lichtungen, Zeitschrift für Literatur, Kunst und Zeitkritik. 80/XX. Jg./1999, S. 45–46

Móricz, Zsigmond: Pécsen nincs koldus. In: Riportok. Budapest: Szépirodalmi Könyvkiadó 1958 (Band 3), S. 613–617

Móricz, Zsigmond: Pécsi Körkép. In: Riportok. Budapest: Szépirodalmi Könyvkiadó 1958 (Band 3), S. 618–622

Nagy, Olivér: Der Garten Ferdinand. Erstveröffentlichung

Németh, Odette: Die Feste der Filme. Erstveröffentlichung

Orbán, György: Zsigó úr. Erstveröffentlichung

Parti Nagy, Lajos: Die Fenster einer immerwährenden Monatskarte. In: Lichtungen, Zeitschrift für Literatur, Kunst und Zeitkritik. 80/XX. Jg. 1999, S. 56–59

Pálinkás, György: Eszter. In: A városban esik az eső. Budapest 1994, S. 85–92

Pannonius, Janus: Über einen pannonischen Mandelbaum. Lob Pannoniens. In: Schätze der Ungarischen Dichtkunst. Band I. , Budapest 1984

Pilinszky, János: Pécs – egy vallomás. In : Új Ember, 8. April 1962

Reményik, Sándor: Non omnis moriar. In: Szemben az örökméccsel. Cluj-Kolozsvár 1930

Reményik, Sándor: A pécsi minaret. In: Két fény között. Cluj-Kolozsvár 1927

Scherrer, Susanne: Pécs – Stern des Südens. In: W. Droste, S. Scherrer, K. Schwamm (Hrsg.), Ungarn. Ein Reisebuch. Hamburg 1989, S. 47–52

Schouwstra, Frouke: Sichtbar Unsichtbar. Erstveröffentlichung

Schulze, Ingo: Suppe und Küsse oder Pubertät in Pécs. Erstveröffentlichung

Szalay, Tamás: Platón sírja Pécsett. Erstveröffentlichung

Szőcs, Géza: A szétszórt katedrális. Erstveröffentlichung

Turóczy, Zsófia: Das Gandhi-Gymnasium in Pécs. Erstveröffentlichung

Walter, Bálint: Abgeschliffen und ausgelatscht. Erstveröffentlichung

Weöres, Sándor: Álom a régi Pécsről. In: Pécs – Költők a városról. Pécs 1975, S. 35

Weöres, Sándor: Pécs. In: Pécs – Költők a városról. Pécs 1975, S. 46

Závada, Pál: Pécsről szóló levél Wilhelm Drostenak. Erstveröffentlichung

Zsolt, László: Pécsi Bauhaus épületek a harmincas évekből. Erstveröffentlichung

Der Verlag dankt den Autoren, Künstlern und Verlagen herzlich für die freundliche Genehmigung zum Abdruck der vorliegenden Texte und Abbildungen. Der Verlag hat sich bemüht, sämtliche Rechteinhaber zu ermitteln. Sollten dennoch berechtigte Ansprüche unberücksichtigt geblieben sein, bitten wir darum, sich mit uns in Verbindung zu setzen. Zu branchenüblichen Vergütungen sind wir dann gerne bereit.

Bildnachweise

Buchumschlag: Hugó Schreiber: Die Innerstädtische Kirche zu Pécs, 1906. Das Gemälde befindet sich im Besitz der Kunstsammlung des Janus-Pannonius-Museums Pécs. Foto: István Füzi

Buchrücken und Inhaltsverzeichnis: siehe Verwendungen im Buch

5 Zsolnay-Ziervase in einem Geschäft in der Perczel-Straße. Foto: Eddy Smid
9 Mietshaus im Stil des Bauhaus in der Alkotmány-Straße 4. Foto: Hans Engels
10 Denkmal von János Hunyadi, Széchenyi-Platz. Foto: Eddy Smid
16 Gefährliche unbewohnte Etagenwohnung, Hungária-Straße, Foto: Eddy Smid
22 Blick auf den Misina. Foto: Dagmar Gester
28 Unterwegs im Bus. Foto: Eddy Smid
29 Uranstadt – Restaurant Olympia, Ansichtskarte. Janus-Pannonius-Museum Pécs. Abteilung für neue und neuste Geschichte. Foto: István Füzi
30 Janus Pannonius, Miniaturporträt. Unbekannter Meister aus Ferrara, Plautus-Kodex, 1459. Titelblatt. Wien, Österreichische Nationalbibliothek
37 Blick über das Zentrum vom Dachparkplatz des Kaufhauses Árkád. Foto: Eddy Smid
45 Dom und Bischofssitz der Diözese Südtransdanubien. Foto: Dagmar Gester
46 Die Barbakane. Foto: László Tóth
48 Evliya Çelebi; Titelillustration des Buches »A félhold vándora« von Viktor Szombathy, Móra Verlag, Budapest 1967. Illustration: N. N.
57 Pécs zum Ende der Türkenzeit, Stich von Ernst Burckhard von Birkenstein. Janus-Pannonius-Museum Pécs. Abteilung für neue und neuste Geschichte. Foto: István Füzi
66 Brunnen in der Király-Straße, 2009. Foto: Karlheinz Schweitzer
72 Vorbereitungen zu einem Weinfest, Széchenyi-Platz. Foto: Eddy Smid
75 Die Dschami vor hundert Jahren; historische Postkarte, Privatbesitz
76 Restauration der Dschami des Pascha Jakowali Hassan. Foto: Eddy Smid
78 Lajos Tihany: Porträt von Lajos Fülep, 1915. Ungarische Nationalgalerie Budapest
87 Die Universität vor hundert Jahren; historische Postkarte, Privatbesitz
94 (3 Bilder) Hommage for Robert Smithson, 1973. Károly Halász
99 Vasváry-Haus, 2009. Foto: Karlheinz Schweitzer
105 Siehe Buchumschlag
106 György Aczél, 1. Juni 1973. Foto: Tamás Székely
114 Hochhaus in der Uranstadt. Foto: Lidia Tirri
115 Bei Familie Bicsar. Foto: Lidia Tirri
120 Das Hotel Nádor, Ansichtskarte. Janus-Pannonius-Museum Pécs. Abteilung für neue und neuste Geschichte. Foto: István Füzi
122 Dezső Matyi. Foto: N. N.
126 Mietshaus der »Waisen- und Pensionsanstalt der Anwälte« in der Rákóczi-Straße 69–71, gebaut 1937. Architekt: Alfréd Forbát. Foto: Hans Engels
128 Ein altes Zigeunerhaus, Zsolnay-Vilmos-Straße. Foto: Eddy Smid
130 Ignác Szepessy, Domplatz. Foto: Eddy Smid
132 Adolf Engel de Jánosi. Aus dem Besitz des Heimatkundemuseums Komló
139 Wartende, 2009. Foto: Karlheinz Schweitzer

Bildnachweise

144	Pepita, Detail des ehemaligen Discoclubs aus den 80er Jahren, Zsolnay-Vilmos-Straße, Foto: Eddy Smid
150	Pál Dárdai, © Hertha BSC, 2010
155	Stadtbad – Das Schwimmbad von Balokány, Ansichtskarte. Janus-Pannonius-Museum Pécs. Abteilung für neue und neuste Geschichte. Foto: István Füzi
158	Vilmos Lázár – Märtyrer von Arad 1849, Aradi-Vértanúk-Straße. Foto: Eddy Smid
171	Ferienheim, Ansichtskarte. Janus Pannonius Museum Pécs. Abteilung für neue und neuste Geschichte. Foto: István Füzi
172	Gábor Csordás. Foto: N. N.
176	Uranstadt, 2009. Foto: Karlheinz Schweitzer
180	Ein Bär auf dem Jókai-Platz, 2009. Foto: Karlheinz Schweitzer
191	Schaufenster, 2009. Foto: Karlheinz Schweitzer
192	Kuttelgulasch. Foto: András Rozsnyói
195	Alter Laden mit restaurierter Fassade, Perczel-Straße. Foto: Eddy Smid.
196	Nikolaus Lenau. Gemälde von Friedrich Amerling.
201	Ehemalige Buchdruckerei, Munkácsy-Mihály-Straße. Foto: Eddy Smid
204	Zsolnay Brunnen auf dem Széchenyi-Platz, Ansichtskarte. Janus-Pannonius-Museum Pécs. Abteilung für neue und neuste Geschichte. Foto: István Füzi
208	Abriss, Zsolnay-Vilmos-Straße. Foto: Eddy Smid
211	Rückseite des Doms, Dom-Platz. Foto: Eddy Smid
213	Vertreibungsdenkmal im Hof des Lenau-Hauses. Im Besitz des Lenau-Hauses. Foto: N. N.
223	Roma-Holocaust-Denkmal, Lánc-Straße. Bildhauer: Zoltán Jenő Horváth, Foto: Eddy Smid
224	Synagoge, Ansichtskarte. Janus-Pannonius-Museum Pécs. Abteilung für Neue und neueste Geschichte. Foto: István Füzi
233	József Engel de Jánosi. Aus dem Besitz des Heimatkundemuseums Komló
242	Sándor Weöres, 1963. Vermutlich eine Aufnahme von Demeter Balla.
245	Panorama von der Terrasse des Ferienheims, Ansichtskarte. Janus-Pannonius-Museum Pécs. Abteilung für Neue und neueste Geschichte. Foto: István Füzi
255	Zsolnay-Gelände, Felsővámház-Straße. Foto: Eddy Smid
258	Das Elefantenhaus, 2009. Foto: Karlheinz Schweitzer
262	Reklame mit Etagenwohnung, Búzavirág-Straße. Foto: Eddy Smid
266	Herz am Dachsims in der Altstadt von Pécs. Foto: Dagmar Gester
271	Aufführung der Missa Solemnis auf dem Domplatz im Jahr 1936, Ansichtskarte. Janus-Pannonius-Museum Pécs. Abteilung für Neue und neueste Geschichte. Foto: István Füzi
272	Marcel Breuer. Janus-Pannonius-Museum Pécs
277	Haus für Endre Bálványi in der Kaposvári Straße 17, gebaut 1934. Architekt: Alfréd Forbát, Foto: Hans Engels
278 o.	Villa Fecskefészek (Schwalbennest) in der Pálos dűlő 4, gebaut 1937. Architekt: Alfréd Forbát, Foto: Hans Engels
278 u.	Villa Kalliwoda in der Surányi-Miklós-Straße 18, gebaut 1936. Architekt: Farkas Molnár, Foto: Hans Engels
279	Mietshaus der Brüder Havas in der József-Straße 9–11, gebaut 1937. Architekt: Alfréd Forbát, Foto: Hans Engels

Bildnachweise

280 Uránia-Kino in der Hungária-Straße 19, gebaut 1936. Architekten: Andor Nendtvich, Zoltán Visy, Károly Weichinger; Foto: Hans Engels

281 Hotel Kikelet/Mecsek Szálló in der Károlyi-Mihály-Straße 1, gebaut 1936. Architekten: László Lauber, Andor Nendtvich, Zoltán Visy; Foto: Hans Engels

282 Rettungsstation in der Kolozsvár-Straße 22, gebaut 1936. Architekt: Zoltán Visy, Foto: Hans Engels

283 o. Friedhofsgebäude in der Siklósi-Straße 92, gebaut 1932. Architekten: Andor Nendtvich, Károly Weichinger. Foto: Hans Engels

283 u. Kirche und Kloster des Paulinerordens in der Magaslati-Straße 1, gebaut 1937. Architekt: Károly Weichinger, Foto: Hans Engels

284 Anbau an der einstigen Moschee des Pascha Gazi Kassim auf dem Széchenyi-Platz, gebaut 1938. Architekt: Nándor Körmendy, Foto: Hans Engels

287 Neugedachte Moderne in Pécs. Architekt: Zoltán Karlovecz, Foto: Tamás Bujonszky. Aus: Artium 2009/2, S. 16–25

290 In der Zsolnay-Fabrik, Zsolnay-Vilmos-Straße. Foto: Eddy Smid

294 Detail des Zsolnay-Mausoleums in der Felsővámház-Straße. Foto: Eddy Smid

298 Im Zsolnay-Fabrikgarten, Zsolnay-Vilmos-Straße. Foto: Eddy Smid

300 Tivadar Csontváry Kosztka. Kunsthistorisches Archiv der Ungarischen Akademie der Wissenschaften

305 Tivadar Csontváry Kosztka: Die römische Brücke in Mostar, 1903. Das Gemälde befindet sich in Besitz der Kunstsammlung des Janus-Pannonius-Museums Pécs. Foto: István Füzi

307 Széchenyi-Platz, Ansichtskarte. Janus-Pannonius-Museum Pécs, Abteilung für Neue und neueste Geschichte. Fotografie: István Füzi.

310 Csontváry-Plastik, Janus-Pannonius-Straße. Foto: Eddy Smid

314 Erzsébet Schaár: Straße. Die Installation befindet sich in Besitz der Kunstsammlung des Janus-Pannonius-Museums Pécs. Foto: István Füzi

315 (wie 314)

316 Béla Tarr, Sevilla 2005. Foto: N. N.

319 Skulptur auf dem Dach des Apollo Art-Kino, Perczel-Straße. Foto: Eddy Smid

322 Zweigeteilt auf dem Flohmarkt. Foto: Eddy Smid

332 Das Strudelgeschäft. Bearbeitetes Foto: Arpad Dobriban

339 An der Kapelle Mariä Schnee, 2009. Foto: Karlheinz Schweitzer

343 Blick vom Tettye. Foto: Eddy Smid.

345 Flur eines Mitshauses in der Alkotmány-Strasse, Foto: Hans Engels

369 Ehemalige Fabrik für Kohlengas, Gyárváros, Foto: Eddy Smid

Danksagung

Dieses Buch ist eine Arbeit und Sonderedition der Gruppe Drei Raben / Három Holló – Zeitschrift für ungarische Kultur. Mitgewirkt haben: Szabina Altsach, Endre Barz, Eszter Bolla, Wilhelm Droste, Gabriella Érdi, Kati Fekete, Heike Flemming, Eszter Katona, Bence Krausz, Olivér Nagy, Vanessa Lenka Narr, Odette Németh, Péter Mesés, Réka Müller, Clemens Prinz, Felix Prinz, Mira Rauschenberg, Ágnes Seregély, Karlheinz Schweitzer, Ildikó Szabó, Zsófia Turóczy, János Vekerdy, Bálint Walter, Éva Zádor.

Der Verlag und die Herausgeber danken allen, die durch Rat und Tat oder sonstige Förderung dieses Buch mit ermöglicht haben. Wir danken allen Autorinnen und Autoren, Fotografen und Fotografinnen, den Übersetzerinnen und Übersetzern sowie den übrigen Mitarbeitern für ihre große Bereitschaft, sich an diesem Projekt zu beteiligen. Namentlich möchten wir danken: Katalin Budai, Júlia Fabényi, Gabriele Gauler, Éva Karádi, Dóra Károlyi, Judit Müller, Rita Pálmai, Tibor Sándor.

Wir danken dem Berlin Verlag für die freundliche Genehmigung des Abdrucks des Gedichts von Björn Kuhligk sowie dem Carl Hanser Verlag, München, für die freundliche Genehmigung zum Abdruck des Textes von Claudio Magris.
Wir danken der Direktion der Museen des Komitates Baranya/Branau (Janus - Pannonius-Museum), Pécs, sowie dem Heimatkundemuseum Komló für die freundliche Bereitstellung von Bildmaterial. Wir danken Hertha BSC für das Foto von Pal Dárdai.

Gefördert im Rahmen des Projekts »European First Novelists' Meeting Pécs 2010«, das durch die Förderung des National Civil Fund der Europäischen Kulturstiftung Budapest realisiert werden konnte.

Ohne die großzügige Förderung nachstehender Institutionen wäre dieses Buch nicht zustandegekommen:

BIBLIOTHEK DER BÖHMISCHEN LÄNDER

Ludwig Winder
Die Pflicht
Mit einem Nachwort von Christoph Haacker

Der Prager deutsch-jüdische Autor Ludwig Winder ist als bedeutender europäischer Erzähler wiederentdeckt worden. 1943 schrieb er im englischen Exil *Die Pflicht*, eine leidenschaftliche Parteinahme für den Untergrundkampf seiner tschechischen Landsleute gegen die deutschen Besatzer, einen Thriller vor realem Hintergrund.

»*Die Pflicht* ist ein Roman des Widerstandes, wie es dichter und subtiler in der deutschsprachigen Literatur keinen anderen und von vergleichbarem Rang nur Anna Seghers *Das siebte Kreuz* gibt. Ludwig Winder ist ein ganz und gar aktueller Erzähler.« (Karl-Markus Gauß)

»Es ist die sensationelle literarische Qualität dieser makellosen Prosa, die heute wohl am meisten begeistert.« (Schweizer Monatshefte)

»Es gibt keinen deutschen, auch keinen tschechischen Roman, in dem jene Zeit so sachlich, eindringlich und tragisch festgehalten wird.« (Josef Mühlberger)

Hrsg. und mit einem Nachwort
von Christoph Haacker
208 Seiten, mit Abbildungen
Hardcover, Leinen
€ 22 / SFr 33
ISBN 978-3-9808410-4-7

Košice – Europäische Kulturhauptstadt 2013

Michael Okroy
Kaschau war eine europäische Stadt ...
Ein Reise- und Lesebuch zur jüdischen Kultur und Geschichte in Košice und Prešov

»Kaschau war eine europäische Stadt ...« – so erinnerte sich Sándor Márai an seine geliebte Geburtsstadt. In der ostslowakischen Metropole lebte ein »europäisches« Völkergemisch unterschiedlicher Sprache und Religion weitgehend friedlich miteinander, ehe die mörderische Politik der Nationalsozialisten sowie ihrer ungarischen und slowakischen Helfershelfer dem ein Ende setzte.

Michael Okroy geht auf Stadtrundgängen den vielfältigen Spuren jüdischer Vergangenheit und Gegenwart in Košice und Prešov nach. 1944 ist nicht nur die große jüdische Gemeinschaft fast vollständig ausgelöscht worden. Der Bahnhof wurde auch zum »Umschlagplatz« für über 300 000 ungarische Juden auf dem Transport in die deutschen Konzentrationslager in Polen.

Die zweisprachige Buchpublikation spricht den Mitteleuropareisenden ebenso an wie die Bewohner dieser Städte. Der Stadtführer macht neugierig auf eine Reise in die Ostslowakei, auf den Besuch von Košice, der Europäischen Kulturhauptstadt 2013.

Mit Beiträgen von Sándor Márai, Dušan Šimko, Stanislav Rakús, Eduard Goldstücker, Olivér Rácz, Egon Erwin Kisch, Daniel Speer, Ivan Olbracht, Joseph Roth, Fritz Beer, Karl-Markus Gauß u. a.

Zweisprachige Ausgabe
Deutsch / Slowakisch.
248 Seiten, Paperback.
Mit zahlreichen Abbildungen.
€ 24 / SFr 36 / SK 490
ISBN 978-3-938375-01-3

Bibliographische Information der Deutschen Bibliothek:
Die Deutsche Bibliothek verzeichnet diese Publikation in der Deutschen
Nationalbibliographie; detaillierte bibliographische Angaben sind im
Internet abrufbar über http://dnb.ddb.de.

Der Band ist eine Publikation von Hungarofest
im Rahmen der Veranstaltungsreihe
»Pécs2010. Kulturhauptstadt Europas«
(verantwortliche Leiterin: Rita Rubovszky).

© Arco Verlag und Drei Raben, Zeitschrift für ungarische Kultur, 2010
Alle Rechte vorbehalten
© der Originaltexte bei den Autoren und Verlagen

Umschlag: Praxis für visuelle Kommunikation, Wuppertal
Gestaltung, Satz: MC Graeff, Kriens
Druck und Bindung: Reálszisztéma Dabas Druckerei AG, Dabas
Printed in Hungary
ISBN 978-3-938375-35-8

Arco Verlag GmbH, Krautstraße 64, D-42289 Wuppertal,
Tel.: 0049 (0)202 62 33 82 / Fax: 0049 (0)202 263 40 00
Arco Verlag (Wien), Löwengasse 44/12, A-1030 Wien,
Tel.: 0043 (0)1 715 46 06 / Fax: 0043 (0)1 253 033 300 06
www.arco-verlag.com | service@arco-verlag.com